Bettina Hofer/Christina Lienhart

idealistisch und wagemutig

Bettina Hofer/Christina Lienhart

idealistisch und wagemutig

Pionierinnen im SOS-Kinderdorf

StudienVerlag
Innsbruck
Wien
Bozen

E-Mail: order@studienverlag.at
Internet: www.studienverlag.at

Buchgestaltung nach Entwürfen von Kurt Höretzeder
Satz und Umschlag: Studienverlag/Christine Petschauer
Umschlagbilder (v.o.n.u.): Franziska Fahlenbock, Helene Didl, Andrea Lorber, Maria Hofer, Maria Weber und Hermann Gmeiner um 1955 im SOS-Kinderdorf Imst (Privatbesitz Karl Hofer); Maria Heritzer im „Laden" des SOS-Kinderdorfes Imst (Privatbesitz Maria Heritzer); Franziska Lemayr, Maria Heissenberger und Luise Sinnhuber am Flughafen von Daegu (Archiv SOS-Kinderdorf).

Gedruckt auf umweltfreundlichem, chlor- und säurefrei gebleichtem Papier.

Bibliografische Information Der Deutschen Bibliothek
Die Deutsche Bibliothek verzeichnet diese Publikation in der Deutschen Nationalbibliografie; detaillierte bibliografische Daten sind im Internet über <http://dnb.ddb.de> abrufbar.

ISBN-10: 3-7065-4345-1
ISBN-13: 978-3-7065-4345-3

Inhaltsverzeichnis

Sechs Frauen im Einsatz zwischen Imst, Caldonazzo und Wien

Frauen erkunden die Welt

Wegbereiterinnen der zweiten Generation in Österreich

Geleitwort

Liebe Leserinnen, liebe Leser!

Freude und Stolz kommen bei mir auf über das vorliegende Werk, das Bettina Hofer und Christina Lienhart in mühevoller und sorgfältiger Arbeit erstellt haben und das die SOS-Kinderdorf-Geschichte aus einer anderen Perspektive aufzeigt. Das Buch führt die Leserin und den Leser auf die Spuren von besonderen Frauen im SOS-Kinderdorf, ihrer Einbettung in die Geschichte und welche Bedeutung ihr Wirken damals und bis heute auslöste. Es sind Ereignisse, die mich, weil ich selber mittendrin stecke, auf sehr persönliche Weise berühren. Als Kind, mit meinen vier Geschwistern in den ersten Jahren des SOS-Kinderdorfes aufgewachsen, hatte ich wie viele andere Kinder neben der Beziehung zu unserer SOS-Kinderdorf-Mutter auch ganz besondere Vertrautheiten zu anderen SOS-Kinderdorf-Mitarbeiterinnen und -Mitarbeitern. Diese waren für Entwicklungs- und Hilfsprogramme verantwortlich. Im Besonderen waren es Frauen, die es verstanden, neben den zahlreichen organisatorischen Anforderungen das einzelne Kind/den Jugendlichen mit seinen und ihren Bedürfnissen wahrzunehmen, zu achten und zu unterstützen. Aus ihrem persönlichen Zugang zur Menschlichkeit entstand ihr Handeln. Als Mitarbeiterin im Fachbereich Pädagogik/Qualitätsentwicklung gilt meine Wertschätzung und Verbundenheit diesen Frauen gegenüber ganz besonders. Hermann Gmeiner erkannte die Fähigkeiten dieser Frauen. Mit persönlicher Wertschätzung verstand er es in den meisten Fällen, diese Frauen mit der Verwirklichung ihrer Erkenntnisse zu betrauen. Für das Werk SOS-Kinderdorf haben diese Frauen in Bescheidenheit großartige Leistungen erbracht, die es wert sind, dokumentiert zu werden, was nun mit dieser Publikation passiert. Für mich und viele heute Erwachsene aus den SOS-Kinderdörfern sind sie immer noch ganz besondere Vertraute, denen wir in freundschaftlicher Weise mit großer Wertschätzung und Achtung begegnen; von ihnen können wir lernen. Wenn Sie das Inhaltsverzeichnis studieren, dann stoßen Sie auf Geschichten aus den unterschiedlichen Epochen des SOS-Kinderdorfes, beginnend bei den Anfangsjahren. Die Fülle von Materialien zu erfassen und zu systematisieren, ist eine wissenschaftliche Leistung. Vielen Dank den Autorinnen! Für mich kann das Wesentliche, das diese Frauen ausmacht, nicht aufgezeichnet werden. Das Geschriebene schränkt ein, wählt aus, lässt Tatsachen außer Acht, macht sich selbstständig und verbindet sich mit den Vorstellungen der Leserinnen und Leser. Die Geschichten dieser Frauen sind noch lange nicht zu Ende, sie leben weiter mit dem SOS-Kinderdorf und den Menschen, die darin leben und arbeiten. Vielleicht verspüren auch Sie beim Lesen dieses Buches eine innere Reaktion, dann sind Sie mitten in dem Geschehen, das die Begeisterung bei Mitarbeiterinnen und Mitarbeitern des SOS-Kinderdorfes für dieses Hilfswerk des Friedens auslöst.

Olga Cracolici
Leiterin der Abteilung Qualitätsentwicklung · Fachbereich Pädagogik · SOS-Kinderdorf

Auf den Spuren von Frauen

Eine Einführung

„Menschsein bedeutet zu denken und zu fühlen, die Vergangenheit gedanklich zu erfassen und sich eine Zukunft vorzustellen. Wir leben unser Leben; wir beschreiben, was wir erleben. Andere werden darüber nachdenken und es auf ihre Weise deuten. Diese neue Auffassung wird Einfluss darauf haben, wie die nächste Generation ihr Leben gestaltet. Das sind die Gründe, warum Geschichte uns angeht, warum Geschichte lebenswichtig ist."[1]
Gerda Lerner, amerikanische Historikerin, geboren 1920 in Wien

Die schriftliche Überlieferung der Anfänge und Weiterentwicklung hat im SOS-Kinderdorf eine lange Tradition. Über Frauen aus der Aufbauphase von SOS-Kinderdorf ist aber bislang wenig bekannt. Vielmehr wird nach innen wie nach außen ein Geschichtsbild tradiert und wahrgenommen, in dem Männer als Gründer und Leiter sowie Frauen als Kinderdorfmütter vorkommen. Nun befindet sich SOS-Kinderdorf seit geraumer Zeit in einem Veränderungsprozess. Die „Rückbesinnung auf Wurzeln in Zeiten des Wandels" dient nach Wilfried Vyslozil, dem Geschäftsführer von SOS-Kinderdorf in Österreich, als Potential für Veränderungen. Das Forschungsprojekt zu Frauen aus der Aufbauphase von SOS-Kinderdorf soll historische Wurzeln ebenso sichtbar machen wie einen Beitrag zum Wandel leisten. Die Dokumentation von Frauengeschichte ist Teil der Auseinandersetzung mit Gender-Fragen, die derzeit auf struktureller wie pädagogischer Ebene von SOS-Kinderdorf diskutiert werden.

Ausgangspunkt für dieses Buch war das Interesse der Organisation SOS-Kinderdorf an den Beiträgen von Frauen zur Entwicklung des Sozialwerkes. Mit der Dokumentation „Die Dynamik der frühen Jahre"[2] begab sich SOS-Kinderdorf Österreich unter der Federführung seines Geschäftsführers Wilfried Vyslozil auf eine „Spurensuche jenseits der Klischees". Der Innsbrucker Historiker Horst Schreiber legte dafür eine fundierte Recherche zu den Gründungsjahren vor.[3] Zu ihrem Buch merken die Autoren an: „Viele Frauen und Männer haben […] zusammengewirkt, um aus der Idee Realität werden zu lassen. Manche Namen sind schon beinahe in Vergessenheit geraten und sollen hier ausdrücklich vorzufinden sein."[4] Daran knüpfte das Sozialpädagogische Institut (SPI) mit seinem Forschungsvorhaben zu Frauen aus der Aufbauphase von SOS-Kinderdorf an. Für ein Video[5] recherchierte die SPI-Mitarbeiterin Hedwig Träger zur Lebens- und Kinderdorf-Geschichte der Pionierin Imma Unterrichter. In der Folge begann sie eine Spurensuche nach weiteren Pionierinnen aus den Anfängen von SOS-Kinderdorf, die wir mit diesem Forschungsprojekt fortsetzten.

„Frauen haben immer Geschichte gemacht, in ihr gelebt und sie gestaltet"[6]

In den letzten Jahren erhöhte sich das allgemeine Interesse an Biographien. Die aufgeschriebene Geschichte von Einzelpersonen und ihren vielleicht weniger spektakulären und doch außergewöhnlichen Erfahrungen gewann für die historische Wahrnehmung und für gesellschaftliche Entwicklungen ebenso an Bedeutung wie für die Suche nach der eigenen Identität und den eigenen Wurzeln.

Mit den Biographien über Pionierinnen im SOS-Kinderdorf liegt ein Buch vor, das die Geschichte von Frauen, die wesentliche Beiträge im Entstehungsprozess von SOS-Kinderdorf geleistet haben, sichtbar machen soll. Es dokumentiert die Bedeutung von Frauen in einer Organisation, die vor allem mit dem charismatischen Hermann Gmeiner als Gründer und den Männern in Führungspositionen wahrgenommen wird. Die Geschichten von und über Frauen eröffnen eine weitere Perspektive auf die soziale Wirklichkeit von SOS-Kinderdorf und tragen zu einer „weiblichen Genealogie" der Organisation bei.

Helene Didl, Maria Hofer, Hermann Gmeiner und Walter Gstrein

Im Zentrum der Biographien stehen der Lebensabschnitt der Frauen bei SOS-Kinderdorf, ihre Leistungen, ihr Engagement und ihr Idealismus. Eine biographische Verortung, die dem Lebensweg der Frauen vor und nach SOS-Kinderdorf Bedeutung verleiht, trägt wesentlich zum Verstehen ihrer Geschichte bei. Ihre individuellen Lebensumstände sind eingebettet in gesellschaftliche Entwicklungen, einen zeitgeschichtlichen und sozialen Rahmen sowie in die Entstehungsgeschichte von SOS-Kinderdorf. Durch die Linse der Wahrnehmung von Frauen stellen wir eine weibliche Perspektive auf die Entwicklung von SOS-Kinderdorf in seinen Anfängen ins Zentrum. Damit sollen die von Frauen hinterlassenen Spuren freigelegt, Wegbereiterinnen sichtbar gemacht und ihre Wahrnehmung vorgestellt werden.

Heinz Janisch schreibt in seiner Einführung zum Buch „Menschenbilder": „‚Die Alten sind die Brunnen, aus denen die Jungen schöpfen', heißt ein Sprichwort der Beduinen. Wo war eine Wegkreuzung, wo bin ich in diese, in jene Richtung abgebogen, dazu gedrängt worden, warum ist mein Leben so verlaufen, wie es sich in meiner Erinnerung darstellt."[7] Wir hatten in diesem Projekt reichhaltige Möglichkeiten, aus dem mit Wissen und Erfahrung gefüllten Brunnen zu schöpfen. Was wir daraus an Beiträgen zur Geschichte, insbesondere von SOS-Kinderdorf, herausgefiltert haben, stellen wir in diesem Buch vor.

Die Auswahl der portraitierten Frauen

Für die Entstehung und Entwicklung von SOS-Kinderdorf zeichnete eine Gruppe sozial engagierter, idealistischer Frauen und Männer um Hermann Gmeiner verantwortlich. Im Zentrum des vorliegenden Bandes stehen Frauen, die in den Anfängen maßgeblich in der Organisation und Konzeption von SOS-Kinderdorf sowie beim Aufbau, bei der Durchführung und Leitung von Projekten beteiligt waren. Auf Grund der unterschiedlichen zeitlichen Entwicklung von SOS-Kinderdorf in Österreich, Europa und Asien definierten wir die Zeit der Pionierinnen von Mitte der 1940er Jahre bis in die 1960er Jahre. Wir haben jene Frauen einbezogen, die den Aufbau von SOS-Kinderdorf außerhalb der Familienarbeit mitgestalteten und keine Kinderdorfmütter waren. Da das Bild von SOS-Kinderdorf eng mit dem Frauenbild „Kinderdorfmutter" verbunden ist, entschieden wir in diesem Projekt, andere weibliche Lebensentwürfe und Lebensrealitäten in den Blick zu nehmen und nicht in Vergessenheit geraten zu lassen.

In Gesprächen mit (ehemaligen) SOS-Kinderdorf-MitarbeiterInnen[8] und aus SOS-Kinderdorf-Literatur[9] recherchierten wir so weit wie möglich die Namen jener Frauen, die diesen Vorgaben entsprachen. Bei 23 Frauen[10] bemühten wir uns um ein Interview oder recherchierten nach anderen Quellen. Wir konnten elf Frauen für den gemeinsamen Prozess des Erinnerns, der Reflexion und des Öffentlichmachens von Persönlichem und Beruflichem in Gesprächen, Telefonaten, Briefen und E-Mails gewinnen. Zu vier verstorbenen Frauen recherchierten wir aus anderen Quellen, um ihre Lebenswege nachzeichnen zu können. Zudem ermöglichten uns Verwandte, ArbeitskollegInnen und Bekannte einen Zugang zu ihrer Lebensgeschichte. Bei acht Frauen war es aus unterschiedlichen Gründen nicht möglich, ihre Lebens- und Kinderdorfgeschichte in Erfahrung zu bringen und zu veröffentlichen.

Die portraitierten Frauen setzten Initiativen beim Aufbau von SOS-Kinderdörfern, in der Mittelbeschaffung, in der Werbung, bei der Schulung von Kinderdorfmüttern, der pädagogischen Konzeption und in der sozialpädagogischen Arbeit mit Kindern und Jugendlichen. Die Älteste unter ihnen, geboren 1896, war 53 Jahre alt, als sie sich 1949 um Mitglieder für SOS-Kinderdorf bemühte. Die Jüngste, geboren 1943, begann mit 21 Jahren bei SOS-Kinderdorf. Von den 15 Frauen hatten 14 eine Berufsausbildung oder Höhere Schule absolviert. Zehn brachten eine oder mehrere Fachausbildungen im Sozial-, Pflege- und Bildungsbereich sowie einschlägige Berufserfahrung mit. Elf Frauen waren in leitenden Funktionen tätig, neun von ihnen waren angestellt, zwei leisteten ehrenamtliche Arbeit. Verheiratet, geschieden oder verwitwet sind bzw. waren fünf Frauen, vier von ihnen haben bzw. hatten eigene Kinder.

Eine Orientierung für die LeserInnen

Alexandra Weiss führt ein in die Lebenswelten von Frauen in Österreich in der Zeit nach dem Zweiten Weltkrieg bis in die ausgehenden 1960er Jahre. Aus der Perspektive der Frauenforschung steckt sie im Kapitel *Geschlechterverhältnisse – Wandel und Resistenz* den zeitgeschichtlichen und sozialen Rahmen ab, in dem die portraitierten Frauen ihre Arbeit bei SOS-Kinderdorf begannen und der für die Gründungsjahre von SOS-Kinderdorf in Österreich bedeutsam ist.

Die Ausführungen zur *Sozialen Arbeit* widmen sich den Wurzeln einer beruflichen Geschlechterordnung, in der Frauen eine „soziale Mütterlichkeit“ und Männern die Organisation sozialer Hilfen zugeschrieben wurde. Die daraus entstandenen Konzepte und Ideologien wirkten auch in die Aufbauphase von SOS-Kinderdorf.

Der Einblick in den Kontext *SOS-Kinderdorf* bietet die Möglichkeit, die portraitierten Frauen und ihre Arbeitsbereiche eingebunden in die Entwicklung von SOS-Kinderdorf zu verstehen. SOS-Kinderdorf wird dabei integriert in gesellschaftliche Entwicklungen, mit historischen Eckdaten und den Rahmenbedingungen der Jugendwohlfahrt betrachtet.

Das Kapitel über den *wissenschaftlichen Zugang* beschreibt, mit welchem theoretischen Hintergrund wir uns der Forschungsfrage angenähert haben. Es soll nachvollziehbar machen, wie die Lebensverläufe der Frauen, die erzählten Geschichten und recherchierten Dokumente in den Portraits verdichtet worden sind.

Die Frauen werden in vier Kapiteln vorgestellt, die jeweils einen zeitlichen und inhaltlichen Rahmen unterschiedlicher Aufbauphasen abstecken. In den *Gründungsjahren* zwischen 1946 und 1949 waren die Fürsorgerin Maria Hofer, die verwitwete Helene Didl und die Krankenschwester Hertha Troger maßgeblich an der Vereinsgründung, am Aufbau der Organisation und des ersten SOS-Kinderdorfes in Imst beteiligt.

In den *1950er Jahren* intensivierte sich die Mitgestaltung von Auguste Neubauer, deren Gatte der SOS-Kinderdorf-Psychologe Vinzenz Neubauer war, in der Auswahl und Schulung von SOS-Kinderdorf-Müttern. Die Schneiderin Maria Heritzer fand 1952 eine Anstellung im SOS-Kinderdorf Imst und übernahm später die Leitung des „Mütterhauses" für pensionierte Kinderdorfmütter. Die Jugendamtsleiterin Albina Ertler initiierte 1953 die Gründung des zweiten SOS-Kinderdorfes in Osttirol und leitete es ehrenamtlich bis zu ihrem frühen Tod 1963. 1956 kamen zwei Frauen mit pädagogischer Erfahrung zu SOS-Kinderdorf. Evamarie Kallir widmete sich dem Aufbau einer Kreativwerkstatt im SOS-Kinderdorf Imst. Imma Unterrichter organisierte ehrenamtlich Ferienlager für Mädchen und übernahm 1960 den Aufbau und die Verwaltung des Ferienlagers in Caldonazzo bei Trient. Die Sekretärin Erika Gottlieb erfuhr 1957 von SOS-Kinderdorf und trat ihre Stelle im Wiener SOS-Kinderdorf-Büro an.

Die Internationalisierung in den *1960er Jahren* ist auf die Initiative der Pastoralassistentin Maria Heissenberger zurückzuführen, die das erste SOS-Kinderdorf in Südkorea aufbaute. Ihr zur Seite stand die Pastoralassistentin Franziska Lemayr, die später die Dorfleitung übernahm und den Ausbau von SOS-Kinderdorf in Südkorea forcierte. Ebenso am Aufbau beteiligt war die Krankenschwester Luise Sinnhuber, die ab 1972 die Verantwortung für das Entstehen von SOS-Kinderdorf-Einrichtungen in Mittelamerika übernahm.

Zu den *Wegbereiterinnen der zweiten Generation* gehören Birgitta Seifner in der „Patenarbeit", Henriette Rieder in der Mädchenarbeit und Renate Wetjen in der Pädagogik. Birgitta Seifner begann 1964 im „Patenbüro" in Wien und übernahm dessen Leitung von 1980 bis zu ihrer Pensionierung. Henriette Rieder wurde im April 1965 angestellt und engagierte sich im Aufbau sowie als Leiterin der ersten SOS-Mädchenwohngemeinschaft. Im Herbst desselben Jahres kam Renate Wetjen zu SOS-Kinderdorf und leitete das Sozialpädagogische Institut sowie die Hermann-Gmeiner-Akademie in Innsbruck.

Das vorliegende Buch kam zustande, weil wir vielfältige Unterstützung in der Konzeption und in der Durchführung erhielten. Wir danken den Frauen, die uns „ihre Geschichte" anvertrauten und sich auf einen achtsamen Forschungsprozess verließen, sowie allen InterviewpartnerInnen für ihre Offenheit und Neugier am Projekt. Ihre Namen sind bei den Interviews in den Quellenangaben am Ende des Buches angeführt. Wir danken den AuftraggeberInnen Romana Hinteregger, Christian Posch und Wilfried Vyslozil für die Ressourcen und wesentliche Anregungen. Hedwig Träger ergriff die Initiative zum Thema und leistete wertvolle Vorarbeiten. Horst Schreiber gab uns Erfahrungen aus seiner Arbeit zur „Societas Socialis (SOS)" weiter. Petra Bechtloff, Olga Cracolici, Daniel Dejean, Sonja Eugen, Johannes Faimann (Tiroler Landesarchiv), Alexander Gabriel, Herbert Genser, Peter Goller (Universitätsarchiv Innsbruck), Anja Klemenc, Elisabeth Kofler Shuman, Ludwig Kögl, Barbara Köll, Monika Kranzinger, Christine Mair, Rudolf Maurhard, Heinz Modlik, Anton Moser, Karl Moser, Karel Müller (Landesarchiv Opava), Veronika Prüller-Jagenteufel, Angelika Ritter-Grepl (Frauenreferat der Diözese Innsbruck), Rudolf Stampfer (Rotes Kreuz Innsbruck), Viktor Trager, Annemarie Troger, Elisabeth Ullmann, Peter Wacker (Stadtmagistrat Innsbruck), Charlotte Zins und Helga Zündel öffneten uns Archive, gaben Informationen, organisierten Dokumente. Barbara Pittracher und Alexandra Weiss begleiteten die

Anfänge des Forschungsprojektes. Die ErstleserInnen Gottfried Gabriel, Manuela Hinteregger und Angelika Kugler standen mit kritischer Loyalität zur Seite. Karin Demuth las mit dem Blick der professionellen Redakteurin und unterstützte mit ihren wohlwollenden Anmerkungen. Die KollegInnen Hermann Putzhuber und Susanne Zoller-Mathies gaben anregende Rückmeldungen für die Weiterarbeit an den Texten. Anna Reitmeir korrigierte und erledigte aufwendige Administrationsarbeit. Für das abschließende inhaltliche Lektorat danken wir Alexandra Weiss, die mit ihrer Außenwahrnehmung, Forschungs- und Publikationserfahrung zur Überarbeitung der Texte anregte. Beim StudienVerlag bedanken wir uns für die Korrektur von Rechtschreibung und Grammatik.

Innsbruck, im August 2006
Bettina Hofer und Christina Lienhart

Anmerkungen

1 Lerner, 2002, S.298
2 Schreiber/Vyslozil, 2001
3 Horst Schreiber, Societas Socialis (SOS), unveröffentlichtes Manuskript, Innsbruck o.J.
4 Schreiber/Vyslozil, 2001, S.7
5 „Auf Imma und ewig", Video anlässlich des 80. Geburtstages von Imma Unterrichter: SOS-Kinderdorf e.V. Berufsausbildungszentrum Berlin, Berlin/Innsbruck November 2001
6 Lerner, 2002, S.89
7 Gaisbauer/Janisch, 1992
8 Olga Cracolici, Alexander Gabriel, Herbert Genser, Ludwig Kögl, Rudolf Maurhard, Karl Moser, Hedwig Träger, Wilfried Vyslozil, Renate Wetjen, Helga Zündel
9 Neubauer, o.J.; Reinprecht, 1984; Schreiber/Vyslozil, 2001
10 Sr. Angelina Attwenger, Beatrice von Boch, Helene Didl, Albina Ertler, Mara Gorisek, Erika Gottlieb, Maria Heissenberger, Maria Heritzer, Maria Hofer, Evamarie Kallir, Ingeborg Kaltschmid, Franziska Lemayr, Berta Natter, Auguste Neubauer, Edith Pohl, Henriette Rieder, Birgitta Seifner, Luise Sinnhuber, Elise Thier, Hertha Troger, Imma Unterrichter, Renate Wetjen, Helga Zündel

Alexandra Weiss

Geschlechterverhältnisse – Wandel und Resistenz

Lebensbedingungen von Frauen in Österreich in den ersten Nachkriegsjahrzehnten zwischen Ideologie und Realität

„Vielfach hoffe man, daß dies eine Nachkriegserscheinung sei. Bald werde man wieder die Retour-Kutsche besteigen, und die alten, schönen Zeiten, in denen die Frau als Königin im Märchenschloß der Familie regierte, so träume man, würden zurückkehren."[1]

Die Nachkriegserscheinung, auf die sich der Autor Josef Gorbach hier bezieht, ist die zunehmende Erwerbstätigkeit von Frauen. Die Annahme, dass Frauen nicht erwerbstätig seien, es ihrer „Natur" widerspreche, war ein dominanter Diskurs der österreichischen Nachkriegsgesellschaft, in dessen Rahmen auch die ideologische Kreation der Hausfrauenehe zu verorten ist. Normen oder „Normalitätsannahmen" haben aber oft wenig mit der Realität gemein, trotzdem sind sie wirkmächtig und gestalten die Rahmenbedingungen, innerhalb derer Frauen und Männer leben und handeln. Vorstellungen über Frauen und Männer, über ihr „Wesen", stehen in Zusammenhang mit der Trennung von der öffentlichen und privaten Sphäre als ein grundsätzliches – geschlechtlich konnotiertes – Ordnungsprinzip in unserer Gesellschaft. Demgemäß werden Frauen aus der öffentlichen Sphäre ausgeschlossen und dem Privaten, der Familie, der Haus-, Erziehungs- und Pflegearbeit zugewiesen, während Politik und Erwerbsleben Männern vorbehalten bleiben sollen.

Die Philosophin Geneviève Fraisse konstatiert seit dem 19. Jahrhundert eine „Radikalisierung der Unordnung"[2] in den Geschlechterverhältnissen. Mit der Idee der Demokratie wird das Problem der Geschlechtergleichheit im Politischen, aber auch in allen anderen gesellschaftlichen Bereichen virulent. Wenngleich die Erste Frauenbewegung mit dem Wahlrecht die politische Gleichstellung von Frauen als Staatsbürgerinnen erkämpfte, blieb eine lange Reihe „un-erhörter" Anliegen und Forderungen bestehen. Denn die Geschlechterdifferenz mit ihren geschlechtlichen Zuweisungen ist nicht nur in rechtlichen Normen und politischen Systemen eingeschrieben, sie durchdringt den gesamten sozialen Raum, prägt gesellschaftliche und moralische Normen und gibt Handlungsmöglichkeiten vor. Vor diesem Hintergrund war das Erfassen der Komplexität der Geschlechterverhältnisse als Macht- und Herrschaftsverhältnisse das treibende – politische und wissenschaftliche

– Interesse der Ersten als auch der Zweiten Frauenbewegung und der in diesem Kontext entstandenen Frauen- und Geschlechterforschung. Gerade der historischen Frauen- und Geschlechterforschung kam es dabei zu, die Geschichtlichkeit der Geschlechterdifferenz aufzuzeigen. Es galt die Geschichtlichkeit als Wesensmerkmal der Geschlechtsbeziehungen – „als anti-natürliche Repräsentation der Differenz"[3] – darzustellen. In diesem Sinn ist die Frauen- und Geschlechterforschung immer ein „Anschreiben" gegen das Postulat der „Naturhaftigkeit" hierarchischer Geschlechterordnungen sowie das Erkennen ihrer Historizität und ihrer gesellschaftlichen und politischen Regulation. Verbunden ist damit auch die Möglichkeit der Politisierung und Veränderung von Geschlechterverhältnissen.

Nun machen zwar alle Menschen Geschichte[4], doch gerade das Leben und Handeln von Frauen blieb lange Zeit aus der Geschichtsschreibung ausgeschlossen und verdrängt. Der vorliegende Band behandelt eine Zeit – von der Nachkriegszeit bis zum Ende der 1960er Jahre –, in der die Geschlechterverhältnisse in Bewegung geraten sind und „alles" daran gesetzt wurde, sie wieder zu „normalisieren". Wurden Frauen im Nationalsozialismus – wie schon im Austrofaschismus – vorerst durch verschiedene Maßnahmen[5] in ihren scheinbar „ureigensten" Bereich, die Familie, zurückgedrängt, so sollten sie mit Beginn des Krieges im September 1939 nach und nach die zur Wehrmacht eingezogenen Männer ersetzen. Der Übergang zu kriegswirtschaftlichen Verhältnissen zwang, entgegen der NS-Ideologie, dazu, Frauen – zuerst jüngere und ledige, später auch verheiratete und Mütter – in den Arbeitsmarkt einzugliedern. Vor diesem Hintergrund erreichte die Frauenbeschäftigung 1944 einen historischen Höchststand von 60%.[6]

Auch in der unmittelbaren Nachkriegszeit war die Frauenbeschäftigung sehr hoch, mussten Frauen doch zum einen die noch nicht heimgekehrten oder im Krieg gefallenen Männer ersetzen und zum anderen das Überleben ihrer Familien sichern. Diese Durchbrechung der traditionellen Geschlechterrollen wurde damals als vorübergehende Situation und „Ausnahmezustand" betrachtet, der als unerwünscht und „unnatürlich" empfunden wurde und mit der zunehmenden Normalisierung der Gesellschaft wieder verschwinden sollte. Die Reetablierung traditioneller Geschlechterhierarchien wurde dabei von den meisten Frauen als selbstverständliche Realität betrachtet. Die sie beschränkenden propagierten Lebensformen, vor allem das Ideal der Kleinfamilie, ging mit einem Rückzugs- und Ruhebedürfnis von weiten Teilen der Bevölkerung konform. Frauen sollten wieder ausschließlich ihre familiären und häuslichen Aufgaben übernehmen, um die Geschlechterverhältnisse – zumindest an der Oberfläche – zu stabilisieren, auch wenn in der unmittelbaren Nachkriegszeit hinsichtlich der geschlechtsspezifischen Arbeitsteilung noch lange nicht zu den scheinbar gewohnten Zuständen zurückgekehrt werden konnte.[7] Die allgemeine Wahrnehmung, nach der Frauenerwerbstätigkeit ein „modernes" Phänomen sei, in dem Sinn, dass es erst ab ca. der Mitte des 20. Jahrhunderts (massiver) in Erscheinung tritt, erweist sich – bei genauer Betrachtung – als Mythos. Seit dem ausgehenden 19. Jahrhundert liegt der Anteil der Frauen an der Gesamtzahl der Beschäftigten durchwegs bei knapp unter oder etwas über 40%.[8]

Aber nicht nur in Hinblick auf die traditionelle Arbeitsteilung zwischen den Geschlechtern war noch keine „Normalität" eingekehrt. Der Krieg, die lange Abwesenheit der Männer und die oft übereilt geschlossenen Ehen während des Krieges führten zu einer Entfremdung zwischen Frauen und Männern. So stieg die Zahl der Scheidungen in den Nachkriegsjahren rasch an, wobei insbesondere die „Kriegsehen" betroffen waren. In Tirol etwa erreichte die Zahl der Ehescheidungen 1948 einen Höchststand, der erst im Jahr 1975 wieder zu verzeichnen war.[9]

Kulturelle Leitbilder und Lebensrealität waren also weit voneinander entfernt und insbesondere Frauen konnten die an sie gestellten Anforderungen nur mit einem extrem ausgedehnten Arbeitspensum – im Haushalt und in der Erwerbsarbeit – bewältigen. Die Reduktion von Frauen auf die Hausfrauentätigkeit und die Mutterschaft war dabei nicht nur ein Produkt der NS-Ideologie, das nach 1945 fortwirkte, wenngleich sie hier besonders zum Tragen kam. Vielmehr sind gesellschaftliche Diskurse, etwa in der Nationalökonomie oder den Gewerkschaften sowie sozialreformerische Diskussionen des 19. Jahrhunderts, schon prägend.[10] Hier wurde ein Gegensatz zwischen Frausein und Lohnarbeit konstruiert, der sich in Österreich auf einer ideologischen Ebene zumindest bis in die 1950er Jahre hielt. Frauenarbeit im öffentlichen Raum, in der Fabrik oder im Amt, wurde in moralischen Kategorien diskutiert. So wurde Frauen durch „artfremde" Arbeit etwa eine Erschütterung des seelischen Gleichgewichts und eine Zerrüttung ihrer Gesundheit diagnostiziert.[11] Unterstützt wurde diese Haltung gegenüber der Frauenerwerbsarbeit auch durch Gewerkschaften, die Frauen vor allem als Konkurrentinnen ihrer eigentlichen Klientel, die männlichen Arbeiter, und als Lohndrückerinnen betrachteten und mit ihrer Politik explizit ein Hausfrauen/Familienerhalter-Modell propagierten. Das bürgerliche Familienmodell sollte im Sinn sozialen Fortschritts auf die Arbeiterklasse ausgedehnt werden und wurde nicht zuletzt im Wohlfahrtsstaat der Zweiten Republik verankert.[12]

Die Rigidität, mit der an traditionell-hierarchischen Geschlechtsrollen vor allem in den 1940er und 1950er Jahren festgehalten wurde, muss auch im Zusammenhang mit einer Erschütterung männlicher Identitäten betrachtet werden. Zum einen mussten Männer feststellen, dass Frauen während ihrer Abwesenheit in der Lage waren, die „männliche" Rolle der Familienerhalterin auszufüllen und dadurch häufig einen Selbstbewusstseinszuwachs erfahren hatten. Zum anderen wurden der verlorene Krieg und die Anwesenheit der alliierten Soldaten, die als potentiell übermächtige Rivalen betrachtet wurden, als Demütigung empfunden. Die Kompetenz der Frauen im Nachkriegsalltag und die eigene Desorientierung in dieser Situation führten bei vielen Männern zu Ohnmachts- und Unterlegenheitsgefühlen.[13] Damit war auch die männliche Autorität in den Familien in Frage gestellt worden. Umso stärker wurde auf ideologischer Ebene die Unterordnung von Frauen und ihr Verweis in die häusliche Sphäre propagiert. Beispiele dafür finden sich sowohl in Tageszeitungen, in der Ratgeberliteratur und den Benimmbüchern, die in jener Zeit Hochkonjunktur hatten, als auch in wissenschaftlichen Abhandlungen.

Die 1950er als auch die 1960er Jahre können als Entwicklung zu einer „Normalisierung der Geschlechterbeziehungen" betrachtet werden. Der „bedauerlichen Notwendigkeit" bezahlter Berufsarbeit von Frauen konnte das aber keinen Abbruch tun – im Gegenteil: Mit dem wirtschaftlichen Aufschwung ab 1954/55 nahm die Zahl der erwerbstätigen Frauen sogar zu.[14] Das Wirtschaftskonzept der Nachkriegsjahrzehnte erforderte so einerseits eine zunehmende Eingliederung von Frauen in den Erwerbsarbeitsmarkt, andererseits wurde aber auch auf die Familie bzw. familiale Frauenarbeit als Stützpfeiler gesellschaftlicher Reproduktion gesetzt – Haushalte waren in diesem Sinn „Produktionseinheiten", die fehlende Gebrauchsgüter ersetzten. Der Alltag der Frauen war so von Doppelbelastung und einer immer noch sehr ausgedehnten Reproduktionsarbeit gekennzeichnet. Die 1950er Jahre gelten zwar als Jahrzehnt des „Wirtschaftswunders", nicht aber des allgemeinen Wohlstands. Motor der wirtschaftlichen Entwicklung der „Wirtschaftswunderjahre" war die verstaatlichte Schwerindustrie – die Konsumgüterindustrie blieb dagegen noch unterentwickelt.[15]

Die steigende Erwerbsbeteiligung von Frauen änderte aber wenig an ihrer Benachteiligung: Sie waren überdurchschnittlich in traditionellen „Frauen-Branchen" und in niedrigen Qualifikationsstufen beschäftigt sowie auf Bereiche mit geringer Bezahlung konzentriert. Die Gründe dafür liegen zum einen in der geringen Ausbildung und zum anderen in der Wahl typischer Frauenberufe sowie dem eingeschränkten Stellenangebot für Frauen. Der Bildungsstand von Frauen war generell niedrig, ein Großteil der Frauen hatte keine über die Pflichtschule hinausgehende Ausbildung. Die Ursachen dafür liegen weniger in formalen oder gar gesetzlichen Beschränkungen der Frauen- und Mädchenbildung als in den gesellschaftlichen Normen begründet. Denn nach dem Zweiten Weltkrieg standen Mädchen prinzipiell alle Formen der Mittel- und Hochschulen offen, beibehalten wurde aber die Geschlechtertrennung in den Schulen – sie wurde erst 1975 aufgehoben – und eine ideologische Haltung, die eine kulturelle Geschlechterdifferenz beförderte. Dem entsprechend liest sich etwa ein Entwurf für ein Schul- und Erziehungsgesetz aus dem Jahr 1948 so: Es kann „nicht Aufgabe des Erziehungssystems sein [...] die naturgegebenen Unterschiede in der seelischen Struktur, in der geistigen Einstellung und der natürlichen Bestimmung der beiden Geschlechter zu nivellieren: vielmehr ist es Aufgabe der modernen Pädagogik, den naturbedingten Entwicklungstendenzen volle Entwicklungsfreiheit zu wahren und sie in ihren natürlichen Bahnen zu fördern"[16]. Dass Bildung ein wesentlicher Faktor wirtschaftlicher Entwicklung ist, etablierte sich in der österreichischen Politik erst gegen Ende der 1950er Jahre. So kam es in den frühen 1960ern zur Förderung der Chancengleichheit im Bildungsbereich mit dem Ziel, für größere Gruppen höhere formale Bildungsabschlüsse zu ermöglichen. Grundsätzlich zielten die Maßnahmen im Rahmen der Bildungsexpansion zwar in erster Linie auf Kinder von ArbeiterInnen und Bäuerinnen/Bauern und nicht unbedingt auf Mädchen und Frauen, trotzdem konnten sie wesentlich davon profitieren. Folge war eine Ausweitung der LehrerInnenausbildung bei Frauen und der mittleren Schulbildung. Bei den MaturantInnen und AkademikerInnen konnte der Frauenanteil vorerst aber noch nicht erhöht werden. Ab den 1970er Jahren beteiligten sich die Frauen verstärkt an der Bildungsexpansion und so ist in den 1970ern und 1980ern ein deutlicher Aufholprozess zu verzeichnen.[17]

In den 1960er Jahren waren Frauen von den beginnenden wirtschaftlichen Umstrukturierungsprozessen stärker betroffen als Männer: Die Schrumpfung des landwirtschaftlichen Sektors ließ viele Frauen als Arbeiterinnen in die Industrie abwandern. Es kam zu einer Verschiebung von selbständiger und mithelfender zu unselbständiger Erwerbstätigkeit. Die steigende Erwerbsbeteiligung von Frauen ist dabei eine Entwicklung, die bis heute anhält.[18] Generell war in der zweiten Hälfte der 1960er Jahre und noch mehr in den 1970er Jahren die Nachfrage nach Arbeitskräften stark gestiegen. In der Absicht, das „stille Arbeitskräftepotential" der kinderbetreuenden Frauen zu aktivieren, wurde im Zuge des Arbeitsmarktförderungsgesetzes von 1968 eine Maßnahme beschlossen, die den Wiedereinstieg von Müttern in das Erwerbsleben erleichtern sollte. Hintergrund dieser Maßnahme war auch das Interesse, die Zahl der „Gastarbeiter" in Österreich gering zu halten.[19]

Gleichzeitig gingen aber sozialpolitische Maßnahmen mit einer deutlichen Abkehr von der, in der Ersten Republik von sozialdemokratischer Seite noch geforderten, Vergesellschaftung der Reproduktionsarbeit einher. Vielmehr wurde mit Mitte der 1950er Jahre und dem beginnenden Ausbau des Wohlfahrtsstaates klar, dass nicht nur Hausarbeit, sondern auch Kindererziehung und -betreuung in erster Linie im Rahmen der Familie erfolgen sollten. Deutliches Signal dafür war die Einführung einer neuen Mutterschutzregelung im Jahr 1957, in deren Rahmen erstmals die Möglichkeit geschaffen wurde, im Anschluss an die Mutterschutzfrist einen sechsmonatigen unbezahlten Karenzurlaub zu beanspruchen. Im Gegenzug wurde die ehemalige (reichsdeutsche) Bestimmung, die Betriebe zur Errichtung von Betriebskindergärten oder zur Unterstützung von kommunalen Kinderbetreuungseinrichtungen verpflichtete, abgeschafft. Eine Fortsetzung fand diese Politik in einer Neuregelung des Karenzurlaubes im Jahr 1961, mit der der Karenzurlaub auf ein Jahr ausgeweitet und ein Karenzurlaubsgeld eingeführt wurde. Die SPÖ proklamierte diese Maßnahmen als „wirkungsvollste Form des Kinderschutzes", ÖVP-Politiker unterstrichen die Hebung der „Bereitschaft zur Mutterschaft". Hintergrund für diese Maßnahmen dürften nicht zuletzt auch die relativ hohe Arbeitslosigkeit in den 1950er Jahren, die Verlangsamung des Wirtschaftswachstums in der zweiten Hälfte des Jahrzehnts und eine sinkende Geburtenziffer gewesen sein.[20] Konservative Sozialpolitik und progressive Frauenpolitik standen in Österreich schon seit der Ersten Republik in einem Spannungsverhältnis. Der einseitige Ausbau monetärer Leistungen bei gleichzeitiger Rücknahme sozialer Dienste im Sinn von institutioneller Kinderbetreuung gab Ersterem eindeutig den Vorzug.

Die 1950er und 1960er Jahre sind so auch die Blütezeit der Kleinfamilie, die sich als Lebensform zum ersten Mal in einem Ausmaß für alle sozialen Schichten durchsetzt, wie niemals zuvor oder danach: 90% aller Menschen heiraten, 85% aller Frauen gebären mindestens ein Kind und die Unehelichenrate fällt.[21] Auch die strengen moralischen Normen für Liebe und Sexualität, die sich vor allem in so genannten Ehe- und Benimmbüchern manifestieren und Indiz für äußerst sexistische Frauenbilder sind, zeigen eine starke Ablehnung hinsichtlich der Egalisierung von Geschlechterverhältnissen. Gleichzeitig wurde gesellschaftspolitisch eine Beziehungsform idealisiert, die offensichtlich den Interessen und Ängsten von Männern entgegenkam, für einen Teil der Frauen aber unrealisierbar blieb. Denn die demographische Frauenmehrheit bzw. der „Männermangel" der Nachkriegsjahrzehnte machte das Leben einer Ehe oder Partnerschaft für viele Frauen unmöglich. Frauen, die ohne Mann lebten, stellten aber eine Normabweichung dar, die die „Natürlichkeit" der kleinfamiliären Lebensweise in Frage stellte und dementsprechend abgewertet wurde.[22]

In der zweiten Hälfte der 1960er Jahre kommt es nicht zuletzt durch eine Periode wirtschaftlicher Prosperität zu grundlegenden Einbrüchen in der Gesellschaft, die auch durch die – in Österreich zu diesem Zeitpunkt sicher noch zaghafteren – neu entstehenden sozialen Bewegungen angezeigt werden. Diesen gesellschaftlichen Veränderungen wird auf politischer Ebene aber erst ab den 1970er Jahren entsprochen.[23] Wirtschaftlicher Aufschwung und gesellschaftliche Umbrüche führten dazu, dass sich das Erwerbsverhalten von Frauen veränderte: So wird mit Ende der 1960er Jahre (und verstärkt noch in den 1970ern) von einem Übergang vom so genannten „Zweiphasenmodell" zum „Dreiphasenmodell" gesprochen. Während in den 1950er und 1960er Jahren viele Frauen mit der Heirat oder der Geburt des ersten Kindes aus dem Erwerbsleben endgültig ausgeschieden sind, kehrten nun immer mehr Frauen nach einer Familienpause wieder in die Erwerbstätigkeit zurück. Weiterreichende Ansätze zu einer Demokratisierung von Geschlechterverhältnissen kamen erst in den 1970er Jahren zum Tragen. Die ab 1970 regierende SPÖ-Alleinregierung leitete eine Reformpolitik ein, die eine Reihe von Maßnahmen mit dem Anspruch auf sozialen und institutionellen Wandel setzte. Zentral sind hier nicht zuletzt geschlechterpolitische Reformen, die auch unter dem Druck der Neuen Frauenbewegung und im Zuge einer internationalen Gesetzgebungswelle umgesetzt werden. Hervorzuheben sind hier die Strafrechtsnovelle im Zuge der Einführung der Fristenlösung 1975 und die Ehe- und Familienrechtsreform von 1976, mit der Frauen endlich die Vormundschaft über ihre Kinder erhielten, die Erwerbstätigkeit von Frauen nicht mehr von der Zustimmung des Ehemannes abhängig gemacht wurde und etwa auch die Wohnsitzfolgepflicht der Ehefrau aufgehoben wurde.

Resümierend kann also gesagt werden, dass das Jahr 1945, das allgemein als historischer Bruch bezeichnet wird, in geschlechterpolitischer Hinsicht viel mehr durch Kontinuitäten gekennzeichnet ist. Denn auf ein erstes Aufbrechen geschlechtshierarchischer Strukturen musste hierzulande noch beinahe drei Jahrzehnte gewartet werden.

Anmerkungen

1 Gorbach, 1954, S.15
2 Fraisse, 1996, S.77
3 Ebd., S.68
4 Lerner, 2002, S.281
5 Dazu gehörten unter anderem fiskalische Anreize zum Rückzug aus der Erwerbstätigkeit und dem Gebären von Kindern oder auch ein Verbot von institutioneller Familienberatung und Sexualaufklärung, die Zurückdrängung der Empfängnisverhütung und ein massives Vorgehen gegen Abtreibung. Darüber hinaus kam es auch zu Entlassungen von Frauen aus dem öffentlichen Dienst im Rahmen der so genannten Doppelverdiener-Kampagnen und einer Beschränkung des Zugangs von Frauen zur Universität.
6 Münz/Neyer, S.41 und S.44-45, in: Münz/Neyer/Pelz (Hrsg.), 1986, S.13-76; Khazen, 1997, S.33

7 Thurner, S.55-56, in: Albrich/Eisterer/Gehler/Steininger (Hrsg.), 1995, S.53-66; Weiss, 1998, S.8-9
8 Bolognese-Leuchtenmüller, S.170-171, in: Dies./Mitterauer (Hrsg.), 1993, S.169-190
9 Weiss, 1998, S.20-21
10 Vgl. Scott, S.451-479, in: Fraisse/Perrot (Hrsg.), 1994
11 Vgl. Weiss, 1998
12 Vgl. Weiss, S.261-282, in: Schreiber/Hoffmann (Hrsg.), 2004
13 Thurner, S.11, in: Bandhauer-Schöffmann/Hornung (Hrsg.), 1992, S.3-14
14 Lichtenberger-Fenz, S.233, in: Zeitgeschichte, 19. Jg., 1992/H 7/8, S.224-240
15 Weiss, 1998, S.29-30; Pleschberger, S.15, in: Ludwig/Mulley/Streibl (Hrsg.), 1991, S.11-24
16 Mayer/Meissner/Szek, 1952, S.151, zit. n. Fischer-Kowalski/Seidl, 1986, S.29
17 Fischer-Kowalski/Seidl, 1986, S.29; Cyba, S.439-440 und S.444, in: Sieder/Steinert/Tálos (Hrsg.), 1995, S.435-458
18 Cyba, 1995, S.438
19 Khazen, 1997, S.37
20 Münz/Neyer, 1986, S.47-49; Pleschberger, 1991, S.15
21 Thurner, 1995, S.56
22 Rosenberger, S.39, in: ÖZP 24. Jg., 1995/H 1, S.35-51; Weiss, 1998, S.49-50
23 Köpl, S.249-269, in: Fröschl/Zoitl (Hrsg.), 1986

„Die soziale Arbeit ist das Amerika der Frau"

Die Entwicklung Sozialer Arbeit zum „modernen Frauenberuf"

Frieda Duensing[1] bezeichnete dieses Berufsfeld zu Beginn des 20. Jahrhunderts als das „Amerika der Frau" und wies damit euphorisch auf die darin enthaltenen „unbegrenzten" Möglichkeiten hin. Sie erkannte die Möglichkeiten der Frauen zur Pionierarbeit, zur Eroberung, zur Eigengestaltung immer neuer Arbeitsfelder und somit Handlungsspielräume, die Frauen zu dieser Zeit sonst kaum vorfanden, wenn es um außerhäusliche Erwerbsarbeit ging. Verberuflichte Soziale Arbeit ist vor allem ein Produkt der ersten Hälfte des letzten Jahrhunderts. Mit der Industrialisierung wurde eine Reform der traditionellen Armenfürsorge notwendig und ab dem Ersten Weltkrieg war ein steigender Bedarf an qualifiziertem Fürsorgepersonal zu verzeichnen. Die Entwicklung zu einem Beruf steht aber auch in engem Zusammenhang mit den Emanzipationsbestrebungen der Ersten Frauenbewegung. Diese bestanden unter anderem darin, die sehr beschränkten Bildungs- und Berufsmöglichkeiten von bürgerlichen Frauen zu erweitern und ihnen damit ein eigenständiges Leben unabhängig von einer „Versorgungsehe" zu eröffnen.

In Hinblick auf die Entwicklung dieses damals „modernen Frauenberufs" und die damit verbundenen neu geschaffenen Erwerbsmöglichkeiten für Frauen sollte es nicht verwundern, dass auch in der Gründungsphase von SOS-Kinderdorf Frauen eindrückliche Spuren hinterlassen haben. Zu einem Großteil ausgebildet im Fürsorge-, Pflege- und Bildungsbereich und mit einschlägiger Berufserfahrung fanden sie bei der Gründung des Sozialwerkes und im Aufbau der Projekte „ihr Amerika". Es sind unter anderem die Bildungs- und Berufsbiographien der Pionierinnen, welche die nähere Betrachtung von Frauenbildung und der Entwicklung Sozialer Arbeit bedingen. Diese Auseinandersetzung verdeutlicht die Möglichkeiten, aber auch die Grenzen von Frauen hinsichtlich einer unabhängigen Lebensführung. Die ursprüngliche Konzeption von Sozialer Arbeit als Frauenberuf macht zudem eine Reflexion der geschlechtsspezifischen Konstruktion des Berufsbildes und -feldes notwendig. Seit seiner Gründung ist SOS-Kinderdorf eingebettet in die historischen Prozesse der Verberuflichung und Ausdifferenzierung Sozialer Arbeit und somit Teil dieses Arbeitsfeldes mit beruflicher Geschlechterordnung. So lassen sich auch bei SOS-Kinderdorf Spuren dieser historisch gewachsenen geschlechtsspezifischen Arbeitsteilung im Beruf identifizieren.

Reform der traditionellen Armenfürsorge

Moderne Soziale Arbeit verstanden als jene spezifisch personenbezogenen, fachlich qualifizierten und beruflich wahrgenommenen sozialen Dienstleistungen ist ein Produkt der Moderne. Die beschleunigte Industrialisierung in der zweiten Hälfte des 19. Jahrhunderts war begleitet von einem rasanten Wachstum der Städte. Die Existenzweise der Menschen in den Städten war dadurch gekennzeichnet, dass sich immer weniger aus eigener Kraft mit den Gütern des alltäglichen Lebensbedarfs versorgen konnten.[2] Seit der wirtschaftlichen Depression 1873 bis 1896 sank zudem die Zahl der Erwerbstätigen und die Arbeitslosigkeit stieg. „Die sozialen Notstände, mit denen die rasch wachsenden Städte im Gefolge des massenhaften Zuzugs proletarischer Armutsschichten konfrontiert wurden, überforderte die traditionelle kommunale Armutsfürsorge haltlos."[3] Die Notwendigkeit eines von Grund auf neu aufzubauenden und auszurichtenden Fürsorgewesens war offensichtlich. 1916 wurde in Österreich unter dem „sozial aufgeschlossenen"[4] Kaiser Karl I. und unter der Mitwirkung des „für seine fortschrittliche Gesinnung bekannten, im sozialdemokratischen Lager angesiedelten"[5] Mediziners Julius Tandler das Ministerium für Soziale Fürsorge gegründet.[6] Mit Ende des Ersten Weltkriegs wurde die christlich-soziale Wiener Stadtregierung von einer sozialdemokratischen abgelöst. Dem stark angestiegenen Bedarf an Fürsorgeleistungen wurde im „Roten Wien" mit einer Wende in der Fürsorgepolitik begegnet. Im Gegensatz zur bislang caritativen, ehrenamtlich ausgeübten und punktuell eingesetzten Wohltätigkeit verstand sich die Sozialdemokratische Wohlfahrt als Vorreiter einer kollektivistischen Hilfeleistung. Sie vertrat die Auffassung, dass die Gesellschaft verpflichtet sei, allen Hilfsbedürftigen Hilfe zu gewähren. Vor allem Kinder und Jugendliche hätten ein Recht auf Fürsorge.[7] Der dabei federführende Julius Tandler, der inzwischen Stadtrat geworden war, gestaltete die Anstaltserziehung grundlegend nach dem Motto „Wer Kindern Paläste baut, reißt Kerkermauern nieder"[8] um und beschäftigte zunehmend ausgebildetes Personal. Doch nicht nur der Bereich der Kinder- und Jugendfürsorge wurde reformiert und erfuhr eine Ausweitung. Mit der Reform wuchsen Leistungen und Maßnahmen jenseits der klassischen Armenfürsorge, wie beispielsweise die Wohnungs- und die Gesundheitsfürsorge.

Diese Ausdifferenzierung sowie die dadurch bedingte Spezialisierung und Verwissenschaftlichung ihrer Grundlagen schuf den Bedarf an qualifiziertem Personal. Es bestand Einigkeit darin, dass unausgebildete ehrenamtliche HelferInnen, welche die Basis der öffentlichen Fürsorge bildeten, den Anforderungen der neuen „socialen Fürsorge" nicht mehr standhalten konnten.[9] Somit begann ein neuer Dienstleistungsberuf Gestalt anzunehmen.[10] Es waren vornehmlich Frauen aus bürgerlichen Kreisen, die diesen neuen Dienstleistungsberuf ausübten, vermittelten, forcierten und ihn damit gestalteten. Sie verknüpften Vorstellungen des Emanzipationsprozesses der bürgerlichen Frauenbewegung mit den zeitgenössischen Konzepten der Sozialreform.

Bürgerliche Frauenbewegung und die Verberuflichung Sozialer Arbeit

Seit der Entstehung und Durchsetzung der bürgerlichen Gesellschaft im 18. Jahrhundert wurde das Verhältnis von Öffentlichkeit und Privatheit als zwei geschlechtsspezifisch getrennt organisierte Sphären konzipiert. In diesen komplementären Gegenwelten wurden Frauen mit Hilfe biologistischer Argumentationen immer wieder auf den Privatbereich verwiesen. Entgegen dieser Ideologie einer geschlechtsspezifischen Arbeitsteilung sahen die konkreten Lebenswirklichkeiten von Frauen und insbesondere von Arbeiterinnen oder Bäuerinnen allerdings vielfach anders aus.[11] In dieser Position des Eingeschlossenseins in den Privatbereich und zugleich des Ausgeschlossenseins aus dem öffentlichen Leben trat die gemäßigte bürgerliche Frauenbewegung für eigenständige Lebenskonzepte und die Durchsetzung gleicher sozialer und politischer Rechte von Frauen ein. Es wurden Perspektiven öffentlichen Handelns entwickelt, die einen aktiven Gegenentwurf zur Familienrolle darstellten, vor allem, wenn diese nicht „normadäquat“ im Sinne von Heirat und Mutterschaft ausgefüllt wurde.[12] Dabei vertrat die gemäßigte bürgerliche Frauenbewegung die These der Polarität der Geschlechter, welche die Gleichwertigkeit bei gleichzeitiger Verschiedenheit betonte. „Die weiblichen Werte sollten gesellschaftliche Aufwertung und Anerkennung erfahren und nicht nur im Privaten, sondern auch in der Öffentlichkeit zu Geltung gebracht werden.“[13]

„Geistige Mütterlichkeit“ als emanzipatorisches Konzept

Die gemäßigte bürgerliche Frauenbewegung vertrat das Anliegen, weibliche Werte in die Öffentlichkeit hinein zu tragen. Dabei ging es den Vertreterinnen der Frauenbewegung einerseits um eine emanzipatorische Erweiterung der weiblichen Einflusssphäre. Andererseits verbanden sie damit eine bestimmte Form der Kultur- und Gesellschaftskritik an der rationalen Männerwelt. Diese Kulturkritik fand ihre konkrete inhaltliche Ausfüllung im Konzept der „geistigen Mütterlichkeit“.[14] Mütterlichkeit knüpfte an das „Eigene“ der Frauen an und wurde als ihre naturwüchsige Fähigkeit verstanden. Sie wurde zum Ausdruck eines spezifisch weiblichen Identitätsentwurfs, der dem männlichen überlegen definiert wurde, und zugleich zum politischen Programm.[15] „Gegen die auflösenden und zersetzenden Folgen der Industrialisierung, gegen die Verallgemeinerung sachlicher und technischer Rationalität sollte das weibliche Prinzip der Mütterlichkeit einen Schutzwall von Wärme, Emotionalität und sozialer Ganzheit aufrichten. Mütterlichkeit verstand sich als Inbegriff der Kritik an den männlich-kapitalistischen Prinzipien von Konkurrenz, Eigennutz, Spezialisierung und Bürokratisierung.“[16]

Wichtigstes Anliegen und tragende Säule dieses Emanzipationsprozesses war die Schaffung von Bildungs- und Berufsmöglichkeiten für Frauen. Diese Entwicklung speist sich aus dem Engagement der bürgerlichen Frauenbewegung, war aber auch eine Reaktion auf die Verschlechterung der ökonomischen Situation bürgerlicher Familien Ende des 19. und Anfang des 20. Jahrhunderts. Diese bedingte einen finanziellen Beitrag unverheirateter Töchter oder die Selbsterhaltungsfähigkeit von Frauen. Vertreterinnen der gemäßigten bürgerlichen Frauenbewegung forcierten eine dem „Wesen" von Frauen entsprechende Schulbildung. Diese sollte die Mädchen vor allem auf ihre Rolle als Hausfrau und Mutter vorbereiten, „zur Not" aber auch eine standesgemäße Berufstätigkeit und somit Unabhängigkeit ermöglichen.[17] Mit einem „eigentümlich konservativen Emanzipationsideal"[18] und einer Berufsvorstellung, die am (Ideal-)Bild der Mutter orientiert war, verband die gemäßigte Frauenbewegung ihre Forderung nach Bildung und Erwerbstätigkeit mit den traditionellen bürgerlichen Geschlechterbildern.[19] Nach dem Lehrerinnenberuf und der Krankenpflege entstand nun die Soziale Arbeit als „angewandte, auf die Welt übertragene Mütterlichkeit"[20]. Sie bot eine der wenigen standesgemäßen Möglichkeiten für bürgerliche Frauen, sich als aktiv Handelnde in die Welt hinaus zu bewegen.[21] Damit verbunden war die Hoffnung auf erweiterte Partizipationschancen von Frauen in Staat und Gesellschaft.[22] „Erziehungstätigkeit und soziale Hilfstätigkeit der bürgerlichen Frauen und Töchter im öffentlichen Raum wurden Schritt um Schritt durchgesetzt und boten die Chance einer sinnvollen selbständigen Tätigkeit jenseits von Ehe und Familie, die überdies der gesellschaftlichen Stellung entsprach, an die vorherrschenden kulturellen Deutungen anknüpfte und zunehmend sozial geachtet war, im weiteren geschichtlichen Verlauf sogar mehr oder minder bezahlt wurde."[23]

Bereits in der Vorkriegszeit des Ersten Weltkriegs wuchs die Zahl der erwerbstätigen Frauen in der Sozialen Arbeit.[24] Spätestens mit dem Ersten Weltkrieg und der Inflation wurde Soziale Arbeit zu einem modernen Erwerbsberuf für Frauen. Frauen des gehobenen Mittelstandes mussten nun auch aus finanziellen Gründen arbeiten. „Unterschichtsfrauen" vor allem aus dem sozialdemokratischen Milieu, die vorher Soziale Arbeit als Ausdruck bürgerlicher Herablassung kritisiert und abgelehnt hatten, fanden einen attraktiven Erwerbs- und Aufstiegsberuf vor.[25] Diese neu geschaffenen „gehobenen Frauenberufe" waren in mehrfacher Hinsicht interessant, wie auch die Portraits der Pionierinnen bei SOS-Kinderdorf verdeutlichen werden. Zehn der 15 Frauen brachten eine oder mehrere Ausbildungen im Fürsorge-, Erziehungs-, Bildungs- oder Pflegebereich sowie einschlägige Berufserfahrung mit. Da drei Frauen zwei einschlägige Berufsausbildungen absolvierten, finden sich unter den Pionierinnen vier Sozialarbeiterinnen, drei Lehrerinnen, drei Krankenschwestern und drei Seelsorgehelferinnen. Diese Zahlen zeigen, dass nicht nur diese neu geschaffenen Berufsfelder für Frauen an Bedeutung gewannen, sondern auch die damit verbundenen erweiterten Bildungsmöglichkeiten.

Gründung der ersten „Sozialen Frauenschulen"

Vor dem Hintergrund der Prozesse der Verwissenschaftlichung, der Systematisierung von Wissensbeständen und von Konzeptionen sozialer Hilfe in der Fürsorge entstand die Notwendigkeit spezifischer Kenntnisse und Qualifikationen der darin Tätigen und somit einer besonderen Ausbildung. Die Sozialen Frauenschulen erfüllten einerseits die Forderung der Frauenbewegung nach „höherer Frauenbildung“ und waren andererseits die Antwort auf fortwährende Klagen über die Inkompetenz traditioneller ehrenamtlicher Armenpfleger.[26]

In Deutschland war es vor allem Alice Salomon, die eine spezifisch weibliche, fachliche Ausbildung von Anfang an zum konstitutiven Bestandteil weiblicher Sozialarbeit machte. Sie war seit 1899 die Vorsitzende der sechs Jahre zuvor gegründeten „Mädchen- und Frauengruppen für Soziale Hilfsarbeit“.[27] Diese Gruppen waren die institutionelle Basis der Frauenbewegung im Bereich der Sozialarbeit[28] und die Vorläufer der von Salomon 1908 in Berlin gegründeten „Sozialen Frauenschule“.[29] Da Salomon davon ausging, dass ihre Schülerinnen soziale Notstände nur dann mildern könnten, wenn sie über deren Ursprünge Bescheid wussten, wurden in der „Sozialen Frauenschule“ pädagogische Kenntnisse ebenso vermittelt wie volkswirtschaftliche, sozialwissenschaftliche und rechtliche Grundlagen.[30] In den folgenden Jahren wurde die Soziale Frauenschule zur Basis für ein Netzwerk von Sozialreformerinnen. Salomon hoffte, dass an ihrer Schule der ideelle Charakter der Sozialen Arbeit bewahrt werden konnte, musste aber nach einigen Jahren feststellen, dass die Mehrheit der Schülerinnen eine Ausbildung anstrebte, die „Sicherheit und Pension“ versprach.[31]

Die österreichische Fürsorgetheoretikerin Ilse von Arlt hatte 1910 beim Internationalen Kongress für „Öffentliche Armenfürsorge und Private Wohltätigkeit“ in Kopenhagen die Forderung nach einer fachlich fundierten Ausbildung und nach der Schaffung eines Berufes der Wohlfahrtspflegerin erhoben. Die von ihr 1912 in Wien gegründeten Vereinigten Fachkurse für Volkspflege waren eine der ersten Fürsorgerinnenschulen in Europa und die erste Schule in Österreich.[32] Ilse von Arlt war zudem in beratender Funktion bei weiteren Schulgründungen in Österreich tätig. Das gilt auch für die erste mit Öffentlichkeitsrecht ausgestattete Ausbildungsstätte für Fürsorgerinnen, die 1916 gegründete „Sozialcaritative Frauenschule“ in Wien.[33] In einem Werbeblatt der Sozialcaritativen Frauenschule aus dem Jahr 1916 werden die damaligen Leitvorstellungen innerhalb der Sozialen Arbeit – Emanzipation, soziale Mission als „Kulturaufgabe“ der Frau auf Grund ihrer „naturwüchsigen“ Fähigkeiten und wissenschaftlich fachliche Kompetenz – deutlich: „Nun aber wächst zu schier unabsehbarer Weite das Feld der caritativen Arbeit heran und stellt uns Frauen *noch höhere* Anforderung als bisher. Da soll zu rechter Stunde eine Mahnung ergehen an das weibliche Geschlecht, vor allem an die Mütter, in deren Händen die Leitung der Mädchenseele liegt, und an all jene Frauen, die mit Herz und Verstand den großen sozialen Problemen der Gegenwart ins Auge sehen. Nur diejenige, welche den erhöhten Anforderungen der neuen Zeit gewachsen ist – welche dem riesenhaften Organismus der Volkswirtschaft nicht fern steht – welche die Fragen der großen sozialen Not unserer Tage in ihrem Ursprung erfasst und kennen gelernt hat – diejenige, welche nicht bloß Almosen zu reichen versteht, sondern auch Ratgeber und Rechtsschützer, Arbeitsvermittler und Erzieher sein darf, diejenige nur wird ihrer guten Sache recht dienen und wahrhaft fruchtbringend wirken.“[34]

An dieser Schule absolvierte beispielsweise Maria Hofer[35] ihre Ausbildung. Sie hatte nach kurzer Zeit in der pfarrlichen Arbeit erkannt, dass es einer fundierten Ausbildung bedurfte, um notleidenden Menschen adäquat helfen zu können.

Geprägt durch die Ausbildung zur Fürsorgerin sowie durch das innovative Fürsorgeverständnis im „Roten Wien" hinterließ die einzige sozialarbeiterische Fachkraft im Gründungsteam der Sociatas Socialis ihre Spuren bei SOS-Kinderdorf.

Geschlechterhierarchie im „modernen Frauenberuf" Soziale Arbeit

Der Beruf der Fürsorgerin war zunächst ein reiner Frauenberuf, die männlichen Sozialkräfte hatten keine fachspezifische Ausbildung absolviert und waren vor allem in der Sozialverwaltung tätig.[36] Anders als die erste Generation der Frauen in diesem Berufsfeld kamen die vergleichsweise wenigen Männer nicht aus dem Großbürgertum. Für diese war das Berufsfeld auf Grund des geringen Prestiges und Einkommens sowie der begrenzten Aufstiegsmöglichkeiten wenig attraktiv. Es ist anzunehmen, dass der Großteil der Männer in der Sozialen Arbeit aus dem Kleinbürgertum kam.[37] Auch wenn Soziale Arbeit als „exklusiver Frauenberuf" und die Anzahl der darin Erwerbstätigen expandierten, gelang nur einer Handvoll von Frauen der Aufstieg in Leitungspositionen von Wohlfahrt und Administration. Diese wurden nur in Ausnahmefällen mit ausgebildeten Frauen, meist jedoch mit berufsfremden Männern besetzt.[38] „Soziale Arbeit veränderte sich so von einem Konzept weiblicher Emanzipation zu einem Dienstleistungsberuf unter männlicher Leitung."[39] Einen der Hintergründe benannte Alice Salomon 1932 mit Bezug auf Frieda Duensings Aussage „Die soziale Arbeit ist das Amerika der Frau"[40]: „In der Tat trifft das fast in allen Ländern zu, solange die soziale Arbeit sich in ihrem ersten Entwicklungsstadium befindet. Die begabten Frauen, die schöpferischen Kräfte schaffen sich eine Aufgabe. Es entwickelt sich für sie daraus ein Amt und eine Stellung. [...] Wo aber dann dieser Beruf entwickelt ist und an Geltung und Honorierung anziehender wird, werden die Leiter großer Ämter und Organisationen häufig aus Berufen entnommen, die keine unmittelbare Beziehung zu sozialen Aufgaben haben, aus der Verwaltungshierarchie, aus der medizinischen oder juristischen Laufbahn – oder [...] sie werden nach parteipolitischen Gesichtspunkten gewählt."[41] Dabei ging Alice Salomon nicht auf den geschlechtsspezifischen Aspekt dieser Entwicklung ein. Tatsächlich war aber auch die organisatorische Trennung von Fürsorge- und Verwaltungstätigkeiten mit geschlechtsspezifischen Schwerpunktbildungen für das Fehlen von Frauen in Leitungspositionen verantwortlich. So wandte sich die Familienfürsorgerin im weiblich dominierten Außendienst unmittelbar „ihren" Familien und KlientInnen zu, während Sozialbeamte im männlich dominierten Innendienst die Bürokratisierung der sozialen Hilfen realisierten. „In den Funktionen der Fürsorgerin und des Sozialbeamten standen sich idealtypisch weiblich konnotierte Dimensionen wie Gefühl, helfende Beziehung oder Mütterlichkeit sowie männlich konnotierte Dimensionen wie Verstand, Effizienz und Gerechtigkeit [...] gegenüber."[42]

Die berufliche Geschlechterordnung wirkte sich auch auf das Privatleben der darin Tätigen aus. Für Frauen galt, dass „Mütterlichkeit als Beruf" eine biologische Mutterschaft ausschloss und umgekehrt. Eine Fürsorgerin musste ledig sein, um sich als „soziale Mutter“ in direkten zwischenmenschlichen Beziehungen voll und ganz „ihren“ Familien widmen zu können. Diese Haltung vertraten nicht nur einstellende Behörden, sondern auch Vertreterinnen der bürgerlichen Frauenbewegung.[43] Ihrer Meinung nach konnten Frauen entweder „sozial“ oder „biologisch“, aber auf jeden Fall nur einmal Mutter sein. Alice Salomon betonte, dass soziale Berufsarbeit nicht „im Nebenamt, in einigen Stunden täglich etwa abgemacht werden“[44] könne. Für Fürsorgerinnen wurde allerdings nie ein explizites Zölibatsgebot aufgestellt, wie es beispielsweise bei Lehrerinnen[45] oder Seelsorgehelferinnen[46] zeitweise der Fall war.[47] Dabei ist zu betonen, dass die „geistige“ oder „soziale“ Mütterlichkeit zwar als Ersatz für die biologische galt, aber stets zweite Wahl blieb und der eigentlichen Bestimmung zur Ehe nachgeordnet war. Die „alleinstehende“ Frau wurde weiterhin als Mangelexistenz betrachtet und Ehelosigkeit negativ bewertet, die Möglichkeit eines „Gewinnes“ an weiblicher Autonomie tauchte nicht auf.[48] Auch wenn die Vereinbarkeit von Mutterschaft und Berufstätigkeit für Vertreterinnen der bürgerlichen Frauenbewegung nicht wünschenswert war, erkannten sie doch, dass dies in vielen Fällen existenziell notwendig war. Deshalb forderten sie unter anderem eine Schutzgesetzgebung für Arbeiterinnen und berufstätige Mütter sowie Maßnahmen zur Unterstützung der Arbeiterinnen bei ihren Familienaufgaben durch einen Hauswirtschaftsunterricht.[49] Im Gegensatz zu den Frauen schlossen sich die Tätigkeit als Sozialbeamter und Vaterschaft nicht aus. Als Sozialbeamter im Innendienst sollte er schließlich keine empathische Väterlichkeit praktizieren. Und wenn er „biologischer“ Vater wurde, musste er entsprechend den Vorstellungen der damaligen Zeit als Familienerhalter Geld verdienen.[50] Selbiges galt auch für Lehrer und für Mitarbeiter bei SOS-Kinderdorf.

Für Frauen bei SOS-Kinderdorf gab es nur bei Kinderdorfmüttern eine Verpflichtung zur Ehelosigkeit, die bis 1997 galt. Auch wenn die Frauen in diesem Buch nicht unter diese Bestimmung fielen, so entschied sich ein großer Teil der Pionierinnen aus unterschiedlichen Beweggründen früher oder später für ein „Entweder – Oder“ und blieb unverheiratet und kinderlos. Die Lebensgeschichten der Pionierinnen zeigen aber auch unterschiedliche Wege der Vereinbarkeit. Auch wenn religiöse und gesellschaftliche Werte die Norm weiblicher Lebensentwürfe vorgaben und als Bewertungsrahmen dienten, verdeutlichen die Biographien, dass Frauen auch damals schon die unterschiedlichsten Modelle lebten. Auf Grund gesellschaftlicher Rahmendbedingungen hatten sie es allerdings ungleich schwerer als heute, vor allem wenn sie zu sehr aus der Norm fielen.

Vergleicht man weitere der oben angeführten Überlegungen mit den Entwicklungen bei SOS-Kinderdorf, so zeigt sich an Hand von elf Portraitierten, dass Frauen in der PionierInnenphase der Organisation durchaus in leitender Funktion tätig waren. Und auch hier ist SOS-Kinderdorf ein „Kind seiner Zeit“: SOS-Kinderdorf war das „Amerika der Frau“, solange es sich im ersten Entwicklungsstadium befand. Sobald die Organisation und die diversen Projekte entwickelt waren und an Geltung und Honorierung anziehender wurden, sind die Leitungsstellen meist mit Männern (nach-)besetzt worden, deren Berufe häufig keine unmittelbare Beziehung zu sozialen Aufgaben hatten. Frauen sollten nun wieder „wesensgemäß“ vor allem mit Kindern und unter männlicher Leitung arbeiten. „Geistige Mütterlichkeit war also keineswegs das radikale Gegenkonzept zur traditionellen Familienrolle der Frau sondern Ersatzkonzept, ein Konzept, in das das Paradigma der patriarchalen bürgerlichen Familie tief eingelassen war.“[51]

Das Konzept der „Geistigen Mütterlichkeit“ wurde von Beginn an kontroversiell diskutiert. Konnten die bürgerlichen Frauen damit gewissermaßen subversiv ihre (gesellschaftlichen) Handlungsspielräume erweitern? Oder trugen sie durch die mit dem Konzept der „Geistigen Mütterlichkeit“ verbundenen Weiblichkeitsvorstellungen zur Festschreibung ihrer Unterordnung den Männern gegenüber bei?[52] Oder ist das Konzept letztlich eine Mischung aus Anpassung und Widerstand? Mit letzterer Interpretation wird die Leistung hinsichtlich der Erschließung eines ganzen Berufsfeldes, das Hinaustreten der bürgerlichen Frauen in die Öffentlichkeit und die Etablierung einer unabhängigen Existenz mit einer eigenen, selbstbewussten Deutung ihrer öffentlichen sozialen Rolle benannt. Sie trägt aber auch der Komplexität der zugrunde liegenden sozialen Prozesse Rechnung. Diese waren geprägt durch zeitgeschichtliche soziale Spannungen und Brüche, die auch das Geschlechterverhältnis betrafen.[53]

Die in diesem Kapitel dargestellte Entwicklung Sozialer Arbeit als „moderner Frauenberuf“ setzt um die Jahrhundertwende an. Es lässt sich feststellen, dass die darin angeführten geschlechtsspezifischen beruflichen Konzepte und Ideologien noch Jahrzehnte später und somit für den Zeitraum der in diesem Buch gewählten PionierInnenphase von SOS-Kinderdorf weitgehend gültig waren.[54] So findet sich folgendes Zitat in einem österreichischen Haushalts-, Erziehungs- und Lebensratgeber aus dem Jahr 1955: „Diese zutiefst weiblichen Wesenszüge und Fähigkeiten sind es ja auch, welche die Frau für bestimmte Berufe, für die Krankenpflege, die Kindererziehung, die Schule, die Fürsorge, die Medizin und die Hauswirtschaft besonders befähigen. Denn die ‚Mütterlichkeit‘ ist nicht auf das eigene Kind beschränkt oder auch nur davon abhängig. Jede, auch die kinderlos gebliebene Frau strahlt jene geistige Mütterlichkeit aus, die so anziehend und liebenswert macht.“[55] Wie diese Konzepte und Ideologien in der Praxis Sozialer Arbeit wirkten, lässt sich exemplarisch an der Gründung und Entwicklung von SOS-Kinderdorf und den Biographien maßgeblich daran beteiligter Frauen nachzeichnen.

Anmerkungen

1 Frieda Duensing war eine der deutschen Pionierinnen Sozialer Arbeit.

2 Vgl. Sachße, 2001, S.670

3 Ebd., S.671. In Wien führte dies beispielsweise um 1910 zu Wohnungsmangel, überbelegten Wohnungen und Obdachlosigkeit. Vgl. Frey, 2005, S.32f

4 Steinhauser, 1993, S.27

5 Ebd.

6 Dieses Ministerium war zuständig für die Aufgaben der Jugendfürsorge, der Kriegsopferfürsorge, der sozialpolitischen Gesetzgebung, der Sozialversicherung und des Volksgesundheitswesens. Vgl. ebd.

7 Vgl. Frey, 2005, S.38ff
8 Julius Tandler, zit. n. Scheipl, 2003, S.23
9 Vgl. Sachße, 2001, S.672f
10 Vgl. ebd., S.673; Frey, 2005, S.38f
11 Vgl. Maurer, 2001, S.1599
12 Vgl. Fleßner, 1995, S.12
13 Hinteregger, 1998, S.68
14 Vgl. Sachße, 2001, S.673, S.675; Hinteregger, 1998, S.68f
15 Vgl. Hinteregger, 1998, S.69; Fleßner, 1995, S.13
16 Sachße, 2001, S.673
17 Vgl. Ecker, 1995, S.141
18 Sachße, 2001, S.673
19 Vgl. Fleßner, 1995, S.12; Ecker, 1995, S.141
20 Jeanette Schwerin, zit. n. Fleßner, 1995, S.12
21 Vgl. Maurer, 2001, S.1598
22 Vgl. ebd., S.1600
23 Fleßner, 1995, S.12
24 Vgl. Sachße, 2001, S.675
25 Vgl. ebd., S.676, S.679
26 Vgl. Schüler, 2004, S.224
27 Vgl. Sachße, 2001, S.673f
28 Vgl. Hinteregger, 1998, S.74
29 Vgl. Schüler, 2004, S.223ff
30 Vgl. ebd., S.226
31 Vgl. ebd., S.229
32 Vgl. Frey, 2005, S.40f. Die erste Schule für Sozialarbeit in Europa wurde 1896 in Amsterdam eröffnet. Vgl. Pölzl, 2002, S.13
33 Vgl. Schermair, S.1999. Die Sozialcaritative Frauenschule wurde später zur Akademie für Sozialarbeit der Caritas der Erzdiözese Wien. Vgl. Pölzl, 2002, S.13
34 Auszug aus: Werbung für den Fürsorgeberuf, 1916, in: Steinhauser, ca. 1993, S.119
35 Ein Gründungsmitglied der Societas Socialis – SOS-Kinderdorf; vgl. Portrait Maria Hofer
36 Vgl. Maurer, 2001, S.1599
37 Vgl. Matzner, 2004, S.413
38 Vgl. Fleßner, 1995, S.17
39 Sachße, 2001, S.679
40 Frieda Duensing, in: Salomon, 1932, S.262. Frieda Duensing (1864-1921) war Juristin, Mitbegründerin und Vorsitzende des Deutschen Verbandes für Einzelvormünder, 1907-1916 Geschäftsführerin der Deutschen Zentrale für Jugendfürsorge und ab 1919 Direktorin der Sozialen Frauenschule München. Vgl. Fleßner, 1995, S.7
41 Salomon, 1932, S.262
42 Matzner, 2004, S.414
43 Vgl. ebd., S.415
44 Ebd.
45 Für Lehrerinnen galt das Zölibats-Gebot, wohingegen Lehrer heiraten durften. In Österreich galt das Lehrerinnenzölibat grundsätzlich bis 1918, in Tirol und Vorarlberg sogar noch bis 1938. Vgl. Ecker, 1995, S.142; Köfler, 1986, S.112. Zu Zeiten der k. u. k. Monarchie galt eine Eheschließung von Lehrerinnen als „freiwillige" Dienstentsagung. Vgl. Tesar, 1993, S.163. Nach 1933, in der Zeit des faschistischen Ständestaates, wurden verheiratete Lehrerinnen unter dem Vorwand der „Doppelversorgung" entlassen. Vgl. Ecker, 1995, S.142
46 Vgl. Portrait Maria Heissenberger
47 Das Leitbild der unverheirateten „jungfräulich" lebenden Frau im Erziehungs- und Pflegebereich hat seine Wurzeln vor allem in der langen klösterlichen Tradition der Armen- und Krankenpflege sowie der Mädchen- und Lehrerinnenbildung. Vgl. Sachße, 2001, S.673; Ecker, 1995, S.142
48 Vgl. Rosenberger/Weiss, 1999, S.327
49 Vgl. Hinteregger, 1998, S.71; Frey, 2005, S.51

50 Vgl. Matzner, 2004, S.415
51 Fleßner, 1995, S.13.
52 Vgl. Maurer, S.1599ff; Fleßner, 1995, S.15
53 Vgl. Fleßner, 1995, S.15
54 Vgl. ebd., S.10
55 Scheibenpflug/Schuler, 1955, S.27

SOS-Kinderdorf – innovativ und stabilisierend

Als 1949 der Vorgänger-Verein von SOS-Kinderdorf, die Societas Socialis, gegründet wurde, war Österreich gerade vier Jahre vom Nationalsozialismus befreit und in vier Besatzungszonen eingeteilt. In der Chronologie des Studienbuches „Österreich im 20. Jahrhundert" wird zum Jahr 1951 festgehalten: Am 15. April wird in Imst in Tirol das erste SOS-Kinderdorf eröffnet, am 27. Mai Theodor Körner zum Bundespräsidenten gewählt.[1] 1955 erlangte Österreich mit dem Abschluss des Staatsvertrages seine Unabhängigkeit und Souveränität. In den Nachkriegsjahren waren die Überlebenden herausgefordert, ihren Alltag zu organisieren. Die Erinnerungen an die systematische Ausgrenzung und Vernichtung sowie an die erlebten Verbrechen durch das nationalsozialistische Regime und die daran beteiligten Männer und Frauen hinterließen ihre Spuren. Die Kriegserfahrungen, der Verlust von Angehörigen und FreundInnen hatten die Menschen verändert und belasteten das Zusammenleben.

Frauen gewährleisteten in den Kriegs- und Nachkriegsjahren das Überleben der Familie, übernahmen die Arbeit in der Landwirtschaft, im Dienstleistungsbereich und in der Produktion und waren für die umfangreiche Reproduktionsarbeit zuständig. Die in Bewegung geratenen Geschlechterverhältnisse sollten nach der Rückkehr der Männer aus dem Krieg im Sinne der alten patriarchalen Ordnung wieder stabilisiert werden.[2] Idealbilder von Weiblichkeit, Familien-, Hausfrauen- und Mutterglück wurden propagiert und gepriesen.[3] Mit Frauenberufen wie im Sozialbereich konnten Frauen ohne eigene Familie den ihnen zugeschriebenen „wesensbedingten" Zuständigkeiten wie der Fürsorge um andere Menschen entsprechen.

Als Kind seiner Zeit leistete auch SOS-Kinderdorf einen Beitrag zur Stabilisierung der Geschlechterverhältnisse und zur Wiederherstellung der Ordnung in Familie und Gesellschaft. „Die dem Geist der 50er-Jahre verpflichteten vier Grundprinzipien [Mutter, Geschwister, Haus, Dorf, H.B.][4] sollten […] das traditionelle Verständnis von Familie und Geschlechterrollen, die durch die Auswirkungen des Krieges ins Wanken geraten waren, wieder stärken."[5] Insbesondere für den Beruf der Kinderdorfmutter warb SOS-Kinderdorf mit den „wesensgemäßen" Bestimmungen einer Frau: „Die ‚letzte Erfüllung der Frau' liege in der Gründung einer eigenen Familie. Frauen, denen dies versagt bliebe, ‚finden nun ihre frauliche Berufung in schönster Form in den SOS-Kinderdörfern […] erfüllt'."[6] Mit seinem Konzept sprach SOS-Kinderdorf Frauen an, die eine sinnstiftende Alternative zur „bedauerlichen Notwendigkeit" bezahlter Berufsarbeit[7] suchten. In der Arbeit mit und für Kinder wurden Frauen als Kinderdorfmütter ebenso eingesetzt wie als Mitarbeiterinnen und in leitenden Funktionen.

Die Zahl der Kinder und Jugendlichen aus geschiedenen Ehen, die Zahl der Halb- und Vollwaisen sowie der außerehelich geborenen Kinder hatte in der Kriegs-

und Nachkriegszeit stark zugenommen. Ein Jahrzehnt nach Beendigung des Zweiten Weltkrieges wurden in Tirol fast 5.000 Witwen und 6.400 Waisen gezählt.[8] Das Tiroler Fürsorgewesen kam seinem Auftrag unter ungünstigen Bedingungen nach: Ein Mangel an Pflegeplätzen und zu wenig Fürsorgemittel zur Bezahlung der Plätze erschwerten eine Unterbringung in einer Familie. Hoffnungslos überfüllte Heime und Internate, miserable Arbeitsbedingungen sowie zu wenig Personal mit oft bescheidener Ausbildung und ein autoritärer, militärisch orientierter und unterdrückender Erziehungsstil mit Belohnungs- und Bestrafungsmitteln führten zu pädagogischen Maßnahmen, die an Strafanstalten erinnerten.[9]

Schockiert von den Zuständen der staatlichen Fürsorge überlegten Hermann Gmeiner, der mit ihm befreundete Chemiestudent Franz Müller, die Fürsorgerin Maria Hofer, sein Studienkollege Ludwig Kögl und Fritz Haider aus seiner Pfarrjugendgruppe, wie elternlosen und verwahrlosten Kindern und Jugendlichen geholfen werden könnte.[10] Kurz nach der Vereinsgründung 1949 schrieb Hermann Gmeiner: „Die Societas Socialis ist eine neugegründete Sozialgesellschaft junger Menschen, die aus katholischen Kreisen zusammenfanden und sich zur Schaffung eines Jugendschutzes erst in Tirol und dann in Österreich verpflichtet haben."[11] Die Ziele des Vereins wurden in bewegten Diskussionen ausdifferenziert und noch im selben Jahr mit dem Bau des ersten Hauses im SOS-Kinderdorf Imst begonnen. Ab 1951 nahmen die Kinderdorfmütter Franziska Fahlenbock, Maria Weber, Andrea Lorber und Poldi Einramhof die ersten Kinder auf. Hermann Gmeiner übertrug 1957 die Leitung des Kinderdorfes in Imst an den damals 25-jährigen Fritz Haider.

SOS-Kinderdorf begann ab 1953, seine Tätigkeitsfelder zu erweitern. Für die schon bisher erfolgreiche Werbung und Mittelbeschaffung wurde ein kinderdorfeigener Verlag gegründet. In den folgenden zehn Jahren wurden im gesamten Bundesgebiet Zweigvereine ins Leben gerufen. Es entstanden Kinderdörfer in Osttirol und in Oberösterreich. 1956 wurde der Zweigverein SOS-Kinderdorf Wienerwald gegründet, es folgten SOS-Kinderdorf-Einrichtungen in Kärnten, in der Steiermark, im Burgenland, in Salzburg und Vorarlberg. Ebenfalls von 1953 an entwickelte sich das Ferienlager für SOS-Kinderdorf-Kinder am Caldonazzo-See im italienischen Trentino.

Das erste Jugendhaus für männliche Jugendliche entstand 1955 in Innsbruck-Egerdach, über ein Jahrzehnt später öffnete die erste SOS-Mädchenwohngemeinschaft in Innsbruck. Ab Mitte der 1950er Jahre erfolgte die Errichtung von SOS-Kinderdörfern außerhalb Österreichs. In Frankreich, der Bundesrepublik Deutschland und in Italien wurden SOS-Kinderdorf-Einrichtungen aufgebaut. Ab 1963 begann die Expansion nach Asien mit dem Aufbau eines SOS-Kinderdorfes in Südkorea und Ende der 1960er Jahre entstanden die ersten SOS-Kinderdörfer in Mittel- und Südamerika.

„In der Aufbauphase waren es zu einem sehr großen Teil Frauen gewesen, die viele Ideen zur Mittelaufbringung hatten, die Organisation aufbauten, den Kontakt zu Stiftern herstellten, die Mütterfindung übernahmen und für die ersten Schritte der Internationalisierung in Asien sorgten. Bald traten sie jedoch in den Hintergrund. Sie übernahmen keine Führungsposition, als die Organisation sich ausdifferenzierte und die Funktionen mit wesentlichen Entscheidungsbefugnissen besetzt wurden."[12] Im Hintergrund mit wesentlichem Einfluss zu agieren, gehörte damals und manchmal auch noch heute zu den vorrangigen weiblichen Tugenden.[13] Der Initiatorin und ehrenamtlichen Dorfleiterin des SOS-Kinderdorfes Osttirol, Albina Ertler, folgte zum Beispiel ein Mann nach. Auch für die Nachfolge von Franziska Lemayr in der Zuständigkeit für SOS-Kinderdorf in Südkorea wurde ein Mann bestellt. Gmeiners Hochachtung gegenüber den im SOS-Kinderdorf tätigen Frauen fügt sich in das Bild der Machtverteilung zwischen Frauen und Männern ein. „Er war sich bewusst, dass ohne ihren Idealismus, ihre unermüdliche Arbeit, ihre Opfer, ihre Verzichtsleistungen und ihre vielfältigen Kompetenzen SOS-Kinderdorf sich nie durchsetzen hätte können."[14] Die führenden Positionen der Organisation wie die Dorfleitungen in Österreich, das Generalsekretariat von SOS-Kinderdorf International oder Geschäftsführungen nationaler Vereine besetzte Hermann Gmeiner aber mit Männern.

SOS-Kinderdorf, damals wie heute eingebettet in gesamtgesellschaftliche Entwicklungen, befindet sich im Wandel. In Österreich sind 2006 vier regionale Geschäftsführerinnen im Amt. Monika Franta ist als regionale Geschäftsführerin seit 1994 letztverantwortlich für die Einrichtungen von SOS-Kinderdorf Wienerwald. Die Geschäfte von SOS-Kinderdorf Burgenland führt Doris Wild seit zwei Jahren, für die Einrichtungen in Kärnten ist Maria Theresia Unterlercher seit einem Jahr zuständig. Die Geschäftsführung von SOS-Kinderdorf Salzburg hat Irene Mathä im Jahr 2006 übernommen. So wie sich Frauenrollen und Frauenbilder kontinuierlich ausdifferenzieren, beginnen Frauen auch im SOS-Kinderdorf (wieder) vermehrt führende Funktionen zu übernehmen.

Anmerkungen

1 Vgl. Steininger/Gehler, 1997, S.611
2 Vgl. Schreiber/Vyslozil, 2001, S.22
3 Vgl. Rosenberger/Weiss, 1999, S.327
4 D.h. eine SOS-Kinderdorf-Mutter für eine Gruppe von Geschwistern und Hausgeschwistern in einem Familienhaus im SOS-Kinderdorf.
5 Schreiber/Vyslozil, 2001, S.158
6 Ebd., S.241
7 Vgl. Weiss, Kapitel „Geschlechterverhältnisse – Wandel und Resistenz" in diesem Buch
8 Vgl. Schreiber/Vyslozil, 2001, S.16
9 Vgl. ebd., S.16ff; Erziehung heute, 1981; Kreidl, 2006
10 Vgl. Schreiber, o.J., S.14
11 Gmeiner an Beier, 2.5.1949, HGI, Ordner Materialien Stadelmann, zitiert nach: Schreiber, o.J., S.15
12 Schreiber/Vyslozil, 2001, S.110f
13 Vgl. Rosenberger/Weiss, 1999, S.328
14 Schreiber/Vyslozil, 2001, S.111

Forschungsauftrag „Frauengeschichte sichtbar machen"

Wissenschaftlicher Zugang

Wie im einführenden Kapitel beschrieben, ist dieses Buch ein Resultat des Interesses von SOS-Kinderdorf an seiner Geschichte und speziell an der (Lebens-)Geschichte jener Frauen, die nachhaltige Spuren in der Organisation hinterlassen haben. Diese Frauen verbindet ihr Engagement bei SOS-Kinderdorf in der PionierInnen-Zeit. Deshalb lautete die übergeordnete Forschungsfrage: Wie haben die Frauen die Jahre der Gründung von SOS-Kinderdorf in Österreich und von SOS-Kinderdorf-Projekten im Ausland bis Ende der 1960er Jahre erlebt?

Antworten auf diese Frage sollen die Frauen aus der PionierInnen-Zeit und ihre Leistungen sichtbar machen sowie ihre Bedeutung in „einem großartigen ‚Team'"[1] dokumentieren. Vor allem aber gilt das Interesse den Frauen selbst, wie sie ihre Geschichte erzählen und wie die Geschichten über bereits verstorbene Frauen erzählt werden. Wie haben sie die gesellschaftlichen und persönlichen Rahmenbedingungen sowie jene im SOS-Kinderdorf wahrgenommen und wie sind sie damit umgegangen? Wo gibt es Verbindendes, wo kommt es zu Brüchen und wie bilden sich letztlich die Sinnzusammenhänge? Denn Lebensgeschichten von Frauen zeigen ein Potential an lebenspraktischer Gestaltungskraft, das über das gängige Frauenbild in vielen literarischen Darstellungen, in alltäglichen Zuschreibungen an Frauen, aber auch in wissenschaftlichen Konzepten über den weiblichen „Normallebensverlauf" nicht thematisiert wird.[2]

Theoretischer Hintergrund

Um diesem bisher wenig beleuchteten Teil der Geschichte von SOS-Kinderdorf und den Lebensgeschichten der Pionierinnen möglichst nahe zu kommen, wurden Zugänge aus der qualitativen Biographieforschung und der historischen Frauenforschung kombiniert.

Qualitative Biographieforschung

Ziel von qualitativer Biographieforschung ist es, Lebensverläufe in ihren Sinnzusammenhängen kommunizierbar und damit verstehbar zu machen.[3] Die InterviewpartnerInnen treten dabei als KonstrukteurInnen ihrer Geschichte auf, sie rekonstruieren ihre Geschichte über das Erinnern und Erzählen. Qualitative Biographieforschung belässt die soziale Realität eines Lebenslaufes in ihrer gesellschaftlichen Komplexität. Um Zusammenhänge zu klären, ist das Wissen um den Kontext notwendig. Im konkreten Projekt wurden die Lebensgeschichten in ihren sozialhistorischen Rahmen eingebettet und vor dem Hintergrund der Geschlechterverhältnisse betrachtet. Biographieforschung reflektiert innerhalb dieses von außen vorgegebenen Rahmens, wie die Menschen mit den gesellschaftlichen Bedingungen umgehen und sie verarbeiten. Gleichzeitig gilt das Interesse auch den Hintergründen dieser gesellschaftlichen Bedingungen und Interaktionen. Es verweben sich somit historische, gesellschaftliche Verhältnisse und subjektive Lebenserfahrungen sowie individuelles und kollektives Wissen und Selbst-Verständnis eng miteinander. Es besteht ein Wechselverhältnis zwischen strukturellen Zwängen und autonomen Handlungsmöglichkeiten. Anhand der konkreten Lebensgeschichten wird deutlich, wie die Frauen durch ihre soziale Umwelt gebunden waren und sich aktiv einbanden. Sie zeigen aber auch, wie die Frauen versuchten, diese Vorgaben und Grenzen zu verwerfen oder zu überschreiten. „Qualitativ orientierte biographische Forschung reflektiert […] das grundlegende Phänomen, dass Menschen einerseits im Rahmen ihrer Möglichkeiten gebunden sind und andererseits stets versuchen, diesen Rahmen handelnd und planend zu überschreiten.“[4] Lebensgeschichtliche Untersuchungen und Darstellungen eröffnen somit neue Perspektiven auf die soziale Wirklichkeit.

Geschichte als rekonstruktiver Prozess

Das menschliche Gedächtnis ist nicht wie ein Speicher konzipiert, von dem vergangene Ereignisse wie bei Bild- und Tondokumenten abgerufen und abgespielt werden können. Deshalb können vergangene Ereignisse nicht einfach in Erzählungen reproduziert werden, vielmehr arbeitet das Gedächtnis rekonstruktiv. Erinnerungen werden unter anderem durch die soziale Umgebung sowie durch persönliche Erfolgs- und Verlustgeschichten geprägt. Das Erinnern selbst ist eine lebendige und aktive Tätigkeit in kollektiver Rahmung.[5] In diesem kreativen Vorgang wird aus Fragmenten der menschlichen Erinnerung und aus ausgewählten Belegen vergangenen Geschehens eine Vorstellung von der Vergangenheit erschaffen, die in der Gegenwart als sinnvoll erscheint.[6] Erzählungen dienen nicht in erster Linie der sachlichen Information. Vielmehr ist Erzählen das Vermögen, Erfahrungen zu kommunizieren und auszutauschen. Dieser Austausch beschränkt sich nicht nur auf die Mitteilung von Wissen, sondern ist auf ein praktisches Interesse gerichtet. „Offen oder versteckt, eloquent oder sperrig führt die Erzählung einen Nutzen mit sich.“[7]

Von der gelebten zur erzählten Geschichte findet ein Veränderungsprozess statt.[8] Jede subjektive Wahrheit hat aber auch eine soziale Bedeutung, denn sie ist Teil der Realität und bestimmt die soziale Praxis der Menschen. Was als „problematischer“ Aspekt der Erinnerung betrachtet werden kann, verwandelt sich so in interessante Aspekte und neue Fragen, die lebensgeschichtliche Forschung anregen. Die subjektive Wahrheit konstituiert sich zudem kaum willkürlich, sondern regelhaft. Wird dieser Konstitutionsprozess entschlüsselt, kann das zu einem besseren Verständnis kultureller Denk- und Handlungsformen beitragen. Geschichte ist Erinnerung, die so gestaltet wird, dass sie Sinn erhält. Geschichte wird gemacht, indem Menschen das Vergangene bewahren, interpretieren und im Lichte neuer Fragestellungen immer wieder neu deuten.[9] „Geschichte machen bedeutet Formgebung und Sinngebung. Es ist unmöglich, den formgebenden Aspekt der Geschichte aus dem herauszulösen, was wir geneigt sind, als Fakten zu bezeichnen."[10]

Bei der Frage des kollektiven Rahmens und der Regelhaftigkeit beim Konstitutionsprozess subjektiver Wahrheit bekommt das kollektive Gedächtnis Bedeutung. Im Sinne eines Archivs der menschlichen Erfahrungen, Erlebnisse und des Denkens früherer Generationen wird die Geschichte als kollektives Gedächtnis von Menschen verstanden. Dabei ist das kollektive Gedächtnis nicht als Summe einer Vielfalt von einzelnen Erinnerungen zu verstehen. Es kommt nicht zustande, weil viele einzelne Menschen gemeinsame Erfahrungen teilen und deshalb eine gemeinsame Erinnerung haben. Es ist vielmehr umgekehrt die soziale Gruppe, das Kollektiv, das bestimmt, was andenkenswert ist und wie es erinnert wird. Selbstverständlich haben die einzelnen Menschen Erinnerungen im wörtlichen und plastischen Sinn. Diese Erinnerungen entstehen und setzen sich nur fest, indem wir in Interaktion und Kommunikation mit anderen stehen. Insofern ist es die soziale Gruppe, welche die Erinnerung der ihr angehörigen Mitglieder formt und verfestigt.[11] „Das kollektive Gedächtnis befriedigt das Bedürfnis, das eigene und gegenwärtige Selbst in einer zeitlichen Tiefe zu verankern. Es bettet die eigene Geschichte in der Geschichte jener Gemeinschaften ein, von denen wir unsere Identität herleiten und bindet so das Individuum in das größere Selbst seiner Gruppe, der Familie, Ethnie oder Nation, ein. Das Bewusstsein von sozialer Identität ist von einer historischen Identität kaum zu trennen."[12]

Das kollektive Gedächtnis formt somit für unterschiedliche soziale Gruppen die Wahrnehmung und Interpretation von vergangenen und gegenwärtigen „Wahrheiten" des Lebens. Dabei nimmt es Züge einer Tradition oder Institution an und entfaltet eine normative und moralische Kraft.[13] „Die weit verbreiteten kollektiven Mythen können eine schöpferische, harmonisierende Funktion erfüllen, wenn sie gemeinsame Werte, Ideen und Erfahrungen betonen."[14] Die Kehrseite dieser Kraft können diejenigen erfahren, die von diesen Mythen ausgeschlossen oder übergangen wurden.

Die „vergessene" Frauengeschichte

Das kollektive Gedächtnis verhält sich wie das persönliche Gedächtnis: Es entscheidet, woran man sich erinnern will und lässt das Übrige aus, es „vergisst".[15] Die Selektivität des kollektiven Gedächtnisses, das große Vergessen, hat eine besondere Bedeutung für Frauen. Auch wenn die Hälfte der Menschheit aus Frauen besteht, sie immer schon Produktions- und Reproduktionsarbeit übernommen und in der Geschichte eine aktive und bestimmende Rolle gespielt haben, orientiert sich die traditionelle Geschichtsanalyse an spektakulären Ereignissen, männlichen Leistungen und Werten. Es scheint, als hätten Frauen zur Entwicklung der Menschheit lediglich „marginale" Beiträge geleistet.[16] „So haben Frauen gelernt, sich selbst als

Menschen zu betrachten, die nichts Wesentliches zum gesellschaftlichen Leben beitragen können. [...] Die Maßstäbe, nach denen sie ‚historische Bedeutung' einschätzten und festlegten, bewerteten das Handeln und Denken von Männern weit höher als das, was Frauen taten und dachten. [...] Sie [die HistorikerInnen; L.C.] nahmen das Halbe für das Ganze und vergaßen die andere Hälfte. Ihr selektives Gedächtnis hinderte Frauen und Männer daran, sich ein vollständiges Bild von der Vergangenheit zu machen."[17]

Frauengeschichte und damit verbundene Vorbilder wurden daher in sehr eingeschränktem Maße tradiert. Ziel der neueren Frauengeschichtsschreibung ist es, die fehlende Hälfte zu rekonstruieren und Frauen als Akteurinnen in den Mittelpunkt der Geschehnisse zu bringen. Frauengeschichte befasst sich nicht mit Frauen in ihrem „Naturzustand", sondern mit Frauen, die geschlechtsspezifisch geprägt sind. Denn „die Frau" macht nicht ihre biologische Besonderheit aus, sondern ihr historisch hervorgebrachtes soziokulturelles Geschlecht. Dabei ist zu betonen, dass „die Frauen" keine homogene Gruppe sind, sondern sich wesentlich durch soziokulturelle, ethnische, regionale und religiöse Zugehörigkeit unterscheiden.[18]

Methodische Herangehensweise

Vor diesem theoretischen Hintergrund und mit der Zielsetzung, die Frauen aus der PionierInnen-Zeit von SOS-Kinderdorf sowie ihre Bedeutung sichtbar zu machen und zu dokumentieren, wurden unterschiedliche Methoden gewählt. Um den Frauen als Konstrukteurinnen ihrer Geschichte gerecht zu werden, war die primäre Methode das lebensgeschichtliche *Interview*.

Das Interview ist ein Prozess, der zwar der Datenerhebung dient, aber auch als soziale Beziehung zu betrachten ist, „in der das subjektive Verstehen gründet"[19]. Das qualitative Interview ist eine komplexe soziale Situation, in der einander fremde Menschen eine soziale Beziehung eingehen, in der so viel Offenheit und Vertrauen hergestellt werden soll, damit ein Austausch von persönlichen Erfahrungen und Erlebnissen möglich wird. Dafür braucht es die Bereitschaft der InterviewpartnerInnen, sich auf das Rekonstruieren ihrer Geschichte, auf das Erinnern und Erzählen grundsätzlich einzulassen ebenso wie die Fähigkeit von ForscherInnen, sich auf die Lebenswirklichkeit der InterviewpartnerInnen einstimmen zu können. Verstehen entwickelt sich aus dem Einfühlungsvermögen der ForscherInnen, aber auch durch die soziokulturelle Einbettung der Lebensgeschichten. Deshalb ist eine weitere Voraussetzung das Wissen um jene sozialen und kulturellen Hintergründe der Lebenswirklichkeiten der InterviewpartnerInnen.[20] Gleichzeitig bleibt es ein Versuch des Verstehens, denn letztlich können wir bei aller Empathie niemals das wieder erleben, was ein anderer Mensch erlebt hat.[21]

Qualitatives Interviewen ist also eine Kommunikationsbeziehung, in der die Forschenden Themenkreise eröffnen, zum Erzählen anregen, sich zurückhaltend und flexibel einbringen und die Befragten ihren Spielraum haben. Dazu haben wir einen Interviewleitfaden mit dem Ziel konzipiert, das Gespräch auf bestimmte Themen und Erfahrungen der InterviewpartnerInnen zu fokussieren. Der Interviewleitfaden diente uns als Orientierungshilfe im Hintergrund. Im Gespräch selbst versuchten wir, dieses möglichst offen zu gestalten und die Frauen mit erzählgenerierenden Fragen anzuregen, ins Erinnern und Interpretieren ihrer Lebensgeschichten sowie ihrer Kinderdorfbiographien zu kommen.

Mit Einstiegsfragen wurden die Themenkreise eröffnet. Diese hatten die wichtigsten „Stationen" der Frauen zum Inhalt, ebenso wie ihr Erleben der Nachkriegszeit und der Zeit des Wiederaufbaus. Ein weiterer Themenkreis bezog sich auf ihre Arbeit bei SOS-Kinderdorf, wie sie mit der Organisation in Kontakt gekommen waren, wie sie die Gründungsjahre von SOS-Kinderdorf erlebten und wie sie den Sozialverein heute sehen. Das Engagement bei SOS-Kinderdorf ist das Verbindende zwischen den Frauen. Neben der zeitgeschichtlichen Einbettung kann vor allem auch eine biographische Verortung der Frauen die Kausal- und Sinnzusammenhänge verdeutlichen.

Die Frauen waren es, die in der Rekonstruktion ihrer Geschichte(n) bestimmt haben, was ihnen wichtig war zu erzählen, woran sie uns teilhaben lassen wollten, welche Fragen sie uns „erlaubt", worüber sie geschwiegen und worüber sie uns mit dem Zusatz, dies nicht zu verwerten, erzählt haben. Erzählte Lebensgeschichte ist eine sinn- und formgebende Interpretation, geprägt durch persönliche „Wahrnehmungs- und Erinnerungsfilter", aber auch durch das kollektive Gedächtnis der Organisation SOS-Kinderdorf sowie durch jene, welche die Fragen stellen. Zusätzlich ist Biographieforschung durch die Intervention der Forschenden bei der Bearbeitung der Daten eine „Reinterpretation der Interpretation".[22] In den Interpretationen werden Lebensgeschichten und gesellschaftliche Rahmenbedingungen sowie jene im SOS-Kinderdorf miteinander verwoben. Die interpretierenden Konzepte werden in erster Linie durch die Einbettung in einen historischen und theoretischen Kontext erkenntlich. Dabei sollen jene Spuren freigelegt werden, welche die Frauen selbst gesetzt haben, und die Voraussetzungen geschaffen werden, dass die lebensgeschichtlichen Erfahrungen der InterviewpartnerInnen selbst zu den Lesenden sprechen können.[23] Deshalb wurden vor allem auch aussagekräftige Zitate der InterviewpartnerInnen verwendet, die im Sinne der LeserInnenfreundlichkeit sorgsam editiert wurden.

Die Phase der Vorbereitung der Interviews, die Interviews selbst, das Einbetten der Lebensgeschichten in die Rahmenbedingungen der damaligen Zeit und die Interpretation von uns Forscherinnen wurde als zirkulärer Prozess angelegt. Deshalb wurden die fertiggestellten Portraits an jene Frauen geschickt, deren Gesundheitszustand eine Rückmeldung zuließ. Ziel war es, im Sinne einer kommunikativen Validierung „in einer diskursiven Auseinandersetzung […] auf der Grundlage von systematischen Interpretationen […] zu einer neuen Perspektive zu kommen, die bis zu einem gewissen Punkt von allen Beteiligten als sinnvoll akzeptiert werden kann."[24] Die Betonung liegt dabei auf einer Fortführung des Prozesses intersubjektiver Verständigung und Sinnkonstruktion vergangener Ereignisse. Von einem wissenschaftsethischen Standpunkt aus löst es Personen aus ihrer Objekthaftigkeit und zwingt Forschende dazu, sich mit den Beteiligten und deren Leben auseinander zu setzen. Zum anderen ist es förderlich für die Hervorbringung von lebens- und praxisnaher Wissenschaft.[25]

Weitere Quellen im Forschungsprojekt waren *Archivmaterialien* und *bereits vorliegendes Interviewmaterial*. Bei den zusätzlichen *Dokumenten zur Zeitgeschichte* lag der Schwerpunkt in der historischen Frauenforschung. Themen dabei waren die Frauenbildung und -arbeit (im Speziellen im Bereich Sozialer Arbeit) sowie Frauenbilder in Österreich von den 1940er bis zu den 1960er Jahren. Weitere Themenschwerpunkte bildeten soziale, gesellschaftliche, ökonomische und politische Aspekte weiblicher Lebenszusammenhänge in diesem Zeitraum sowie Geschlechterbeziehungen in der ersten Hälfte des 20. Jahrhunderts. Als Quellen dafür dienten Bücher und Artikel zur Zeitgeschichte sowie Zeitschriftenartikel aus der betreffenden Zeit.

Zudem führten wir *Forschungstagebücher*, in denen wir unsere Beobachtungen, Wahrnehmungen, Erlebnisse, Gedanken und Gefühle während des Forschungsprozesses dokumentierten. Die Reflexion über das eigene Eingebundensein als Forscherinnen und Frauen mit unserer je eigenen Geschichte ist ein notwendiges Instrument der Forschung und kann im Forschungsprozess als Erkenntnisquelle genutzt werden.[26]

Doch nicht nur diese Form des Eingebundenseins bedurfte einer reflexiven Auseinandersetzung im Forschungsprozess. Als Forscherinnen und Mitarbeiterinnen von SOS-Kinderdorf bewegen wir uns auf der Ebene der Wissenschaft ebenso wie auf der Ebene der Organisation SOS-Kinderdorf. Wie für alle Forschenden, die in ihrer Organisation zu Fragen aus und über ihre Organisation forschen, stellt dieser Bereich mit den unterschiedlichen Anliegen und Paradigmen ein Spannungs- und Kraftfeld dar. Als Forscherinnen Teil des zu beforschenden Systems zu sein, verweist uns auf die Bedeutung des Forschungsauftrages, der den Rahmen absteckt, konfrontiert uns mit den unterschiedlichsten Erwartungen von Frauen und Männern, die in irgendeiner Weise mit dem Projekt befasst sind, bietet uns Ressourcen und Unterstützung und eröffnet uns den Zugang zum Feld.

Anmerkungen

1 Schreiber/Vyslozil, 2001, S.7
2 Vgl. Kannonier-Finster/Ziegler, 1996, S.25
3 Vgl. Gstettner, 1997, S.521f
4 Kannonier-Finster/Ziegler, 1996, S.11
5 Vgl. ebd., S.25
6 Vgl. Lerner, 2002, S.173
7 Vgl. Kannonier-Finster/Ziegler, 1996, S.28
8 Das „Problem“, dass zu viel Subjektivität in autobiographischen Erzählungen mitschwinge, ist kein spezifisches der qualitativen Sozialforschung. Vielmehr ist jede empirische Forschung, die sich auf irgendeine Form verbalen Verhaltens stützt, damit konfrontiert, dass die Befragten manches offen legen und anderes verschweigen. Damit spiegeln sie nicht die Wirklichkeit wider, sondern repräsentieren symbolisch, deuten oder interpretieren. Vgl. Kannonier-Finster/Ziegler, 1996, S.25
9 Vgl. Lerner, 2002, S.171
10 Ebd., S.172
11 Vgl. Kannonier-Finster/Ziegler, 1996, S.27
12 Ebd.

13 Vgl. ebd., S.27f
14 Lerner, 2002, S.284f
15 Vgl. ebd., S.88
16 Vgl. ebd., S.89
17 Ebd., S.290f
18 Vgl. ebd., S.296
19 Kannonier-Finster/Ziegler, 1996, S.10
20 Vgl. ebd., S.36
21 Vgl. ebd., S.42
22 Vgl. ebd., S.46
23 Vgl. ebd., S.10
24 Ebd., S.57
25 Vgl. ebd.
26 Vgl. Becker-Schmitt/Bilden, 1991, S.28

Die Pionierinnen der Gründungsphase

Die Societas Socialis in den 1940er Jahren

Am Anfang war das gemeinsame Anliegen „für die verlassenen Kinder, die durch den Weltkrieg da waren, etwas Neues, Besseres als Waisenheime, Kinderhorte zu schaffen"[1].

Dieses gemeinsame Anliegen führte eine Gruppe von Frauen und Männern nach dem Ende des Zweiten Weltkriegs in Innsbruck zusammen. Genannt werden in diesem Zusammenhang häufig Hermann Gmeiner und „seine Studenten". Tatsächlich finden sich bereits in der Gründungsphase von SOS-Kinderdorf Frauen, die maßgeblich zum innovativen Charakter und zur Realisierung des Sozialwerkes beigetragen haben. Als Gründungsphase wird hier die Zeit zwischen 1946 und 1949 definiert. Ab 1946 begannen die ersten Überlegungen, die im April 1949 zur Gründung des Vereins „Societas Socialis" führten. In den darauf folgenden Monaten wurde überlegt, welche Hilfsangebote realisiert werden sollten. Nach verschiedenen Ideen zur Umsetzung der Vereinsziele fiel im Spätsommer/Herbst 1949 die Entscheidung für die Errichtung eines Kinderdorfes. Parallel dazu wurden mit unterschiedlichsten Strategien die finanziellen Mittel dafür aufgebracht und ein passendes Grundstück gesucht. Nach dem Grundstückskauf in Imst wurde im November 1949 der Grundstein für das erste Haus in einem SOS-Kinderdorf gelegt.

Die folgenden Beiträge befassen sich mit den Biographien jener drei Frauen, die praktisch in der „Stunde Null" von SOS-Kinderdorf die eindrücklichsten Spuren hinterlassen haben. Die Geschichte dieser drei Frauen verdeutlicht, dass auch in der ersten Hälfte des 20. Jahrhunderts zwischen dem Rollenklischee – den Vorstellungen und Zuschreibungen, wie ein Frauenleben auszusehen hat – und der realen Lebenspraxis von Frauen zu unterscheiden ist.

Maria Hofer (1913-1997) hatte bereits in ihrer Herkunftsfamilie erfahren, dass eine bürgerliche Lebensform mit einem selbstbestimmten und -bewussten Frauenleben vereinbar war. Dahingehend geprägt wurde die „bildungshungrige" Frau zudem während ihrer Ausbildung zur Fürsorgerin an der „Sozialen Frauenschule" in Wien. Maria Hofer hatte Hermann Gmeiner 1946 kennen gelernt. Gemeinsam mit Studienkollegen und Freunden Gmeiners überlegten die beiden die Gründung eines innovativen Sozialwerkes. In dieser Runde war Maria Hofer die einzige sozialarbeiterische Fachkraft. Die Verbindungen zwischen Sozialarbeit, Theologie und kaufmännischem Denken, zwischen Praxis und Theorie, intellektueller Auseinandersetzung und handfestem Zupacken charakterisierten Maria Hofer. Sie war nicht nur Gründungsmitglied, sondern hatte auch Vorstandsfunktionen inne, war unter anderem Leiterin der Zentralkanzlei und des Frauenrings sowie Geschäftsführerin beim Aufbau von SOS-Kinderdorf Südtirol.

Helene Didl (1896-1980) meldete sich im April 1949 auf einen Aufruf des gerade gegründeten Vereins „Societas Socialis". Es wurden „Schwestern" für die geplante Arbeit gesucht. Helene Didl hatte erst zwei Jahre zuvor ihren Sohn verloren, nachdem ihre Tochter bereits als Säugling und ihr Mann in den 1930er Jahren verstorben waren. Diese tragischen Verluste dürften ausschlaggebend für ihr Engagement bei der „Societas Socialis" gewesen sein, bei der sie familiäre Gemeinschaft ebenso wie eine besondere und sinnstiftende Aufgabe fand. Es war der Beginn eines 31 Jahre dauernden Einsatzes für SOS-Kinderdorf und für Hermann Gmeiner. Helene Didl spielte eine bedeutende Rolle in dem für die Spendenbeschaffung so wichtigen „Frauenring", in der Versand- und Werbearbeit und als „Didlmami" im SOS-Kinderdorf wie im SOS-Feriendorf in Caldonazzo.

Die Diplomkrankenschwester **Hertha Troger** (1897-1986) hatte bereits 30 Jahre Berufserfahrung in der (Privat-)Pflege und der Ausbildung von Krankenschwestern gesammelt, als sie sich auf Anfrage Hermann Gmeiners ab Mai 1949 bei der Societas Socialis engagierte. Es waren aber nicht nur ihr Wissen und ihre eigenständige Arbeitsweise, die Niederschlag in der Konzeptentwicklung fanden und sie zur „Initiatorin der Gründung von Imst"[2] werden ließen. Ein wesentlicher Hintergrund ist in ihrer persönlichen Geschichte zu finden, welcher die „Doppelmoral" des damaligen Bürgertums verdeutlicht. Ihre Geschichte nahm zu jenem Zeitpunkt eine entscheidende Wendung, als die Tochter aus „gutem Hause" aus finanziellen Gründen von ihrem Verlobten verlassen wurde, obwohl sie von ihm schwanger war. Ihre Erfahrungen in den Jahren danach waren Auslöser, sich bei der „Societas Socialis" zu engagieren. Ausschlaggebend waren die ursprünglichen Zielvorstellungen des Vereins, Kinder alleinstehender und berufstätiger Frauen zu betreuen, ohne die Kinder den Müttern zu entfremden.

Neben den Unterschieden in den Biographien der Frauen fällt auf, dass alle drei Pionierinnen aus der Gruppe der GründerInnen älter waren als die Männer. 1949 war Maria Hofer 36, Helene Didl 53 und Hertha Troger 52 Jahre alt. Im Vergleich dazu war Hermann Gmeiner als ältester unter „den Studenten" gerade 30 geworden. Maria Hofer und Hertha Troger verbindet eine fachspezifische Ausbildung sowie einschlägige Berufserfahrung. Zudem ist bei beiden Frauen mit viel „Eigen-Sinn" die Beendigung ihres Engagements bei SOS-Kinderdorf durch einen Konflikt gekennzeichnet. Helene Didl steht am Beginn einer Reihe von Frauen, für die SOS-Kinderdorf zur Lebensaufgabe wurde.

Anmerkungen

1 Hofer/Hofer, 2003, S.1
2 Neubauer, o.J., S.34

Maria Hofer (1913-1997)

„Eine Frau mit euphorischer Kraft“

Auf der Spurensuche nach Pionierinnen bei SOS-Kinderdorf wird man bereits in der Zeit vor der offiziellen Gründung des ursprünglich noch „Societas Socialis“ benannten Vereins fündig. Unter den ersten, die sich ab 1946 mit Hermann Gmeiner Gedanken über die Gründung eines Sozialwerkes machten, war die gelernte Fürsorgerin Maria Hofer. Zehn Jahre lang prägte sie entscheidend die Vision, Konzeption und Umsetzung des Vereins mit. Ihr Wirken ist vielfach in Vergessenheit geraten. Maria Hofer verstarb 1997, weshalb sich dieses Portrait auf ein Interview mit ihrem Bruder Karl und dessen Frau Helene stützt, basierend auf einer von ihnen verfassten Chronik über Maria Hofer. Ebenso kommen WeggefährtInnen aus der Zeit bei SOS-Kinderdorf, aber auch aus der Zeit danach zu Wort. Schriftliche Quellen von SOS-Kinderdorf ergänzen diese Erinnerungen an Maria Hofer.

Die Tochter einer Geschäftsfrau und eines Militärkapellmeisters

Maria Hofer wurde am 7. Juli 1913 in Innsbruck in eine gut situierte bürgerliche Familie geboren. Am Beispiel der Familie Hofer wird deutlich, wie bereits in der ersten Hälfte des 20. Jahrhunderts eine streng religiöse, konservative, bürgerliche Lebensform durchaus mit selbstbestimmtem und -bewusstem Frauenleben vereinbar war. Maria Hofers Mutter, Maria Hofer geb. Wille, wurde als die ledige Tochter einer Köchin geboren. Die daraus resultierende gesellschaftliche Abwertung weckte ihren Ehrgeiz und forderte ihre Durchsetzungskraft, so Karl Hofer. Sie wollte ihren gesellschaftlichen Status verbessern – allerdings weniger durch Heirat, was eine durchaus geläufige Möglichkeit gewesen wäre, als vielmehr durch eigene berufliche Leistungen. Lehrerin, ein „traditioneller“ Frauenberuf, interessierte Maria Wille nicht und schied deshalb für sie klar aus. Sie wollte „etwas tun“, wollte „a Ladin“[1] werden.[2] Nach der Lehre eröffnete Maria Wille 1898 ihr eigenes Babyausstattungsgeschäft in Innsbruck und machte es zum Marktführer in Tirol. Maria Wille war bereits 14 Jahre lang selbstständige Unternehmerin, als sie 1912 im Alter von 32 Jahren Andreas Hofer heiratete. Der um fünf Jahre jüngere Andreas Hofer stammte aus einer niederösterreichischen Weinbauernfamilie und war als Militärkapellmeister Offizier der k. u. k. Armee. Nach der Geburt ihrer Tochter Maria bekamen sie noch drei Söhne. Auch als Ehefrau und Mutter verfolgte Maria Hofer-Wille ihre beruflichen Ziele, führte weiterhin das Geschäft und war zudem für die Finanzverwaltung der Familie zuständig.

Die Familie Hofer-Wille um 1917/18
von links: Maria Hofer geb. Wille, Maria Hofer, Andreas Hofer, Andreas Paul Hofer, Magdalena Wille

Ihrer finanziellen Weitsicht war es zu verdanken, dass die Familie diesbezüglich den Ersten Weltkrieg von 1914 bis 1918 relativ unbeschadet überstand. Bereits 1917 wähnte Maria Hofer-Wille den Krieg verloren und investierte ihr Vermögen in ein Grundstück, damit ihr zumindest dieses bei einer Niederlage blieb. Nach der Niederlage Österreich-Ungarns und dem Zerfall der Donaumonarchie lag die Wirtschaft der jungen Republik Österreich bedingt durch Kriegsfolgen, Gebietsverluste und Reparationszahlungen danieder.[3] Der daraus resultierenden Geldentwertung konnte Maria Hofer-Wille durch ihre Anlagetaktik entgehen.

Der Vater von Maria Hofer musste sich durch den Zusammenbruch der k u. k. Monarchie und dem daraus resultierenden Militärabbau[4] beruflich neu orientieren. Er eröffnete einen Devotionalienhandel in Innsbruck. Die Ehe zwischen der Geschäftsfrau und dem ehemaligen Militärkapellmeister hielt nicht. Maria war 15 Jahre alt, als sich ihre Eltern 1928 scheiden ließen und der Vater nach Wien zog. Ohne dass Maria ihn je wieder sah, starb er 1938.[5]

Der „Immobilienhandel" wurde zu einem zentralen Bereich der Vermögensverwaltung von Maria Hofer-Wille, was ihr auch über die Weltwirtschaftskrise 1929 half. Dabei nutzte sie die Immobilien nicht nur als Anlagemöglichkeit. Ein Haus in Völs bei Innsbruck wurde im Sommer zu einer Pension für Sommerfrischler umfunktioniert, was eine weitere Einnahmequelle bedeutete. Ihre Tochter Maria musste dort im Alter von 14 bis 18 Jahren während der Sommerferien servieren.

Die Ausbildung von Maria Hofer selbst hatte ein klares Ziel: Sie sollte später das Geschäft der Mutter übernehmen. Maria Hofer-Wille war von den Fähigkeiten ihrer Tochter überzeugt. Entgegen den gängigen Praktiken, dass der elterliche Betrieb einem Sohn übergeben wurde, sah Maria Hofer-Wille in ihrer Tochter die geeignetste Nachfolgerin. Auch für Karl Hofer, heute pensionierter Volksschuldirektor, war Maria „die G'scheiteste" unter den Kindern und er sieht in ihr den Ehrgeiz seiner Mutter „vererbt".[6] Deshalb besuchte Maria Hofer die Hauptschule der Ursulinen sowie die Privathandelsschule Thurnfeld in Absam mit einer Intensivausbildung in Französisch und Italienisch. Ab 1930 arbeitete die damals 17-jährige Maria als Verkäuferin im Geschäft ihrer Mutter mit.

„Fromm und kirchlich, jung und modern"

Zur gleichen Zeit wurde Maria Hofer aber auch Mitglied der so genannten „Pater Sigmundgruppe" des Stiftes Wilten, einer fortschrittlich und religiös ausgerichteten Jugendbewegung ähnlich dem Bund „Neuland".[7] „Das, was zuvor unvereinbar getrennt schien, nämlich fromm und kirchlich und zugleich jung und modern zu sein, war hier integriert."[8] Es wurden Werte der damaligen bürgerlichen, zum Teil aber auch proletarischen Jugendbewegung wie Lagerfeuer, Brauchtum und Wandern ebenso gepflegt wie eine jugendgemäße, zugleich bodenständige und liturgisch geprägte Spiritualität.[9] „Wandern und singen in der Gemeinschaft der Gruppe war ihre seelisch-geistige Welt. Um das Jahr 1934 war sie durch den von Pater Sigmund Rathmam geprägten Gruppengeist zum Entschluss gekommen, sich vom kaufmännischen Beruf hin zu einer religiös-sozialen Arbeit zu wenden"[10], erinnert sich Karl Hofer. Mit dieser Entscheidung wollte die 21-jährige Maria Hofer ihr Leben in eine neue Richtung lenken. Auch wenn sie in einer sehr religiösen Familie aufgewachsen war, verließ sie doch gegen den Willen ihrer Mutter nach vier Jahren das Familienunternehmen. „Unsere Mutter Maria Hofer, geb. Wille, war damit nicht einverstanden. Meine Schwester sollte das Geschäft übernehmen."[11] Doch Maria Hofer ließ sich nicht beirren. Kurz entschlossen „packte sie ihre Sachen"[12] und nahm eine Stelle als Pfarrhelferin in Innsbruck-Pradl an. Karl Hofer erinnert sich noch, mit welcher Bestimmtheit Maria die Wohnung trotz der sichtlichen Betroffenheit ihrer Mutter verließ. Maria Hofers erste Schritte in die Soziale Arbeit fielen in eine wirtschaftlich wie innenpolitisch höchst krisenhafte Periode der österreichischen Geschichte. Politisch war dies die Zeit der austrofaschistischen Diktatur in Form des Ständestaates von 1934 bis 1938. Wirtschaftlich war die Bevölkerung vor allem in Folge der Weltwirtschaftskrise durch Massenarbeitslosigkeit betroffen.[13] Der Bedarf an Fürsorge war durch Unterernährung, Geldentwertung, Militärabbau und andere wirtschaftliche Folgen sprunghaft angestiegen.[14]

Mit den konkreten Folgen für die Menschen wurde Maria Hofer in ihrer Arbeit als Pfarrhelferin konfrontiert. Ihre ersten praktischen Erfahrungen verdeutlichten ihr, dass mit einer caritativen Einstellung allein die Not der Menschen nicht gelindert werden konnte. „Meine Schwester [...] spürte die Notwendigkeit einer soliden sozialen Ausbildung."[15] Maria Hofer fand über die religiös motivierte Arbeit in der Pfarre zu fundierter Sozialer Arbeit. Sie wollte eine Ausbildung zur Fürsorgerin absolvieren. Da es zu dieser Zeit in Innsbruck noch keine diesbezügliche Möglichkeit gab, entschied sie sich für die „Soziale Frauenschule" in Wien.[16] Auch wenn sie mit ihrer Berufswahl nicht dem Wunsch ihrer Mutter entsprach, unterstützte diese dennoch ihre Tochter auf „ihrem" Weg. So finanzierte sie beispielsweise die Ausbildung in Wien. Maria Hofer scheint ihrer Mutter in vielerlei Hinsicht geähnelt zu haben, doch anders als diese äußerte sich Maria Hofer eher abfällig über das Geldverdienen. „Sie hat es nahezu verachtet, einen Beruf wegen des Geldes auszuüben. Sie war eine Idealistin."[17] Maria Hofers Mutter war ein Stück aus den für Frauen vorgesehenen Berufsbiographien ausgeschert und hatte dadurch maßgeblichen Anteil am „Aufstieg" ihrer Familie. Maria Hofer selbst wuchs somit in einer kleinbürgerlichen Familie auf und entschied sich für einen „Frauenberuf" – einen Frauenberuf, der damals höhere Frauenbildung ermöglichte, modern, „standesgemäß" und gleichzeitig mit dem bürgerlichen Frauenbild vereinbar war.

Sozialarbeiterische und theologische Ausbildungen

Die Soziale Frauenschule absolvierte Maria Hofer von 1935 bis 1938. In Wien wurde sie sehr stark durch den dortigen „sozialen Gedanken" geprägt, so ihr Bruder Karl. Wie dieser „soziale Gedanke" und die Ausbildung zur Fürsorgerin im austrofaschistischen Ständestaat aussahen, lässt sich schwer nachzeichnen. Dazu gibt es in der ohnehin nur sehr spärlich beforschten österreichischen Geschichte Sozialer Arbeit kaum Erkenntnisse. Im Wien vor 1934 lassen sich allerdings für die damalige Zeit innovative Entwicklungen im Wohlfahrtswesen feststellen.[18] Dem stark angestiegenen Bedarf an Fürsorgeleistungen nach dem Ersten Weltkrieg war man im „Roten Wien" mit einer Wende in der Fürsorgepolitik begegnet. Im Gegensatz zur bislang caritativen, ehrenamtlich ausgeübten und punktuell eingesetzten Wohltätigkeit verstand sich die Sozialdemokratische Wohlfahrt als Vorreiter einer kollektivistischen Hilfeleistung. Sie vertrat die Auffassung, dass die Gesellschaft verpflichtet sei, allen Hilfsbedürftigen Unterstützung zu gewähren. Vor allem die Kinder und Jugendlichen hätten ein Recht auf Fürsorge.[19] Möglicherweise hielten sich einige dieser Entwicklungen und Ansätze trotz der Wende im Ständestaat. Die Ideen etwa von Julius Tandler, Sigmund Freud, Alfred Adler und August Aichhorn aber wurden 1934 verboten.[20]

Was nun die berufliche Sozialarbeit und die Ausbildung von SozialarbeiterInnen betrifft, so hatten diese Mitte der 1930er Jahre in Österreich noch keine lange Tradition. Nach den, von der österreichischen Fürsorgetheoretikerin Ilse von Arlt 1912 gegründeten, Vereinigten Fachkursen für Volkspflege[21] war die 1916 eröffnete „Soziale Frauenschule" in Wien die erste mit Öffentlichkeitsrecht ausgestattete Ausbildungsstätte für Fürsorgerinnen in Österreich.[22] Dort wurde Maria Hofer gemäß den damaligen Leitvorstellungen innerhalb der Sozialen Arbeit – weibliche Emanzipation, soziale Mission als „Kulturaufgabe" der Frau auf Grund ihrer „naturwüchsigen" Fähigkeiten sowie wissenschaftlich fachliche Kompetenz – zur Fürsorgerin ausgebildet und geprägt.[23] Diese Phase ihres Lebens hatte aber auch hinsichtlich ihres Privatlebens Bedeutung. Sie baute sich dort ein tragfähiges Netz von sozialen Beziehungen auf. Auch wenn Maria Hofer ihren Lebensmittelpunkt immer wieder verlegen sollte, so wurde Wien doch vor allem auf Grund dieser Beziehungen zu jenem Ort, an den sie immer wieder zurückkehrte.[24]

1937 erkrankte Maria Hofer sehr schwer und musste für einige Monate auf Kur gehen.[25] Karl und Helene Hofer vermuten, dass sie sich überarbeitet hatte. In diesem Zusammenhang erinnern sie sich, dass Maria Hofer bei ihrem Engagement häufig über ihre eigenen Grenzen ging. Die Sozialarbeiterin Helga Stabentheiner hatte Maria Hofer Ende der 1960er Jahre kennen gelernt.[26] Sie erklärt sich Maria Hofers „Grenzgänge" folgendermaßen: „Das ist so bei den Menschen, die von der Idee beseelt sind. Das ist immer wieder ein ganz volles Hineinarbeiten und etwas bewirken. Und dann auch wieder der Rückzug und wieder Kraft tanken. Deswegen empfinde ich sie so wie eine Frau mit euphorischer Kraft. Da war immer ein Stück Verliebtheit. Verliebtheit in eine Sache. Und das hat sie durchgezogen. [...] Die zielstrebige Kraft, die hab ich überhaupt bei den Frauen, die im Krieg und vor dem Krieg Sozialarbeit gemacht haben, kennen gelernt. Die haben sich auch immer wieder zurückgezogen, sind ins Gebet gegangen. Da ist schon viel von Frauen aus gewachsen. Und trotzdem die Verliebtheit behaltend."[27]

Die Kur in Bayern brach Maria Hofer ab, als sie im März 1938 ein Telegramm ihrer Mutter mit folgendem Text erhielt: „Komm sofort nach Hause! Du musst für Österreich wählen!"[28] Um einen Zusammenschluss Österreichs mit Deutschland unter Adolf Hitler abzuwenden, hatte Bundeskanzler Kurt Schuschnigg am 9. März in Innsbruck eine für 13. März angesetzte Volksabstimmung über den Erhalt der Eigenstaatlichkeit Österreichs verkündet.[29] Nach diesem Telegramm ihrer „sehr vaterländisch eingestellten" Mutter war Maria Hofer „sofort wieder gesund" und eilte nach Hause, wie sich ihr Bruder erinnert.[30] Die Volksbefragung wurde allerdings am 11. März verschoben, nachdem Hitler Schuschnigg ein Ultimatum gestellt hatte und dieser daraufhin zurückgetreten war. Die Nationalsozialisten unter Seys-Inquart ergriffen die Macht in Österreich und der „Anschluss" wurde mit dem Einmarsch der Wehrmacht am 12. März 1938 vollzogen.[31]

Nach Beendigung ihrer Ausbildung 1938 begann Maria Hofer nicht als Fürsorgerin zu arbeiten. Das Wohlfahrtswesen war seit dem „Anschluss" Österreichs nach den Vorgaben nationalsozialistischer Sozialpolitik gleichgeschaltet worden.[32] Hofer wurde nach Beginn des Zweiten Weltkrieges 1939 zur Arbeit im Büro eines Wehrmachtsbetriebes, in einer Schuhcremefirma in Wien, verpflichtet.[33]

Maria Hofer strebte nicht nur in sozialarbeiterischer, sondern auch in theologischer Hinsicht nach fundiertem Wissen. Sie konnte sich vorstellen, auch verstärkt seelsorgerisch tätig zu werden. Seit einer Ferialarbeit bei den Benediktinern im Kloster Seckau im Sommer 1938 überlegte sie, nach Russland in die Mission zu gehen. Deshalb absolvierte sie in Abendkursen von Oktober 1941 bis Juni 1943 in Wien das „Theologische Laienjahr", einer der Vorläufer der Ausbildung zur/zum Pastoralassistentin/en. Zudem betrieb sie in Wien ein intensives Russischstudium und beherbergte eine Zeit lang eine russische Emigrantin. Karl Hofer erwähnt im Zusammenhang mit Maria Hofers theologischer Ausbildung ihren intensiven Kontakt mit Hildegard Holzer, die als Gründerin und Leiterin des Seminars für kirchliche Frauenberufe auch in Maria Heissenbergers und Franziska Lemayrs Biographie eine bedeutende Rolle einnimmt.[34]

Ihre Russischkenntnisse, ihr „Selbstbewusstsein" und eine Portion Glück halfen Maria Hofer zu Kriegsende. Russische Truppen besetzten damals Wien und waren vor allem von Frauen auf Grund ihres brutalen Vorgehens gefürchtet.[35] Maria Hofer war alleine zu Hause in Wien-Hitzing, als eines Tages russische Soldaten wie wild gegen ihre Haustür hämmerten. Maria Hofer soll resolut auf Russisch geantwortet haben: „Was ist das für eine Manier? Benehmen sich so russische Soldaten?"[36] Daraufhin verschwanden die Soldaten. Am nächsten Tag klopfte dann ein russischer Offizier höflich an die Tür und beschlagnahmte das Haus. Es gab keine weiteren Probleme und Maria Hofer bewohnte weiterhin einen Teil des Hauses. Auf Wunsch ihrer Mutter kehrte Maria Hofer zu Weihnachten 1945 nach Innsbruck zurück.

Maria Hofer und SOS-Kinderdorf

Die Verbindungen zwischen Praxis und Theorie, zwischen intellektueller Auseinandersetzung und handfestem Zupacken, zwischen Sozialarbeit, Theologie, aber auch betriebswirtschaftlichem Denken charakterisieren Maria Hofer. Spuren dieser vielfältigen Kompetenzen lassen sich auch bei der Gründung und Konsolidierung von SOS-Kinderdorf finden.

Am Anfang stand das gemeinsame Anliegen

In Innsbruck fand Maria Hofer 1946 eine Stelle als Sekretärin in der Dekanatsstelle der Katholischen Jugend. Dort lernte die Fürsorgerin den um sechs Jahre jüngeren Medizinstudenten Hermann Gmeiner kennen. Gmeiner leitete eine Pfarrjugendgruppe und wurde 1948 Dekanatsjugendführer. „Beide erkannten, dass sie für die direkte Arbeit mit der Jugend zu alt sind, Maria [war] 33. Sie waren sich aber einig, für die verlassenen Kinder, die durch den Weltkrieg da waren, etwas Neues, Besseres als Waisenheime, Kinderhorte zu schaffen."[37] Es entstand eine freundschaftliche Beziehung zwischen Maria Hofer und Hermann Gmeiner. Für kurze Zeit, vermutlich um 1948, bildeten sie sogar eine Art Wohngemeinschaft in St. Nikolaus/Innsbruck. Auf Grund von kirchlichen Interventionen durch den Pfarrer von St. Nikolaus und Bischof Rusch mussten die beiden Diözesanangestellten diese Wohngemeinschaft allerdings wieder auflösen.[38] Es wird erzählt, dass Maria Hofer Hermann Gmeiner sehr verehrt habe und auch seinen Ideen gegenüber sehr aufgeschlossen war.[39] Hermann Gmeiner wiederum soll an Maria Hofer ihre Intelligenz und ihre Verlässlichkeit geschätzt haben.[40] Die beiden waren sich vermutlich in ihrer tiefen Religiosität, aber auch in ihrem festen Willen, ihrer Zielstrebigkeit und ihrem Durchsetzungsvermögens sehr ähnlich.[41] Doch Maria Hofer und Hermann Gmeiner zeichneten nicht allein verantwortlich für die Gründung des innovativen Sozialwerkes. Ab 1946 engagierten sich auch Gmeiners Studienkollegen Walter Gstrein und Ludwig Kögl sowie der Chemiestudent Franz Müller, ebenso flossen die Überlegungen der mit Hermann Gmeiner befreundeten Priester Paul Beier und Johannes Lex mit ein.[42]

Im Gründungsteam war Maria Hofer nicht nur die einzige Frau. Als gelernte Fürsorgerin war sie auch die einzige sozialarbeiterische Fachkraft neben den Studenten. Sie war mit dem Jugendfürsorgewesen vertraut und führte Hermann Gmeiner allgemein in das Fürsorgewesen und speziell in das Heim- und Pflegekinderwesen Österreichs ein.[43] Maria Hofer beschrieb die Situation von Pflegekindern als jene von Arbeitskräften, die mehr Geld einbringen als sie kosten: „Es gibt zuwenig gute Pflegeplätze. Oft werden Kinder nur aufgenommen, weil der staatliche Pflegebeitrag ganz schön das eigene, schmale Budget aufmöbelt und so ein kleiner Esser mitläuft, ohne viel Kosten zu verursachen. Ein größeres Pflegekind ist überdies praktisch im Haushalt oder in der Landwirtschaft."[44] Die Situation in Heimen war nicht besser. Sie waren hoffnungslos überfüllt, hatten zu wenig Personal und erinnerten „eher an mittelalterliche Strafanstalten"[45]. Neben den sozialarbeiterischen Kompetenzen brachte Maria Hofer ihre kaufmännische Ausbildung, großes Organisationstalent und hilfreiche Kontakte mit. Sie war sowohl in Innsbruck als auch in Wien in bürgerlichen und kirchlichen Kreisen sehr gut vernetzt und öffnete der Gruppe dadurch wichtige Türen. Die sozial engagierten jungen Leute überlegten im Zuge eines äußerst dynamischen Gruppenprozesses mit unterschiedlicher Zusammensetzung, welches Hilfsangebot für Kinder und Jugendliche im Nachkriegsösterreich sinnvoll und praktikabel wäre.

Die Umsetzung einer groben Skizze

Monatelang wurden Ideen entwickelt, überprüft, verworfen, das Gemeinsame gesucht und schließlich in einer ersten „groben Skizze" verschriftlicht.[46] Basierend auf einer aus dem Jahr 1947 stammenden Idee arbeiteten Hermann Gmeiner, Maria Hofer, Ludwig Kögl, Franz Müller und Walter Gstrein die Vereinsstatuten aus und gründeten im April 1949 eine Gesellschaft. „Gegenstand und Ziel des Unternehmens" sollte die Errichtung eines Hilfswerkes für Waisenkinder sein. Dieses sollte aus einem Waisenhaus und einer Vermittlungsstelle für Adoptiveltern bestehen. Ein weiteres Ziel war die Schaffung einer sozialen Einrichtung „Mutter und Kind" zum Schutze unverheirateter Mütter. Maria Hofer, deren Mutter selbst ein uneheliches Kind war, zeichnete mitverantwortlich für einen Verein, der ursprünglich auch ledigen Müttern jene Unterstützungen bieten wollte, damit diese ihr Kind so weit wie möglich selbst erziehen konnten. Das „Fürsorge- und Pflegepersonal der Gesellschaft" waren die so genannten „SOS-Schwestern". SOS-Schwestern konnten unverheiratete Frauen oder Witwen zwischen 18 und 30 Jahren sein. In der ursprünglichen Version der Statuten vom 6. März 1949 wird aber auch eine berufliche Qualifikation – explizit als Fürsorgerin oder als Krankenschwester – als Vorbedingung für die Aufnahme als SOS-Schwester angegeben.[47]

„Es wurde Zeit", erinnert sich Karl Hofer, „dem Werk einen Namen zu geben. Marias Vorschlag war ganz ihres Sinnes: Glaube und soziale Tat: SOS = Rettet unsere Seelen. SOS = Rettet unser Schiff (unser Werk). Beides sollte enthalten sein und so bekam das Werk den Namen ‚Societas Socialis'."[48] Bei der Gründungsversammlung der „Societas Socialis" am 25. April 1949 wurde Maria Hofer ebenso wie Franz Müller, Ludwig Kögl und die Lehrerin Hedwig Weingartner in den Vorstand und Hermann Gmeiner zum Regens (Vorsitzenden) gewählt.[49]

In den nächsten Wochen ging es nun darum, die „Skizze zu verfeinern" und in die Umsetzungsphase zu treten. Es galt einerseits zu klären, was die genauen Ziele des Vereins „Societas Socialis" wären, welche in den Statuten genannten Einrichtungen nun tatsächlich verwirklicht werden würden. Anderseits mussten vor allem MitarbeiterInnen gefunden und zahlende Mitglieder angeworben werden.[50] „Sie fanden bald in ihren Bekanntenkreisen begeisterte Menschen, die selbstlos die ersten anfallenden Arbeiten machten. Landesweit hielten sie Vorträge, bemühten die Medien, die gesamte Bevölkerung sozial zu motivieren."[51]

Unter den AktivistInnen der ersten Stunde fanden sich dann vor allem auch Helene Didl und die Krankenschwester Hertha Troger.[52] Laut Vinzenz Neubauer war diese Zeit gekennzeichnet durch „grenzenlosen Idealismus", „echten Kameradschaftsgeist"[53] und „Improvisation"[54]. Walter Gstrein erinnert sich, dass es „wie in einer Familie" war: „Der eine hat dies gesagt, der andere das und dann haben wir probiert." Jeder tat alles entsprechend den anfallenden Arbeiten.[55] „Es war doch eine schwere, aber auch sehr schöne Zeit des Wiederaufbaus dieses nun weltweiten Sozialwerkes."[56]

Hinsichtlich der Zielsetzung des Vereines gab es in den folgenden Monaten noch mehrere Abänderungen, wobei sich die Vorstellung, ein Mutter-Kind-Heim zu errichten, noch sehr lange hielt. Maria Hofer hatte für das ursprünglich geplante Mutter-Kind-Heim ein Grundstück in Igls zur Verfügung gestellt. Die Idee „Kinderdorf, Kinderdorffamilie und Kinderdorfmutter" sollte erst Monate später und ebenso im Zuge von Gruppenprozessen entstehen.[57] Für ein ganzes Kinderdorf war Maria Hofers Grundstück jedoch zu klein. Es musste ein größerer Baugrund gefunden werden. Für die Kontaktaufnahme mit Imst sowie die ersten richtungweisenden Verhandlungen mit den Gemeindevertretern im Sommer 1949 zeichneten vor allem Hertha Troger, aber auch Maria Hofer und Franz Müller verantwortlich.[58] Später kam neben Hermann Gmeiner noch Walter Gstrein hinzu. Am 14. September 1949 segnete der Imster Gemeinderat den Verkauf des Grundstücks ab.[59]

Realisierung des ersten SOS-Kinderdorfes mit Maria Hofers Erbe

Für den Kauf stand der Societas Socialis allerdings kaum Kapital zur Verfügung. Genannt werden die 600 Schilling der Pfarrjugend Mariahilf und dabei vor allem von Hermann Gmeiners ehemaliger Jugendgruppe. Auch wenn der Grund mit einem Schilling pro Quadratmeter sehr billig war, reichten die 600 Schilling bei weitem nicht.[60] „Die Gemeinde Imst hatte vorher von geäußerten Zusagen der Kinderdorfleitung nichts gehalten. Es galt – Geld oder nichts. […] Ich konnte miterleben, wie meine Schwester eines Tages meiner Mutter […] sagte: ‚Bitte Mama, gib mir mein Erbteil und verkaufe den Baugrund in Igls. Wir bleiben sonst stecken und das Kinderdorf kann nicht gebaut werden.' Meine Mutter hatte inzwischen einigen Kontakt mit Gmeiner und erkannte den Ernst des Anliegens. Sie kannte die organisatorischen Fähigkeiten meiner Schwester, vertraute Hermann Gmeiner und gab meiner Schwester den Erlös des Grundverkaufes. […] Der Kauf fand statt und das erste Haus wurde gebaut."[61] Maria Hofer, die Zeit ihres Lebens nie besonderen Wert auf materielle Güter gelegt hatte[62], wusste das von ihrer Mutter erwirtschaftete Geld einzusetzen und schuf mit ihren 40.000 Schilling die existentielle Grundlage des Vereins.[63] Als dieser nach Jahren finanziell dazu in der Lage war, bekam Maria Hofer das Geld wieder zurück.[64]

Dieser Betrag war allerdings nicht der einzige, den Maria Hofer der Societas Socialis zur Verfügung stellte. Laut Walter Gstrein finanzierte sie „am Anfang alles".[65] So kaufte sie Hermann Gmeiner ein altes Auto. Der Steyr Puch war unter anderem für Werbefahrten dringend notwendig. Hermann Gmeiner hatte zu diesem Zeitpunkt allerdings noch keinen Führerschein, weshalb Walter Gstrein eine Zeit lang als sein Chauffeur fungierte.[66] Der „bitterarme"[67] Gmeiner wurde von unterschiedlichster Seite unterstützt. Walter Gstrein zahlte ihm eine Zeitlang die Miete für sein Zimmer.[68] Gmeiner wohnte aber auch für einige Zeit beim Vorstandsmitglied Hedwig Weingartner oder bei den Eltern von Fritz Haider, einem der Buben aus Gmeiners Jungschargruppe und späterem Mitarbeiter bei SOS.[69]

Die Ausgestaltung des „geglückten Experiments"

Im November 1949 wurde im wahrsten Sinne des Wortes der Grundstein für das erste SOS-Kinderdorf gelegt. „Meine Schwester war nun im Innsbrucker Büro beschäftigt, zahlende Mitglieder, Freunde mit ihrem Team zu werben, Behördenverhandlungen zu führen, Kinderdorfmütter zu werben, die ersten Kinder in Imst anzusiedeln."[70] Als klar wurde, „dass das mit Kinderdorf etwas wird"[71], kündigte Maria Hofer ihre Stelle bei der Katholischen Jugend. Sie war die zweite Angestellte von SOS-Kinderdorf nach Hermann Gmeiner und leitete die Zentralkanzlei. Offizielle Schriftstücke und Texte aus den Jahren 1949 und 1950 wurden unter anderem von Maria Hofer im Namen des Vorstandes der Societas Socialis unterzeichnet.[72] In den folgenden Jahren sollten diese nur noch unter dem Namen Hermann Gmeiners an die Öffentlichkeit gelangen, unabhängig davon, wer den Text geschrieben hatte.[73] Walter Gstrein, der sich von 1946 bis 1951 in der Societas Socialis engagiert und unter anderem die Buchführung des Vereines aufgebaut hatte, erzählt über Maria Hofer: „Die Hofer war ein Faktotum, wie man sagt. Die hat alles getan, die hat alles geschrieben."[74] Maria Hofer war häufig mit Hermann Gmeiner für das „Werk" unterwegs und Gmeiner verwies seine MitarbeiterInnen vielfach an sie. „Der Gmeiner hat gesagt, ‚das macht die Hofer, geh zur Hofer, das geht mich nichts an.' Dann haben wir mit der Maria Hofer gesprochen. Mit der Maria Hofer war gut arbeiten."[75]

Bei der Suche nach Kinderdorfmüttern verstand es Maria Hofer, „Mädchen in Not und ohne Mann für die Soziale Arbeit zu begeistern"[76]. Die erste SOS-Kinderdorf-Mutter wurde Franziska Fahlenbock. Die von ihrem Mann getrennt lebende Kindergärtnerin und Lehrerin zog mit ihren zwei leiblichen Kindern im Dezember 1950 in das erste Haus des SOS-Kinderdorfes Imst ein. Die ersten Pflegekinder nahm sie im Februar 1951 auf.[77] Neben der „Mütter-Werbung" und der Besiedlung des SOS-Kinderdorfs Imst galt es auch, den Verein mittels Mitgliederwerbung und

Spendensammlung auf eine sichere Basis zu stellen.[78] „Die Tiroler Bevölkerung hat das Unternehmen verstanden und unterstützt. Hermann Gmeiner wusste, wie man von jedermann eine Gabe bekommt. Mit bescheidener Bitte und herzlichem Dank: ‚Der Groschen liegt auf der Straße, man muss sich nur bemühen, ihn aufzuheben'“[79], erzählt Karl Hofer. In diesem Zusammenhang war „jedermann“ bei Hermann Gmeiner vor allem „jede Frau“. Denn die nötigen Mittel sollten ursprünglich durch Frauen und werktätige junge Mädchen aufgebracht werden, die sich den SOS-Frauengruppen, den so genannten „Frauenringen“, anschlossen und mit einem monatlichen Mitgliedsbeitrag von einem Schilling oder sonstiger Mitarbeit das Sozialwerk aufbauen helfen sollten.[80] „Aus dem Bewusstsein, dass die Sorge um die kommende Generation zuerst eine Sorge der Frauen und Mütter ist, entstand der Gedanke des ‚SOS-Frauenringes'.“[81] Es scheint aber, als ob der Frauenring ursprünglich nicht nur zur Spendensammlung gegründet wurde. Vielmehr lässt ein Werbeblatt aus der Zeit um 1949/50 darauf schließen, dass auch die Schaffung eines „Frauen-Netzwerkes“ entsprechend den Leitvorstellungen der gemäßigten bürgerlichen Frauenbewegung intendiert war:

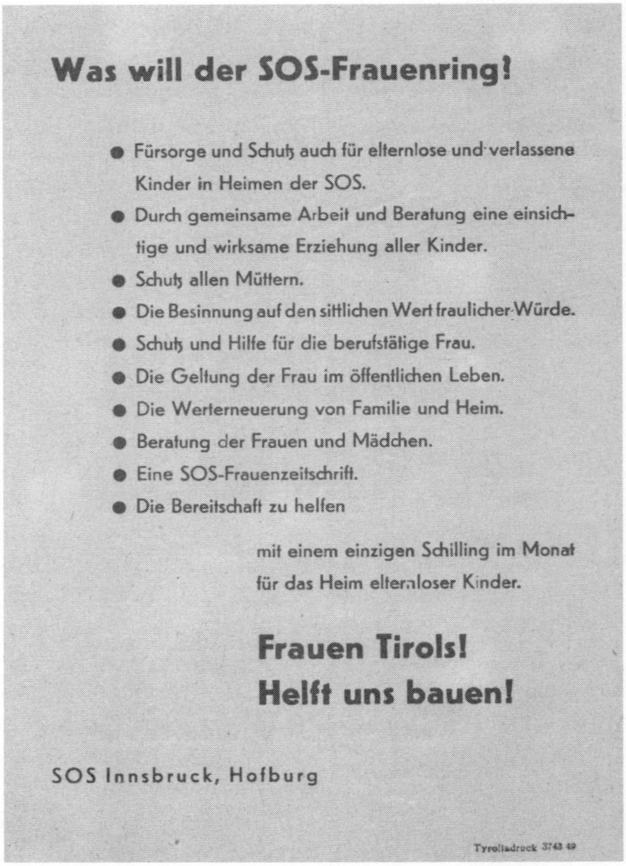

Was will der SOS-Frauenring!

- Fürsorge und Schutz auch für elternlose und verlassene Kinder in Heimen der SOS.
- Durch gemeinsame Arbeit und Beratung eine einsichtige und wirksame Erziehung aller Kinder.
- Schutz allen Müttern.
- Die Besinnung auf den sittlichen Wert fraulicher Würde.
- Schutz und Hilfe für die berufstätige Frau.
- Die Geltung der Frau im öffentlichen Leben.
- Die Werterneuerung von Familie und Heim.
- Beratung der Frauen und Mädchen.
- Eine SOS-Frauenzeitschrift.
- Die Bereitschaft zu helfen

mit einem einzigen Schilling im Monat für das Heim elternloser Kinder.

Frauen Tirols!
Helft uns bauen!

SOS Innsbruck, Hofburg

Tyrolladruck 3743 49

Werbeblatt des SOS-Frauenrings 1949/50[82]

Anhand dieses Werbeblattes wird deutlich, dass sich Ziele des Frauenringes über weite Teile mit dem emanzipatorischen Konzept der bürgerlichen Frauenbewegung – der „Geistigen Mütterlichkeit“ – und den Leitideen Sozialer Arbeit als dessen praktischer Umsetzung deckten.[83] So wird in dem Schriftstück die Soziale Mission als „Kulturaufgabe“ der Frau auf Grund ihrer „naturwüchsigen“ Fähigkeiten beschrieben und die emanzipatorische Erweiterung der weiblichen Einflusssphäre in Richtung Öffentlichkeit gefordert. Der Inhalt des Werbeblattes vermittelt einerseits das traditionelle bürgerliche Geschlechterbild, andererseits werden die Berufstätigkeit der Frau und notwendige Hilfestellungen in diesem Zusammenhang thematisiert. Es ist anzunehmen, dass der Inhalt dieses Werbeblattes vor allem Maria Hofers Handschrift trägt. Diese Annahme stützt sich nicht nur darauf, dass sie eine der ersten zehn Mitglieder des Frauenringes und ab 9. Jänner 1950 dessen Zentralleiterin war.[84] Zudem beinhaltet das Werbeblatt jene Leitvorstellungen, welche Maria Hofer während ihrer Ausbildung in der „Sozialen Frauenschule“ in Wien vermittelt worden waren. Doch trotz dieser erweiterten Ziele ist der Frauenring in erster Linie für die Spendenbeschaffung bekannt. Laut Gmeiner entwarfen Helene Didl, Maria Hofer und Mara Warsch zum Zwecke der Mitgliederwerbung einen „Schlachtplan zur Eroberung Innsbrucks“[85]. Mit den Buben aus Hermann Gmeiners Jugendgruppe, deren Einsatz beim Aufbau ebenso maßgeblich war, teilten sie ganz Innsbruck in Blocks, Straßenblocks und Häuserblocks. Jede Innsbrucker Familie sollte eine Liste bekommen, in die sich Frauen als Mitglieder mit einem Beitrag von einem Schilling pro Monat eintragen konnten.[86] Bereits ab dem Jahr 1951 wurde allerdings diese ausschließliche Verknüpfung von Spendenbeschaffung und Frauen aufgelöst. Spätestens ab diesem Zeitpunkt hatte der Frauenring nichts mehr mit den emanzipatorischen Leitideen der bürgerlichen Frauenbewegung zu tun. Er wurde in „Freund und Gönner“ umbenannt und zu einem erfolgreichen „Fundraising-Konzept“. Das Geld wurde nun nicht mehr über Frauen einkassiert, sondern vier Mal jährlich ein Erlagschein mit dem „Kinderdorfboten“ mitgesandt.

„Die strenge Lehrmeisterin, von der Geist ausgeht“

„Die kommenden Jahre waren für Maria erfüllt, gemeinsam mit Hermann und einer großen Zahl von Mitarbeitern, das geglückte Experiment österreichweit und weltweit weiterzuführen“[87], erinnert sich Karl Hofer. In dieser Zeit war sie in unterschiedlicher Funktion und mit vielfältigen Aufgaben für SOS-Kinderdorf unterwegs. So trug sie „über diverse Spendenaktionen und Verhandlungen wesentlich zum Unterhalt bei“[88]. Zudem wurde sie auf Betreiben von Hermann Gmeiner als Vertreterin der SOS-Schwesternschaft in die Dorfkommission bestellt, die unter anderem die Kinderaufnahme regelte. Selbst über ihr Engagement in der katholischen Kirche zur Sozialen Arbeit gekommen, legte sie nun auch bei SOS-Kinderdorf großen Wert auf eine gelebte Religiosität. „Selbst tief gläubig, war es Maria ein besonderes Anliegen, dass die Kinder einen religiösen Grundstock mitnehmen. Deshalb trachtete sie danach, dass die Mütter auch hier betreut werden. Und anfangs, in der Ferienzeit, organisierte sie für sie Erholungswochen mit religiöser Weiterbildung.“[89]

Fritz Haider, der später Dorfleiter in Imst und in der Hinterbrühl werden sollte, fand in Maria Hofer seine erste Vorgesetzte. Sie schulte ihn „streng und gründlich und mit großer Gewissenhaftigkeit"[90] in die Kanzleitätigkeit ein. „Eines der ersten Dinge, die sie mir beim Eintritt eindringlich sagte, war das Gebot der Sparsamkeit."[91] Karl Hofer hat seine und Marias Mutter als „streng in finanzieller und religiöser Hinsicht" beschrieben.[92] Fritz Haider verwendet ähnliche Begriffe, wenn er sich an Maria Hofer erinnert: „Ich war wirklich Mädchen für alles. Maria Hofer war eine gestrenge Lehrherrin für mich. Die war streng. Aber von ihr habe ich wirklich viel gelernt, in allem, was mit Bürodingen zu tun hat. Meine Hauptassoziation, wenn ich Maria Hofer höre, ist streng. Sie hat eine strenge moralische Auffassung gehabt."[93] Helga Stabentheiner sieht diese „Strenge" auch in der Tradition und in der Arbeitshaltung der damals tätigen Sozialarbeiterinnen begründet: „Die haben alle einen gewissen, wirklichen Liebreiz gehabt. Sie waren nicht giftig oder so. Aber da hat es diese Aufgaben gegeben und die waren zu machen. Und wenn es bis spät abends dauerte. Ich hab für mich damals das Wort geprägt, ‚nicht ein bisschen'. Das heißt, machen wir etwas, aber machen wir es ganz. Auch mit viel Einsatz von Kraft und Zeit und allen Ressourcen, die zur Verfügung stehen."[94]

Ab dem Sommer 1950 war Maria Hofer mit den Vorbereitungsarbeiten zur Schaffung effektiver Organisationsstrukturen beschäftigt, die für das SOS-Kinderdorf Imst und die weiterführenden Aktivitäten benötigt wurden.[95] Am 8. März 1950 meldete ein Proponentenkomitee bestehend aus Gmeiner, Hofer und Müller in einem Schreiben an das Innenministerium den Verein „Verband der Societas Socialis (SOS)" an.[96] Der „Verband der Societas Socialis" entspricht dem heutigen Hauptverein von SOS-Kinderdorf Österreich. Anfang August 1950 wurde Maria Hofer in den Vorstand des neu gegründeten „Verbandes der Societas Socialis" gewählt. Zudem wurde sie als dessen „Verbandssekretär (Geschäftsführer)"[97] angestellt. Maria Hofer gewann auch ihre Brüder für ein Engagement bei SOS-Kinderdorf. Ihr Bruder Josef Hofer ließ sich neben Hermann Gmeiner, Alois Lugger und Ludwig Kögl in den Vorstand wählen.[98] Ihr Bruder Karl, der damals Lehrer war, betreute unter anderem Kinder im Ferienlager in Maria Wörth oder wenn die SOS-Kinderdorf-Mütter auf Exerzitien waren.[99]

„In den Fünfzigerjahren zog Maria nach Brixen und begann mit Gmeiners Einwilligung die Gründungsarbeit des Kinderdorfes Brixen so wie früher: ‚Öffentlichkeitsarbeit durch Vorträge in den Dörfern und in der Presse'. Ihr zur Seite stand Herr Klauninger. Südtiroler Politiker (LR Ebner) waren interessiert und hilfreich, auch Wirtschaftstreibende und der Bischof von Brixen."[100] Maria Hofer begann Ende 1954 die Südtiroler Kinderdorforganisation aufzubauen. Sie wurde zu Beginn als „Sekretärin"[101] und ab 1956 als „Geschäftsführerin"[102] geführt. Franz Klauninger war zuständig für Werbung und Film.[103] Etwas Abseits der „Zentrale" in Innsbruck konnte Maria Hofer sehr selbständig arbeiten. Laut Karl Hofer wusste Hermann Gmeiner den Aufbau bei Maria Hofer in sehr guten Händen. Gleichzeitig markieren die Gründungsarbeiten den Beginn des von außen scheinbar völlig unvorhersehbaren Bruchs zwischen Maria Hofer und Hermann Gmeiner. „Maria wollte aber dieses Kinderdorf [Brixen; L.C.] mehr dem diözesanen, kirchlichen Einfluss unterstellen, nicht mehr SOS-Innsbruck eingegliedert. Das akzeptierte Gmeiner nicht. Das war der äußere Bruch zwischen meiner Schwester und Hermann. Maria vollendete dennoch erfolgreich *ihr* Werk."[104]

Die Südtiroler Organisation stand nun auf einer soliden Basis. Im Juli 1956 berichtete Hermann Gmeiner in der Vorstandssitzung des Hauptvereins davon, dass nun die Leitung des Südtiroler Kinderdorfes der Südtiroler Organisation überlassen werde. Für Maria Hofer und Franz Klauninger hatte dies zur Folge, dass sie aus Südtirol abberufen wurden und somit wieder dem Hauptverein von SOS-Kinderdorf zur Verfügung standen. Im Protokoll vom 2. Juli wurde weiters festgehalten, dass Maria Hofer und Franz Klauninger „zunächst für eine Dienststelle bei der Landesstelle Klagenfurt in Aussicht genommen sind"[105]. Nach dem erfolgreichen Aufbau der Organisation in Südtirol sollten die beiden Selbiges in Kärnten bewerkstelligen. Maria Hofer nahm diesen Auftrag vorerst an. Doch die Situation war für Maria Hofer augenscheinlich an einem Punkt angelangt, wo sie für sich eine klare Entscheidung treffen musste: „Im Frühsommer 1956 waren aber ihre Differenzen mit Gmeiner derart groß, dass sie dort spontan Schluss machte und meinen Bruder Paul bat, mit dem Auto zu kommen, sie abzuholen und nach Hause zu führen. Meine Mutter fuhr mit und gab ihr Heimat in unserer Wohnung am Innrain."[106]

Nach knapp zehn Jahren hatte Maria Hofer „Schluss gemacht" – mit Hermann Gmeiner und mit SOS-Kinderdorf. Sie selbst hatte anschließend in ihrer Familie nichts mehr über das Kinderdorf erzählt. Karl und Helene Hofer erlebten sie allerdings als „enorm verdrossen"[107]. Welche Ereignisse und Beweggründe Maria Hofer zu dieser Zäsur veranlassten, ist nur fragmenthaft nachzuzeichnen, dies soll aber im folgenden Kapitel versucht werden. Die Frage des diözesanen Einflusses, der (internen) Machtverhältnisse, der (öffentlichen) Anerkennung, der „Wurzeln" von SOS-Kinderdorf und ein etwas persönlicherer Aspekt dürfte das Scheitern dieser Arbeits- und Freundschaftsbeziehung herbeigeführt haben.

Distanzierungen von SOS-Kinderdorf

Mit den Erfolgen der ersten Jahre, der Konsolidierung des Vereins und mit der immer ausdifferenzierteren hierarchischen Struktur unter der inzwischen unangefochtenen Leitung von Hermann Gmeiner veränderte sich die Beziehung zwischen Maria Hofer und ihm. Karl und Helene Hofer erinnern sich: „Mit den Jahren ergab sich, dass Maria fast völlig selbstständig arbeitete. Es lockerte sich die freundschaftliche Zusammenarbeit beiderseits, gefühlsmäßige Gemeinsamkeiten erloschen."[108] Auch in der „auf freundschaftlicher Basis aufgebauten Gesinnungsgemeinschaft"[109] gab es seit Beginn heftige Diskussionen, Konflikte und Konkurrenzkämpfe. Neubauer sah die Querelen vor allem in Gmeiners „autokratischem Führungsstil" und seinem Hang zu „unumstößlichen Entscheidungen" begründet.[110] Maria Hofer unterstützte Hermann Gmeiner sehr lange. Sie wird vor allem ihm gegenüber als sehr zurückhaltend beschrieben und scheute gleichzeitig keine Konflikte mit anderen MitarbeiterInnen von SOS-Kinderdorf.[111] Für Helga Stabentheiner war Maria Hofer „eine tatkräftige, zielgerichtete, wissende Frau. So bezeichne ich sie, die dran geblieben ist, die was umgesetzt hat, die was getan hat, die gewusst hat, was sie will und was sie nicht will."[112]

Einige Hinweise zur Distanzierung zwischen den beiden, und somit zwischen Maria Hofer und „SOS-Kinderdorf"[113], lassen sich andeutungsweise auf verschiedenen Ebenen aus Protokollen herauslesen. So hatte sie, das Gründungs- und Vorstandsmitglied der „Societas Socialis" und des „Verbandes der Societas Socialis", spätestens ab 1953 keinerlei Vorstandsfunktion in den beiden Vereinen inne.[114] Eine weitere Form der Distanzierung könnte man aus dem „Karriereverlauf" und der Gehaltsentwicklung interpretieren. Maria Hofer war nach Hermann Gmeiner die zweite Angestellte von SOS-Kinderdorf. Bis Jänner 1952 hatte der Verein vier Angestellte, von denen Maria Hofer nach dem Leiter Hermann Gmeiner das höchste Gehalt bezog.[115] Das änderte sich in den kommenden Jahren sukzessive.[116] 1956 war Maria Hofer in der Funktion der „Geschäftsführerin SOS-Kinderdorf Südtirol" die bestbezahlte Frau in der Organisation. Das relativiert sich allerdings bei genauerer Betrachtung, denn ihr Gehalt wurde gekürzt. An der Spitze der Hierarchie und der Gehaltspyramide waren nach dem Leiter Hermann Gmeiner neun Männer zu finden, zum Teil in leitender Position, aber auch als Buchhalter, Kassier oder in der Film- und Schulwerbung.[117] SOS-Kinderdorf lag mit dieser Entwicklung im Trend der Zeit, denn diese steigenden Einkommensunterschiede und differenten „Karriereverläufe" zwischen Männern und Frauen lassen sich im selben Zeitraum auch außerhalb der Organisation feststellen. Mit der „Wiederherstellung und Normalisierung der Geschlechterordnung"[118] vergrößerten sich ab den 1950er Jahren die geschlechtsspezifischen Einkommensunterschiede.[119]

Einer der wenigen bekannten Konfliktpunkte zwischen Maria Hofer und Hermann Gmeiner war jener, dass Gmeiner ab Mitte der 1950er Jahre als alleiniger Gründer von SOS-Kinderdorf bezeichnet wurde und die Leistungen des Gründungsteams somit aus der internen und externen Wahrnehmung verschwanden. Ende der 1960er Jahre erzählte Maria Hofer Helga Stabentheiner darüber: „Da war eine Kränkung, dass dann nur mehr ein Mensch war, der das Kinderdorf gemacht hat. Aber begonnen hat es in einem größeren Kreis und mit viel Einsatz von denen allen. Es ist auch um ein Stück Macht gegangen und die anderen waren sehr vornehm. Die Leute sind nachher verschwunden, die sind nie mehr aufgetaucht im Namen vom Kinderdorf. […] Mir ist vorgekommen, dass sie nicht auf einem Gedenkstein stehen wollte. Aber was sie wollte, war das klar zu sagen: ‚Der war nicht allein.' Der Gmeiner hat das nicht allein erfunden. Da waren mehrere. […] Sie war eine weit denkende, umsichtige, zurückhaltende Frau. Also ist sie nicht gegangen und hat den Hermann Gmeiner irgendwie denunziert oder so."[120] Ähnlich argumentieren auch Walter Gstrein[121] oder Franz Müller, der Hermann Gmeiner verübelte, dass er mittels „Legendengeschichten […] einen Mythos aufbauen"[122] wollte. Die Konstruktion des „Hermann-Gmeiner-Gründungsmythos" begann ab Mitte der 1950er Jahre. Ende 1949 hieß es noch in einer „bescheidenen Schrift" an die „Freunde des Kinderdorfes": Das „Sozialwerk SOS – Societas Socialis" wurde zum „Aufbau des Tiroler Kinderdorfes […] von einer Gruppe junger Menschen […] gegründet"[123]. Diese Gruppe war eine „der Hilfe für das verlassene Kind verschworene kleine, auf freundschaftlicher Basis aufgebaute Gesinnungsgemeinschaft“[124]. In der Zeit zwischen 1949 und 1955 war aus der „Societas Socialis“, der „kameradschaftlichen Gemeinschaft“[125], SOS-Kinderdorf geworden. Die Improvisation der Anfangszeit wurde durch die Organisation abgelöst, es entwickelte sich ein äußerst erfolgreiches soziales Unternehmen mit klarer Hierarchie.[126] An der Spitze stand unangefochten Hermann Gmeiner, der fortan als Gründer von SOS-Kinderdorf galt.

Laut ihrem Bruder Karl war für Maria Hofer die persönliche Enttäuschung über Hermann Gmeiner, mit dem sie über Jahre sehr verbunden war, das schwierigste Erlebnis in ihrem Leben.[127] Doch Hermann Gmeiner „vermochte mit Frauen keine Bindung einzugehen, bei denen er sich tatsächlich auf gleiche Stufe mit ihnen stellte. Er nahm sie Ernst, gab ihnen auch das Gefühl, verstanden und anerkannt zu werden. Letztlich mussten sie aber seinen sozialen Zielen dienen und sich ihm, der sich praktisch als die Verkörperung dieser Ziele empfand, unterordnen.“[128] Evamarie Kallir, eine Pionierin im SOS-Kinderdorf Imst[129], erinnert sich, dass SOS-Kinderdorf für Maria Hofer eine zu patriarchale Organisation geworden und auch das ein Grund für ihr Gehen war.[130] Bei aller Verehrung von Gmeiner war Maria Hofer laut ihrem Bruder gleichzeitig keine Frau, die sich unterordnen konnte und wollte. Sie war „zu selbständig“[131]. In den Dokumenten von SOS-Kinderdorf taucht das Ausscheiden von Maria Hofer nicht explizit auf. Nur 1958 hieß es im Zusammenhang mit dem Ausschluss anderer ordentlicher Mitglieder im Protokoll: „Laut einstimmigem Beschluss ist […] stillschweigend zu streichen, wie dies auch schon früher bei Frl. Hofer geschehen ist.“[132]

Neuorientierung

Nach dem abrupten Ausscheiden von SOS-Kinderdorf galt es für die inzwischen 46-jährige Maria Hofer neue Perspektiven zu entwickeln. Diese Neuorientierung sollte schließlich vier unstete Jahre dauern. Maria Hofer blieb nach Beendigung ihres Dienstverhältnisses nur kurz bei ihrer Familie in Innsbruck. Auf Grund ihres dortigen sozialen Netzes zog sie wieder nach Wien. Dort wohnte sie einige Wochen bei Hildegard Holzer, mit der sie ernsthaft über eine Ordensgründung nachdachte. Den Herbst 1956 verbrachte sie bei ihrem Bruder Karl und dessen Familie im Ötztal. „Wenn's ihr gar nicht mehr ging, war sie einfach mit Sack und Pack da“, erinnern sich Karl und Helene Hofer. Sie genoss die Fürsorglichkeit ihrer Familie. In dieser Zeit vertraute sie ihre „seelische Erschütterung […] dem jungen Jesuitenpater Werner Schwind an, der damals dort Seelsorger war und fasste wieder Fuß.“[133] Mit der Zeit wurde die SOS-Phase für Maria Hofer zu einem Abschnitt: „Es ist so weit weg.“[134] Über ihre Überlegungen zu dieser Umbruchsphase gibt eine Seite aus dem privaten Fotoalbum von Maria Hofer Auskunft:

Maria Hofer

Unter dieses Foto, das mit 1955 datiert ist und somit noch aus der Zeit bei SOS-Kinderdorf stammt, schrieb Maria Hofer: „Ich aber schaue anderes, ins Künftige."[135] Karl Hofer dazu: „Sie bekundet, dass für Maria die Pionierarbeit getan war, und sie nach Neuem strebt."[136]

Das „Künftige" war vorerst ein Suchprozess. „[Im] Winter 1956 ging sie wieder nach Innsbruck, arbeitete als Verkäuferin bei meinem Bruder Paul im Babygeschäft, stempelte eine Zeit lang arbeitslos, versorgte die Verteilungsküche für das Internat der Ursulinen am Innrain."[137] Zeitweise wohnte sie bei ihrem Bruder Karl und dessen Familie in Niederthai. Vorerst wollte Maria Hofer wieder als Fürsorgerin arbeiten. Von 1959 bis 1960 fand sie eine Anstellung als Betreuerin der österreichischen Fremdarbeiterinnen in einer Schweizer Schuhfabrik. „Sehr befriedigend fand sie es nicht, die Kärntner Madln zu hüten und suchte geistige Beschäftigung. Durch Pater Schwind lernte sie ihre neue geistige Heimat kennen: das Säkularinstitut ‚Maria vom Wege' – das war gut so. Maria war immer viel unterwegs."[138]

„Maria vom Wege"

Maria Hofer richtete ihren Weg stärker pastoral-christlich aus. Sie wurde Mitglied des Säkularinstituts „Gemeinschaft Unserer Lieben Frau vom Wege".[139] Pater Schwind war es auch, über den Maria Hofer mit Oktober 1960 eine Anstellung als Redaktionssekretärin bei der renommierten theologischen Zeitschrift „Geist und Leben" in München fand.[140] Maria Hofers Arbeit beinhaltete auch das Lektorat der Beiträge, die unter anderem aus der Feder von Karl Rahner stammten.[141]

1968 wechselte Maria Hofer im Alter von 55 Jahren noch einmal die Stelle, blieb allerdings in München. Sie ging wieder in jenen Bereich, von dem aus sie ihre „Karriere" in der Sozialen Arbeit in den 1930er Jahren begonnen hatte: in die pfarrliche Arbeit. Im Oktober 1968 wurde sie vom erzbischöflichen Ordinariat als Seelsorgehelferin für die Pfarre St. Philippus angestellt. „1974 suchte Maria um Anstellung in der Altenpastoral an. Sie erhielt die Stelle, organisierte nur die Arbeitsweise und blieb dabei bis zu ihrer Pensionierung 1978."[142]

Ihr Leben pastoral-religiös auszurichten bedeutete für Maria Hofer auch, sich intensiv mit dem christlichen Glauben auseinander zu setzen. Sie wollte Glauben weiterentwickeln und weitergeben. Ihre Familie beschreibt sie als sehr progressiv in religiöser Hinsicht. Maria Hofer war in Kontakt und Austausch mit großen Reformtheologen wie zum Beispiel Hans Küng, der unter anderem die Unfehlbarkeit des Papstes in Frage stellte.[143] Sie selbst setzte sich engagiert und nachdrücklich ein, indem sie beispielsweise an die relevanten Stellen Briefe schrieb, wenn es zu ihrer Meinung untragbaren kirchlichen Nachbesetzungen kam.[144] In all den Jahren hatte sich Maria Hofer auch ohne akademisches Studium fundiertes Wissen in Bibelwissenschaften und Theologie angeeignet.[145] Vor allem mit der Bedeutung der Frauen im Alten Testament hatte sie sich beschäftigt. Sie bewunderte diese Frauen sowohl theologisch wie auch menschlich. Maria Hofer suchte nach „Übersetzungsmöglichkeiten" für die heutige Zeit mit dem Hintergrund, dass Frauen sich als eigenständige Menschen entwickeln und vervollständigen sollen. Das ist insofern bemerkenswert, als die neue Entdeckung der Frau in der Bibel durch feministische Theologinnen in den 1970er Jahren anzusiedeln ist.[146] Maria Hofer war also in ihrer Beschäftigung mit alttestamentarischen Frauen brandaktuell, vor allem auch wenn man bedenkt, dass sie laut ihrem Bruder darüber Vorträge gehalten hat. Zudem hatte sich Maria Hofer auch bereits mit Fragen des Frauenpriestertums auseinander gesetzt.[147] Maria Hofer ermutigte junge Frauen, sich intellektuell zu bilden und sich ihre Eigenständigkeit zu bewahren. Gleichzeitig brachte sie auch immer wieder sehr deutlich ihr Unverständnis zum Ausdruck, wenn Frauen einen anderen Weg wählten.

1978 ging Maria Hofer in Pension. 1985 zog sie von München wieder ins vertrautere Wien. In München hatte sie Ende der 1970er Jahre noch einmal Hermann Gmeiner getroffen. Ihr Bruder erinnert sich: „Sie haben sich versöhnt und Hermann versiegelte ihre zurück gewonnene Freundschaft mit einem Kuss. Das war ihr eine große Freude."[148] Als Hermann Gmeiner 1986 verstarb, nahm Maria Hofer nicht am Begräbnis teil. Sie wollte sich, so ihr Bruder, allein von ihm verabschieden: „Nachhaltig bleibt mir der Tag, an dem ich Maria eine Weile nach Hermanns Tod zu seinem Grab begleiten durfte. Wir waren allein. Mit einem stillen Lächeln legte sie ihm eine rote Rose hin."[149]

Ihre eigene Selbstbestimmung, die Selbstbestimmung der Frau sowie Bildung waren Maria Hofer zentrale Werte, die sie sowohl beruflich wie auch privat vertrat. Sie setzte sich kritisch mit aktuellen theologischen, politischen und gesellschaftlichen Fragen sowie Fragen des Umweltschutzes auseinander. Auch zu diesen Themen diskutierte sie sehr gerne, vor allem mit jungen Menschen, und vertrat

Maria Hofer um 1986 in Wien

eine sehr liberale Haltung.[150] Karl Hofer sagt über seine Schwester Maria: „Von ihr ging Geist aus."[151] Diese fortschrittliche, bestimmte, temperamentvolle, sehr aktive und vorausdenkende Haltung bewahrte sie sich auch im hohen Alter. Als sie an Parkinson erkrankte, litt Maria Hofer vor allem unter den mit den zunehmenden körperlichen Gebrechen verbundenen Einschränkungen ihrer Mobilität und ihrer Selbstbestimmung. Die Selbstbestimmung, die ihr Zeit ihres Lebens so wichtig war, war auch der Grund, weshalb sie lange nicht in ein Pflegeheim wollte. Lieber organisierte sie sich eine ambulante Betreuung.[152]

Ihren Einsatz bei SOS-Kinderdorf hatten Maria Hofer und ihre Familie trotz des konflikthaften Ausscheidens von ihr nie bereut. Die Ergebnisse waren sichtbar.[153] 1989 wurde Maria Hofers Einsatz als Mitbegründerin von SOS-Kinderdorf schließlich auch offiziell gewürdigt: „Eine große Ehre [...] für sie war die Verleihung der Verdienstmedaille des Landes Tirol."[154] Maria Hofer verstarb am 4. August 1997, kurz nach ihrem 84. Geburtstag.

„Begegnen Sie einem Stern. Das merken Sie sich ein ganzes Leben."[155]

Anmerkungen

1 eine Geschäftsfrau
2 Vgl. Hofer/Hofer, 2003, S.1; Gespräch mit Hofer Karl und Helene, 29. September 2003
3 Vgl. http://de.wikipedia.org/wiki/Geschichte_%C3%96sterreichs#Die_Erste_Republik, Stand: 27.02.2006
4 Vgl. Frey, 2005, S.38f

5 Vgl. Hofer/Hofer, 2003, S.1
6 Vgl. ebd.
7 Vgl. Hofer/Hofer, 2003, S.1. Der Bund Neuland war eine aus der europäischen Jugendbewegung hervorgegangene katholische Reformbewegung. Vgl. Prüller-Jagenteufel, 2001, S.295
8 Prüller-Jagenteufel, 2001, S.295
9 Vgl. ebd., S.296 + S.302; Kahl, 1999
10 Hofer/Hofer, 2003, S.2
11 Ebd.
12 Ebd., S.7
13 Vgl. Brockhaus Geschichte, 2001, S.380; http://www.aeiou.at/aeiou.encyclop.s/s772608.htm, Stand: 27.02.2006; http://de.wikipedia.org/wiki/Geschichte_%C3%96sterreichs#Die_Erste_Republik, Stand: 27.02.2006
14 Vgl. Frey, 2005, S.39
15 Hofer/Hofer, 2003, S.2
16 Mit dem Anschluss Österreichs an das Deutsche Reich wurde die Soziale Frauenschule geschlossen und aufgelöst. Vgl. Steinhauser, ca. 1993, S.126. In Innsbruck wurde erst 1946 die Soziale Frauenschule der Diözese eröffnet. Vgl. Pölzl, 2002, S.13. Vgl. auch das Portrait von Albina Ertler.
17 Hofer/Hofer, 2003, S.2
18 Vgl. dazu in diesem Buch das Kapitel „Die soziale Arbeit ist das Amerika der Frau". Die Entwicklung Sozialer Arbeit zum „modernen Frauenberuf".
19 Vgl. Frey, 2005, S.38ff
20 Vgl. Lauermann, 1998, S.46
21 Vgl. Frey, 2005, S.40f
22 Entspricht der späteren Akademie für Sozialarbeit der Caritas der Erzdiözese Wien. Vgl. Schermair, S.1999; Die erste Schule für Sozialarbeit in Europa wurde 1896 in Amsterdam eröffnet. Vgl. Pölzl, 2002, S.13
23 Vgl. dazu in diesem Buch das Kapitel „Die soziale Arbeit ist das Amerika der Frau". Die Entwicklung Sozialer Arbeit zum „modernen Frauenberuf".
24 Vgl. Hofer/Hofer, 2003, S.4
25 Vgl. Hofer/Hofer, 2003, S.2 + S.6
26 Maria Hofer suchte damals nach einer Hilfe für ihre inzwischen beinahe 90 Jahre alte Mutter und wandte sich deshalb an Helga Stabentheiner, die unter anderem für eine Freiwilligenorganisation zur Betreuung von älteren Menschen zuständig war. Vgl. Interview mit Helga Stabentheiner, 16. Dezember 2003
27 Interview mit Helga Stabentheiner
28 Hofer/Hofer, 2003, S.2
29 Vgl. Mayerhofer, 1998
30 Hofer/Hofer, 2003, S.2
31 Vgl. Mayerhofer, 1998
32 Vgl. Portrait Albina Ertler
33 Vgl. Hofer/Hofer, 2003, S.2
34 Vgl. Portrait Maria Heissenberger; Portrait Franziska Lemayr. Die seit 1939 vom Seelsorgeamt der Erzdiözese Wien durchgeführten „Kurse für Seelsorgehilfe" waren die Vorläufer des „Seminars für kirchliche Frauenberufe" und ebenso wie dieses von Hildegard Holzer geleitet. Das Seminar für kirchliche Frauenberufe war wiederum der Vorläufer der Ausbildung zur/zum Pastoralassistentin/en. Vgl. Prüller-Jagenteufel, 2001, S.102-124.
35 Vgl. Schmölzer, 1991, S.442; Portrait Maria Heritzer
36 Vgl. Hofer/Hofer, 2003, S.2
37 Ebd., S.3
38 Vgl. Gesprächsnotiz Ludwig Kögl, 18. Dezember 2002
39 Vgl. Hofer/Hofer, 2003, S.3; Interview mit Franz Müller, 9. September 1999
40 Vgl. Hofer/Hofer, 2003, S.7
41 Ebd., S.5 + S.7
42 Vgl. Hofer/Hofer, 2003, S.3; Schreiber/Vyslozil, 2001, S.38f; Interview mit Walter Gstrein, 20. Jänner 2006

43 Vgl. Reinprecht, 1984, S.87f
44 Maria Hofer, zit. n. Reinprecht, 1984, S.87
45 Schreiber/Vyslozil, 2001, S.19
46 Vgl. ebd., S.52; Interview mit Walter Gstrein
47 Vgl. Statuten der Societas Socialis, 6. März 1949, Ordner ZV SOS-KD Imst, Vorstandssitzungen (Protokolle 1950-56)
48 Hofer/Hofer, 2003, S.4
49 Vgl. Protokoll der Gründungsversammlung der „Societas Socialis", 25.4.1949, Ordner ZV SOS-KD Imst, Vorstandssitzungen (Protokolle 1950-56)
50 Vgl. Schreiber/Vyslozil, 2001, S.54f
51 Hofer/Hofer, 2003, S.3
52 Vgl. Portrait Hertha Troger; Portrait Helene Didl
53 Neubauer, o.J., S.181
54 Ebd., S.174
55 Vgl. Interview mit Walter Gstrein
56 Brief Walter Gstrein, 2002
57 Vgl. Portrait Hertha Troger
58 Vgl. ebd.
59 Vgl. Schreiber/Vyslozil, 2001, S.67
60 Vgl. Interview mit Franz Müller
61 Hofer/Hofer, 2003, S.3
62 Vgl. Hofer/Hofer, 2003, S.2; Interview mit Helga Stabentheiner
63 Vgl. Schreiber/Vyslozil, 2001, S.67
64 Vgl. Hofer/Hofer, 2003, S.3
65 Vgl. Interview mit Walter Gstrein
66 Vgl. ebd.
67 Vgl. Schreiber/Vyslozil, 2001, S.52
68 Vgl. Interview mit Walter Gstrein
69 Vgl. Schreiber/Vyslozil, 2001, S.52
70 Hofer/Hofer, 2003, S.4
71 Interview mit Walter Gstrein
72 Vgl. Ordner Anfänge Societas Socialis SOS-Kinderdorf, Ordner Briefe
73 Vgl. Interview mit Ludwig Kögl, 6. September 1999
74 Interview mit Walter Gstrein
75 Ebd.
76 Hofer/Hofer, 2003, S.4
77 Vgl. Schreiber Vyslozil, 2003, S.83f; Interview mit Walter Gstrein
78 Vgl. Schreiber/Vyslozil, 2001, S.77
79 Hofer/Hofer, 2003, S.4
80 Vgl. Schreiben „An die Frauen des SOS-Frauenringes", 21. Dezember 1949, Ordner Anfänge Societas Socialis SOS-Kinderdorf
81 Ordner SOS-Kinderdorf Chronik 1949-51
82 Ebd.
83 Vgl. in diesem Buch das Kapitel: „Die soziale Arbeit ist das Amerika der Frau". Die Entwicklung Sozialer Arbeit zum „modernen Frauenberuf".
84 Vgl. Protokoll der a.o. Hauptversammlung am 09.01.1950, Ordner Hauptverein-Zweigverein Imst, Vollversammlung, Protokolle 1949-58
85 I. Tonbandtranskript Gmeiners, o.D. (1966), S.5. HGI Ordner Materialien Stadelmann; zit. n. Schreiber/Vyslozil, 2001, S.78
86 Vgl. Schreiber/Vyslozil, 2001, S.77f
87 Hofer/Hofer, 2003, S.4
88 Didl, 1952, Ordner Anfänge Societas Socialis SOS-Kinderdorf, Aufzeichnungen Helene Didl
89 Hofer/Hofer, 2003, S.4
90 Fritz Haider, zit. n. Neubauer, o.J., S.45
91 Ebd.

92 Vgl. Hofer/Hofer, 2003, S.1
93 Interview mit Fritz Haider, 3. Dezember 2003
94 Interview mit Helga Stabentheiner
95 Vgl. Protokoll der Vorstandssitzung vom 6. Juli 1950, Ordner ZV SOS-KD Imst Vorstandssitzungen (Protokolle 1950-56)
96 Vgl. Schreiben an das Innenministerium vom 8. März 1950, Ordner HV-ZV Imst, Vollversammlung, Protokolle 1949-58
97 Schreiben an Polizeidirektion, 4. August 1950; Ordner HV-ZV Imst, Vollversammlung, Protokolle 1949-58
98 Vgl. ebd.
99 Vgl. Didl, 1952, Ordner Anfänge Societas Socialis SOS-Kinderdorf, Aufzeichnungen Helene Didl; Hofer/Hofer, 2003, S.8
100 Hofer/Hofer, 2003, S.4. Bereits im Dezember 1952 hatte es dokumentierte „Expansionsüberlegungen" in Richtung Südtirol, Kärnten und Oberösterreich gegeben. Vgl. Protokoll der Vorstandssitzung vom 22. Dezember 1952, Ordner ZV SOS-KD Imst Vorstandssitzungen (Protokolle 1950-56)
101 Protokoll der Vorstandssitzung vom 14. Dezember 1954, Ordner SOS-KD HV Vorstandssitzungen (Protokolle 1953-57)
102 Protokoll der Vorstandssitzung vom 23. Jänner 1956, Ordner SOS-KD HV Vorstandssitzungen (Protokolle 1953-57)
103 Beide werden als „Sonderangestellte" geführt; vgl. ebd.
104 Hofer/Hofer, 2003, S.5
105 Protokoll der Vorstandssitzung, 2. Juli 1956, Ordner SOS-KD HV Vorstandssitzungen (Protokolle 1953-57)
106 Hofer/Hofer, 2003, S.5. Im September 1956 kam es zur Grundsteinlegung der ersten 3 Häuser im SOS-Kinderdorf Moosburg. Vgl. Didl, 1956, Ordner Anfänge Societas Socialis SOS-Kinderdorf, Aufzeichnungen Helene Didl
107 Hofer/Hofer, 2003, S.5
108 Ebd., S.4
109 Neubauer, o.J., S.174
110 Vgl. ebd., S.181
111 Vgl. Protokoll der Vorstandssitzung vom 24. April 1951, Ordner ZV SOS-KD Imst Vorstandssitzungen (Protokolle 1950-56); Interview mit Fritz Haider
112 Interview mit Helga Stabentheiner
113 Der „Verband der Societas Socialis – SOS" wurde 1955 in SOS-Kinderdorf umbenannt. Vgl. Protokoll der Vorstandssitzung vom 2. Februar 1955, Ordner ZV SOS-KD Imst Vorstandssitzungen (Protokolle 1950-56)
114 Maria Hofer war in Proponentenkomitees zur Gründung der Vereine „Societas Socialis" und „Verband der Societas Socialis" sowie von Beginn an Vorstandsmitglied der beiden Vereine. 1951 wurde sie nicht mehr für die Wahl des Vorstandes der „Societas Socialis" aufgestellt. Eine Vorstandstätigkeit im „Verband der Societas Socialis" hatte Maria Hofer bis Dezember 1953. Vgl. Protokoll der Vorstandssitzung vom 21. Juli 1951, Ordner ZV SOS-KD Imst Vorstandssitzungen (Protokolle 1950-56); Protokoll der Vorstandssitzung vom 13. Dezember 1953, Ordner SOS-KD HV Vorstandssitzungen (Protokolle 1953-57)
115 Protokoll der Vorstandssitzung vom 23. Jänner 1952, Ordner SOS-KD HV Vorstandssitzungen (Protokolle 1953-57)
116 1953 lag sie ex aequo an dritter Stelle, wobei sie die geringste Gehaltserhöhung erhalten hatte. 1954 rangierte sie an der achten von 17 Planstellen und wird immer noch als „Sekretärin" geführt. Vgl. Protokoll der Vorstandssitzung vom 29. Jänner 1953 + Protokoll der Vorstandssitzung vom 14. Dezember 1954, Ordner SOS-KD HV Vorstandssitzungen (Protokolle 1953-57)
117 Vgl. Protokoll der Vorstandssitzung vom 23. Jänner 1956, ebd.
118 Frauen fungierten während des Krieges und in der Nachkriegszeit am Arbeitsmarkt als „Reservearmee" und so kam es teilweise zu einer Aufhebung des geschlechtsspezifisch segmentierten Arbeitsmarktes. Frauen übernahmen so die Familien- und die Lohnarbeit, was nach Kriegsende zu einer Erschütterung des Geschlechterverhältnisses führte, denn für Kriegsheimkehrer stellte das eine Bedrohung für sich und ihren Status dar. Die Wiederherstellung und Normalisierung der

Geschlechterverhältnisse in den 1950er und 1960er Jahren bedeutete, dass Hausfrau- und Mutter-Sein zum eigentlichen Beruf der Frau stilisiert und eine bezahlte Berufstätigkeit demgegenüber als bedauerliche Notwendigkeit gesehen wurde. Fallweise wurde die Berufstätigkeit von Frauen sogar für den „Werteverfall“ der Gesellschaft verantwortlich gemacht. Vgl. Weiss, 1998, S.8 + S.24

119 Vgl. Thurner, 1992, S.243; zit. n. Weiss, 1998, S.26

120 Interview mit Helga Stabentheiner

121 Vgl. Interview mit Walter Gstrein

122 Interview mit Franz Müller

123 SOS-Kinderdorf Tirol: Gebt elternlosen Kindern eine Heimat, Ordner SOS-Kinderdorfchronik 1949-51

124 Neubauer, o.J., S.174

125 Langenscheidt, 1983, S.1110

126 Vgl. Neubauer, o.J., S.174

127 Vgl. Hofer/Hofer, 2003, S.8

128 Schreiber/Vyslozil, 2001, S.45

129 Vgl. Portrait Evamarie Kallir

130 Telefonnotiz Evamarie Kallir, 21. August 2003

131 Hofer/Hofer, 2003, S.4

132 Protokoll der Vorstandssitzung, 8. Oktober 1958, Ordner HV-Vorstandssitzungen (Protokolle 1958-61)

133 Hofer/Hofer, 2003, S.5

134 Ebd.

135 Privates Fotoalbum von Maria Hofer

136 Hofer/Hofer, 2003, S.9

137 Ebd., S.5

138 Ebd., S.6

139 Säkularinstitute sind von der Kirche anerkannte Gemeinschaften von Christen, deren Mitglieder in ihren eigenen Wohnungen leben und selbst für ihren Lebensunterhalt sorgen wie jeder/r andere Laie. Das unterscheidet sie von den Orden, wohingegen sowohl Mitlieder von Orden als auch von Säkularinstituten das Gelübde ablegen. „Unser Apostolat besteht vorrangig nicht in bestimmten Tätigkeiten, sondern im Präsentsein in allen gesellschaftlichen Strukturen, im Begleiten der Menschen. Regelmäßige Kontakte untereinander, Treffen zur geistlichen Erneuerung und Begleitung, gemeinsame Exerzitien, Bildungswochen und vieles andere mehr, schaffen eine tiefe geistige Gemeinschaft.“; vgl. http://www.saekularinstitute.at/wir.html, Stand: 13.07.2005

140 Vgl. Hofer/Hofer, 2003, S.6. „Geist und Leben“ ist eine Zeitschrift für christliche Spiritualität, begründet als Zeitschrift für Aszese und Mystik, und herausgegeben von den Jesuiten; vgl. http://www.jesuiten.org/geist-und-leben, Stand: 27.02.2006

141 Damaliger Herausgeber war Friedrich Wulf, der Maria Hofers Eigenständigkeit sehr schätzte. An dieser Arbeitsstelle war diese Eigenschaft sehr gefragt, da Wulf als theologischer Berater beim 2. Vatikanischen Konzil von 1962-65 häufig in Rom weilte. Vgl. Telefonnotiz Sr. Corona Bamberger, 02.08.2005 und P. Andreas Schönfeld, 02.08.2005

142 Hofer/Hofer, 2003, S.6

143 Ebd., S.7. Der Universitätsprofessor und Priester Hans Küng war unter anderem einer der Berater von Papst Johannes dem XXIII. beim Zweiten Vatikanischen Konzil. Auf Grund seiner kritischen Haltung den dogmatischen Lehrmeinungen der katholischen Kirche gegenüber – wie z.B. Unfehlbarkeit des Papstes, Unsittlichkeit der Empfängnisverhütung, Unerlaubtheit der Abtreibung auch in äußersten Notfällen oder Unmöglichkeit der Frauenordination – wurde ihm 1980 die kirchliche Lehrerlaubnis (Missio canonica) entzogen. Vgl. http://www.uni-tuebingen.de/uni/uoi/Institut/Personen/Kueng/index.html, Stand: 19.07.2005; http://de.wikipedia.org/wiki/Hans_K%C3%BCng, Stand: 19.07.2005

144 Vgl. Telefonnotiz Charlotte Zins, 02.12.2003. Charlotte Zins war eine gute Bekannte von Maria Hofer in deren letzten Jahren in Wien.

145 Vgl. ebd.

146 Vgl. Sölle, 2003, S.6

147 Vgl. Hofer/Hofer, 2003, S.6; Telefonnotiz Helene Hofer 2. + 11. Dezember 2003

148 Vgl. Hofer/Hofer, 2003, S.6

149 Ebd., S.7

150 Vgl. Hofer/Hofer, 2003, S.6

151 Ebd., S.4

152 Vgl. Telefonnotiz Charlotte Zins, 02.12.2003

153 Karl Hofer engagierte sich auch nach Marias Bruch stark im SOS-Kinderdorf Imst; vgl. Hofer/Hofer, 2003, S.8

154 Hofer/Hofer, 2003, S.7

155 Helga Stabentheiner über Maria Hofer

Helene Didl (1896-1980)

Die „Didlmami" im SOS-Kinderdorf

„Mütterrunde"[1] im SOS-Kinderdorf Imst um 1952
von links: Franziska Fahlenbock, Helene Didl, Andrea Lorber, Maria Hofer, Maria Weber, Hermann Gmeiner

Helene Didl, in den Anfängen von SOS-Kinderdorf eine Frau in den 50ern, fühlte sich sichtlich wohl in der Runde von SOS-Kinderdorf-Müttern, Maria Hofer und Hermann Gmeiner. Diese Momentaufnahme lässt vermuten, was SOS-Kinderdorf für Helene Didl ausgemacht haben mag: Gemeinschaft, die Zusammengehörigkeit am Stubentisch, die Freude am Mitwirken und Gebrauchtwerden und Hermann Gmeiner als Haupt der SOS-Kinderdorf-Familie.

SOS-Kinderdorf und die SOS-Kinderdorf-Familie wurden für Helene Didl zur Lebensaufgabe und zu ihrem Lebensmittelpunkt. 31 Jahre ihres Lebens verschrieb sie SOS-Kinderdorf und Hermann Gmeiner. In der Überlieferung der SOS-Kinderdorf-Geschichte gehört sie zu jenen Frauen, deren Spuren von den Geschichtsschreibern[2] sichtbar gemacht worden sind. Das Portrait über Helene Didl setzt sich aus Dokumenten zur Geschichte der Organisation SOS-Kinderdorf zusammen. Wesentliche Puzzleteile zum Leben und Arbeiten von Helene Didl bilden zudem die Erinnerungen ihrer Schwiegertochter Martha Vergörer und von SOS-Kinderdorf-MitarbeiterInnen, die über Jahre und Jahrzehnte mit Helene Didl arbeiteten.

Verlust und Trennung in der ersten Lebenshälfte

Helene Didl ist die Älteste der in diesem Buch portraitierten Frauen. Sie wurde am 5. März 1896 als Helene Rendl in St. Gilgen am Wolfgangsee geboren. Ihr Leben begann im ausgehenden 19. Jahrhundert, als in der Donaumonarchie Österreich-Ungarn die Differenzen zwischen den einzelnen Volksgruppen bereits spürbar waren und Österreich gleichzeitig eine kulturelle Blütezeit erlebte.

Quellen zu Kindheit und Jugend von Helene Didl sind spärlich. Eine Annäherung an die junge Helene Didl war allerdings im Interview mit Martha Vergörer möglich.[3] Sie lernte Helene Didl 1945 kennen. Martha Vergörer erinnert sich, dass die Familie Rendl von St. Gilgen nach Salzburg übersiedelte. Helene hatte einen älteren Halbbruder und eine um ein Jahr jüngere Schwester namens Rosa. Nach dem Tod von Helenes Mutter heiratete der Vater ein zweites Mal. Aus dieser Ehe stammen zwei Söhne.

Helene kam als junge Frau nach Innsbruck und lernte ihren Mann Mathias Didl kennen. Mathias Didl war Buchhalter und arbeitete in der Baumeisterfirma seines Bruders Hans. Wie Helene wurde er 1896 geboren. Als die beiden 25 Jahre alt waren, kam ihr Sohn Hans zur Welt. Mitte der 1920er Jahre bekam Helene Didl noch eine Tochter, die aber schon als Baby starb. Im Jahr 1931 erlitt Helene Didl einen weiteren schmerzlichen Verlust. Sie verlor ihren Mann, der bei einem Unfall ums Leben gekommen sein dürfte.[4] Im Innsbruck der 1930er Jahre musste sie nun den Lebensunterhalt für sich und ihren 10-jährigen Sohn bestreiten. Die wirtschaftliche Lage und die innenpolitischen Spannungen in Tirol spitzten sich zu.[5] Wirtschaftskrise und politische Radikalisierungen bereiteten den Weg in den Austrofaschismus, 1938 marschierten deutsche Truppen in Österreich ein und im Herbst 1939 begann der Zweite Weltkrieg in Europa.

Als junger Mann wurde Helene Didls Sohn Hans in den Zweiten Weltkrieg eingezogen. 1945 kehrte er zu Fuß aus dem Banat in Rumänien, wo er gegen Kriegsende Zuflucht gefunden hatte, zu seiner Mutter zurück.[6] Hans Didl und Martha Vergörer lernten sich noch 1945 kennen, als sie beide in Innsbruck einen Kurs für AbiturientInnen an der LehrerInnenbildungsanstalt in der Müllerstraße absolvierten. Martha Vergörer war damals im Marienheim untergebracht, das vor allem für die vom Land kommenden Schülerinnen der LehrerInnenbildungsanstalt eine Unterkunft bot. Helene Didl bewohnte mit ihrem Sohn eine Halbparterre-Wohnung in Hötting und Hans brachte die 20-jährige Martha mit zu seiner Mutter. Martha Vergörer erinnert sich an die Zeit vor Weihnachten 1945: „Die ersten Dauerwellen hab ich auch von der Mama gekriegt, dann auf Weihnachten, weil ich hab lange Zöpfe gehabt, damals. […] Sie hat mich wirklich in die Familie mit aufgenommen. Und das ist das, was ihr ja geblieben ist, dieses Verhältnis zu uns, zu der ganzen Familie [Vergörer, H.B.].“[7]

Für die damals 49-jährige Helene Didl begann nach den harten, entbehrungsreichen Kriegsjahren und der Trennung von ihrem Sohn wieder eine Familie zu entstehen. Die zukünftige Schwiegertochter mit Dauerwellen zu beschenken, brachte ihre Zuneigung und Aufmerksamkeit zum Ausdruck. Helene Didl nahm Martha Vergörer, deren Eltern nicht mehr lebten und die alleine und ohne Hab und Gut nach Tirol gekommen war, in ihre Familie auf.[8] Diesen familiären Bezug haben Martha und „die Mama" auch nach dem Tod von Hans Didl gepflegt und sind über die Jahre in enger Verbindung geblieben.

Hans und Martha heirateten am 5. September 1946. Da Hans Didl von den Lebensbedingungen und Erfahrungen im Krieg gezeichnet war und an Lungentuberkulose erkrankte, konnte er seinen Lehrberuf nicht ausüben. Auf Grund der Krankheit ihres Mannes war nun Martha für den Erhalt der Familie zuständig. Sie hatte eine Stelle als Aushilfslehrerin gefunden und unterrichtete in der Nähe von Innsbruck. Im April 1947 bekam Martha die Stelle einer Kollegin, die auf Grund ihrer Heirat die Volksschule verlassen musste. Das erklärt sie sich so: „Ich hab nur ausnahmsweise die Stellung gekriegt, weil ich ja Matura gehabt hab, und hab angesucht, weil mein Mann sterbenskrank, sehr krank war. Und ich musste ja von was leben."[9] In Tirol wurde damals noch das Lehrerinnenzölibat praktiziert, obwohl bereits 1918 Eheverbote für Lehrerinnen durch ein neues LehrerInnendienstrecht aufgehoben worden waren.[10]

Acht Monate nach ihrer Heirat, am 19. Mai 1947, starb Hans Didl. Nach dieser leidvollen Zeit wohnte Martha zuerst noch bei ihrer Schwiegermutter Helene Didl. Sie heiratete 1948 ein zweites Mal, und als 1951 ihre erste Tochter zur Welt kam, war diese für Helene Didl „eigentlich so wirklich das erste Enkelkind. Ja, da hat sie wirklich eine Freude gehabt."[11]

„Sie war immer für alle da"[12]

Sowohl aus den Interviews und den Dokumenten, die ihre SOS-Kinderdorf-Zeit beschreiben, als auch über zahlreiche Fotos entsteht von Helene Didl das Bild einer fürsorglichen, umsorgenden, warmherzigen Frau. Die zugänglichen Bruchstücke aus ihrem Lebensentwurf deuten eine Orientierung auf Familie und Hausarbeit an. Es ist nicht bekannt, ob Helene Didl in jungen Jahren eine Ausbildung machen konnte und wie sie in den Jahren bis zu ihrer Heirat und nach dem Tod ihres Mannes ihren Lebensunterhalt verdiente. Martha Vergörer erinnert sich, dass Helene Didl erzählte, „bei einer Familie, bei Kindern, gewesen zu sein"[13], sich also vor ihrer Heirat möglicherweise mit Hausarbeit und Kinderbetreuung ihr Leben finanzierte. Zu den Jahren vor SOS-Kinderdorf findet sich bei Ludwig Stadelmann ein Hinweis, sie habe sich ehrenamtlich um verlassene Kriegsopferkinder angenommen und war seit langer Zeit im Fürsorgewesen tätig.[14]

Helene Didl hatte als junge Frau den Ersten Weltkrieg miterlebt. Frauen besetzten in dieser Zeit mehr und mehr die frei werdenden Arbeitsplätze der Männer und leisteten „durch rationelle Ausschöpfung sämtlicher Lebensmittelressourcen einen wichtigen Beitrag zur Versorgungslage"[15]. Sie entwickelten sowohl durch bezahlte Berufsarbeit als auch auf Grund ehrenamtlicher Tätigkeiten ein neues Selbstbewusstsein. Nach dem Krieg wurden Frauen zum großen Teil wieder zurück an ihren „angestammten" Platz in der Familie verwiesen.[16] In dieser Zeit heiratete Helene Didl. Mit der Ehe war damals die Rolle einer den Mann umsorgenden Frau verbunden. Hausfrau und Mutter zu sein, galt als die „wesensgemäße Bestimmung" der Frau. Helene Didl ist als Frau, Ehefrau und Mutter ein Bespiel für weibliche

Lebensentwürfe dieser Zeit. Insbesondere in Nachkriegszeiten überdeckte oft die Sorge um die Kinder, die Partner und nächsten Angehörigen den eigenen Lebensplan und selbstlose, aufopferungsvolle Leistungen waren für Frauen eine Selbstverständlichkeit. Helene Didls Fürsorge spiegelt sich auch darin wider, dass sie als „guter Mensch" und als „einfacher Mensch mit viel Herz" beschrieben wird.[17]

SOS-Kinderdorf sprach bei Helene Didl vermutlich eben diese Fürsorge und Einsatzbereitschaft an. „Helene Didl [...] gehörte zu den ganz wenigen, die sich auf den Aufruf der SOS, die für ihre geplante Arbeit ‚Schwestern' suchte, meldete. [...] [Sie ging] am 26. April 1949 in das Büro in die Anichstraße 44, wo sie von Frau Hofer in Empfang genommen wurde."[18] Ihre ersten Aktivitäten für den am 25. April 1949 gegründeten Verein „Societas Socialis" fasst Horst Schreiber zusammen: „Zu diesem Zeitpunkt bestand die Absicht des Vereins darin, ledigen Müttern und ihren Kindern ein Heim zu schaffen, das Gmeiner als Kinderarzt übernehmen wollte. [Zudem war an ein Hilfswerk für Waisenkinder mit Waisenhaus und eine Vermittlungsstelle für Adoptiveltern gedacht.[19] H.B.] So wie Gmeiner, Müller, Hofer und die Burschen fing nun auch Didl an, zu werben."[20] Helene Didl sollte Frauen wie Männer gewinnen, mit einem monatlichen Beitrag von einem Schilling den Aufbau von SOS-Kinderdorf zu unterstützen. „Sie startete in ihrem eigenen Mietshaus, doch waren die ersten Erfahrungen nicht gerade sehr ermutigend. [...] Doch dann zeigte sich, daß die Grundidee, Frauen als Basis und Katalysator einer sozialen Bewegung in einer katastrophalen Zeit einzusetzen, richtig war. Didl wollte bereits mit Bedauern zurücktreten, da sie trotz großer Anstrengungen gerade nur sieben von zehn [als] Mitglieder[n] einer einzigen Liste werben hatte können, als sie zwei Kriegswitwen traf, die ihre Kinder bei Didls Kriegsopferferienlager angemeldet hatten. Die beiden zeigten sich von den Ideen der SOS aber so begeistert, daß sie sich sofort eintrugen und bei ihrem Einkauf in einer Metzgerei gleich die gesamte Fleischerfamilie warben."[21]

Ende Mai/Anfang Juni 1949 gab Didl nach zwei bis drei Wochen Werbearbeit die Listen mit 20 Mitgliedern ab. „Gmeiner überredete Didl, die aufhören wollte, schließlich dazu, fünf weitere Listen auf ihrer Reise zu Verwandten und Bekannten nach Salzburg, darunter v.a. Kriegswitwen mit Kindern, mitzunehmen. Tatsächlich gelang es ihr, die Mitglieder in lediglich drei Wochen zu keilen. Die Werbung lief aber erst wirklich gut, als im Sinne eines Schneeballsystems aus jeder Frauenringliste[22] eine kompetente, einsatzfreudige Frau ersucht wurde, selbst zehn Mitglieder zu werben."[23] Die Botschaft des SOS-Frauenringes, dass „die große Friedensarbeit der Frau in der Erziehung und in der Fürsorge des Kindes und damit in der Erhaltung und Neuschaffung von Familie und Staat liegt"[24], bestärkte Helene Didl möglicherweise in ihrem Engagement.

Im Juli 1949 beschloss die Societas Socialis „die Gründung eines Hilfswerkes für elternlose und verlassene Kinder"[25] und die „Errichtung von Pflegeeinheiten"[26]. Helene Didls eigenen Worten ist zu entnehmen, dass diese Veränderung in der Ausrichtung des Vereins für ihren Einsatz ausschlaggebend war. Horst Schreiber recherchiert dazu: „Als Didl im Juni/Juli 1949 Gmeiner traf, eröffnete er ihr ‚freudestrahlend', daß er verlassenen Kindern und Waisenkindern eine Mutter geben wolle. Didl dazu: ‚Ich war begeistert und erst jetzt bekam ich Lust zu werben.'"[27] Im Jahr 1949 erschien auch die Broschüre „SOS-Kinderdorf Tirol". Darin wurde eine „ausgesuchte Schwesternschaft“ beschrieben, die die Erziehung und Betreuung der Kinder übernehmen sollte. Als „Kinderdorf-Schwestern“ wurden Frauen definiert, „die keine eigene Familie besitzen“. „Viele wertvolle Frauen werden dem Allgemeinwohl des Volkes zugute kommen und auch selber eine reiche Erfüllung ihres Lebens finden. Die Schwestern werden als Mitglieder in die SOS aufgenommen. Die SOS übernimmt auch die Sorge für den Lebensabend dieser Frauen.“[28] Bei einer verwitweten Frau wie Helene Didl, die ihre beiden Kinder verloren hatte, traf die Idee eines Sozialwerkes, in dem „wertvolle Frauen“ eine „reiche Erfüllung“ finden und in dessen Mitte sie aufgenommen werden, wahrscheinlich auf das Bestreben, wieder eine lebensfüllende, sinnstiftende Aufgabe zu bekommen und zudem im Alter versorgt zu sein.

Martha Vergörer sieht in der Erfahrung, den Mann und Sohn und damit die eigene Familie verloren zu haben, einen Hintergrund für die Anziehung der SOS-Kinderdorf-Idee auf Helene Didl: „Sie hat sicher auch viel mitgemacht, grad dadurch, dass sie ihren Mann früh verloren hat. Sie hat wirklich auf alles geschaut. Und für sie war natürlich dann, wie der Hans gestorben und der Hermann gekommen ist, der Gmeiner, das war dann für sie noch einmal die Erfüllung. Ja, das war für sie die Erfüllung. […] Weil das war für sie der Sohn.“[29] Angesprochen von den Grundideen der Societas Socialis und angetan vom jungen Hermann Gmeiner, der zwei Jahre älter als ihr Sohn Hans war und sie mit seinem Idealismus beeindruckte[30], begann Helene Didl ihr Engagement für SOS-Kinderdorf. Helene Didl „hat gewusst, was sie will“ und „was sie getan hat, hat sie gern getan. Darum hat sie sich ja überall eingesetzt, sonst wäre sie nicht überall hingegangen, ob es jetzt in Imst war oder in der Hinterbrühl oder wie gesagt auch unten in Caldonazzo“[31].

1949 bis 1980 – drei Jahrzehnte für SOS-Kinderdorf

Drei Jahrzehnte lang waren SOS-Kinderdorf und Hermann Gmeiner wesentliche Bezugspunkte im Leben von Helene Didl. In der Arbeit für SOS-Kinderdorf lebte sie auf, wie Martha Vergörer erzählt.[32] Die Herausforderungen der Anfangszeit verlangten von allen MitarbeiterInnen großes Engagement, hohen Arbeitseinsatz, viel Energie und Mut. Das war auch Helene Didl bereit zu leisten und zu geben. Fritz Haider, einer der ersten Mitarbeiter von SOS-Kinderdorf, beschreibt ihr Engagement als „Tag und Nacht im Einsatz“[33]: „Sie war für Hermann Gmeiner eigentlich schon so eine Art Mädchen für alles. Er hat sie eingesetzt, wo er sie gebraucht hat, und sie ist ihm in jeder Weise zur Verfügung gestanden.“[34]

Gerade in den Anfängen von SOS-Kinderdorf brauchte es eine Reihe an „Mädchen für alles“, um die Anforderungen in den vielfältigen, für den Aufbau notwendigen Bereichen bewältigen zu können. In den Gesprächen im Rahmen dieses Projektes bezeichneten sich vor allem Frauen, aber auch Männer, immer wieder selbst als „Mädchen für alles“. Gmeiner zur Verfügung zu stehen, beschreibt Helene Didls Vielseitigkeit im Einsatz und ihre Bereitschaft, zu jeder Zeit für Hermann Gmeiner da zu sein. „Also in dem Sinne eine totale Idealistin, wie es heute kaum mehr jemanden gibt“[35], ergänzt Fritz Haider.

Das idealistische Engagement von Frauen, das in den hier vorgestellten Portraits durchgängig zu finden ist, hat seine Tradition nicht nur im SOS-Kinderdorf, sondern beispielsweise auch in der Fürsorgearbeit. Zu Beginn des 20. Jahrhunderts hatte Alice Salomon mit der Gründung ihrer Sozialen Frauenschule in Berlin die Fürsorgearbeit als Frauenberuf etabliert. Sie meinte ursprünglich, eine geregelte Bezahlung sei dem Engagement abträglich. „In der Überzeugung, daß vor allem Frauen auf Grund ihres ‚weiblichen Wesens' für diese Aufgabe geschaffen seien, propagierte sie den Slogan von der ‚Mütterlichkeit als Beruf'."[36] Engagement, voller Einsatz der Person und Aufopferung wurden insbesondere bei Frauen in der Sozialen Arbeit vorausgesetzt.[37]

Versand- und Werbearbeit

Im April 1949 kam Helene Didl erstmals in Kontakt mit der Societas Socialis und sie warb erste Mitglieder für den SOS-Frauenring. Im Herbst 1949 startete die Societas Socialis mit ihrer ersten Weihnachtskartenaktion. „Dazu Helene Didl: ‚Herr Gmeiner zerbrach sich den Kopf, wie er weiterkommen und schneller zu Geld kommen sollte. Jeder hatte einen Vorschlag. So [wurde] auch der [Vorschlag gemacht], zu Weihnachten Karten zu verschicken. [...] Mich hatte es viele schlaflose Nächte gekostet, da gerade ich diese Anregung gab. [...] Es war zweifellos unsere erste größere Werbung ohne Sammelgenehmigung. Aber das Geld wurde notwendig gebraucht.' Franz Müller [eines der Vorstands- und Gründungsmitglieder der Societas Socialis, H.B.] meint zu der Weihnachtskartenaktion: ‚Das ist schon auf meinem Mist gewachsen.' Er verweist darauf, daß er hingewiesen habe, daß jede karitative Organisation massenhaft Bettelbriefe schreibe, von denen tausende im Papierkorb landen. Es wäre daher besser nicht zu betteln, sondern Karten zu verschicken, die zu einem Preis angeboten werden, der unter jenem in den Geschäften liege [...]."[38]

Ob nun Helene Didl oder Franz Müller die Idee für diese großartige Spendenakquisition hatte, bleibt unklar. Die Weihnachtskartenaktion 1949 erbrachte jedenfalls einen Spendenreinerlös von 110.000 Schilling und sicherte die Finanzierung eines Hauses im Kinderdorf in Imst.[39] Die Idee trug wesentlich zur erfolgreichen Weiterentwicklung der Societas Socialis bei. Bei der Ausführung dürfte Helene Didl allerdings die Fäden in der Hand gehabt haben: „Sie begann am Rennweg mit drei ihrer Kriegsopfermädchen[40] für die Weihnachtskartenaktion zu arbeiten, für die auch Zehntausende Begleitbriefe vorbereitet und abgezogen werden mussten. Dazu kam auch noch die ganze Kuvertierung. Maria Hofer fertigte Zeichnungen mit kleinen Sprüchen an. Studienkollegen Gmeiners, seine Pfarrjugendgruppe und zahlreiche Kinder, die Frau Didl und ihre drei Helferinnen organisierten, legten ein enormes Arbeitspensum an den Tag. [...] Pfadfinder unterstützten die Aktion, ebenso die Dekanatsjugend, natürlich viele Frauen des ‚SOS-Frauenringes', zudem gelang es Frau Didl, Schulklassen mit jeweils 20-40 Kindern bzw. Jugendlichen samt Lehrpersonal nachmittagsweise zu organisieren."[41] „‚Frau Didl war Gold wert mit ihrer Frauenschar aus Hötting', erinnert sich Franz Müller."[42] Für diese Leistung erntete Helene Didl auch von Hermann Gmeiner sichtbare Wertschätzung. Jenes Haus, das im SOS-Kinderdorf Imst mit dem Erlös aus dieser Aktion gebaut werden konnte, benannte er

„Haus Weihnacht“ und „erkannte die Ehre des ersten Spatenstiches hiefür Frau Didl zu, wegen ihrer besonderen Verdienste um die Weihnachtskarten-Aktion.“[43]

Helene Didl war hauptverantwortlich für die Werbe- und Versandarbeit. Von 1953 an führte sie die Versandabteilung.[44] Wie bei der ersten Weihnachtskartenaktion ging es auch bei anderen Mittelbeschaffungsaktionen darum, Sendungen postfertig zu machen. Fritz Haider erinnert sich dazu: „Ein Bild, das ich wirklich vor mir hab, sind riesige Berge von gebündelten Aussendungen für die verschiedenen Aktionen, Weihnachtskarten, Osterkarten, und sie hat wie eine Generalin da geschaltet und gewaltet und das war ihr Reich. Da ist sie aufgegangen.“[45] In der Versand- und Werbearbeit bewies Helene Didl ihre Vielseitigkeit und ihre organisatorischen Fähigkeiten. Damit trug sie maßgeblich bei, eine finanzielle Basis für den Aufbau des ersten SOS-Kinderdorfes in Imst zu schaffen.

Im Juli 1950 organisierte Helene Didl mit Hilfe des Frauenringes einen Märchenumzug anlässlich des Tages des Kinderdorfes: „Mir oblag es nun Wagen mit Pferden und Fuhrleuten aufzutreiben, die Kinder einzukleiden und Schüler zu interessieren, die Wagen zu schmücken.“[46] Damit steigerte Helene Didl mit ihren HelferInnen den Bekanntheitsgrad des SOS-Kinderdorfes: „In der Presse erntete sie viel Lob. Die ‚Tiroler Nachrichten‘ schrieben: ‚Frau Didl, die das Arrangement des Umzugs übernommen hatte, verdient für ihre Leistung vollste Anerkennung. Die SOS, der es vor allem daran lag, den Tag des Kinderdorfes zu einem Tag des Bekenntnisses zur Idee ihres Hilfswerkes zu machen, darf mit dem erzielten Erfolg zufrieden sein.‘“[47] Auch in den folgenden Jahren machte Helene Didl SOS-Kinderdorf bei Veranstaltungen bekannt. Auf der Landwirtschaftsmesse im Jahr 1956 zum Beispiel wurde SOS-Kinderdorf eine Koje zur Mitgliederwerbung zur Verfügung gestellt. Diese Koje betreute die damals bereits 60-jährige Helene Didl.[48]

Hermann Gmeiner und Helene Didl um 1950

„Sie war nicht so eine spezifische Kinderdorfmutter“[49]

Am 6. April 1951 kam Helene Didl mit Hans Haider, dem Vater von Hermann Gmeiners Weggefährten und späteren Dorfleiters Fritz Haider, nach Imst: „Er als Dorfmeister und ich, um die Häuser fertig einzurichten“[50], wie die Aufzeichnungen von Helene Didl selbst dokumentieren. Die beiden bezogen zusammen mit Else Schäfer, Helene Didls Nachbarin aus dem Wohnhaus in der Riedgasse 37 und Mitglied im SOS-Frauenring, das „Haus Frieden“.

Mit dem Einzug ins „Haus Frieden“ im SOS-Kinderdorf Imst stellt sich heute die Frage, welche weiteren Aufgaben Helene Didl von diesem Zeitpunkt an übernommen hat. Der Personalstand im Jahr 1951 listete unter den Angestellten des SOS-Kinderdorfes Hermann Gmeiner als Geschäftsführer, Maria Hofer als Sekretärin, Walter Gstrein als Buchhalter und Fritz Haider als Bürokraft und Kassier auf. Helene Didl ist neben den bereits angestellten SOS-Kinderdorf-Müttern und Hans Haider unter „Personen im Kinderdorf“ zu finden.[51] Auch ihre Entlohnung entsprach jener der SOS-Kinderdorf-Mütter. Diese Einkommen waren übrigens weit unter den Gehältern der damals angestellten Männer und des Gehaltes von Maria Hofer angesiedelt.

In der Geschichte über SOS-Kinderdorf wird Helene Didl häufig die Rolle der ersten SOS-Kinderdorf-Mutter zugeschrieben. Ihre finanzielle Bewertung könnte als Hinweis darauf verwendet werden. Franziska Fahlenbock, die sich als SOS-Kinderdorf-Mutter beworben hatte, zog allerdings bereits vor Weihnachten 1950 ins „Haus der Tiroler Industrie“ ein. Sie war von Beruf Kindergärtnerin und Lehrerin, brachte zwei eigene Kinder mit und lebte getrennt von ihrem Mann. „Wir waren sehr froh um sie“[52], berichtet Helene Didl. Franziska Fahlenbock erlebte Helene Didl als Frau, die sie ins Kinderdorf „einführte“ und die die Kinder brachte.[53] Im Februar und März 1951 nahm Franziska Fahlenbock bereits fünf Kinder in ihre Kinderdorffamilie auf.[54] Sie arbeitete bis April 1952 im SOS-Kinderdorf Imst. Horst Schreiber findet bei seinen Recherchen eine mögliche Erklärung, warum Helene Didl die Zuschreibung der ersten Kinderdorfmutter bekam: „Frau Fahlenbock […] entsprach als Geschiedene [bzw. von ihrem Mann getrennt lebende Frau, H.B.] mit eigenen Kindern überhaupt nicht dem biographischen Hintergrund jener Frauen, die Gmeiner schließlich als Mütter in den ersten beiden Jahrzehnten und teils darüber hinaus bevorzugte. Dies mag auch der Grund sein, weshalb die unverwüstliche Helene Didl in der bisherigen Geschichte des SOS-Kinderdorfes als erste Kinderdorfmutter galt.“[55]

Helene Didl verstand sich auch selbst als erste Kinderdorfmutter. In Bezug auf die Weihnachtsfeier am 2. Dezember 1949 berichtet sie: „Im kleinsten Rahmen feierten auch wir ein wenig, wobei ich am besten abkam. Ich wurde in die ‚Societas Socialis‘ aufgenommen und als erste Mutter eingesetzt, wo ich von dort an als Didlmami fungierte.“[56] Sie bezog sich von ihrem Selbstverständnis in die Runde der Kinderdorfmütter ein. In ihren Aufzeichnungen hält sie zum Beispiel fest, dass Hermann Gmeiner Mütterrunden gestaltete und sie „manch nette Zusammenkunft und Schulung“ hatten. Dazu führt sie weiter aus: „Die Arbeit wurde immer mehr, so zog er später auch andere Personen heran, um uns [Müttern, H.B.] Aufklärungen in Erziehungsfächern zu geben. Es war eine schwere, aber auch eine schöne Zeit."[57] Zum Jahr 1951 notiert Helene Didl darüber hinaus: „Zum Jahresabschluß kamen die Mütter zu mir ins Haus Frieden feiern. Es war bescheiden, aber schön. Nach einer kleinen Ansprache Herrn Gmeiners an uns Mütter mit Aufmunterung zur idealen Arbeit und Verzicht eigener Wünsche rutschten wir ins neue arbeitsreiche Jahr."[58] Fritz Haider hingegen meint, Helene Didl „war nie Kinderdorfmutter"[59], aber man hat sie „Didlmami" genannt und als solche hat sie im Haus Frieden gesorgt, gekocht, freiwillige HelferInnen und Kinder betreut und damit die Rolle einer Kinderdorfmutter übernommen.

Bei Helene Didl ist auf der Basis der recherchierten Quellen das Berufsbild „Kinderdorfmutter" möglicherweise weiter zu fassen. Wie sie Hermann Gmeiner mit ihrem Einsatz für die SOS und mit ihrer Beziehungsarbeit mütterliche Qualitäten vermittelt haben wird, setzte sie diese wohl auch in ihrer Arbeit in Imst, in Innsbruck oder in der Hinterbrühl ein. So betreute sie im Sommer 1952 gemeinsam mit Coletta Haid, die im SOS-Kinderdorf Imst als Gemeindehausmutter[60] arbeitete und mit ihrem Sohn dort lebte, die kleinen Kinder, die an der Ferienaktion nicht teilnehmen konnten. 1954 wurde Helene Didl mit Else Schäfer in Innsbruck für eine „provisorische Lehrlingsfamilie" mit sechs Lehrlingen und einem Gymnasiasten eingesetzt, die im folgenden Jahr in das in Egerdach angekaufte Jugendhaus übersiedelten. Und auch 1956 wurden 30 Kinder von Helene Didl und einer SOS-Kinderdorf-Mutter betreut, die vorerst in Imst untergebracht waren und nach Altmünster kommen sollten. Im Jahr 1960 war Helene Didl als „Hausmutter" in Niederösterreich. Dort wurden Burschen aus dem SOS-Kinderdorf Wienerwald in einem Haus im Jungarbeiterdorf Hochleiten bei Gießhübel untergebracht, bevor sie ins Jugendhaus nach Innsbruck übersiedeln konnten.[61]

Im Ferienlager am Caldonazzo-See

„Es war nicht alles perfekt, wie sie es gemacht hat, sie war aber für alles zu haben."[62] Mit dieser Einstellung, für alles zu haben zu sein, war Helene Didl auch in das Ferienlager am Caldonazzo-See in Italien eingebunden. 1953 verbrachten dort erstmals 40 Burschen aus dem SOS-Kinderdorf Imst ihre Ferienwochen.[63] Helene Didls Aufzeichnungen ist zu entnehmen, dass sie selbst im Sommer 1954 bei der zweiten Ferienaktion für 80 Burschen mit dabei war: „Betreuung der Buben Direktor Gmeiner, Herr Haider, Lehrer Herr Klausinger und Frau Didl."[64]

Die Anfänge im kleinen Zeltlager waren bescheiden. Anlässlich 50 Jahre SOS-Feriendorf blickt Alexander Gabriel zurück: „Es standen ein paar einfache Zelte zur Verfügung, geschlafen wurde auf Strohsäcken, rauhe Decken spendeten Wärme in den kühlen Nächten. Gekocht wurde auf einer aus ein paar Steinen zusammengesetzten Feuerstelle. Der See diente als Badewanne, in der auch die Zähne geputzt wurden."[65] Helene Didl übernahm im Ferienlager die Versorgung so gut, wie diese unter spartanischen Bedingungen zu bewerkstelligen war. Fritz Haider erinnert sich: „Es hat ja nichts gegeben. Und da hat sie gekocht, man könnte sagen auf einer offenen Feuerstelle, einfach so ein paar Steine, das war halt irgendein Arrangement, wo man dann einen Kochtopf drauf gesteckt hat. Und da hat die Frau Didl gekocht und das haben die Leute dann auch gegessen."[66] Mit dem Entstehen von SOS-Kinderdorf-Einrichtungen in ganz Österreich und in europäischen Ländern kamen zunehmend mehr Kinder in das Ferienlager. „Für Verwaltung und Küche wurde ein aufgelassenes Hotel in Caldonazzo [...] angekauft und instand gesetzt."[67] Dort war fortan die Verköstigung von Kindern und Erwachsenen unter besseren Bedingungen zu bewältigen.[68]

Warum Helene Didl eine Pionierin ist ...

„Weil sie wirklich in den Anfängen mit allen Entbehrungen das auf sich genommen hat, und sie war doch auch schon über 50"[69], resümiert Martha Vergörer. Maria Heritzer beschreibt Helene Didl als zielstrebige, starke Frau und sie bezeichnet sie als „Urmutter" und „Mutter Courage".[70] Helene Didls Aufgabenfeld bei SOS-Kinderdorf war vielfältig. Sie wurde eingesetzt, wo „Not an der Frau" war. Sie bat um 1-Schilling-Spenden, kuvertierte Briefe, schmückte Fuhrwerke, machte SOS-Kinderdorf bekannt, umsorgte und betreute Kinder, Jugendliche und Erwachsene, richtete Häuser ein, hatte beratende Stimme in Vorstandssitzungen. Mit ihrer Lebenserfahrung aus fünf Jahrzehnten, mit Tatkraft und Mut trug sie zu den erfolgreichen Anfängen bei.

Helene Didl blieb auch in ihren letzten Lebensjahren an der Seite von Hermann Gmeiner. Sie half in seinem Haushalt in Innsbruck mit, soweit ihr das mit fortgeschrittenem Alter noch möglich war, und bewohnte ein Zimmer auf derselben Etage. Vinzenz Neubauer hält dazu in seinem handschriftlichen Manuskript in dem

Helene Didl 1974

von ihm mit „Frauen" übertitelten Kapitel fest: „Seit einigen Jahren betreut ihn [Hermann Gmeiner, H.B.] die unterdessen hochbetagte erste Kinderdorfmutter aus Imst, Frau Helene Didl, und bietet ihm jenes häusliche Milieu, von dem aus er ungebunden und dennoch geborgen seinen Verpflichtungen nachgehen kann."[71] In der Erinnerung Martha Vergörers schätzte Hermann Gmeiner an Helene Didl besonders, „dass sie sicher für ihn immer da war. Sie hat wirklich alles getan, was möglich war, und sie ist auch nicht mehr jung gewesen."[72] Helene Didl ist „gewachsen" und „aufgegangen" in ihrer Arbeit für SOS-Kinderdorf. Sie hat die Jahre bei SOS-Kinderdorf als „Lebensaufgabe"[73] verstanden und in diesem Sinne blieb sie Hermann Gmeiner auch bis an ihr Lebensende „treu".

Am 9. Dezember 1980 ist Helene Didl an Bauchspeicheldrüsenkrebs verstorben. Zu Lebzeiten bekam sie als „langjährige Mitarbeiterin und SOS-Kinderdorf-Mutter, i.R."[74] am 2. Dezember 1975 die Verdienstmedaille des Landes Tirol verliehen.

Anmerkungen

1 Der Titel „Mütterrunde" stammt aus dem Buch SOS-Kinderdorf-Verlag (Hrsg.): Hermann Gmeiner – Vater der SOS-Kinderdörfer, 1987, S.26.
2 Vgl. z.B. Stadelmann, 1970; SOS-Kinderdorf-Verlag (Hrsg.), 1987
3 Interview mit Martha Vergörer, 26. November 2003
4 Vgl. ebd.
5 Vgl. Gehler, 1988, S.271-306: „Wir werden es den Nazis zeigen!", Die Höttinger Saalschlacht vom 27. Mai 1932
6 Vgl. Gespräch mit Martha Vergörer, 27. September 2005
7 Interview mit Martha Vergörer
8 Martha Vergörer wurde in Tschernowitz in der Bukowina geboren und wuchs in Bukarest auf. Ihre Mutter starb 1938, den Vater verlor sie 1940. Anfang der 1940er Jahre wurde sie nach Deutschland ausgesiedelt und kam auf der Suche nach einer Cousine im Mai 1945 nach Tirol. Vgl. Gespräch mit Martha Vergörer
9 Interview mit Martha Vergörer
10 In der Monarchie galt die Eheschließung von Lehrerinnen in vielen Kronländern als „freiwillige Dienstentlassung". Nach der Aufhebung der Eheverbote 1918 blieben die Verbote allerdings in Tirol, Salzburg und Vorarlberg bestehen. Vgl. Tesar, 1993, S.163
11 Interview mit Martha Vergörer
12 Ebd.
13 Vgl. ebd.
14 Vgl. Stadelmann, 1970, S.73
15 Schmölzer, 1991, S.399
16 Vgl. ebd., S.404
17 Vgl. Interview mit Martha Vergörer; Interview mit Fritz Haider, 3. Dezember 2003
18 Schreiber, o.J., S.39
19 Vgl. Statut der Societas Socialis, 6. März 1949, in: Ordner „Zweigverein SOS-Kinderdorf Imst, Protokolle 1950-1956, Vorstandssitzungen"
20 Schreiber, o.J, S.40
21 Ebd.
22 Noch im Jahr 1949 zählten über 1.000 eingeschriebene Mitglieder zum SOS-Frauenring. Ziel des SOS-Frauenringes war, „zu einer großen Gemeinschaft sozial denkender Frauen aus allen Städten und Dörfern des Landes [zu] werden. Je 10 Frauen bilden zusammen einen Ring. Jede Frau leistet

einen Schilling als Monatsbeitrag, der als Zuschuß den Heimen zugeführt wird". Vgl. Broschüre „SOS-Kinderdorf Tirol", Zentralkanzlei SOS-Kinderdorf Tirol, Innsbruck - Hofburg 1949, in: Ordner „SOS-Kinderdorf Chronik 1949-51"

23 Schreiber, o.J., S.40

24 Broschüre „SOS-Kinderdorf Tirol", Zentralkanzlei SOS-Kinderdorf Tirol, Innsbruck - Hofburg 1949, in: Ordner „SOS-Kinderdorf Chronik 1949-51"

25 Zudem beinhaltete die Änderung der Statuten „die Errichtung eines Säuglings- und Mütterheimes" und „die Errichtung einer Vermittlungsstelle für Adoptiveltern". Vgl. Protokoll Hauptversammlung der Societas Socialis am 18.7.1949, in: Ordner „Hauptverein - Zweigverein Imst, Vollversammlung, Protokolle 1949-1958"

26 Ebd.

27 Schreiber, o.J., S.41

28 Broschüre „SOS-Kinderdorf Tirol", Zentralkanzlei SOS-Kinderdorf Tirol, Innsbruck - Hofburg 1949, in: Ordner „SOS-Kinderdorf Chronik 1949-51"

29 Interview mit Martha Vergörer

30 Vgl. Schreiber, o.J., S.40

31 Interview mit Martha Vergörer

32 Vgl. ebd.

33 Interview mit Fritz Haider

34 Ebd.

35 Ebd.

36 Schmölzer, 1991, S.417

37 Vgl. das Kapitel „Die soziale Arbeit ist das Amerika der Frau" in diesem Buch.

38 Schreiber, o.J., S.52

39 Vgl. ebd., S.64

40 Eines dieser „Kriegsopfermädchen" könnte Helene Didls Schwiegertochter Martha Vergörer gewesen sein. S. Anm. 8; In der Baracke am Rennweg unterstützte sie Helene Didl bei den Versandarbeiten. Vgl. Gespräch mit Martha Vergörer

41 Schreiber/Vyslozil, 2001, S.73

42 Schreiber, o.J., S.52

43 Stadelmann, 1970, S.75

44 Vgl. Aufzeichnungen von Helene Didl (ab 1950-1963), in: Ordner „Anfänge Societas Socialis, SOS-Kinderdorf"

45 Interview mit Fritz Haider

46 Aufzeichnungen Didl, a.a.O.

47 Schreiber, o.J., S.67

48 Vgl. Aufzeichnungen Didl, a.a.O.

49 Interview mit Erika Gottlieb, 30. Juni 2003

50 Aufzeichnungen Didl, a.a.O.

51 Vgl. Protokoll Vorstandssitzung 21. Juli 1951, in: Ordner „Zweigverein SOS-Kinderdorf Imst, Protokolle 1950-1956, Vorstandssitzungen"

52 Aufzeichnungen Didl, a.a.O.

53 Vgl. Gespräch mit Franziska Fahlenbock, 18. April 2006

54 Vgl. Schreiber, o.J., S.71

55 Ebd.

56 Bericht Helene Didl über die Jahre 1949-1963, HGI, Ordner Materialien Stadelmann, zitiert nach: Schreiber, o.J., S.63

57 Aufzeichnungen Didl, a.a.O.

58 Ebd.

59 Interview mit Fritz Haider

60 Als Gemeindehausmutter war Coletta Haid für die Gemeindehausküche, die Büro- und Gemeinschaftsräumlichkeiten und für Gmeiners Wohnung zuständig.

61 Vgl. Aufzeichnungen Didl, a.a.O.

62 Gespräch mit Rudolf Maurhard, 28. Juli 2003

63 Vgl. Schreiber/Vyslozil, 2001, S.184ff

64 Aufzeichnungen Didl, a.a.O.
65 Gabriel, 2003, S.2
66 Interview mit Fritz Haider
67 Schreiber/Vyslozil, 2001, S.185
68 Zum SOS-Feriendorf in Caldonazzo vgl. Portrait Imma von Unterrichter.
69 Interview mit Martha Vergörer
70 Vgl. Interview mit Maria Heritzer, 24. September 2003
71 Neubauer, o.J., unnumerierte Seite vor S.162
72 Interview mit Martha Vergörer
73 Ebd.
74 Anhang zum Protokoll der 25. Vollversammlung am 2.12.1975, in: Ordner „Vollversammlung Zweigverein Imst, Protokolle 1968-1981"

Hertha Troger (1897-1986)

„Schwester Hertha“

„Ein Jahr vor ihrem Ableben war Hermann Gmeiner am Karfreitag bei ihr. Er hat ihr einen Geldbetrag und Bücher gebracht. Sie hatten ein nettes Gespräch und haben Frieden geschlossen. Das hat ihr irrsinnig viel bedeutet, dass der Gmeiner sie am Karfreitag um drei Uhr besucht. Um 17.00 Uhr hat sie mich angerufen und hat mir gesagt, er war jetzt da mit seinem Chauffeur.“[1]

Christiane Eble erzählt diese Episode aus dem Leben der damals 88-jährigen Hertha Troger. Die Szene symbolisiert den versöhnlichen Schlusspunkt eines Konfliktes zwischen SOS-Kinderdorf, verkörpert durch Hermann Gmeiner, und einer der umstrittensten Pionierinnen der Organisation. Hertha Troger und ihre Leistungen für SOS waren aus der Geschichtsschreibung der Organisation verschwunden, bis Schreiber und Vyslozil bei ihren Recherchen zu den „Dynamiken der frühen Jahre“ auf sie stießen.[2] Schriftliche Quellen bei SOS, die Hinweise auf sie geben könnten, sind recht dürftig. Vor allem waren keine Protokolle des Vereins Societas Socialis zwischen 25. April 1949 und Jänner 1950 zu finden. Innerhalb dieses Zeitraums engagierte sich Hertha Troger bei SOS. Die wenigen existenten Schriftstücke, ebenso wie Aussagen von KollegInnen aus der PionierInnenphase, dokumentieren jedoch, dass Hertha Troger wesentlich zur Konkretisierung des ersten SOS-Kinderdorfs in Imst beitrug. Trogers Lebensgeschichte wurde mit Hilfe von Gabriella Emese Szabo-Alapy, von Christiane Eble und von Friedrich Troger rekonstruiert. Gabriella Emese Szabo-Alapy hatte Hertha Troger 1957 kennen gelernt, nachdem sie mit ihrer Familie aus Ungarn geflüchtet war. Hertha Troger nahm die damals 16-Jährige bei sich auf und mit den Jahren entwickelte sich daraus eine Art Mutter-Tochter-Beziehung. Die Sozialarbeiterin Christiane Eble begleitete Hertha Troger in deren letzten elf Jahren im Rahmen der ambulanten Altenbetreuung des Sozialsprengels, wobei die Beziehung zwischen den beiden Frauen neben dem beruflichen durchaus auch einen privaten Charakter hatte. Die Erinnerungen der beiden Frauen an Hertha Troger enthalten somit auch Erinnerungen daran, wie Hertha Troger über ihr Leben erzählte. Friedrich Troger ist der Neffe von Hertha Troger, den sie erst gegen Ende der 1940er Jahre kennen gelernt hatte. Seine Erinnerungen beziehen sich vor allem auf die Erzählungen über die gemeinsame Herkunftsfamilie.

Bürgerliche Kindheit und Jugend einer „Vater-Tochter"

Hertha Troger wurde am 5. September 1897 als drittes von vier Kindern in eine gutbürgerliche, „altösterreichische" Familie geboren. Sie selbst kam in Troppau, der Hauptstadt von Österreichisch-Schlesien zur Welt[3], ihre Eltern stammten aus zwei angesehenen Tiroler Familien.[4] Ihr Vater Fritz Troger sollte ursprünglich Priester werden und besuchte das Priesterseminar in Brixen. „Sein Onkel war der Fürsterzbischhof [von Brixen; L.C.]. Und dann ist der Fritz Troger vor der Weihe aus dem Priesterseminar ausgetreten. Das muss damals ein großer Skandal gewesen sein."[5] Fritz Troger absolvierte anschließend die LehrerInnenbildungsanstalt in Innsbruck, wo er seine zukünftige Frau, die um zwei Jahre ältere Pauline Berktold, kennen lernte. Die beiden zogen zuerst nach Wien, wo im Jänner 1895 die erste Tochter Pauline zur Welt kam. Im April 1895 heirateten Fritz Troger und Pauline Berktold. Die Familie Troger ließ sich vermutlich in der zweiten Hälfte des Jahres 1895 in Troppau nieder.[6] Im Zusammenhang mit dem Umzug erwähnt Szabo-Alapy, dass sich Fritz Troger der Los-von-Rom-Bewegung anschloss. Es handelte sich dabei um eine politische Strömung deutschnationaler Kreise in Österreich um die Jahrhundertwende zum 20. Jahrhundert. Sie stand in heftigem Kampf mit der katholischen Kirche und konfessionell gebundenen Parteien wegen deren als zu antideutsch empfundener Gesinnung. Der Führer der Bewegung Georg Ritter von Schönerer propagierte deshalb unter anderem den Austritt aus der katholischen Kirche und den Übertritt zum Protestantismus.[7] Fritz Troger sei auf Grund seines Austritts aus dem Priesterseminar und seiner Überlegungen zu einer Konvertierung aus dem katholischen Tirol ins mehrheitlich protestantische Österreichisch-Schlesien ausgewandert. „Man muss fast sagen, er ist emigriert."[8] Fritz Troger konvertierte allerdings erst 1901 in Troppau zum evangelischen Glauben. Mit ihm traten auch seine vier Kinder über, wohingegen seine Frau katholisch blieb.

In Troppau arbeitete Fritz Troger ab 1895 als Redakteur der „Freien Schlesischen Presse", avancierte zum Chefredakteur und war ab 1899 auch der Eigentümer der Zeitung.[9] Neben seiner Arbeit gründete Fritz Troger 1904 mit einigen anderen Troppauern die freiwillige Rettungsgemeinschaft (Samariterverband). Er machte sich 1912 als Organisator und erster Obmann des Landessamariterverbundes von Schlesien verdient.[10] Im Ersten Weltkrieg von 1914 bis 1918 wurde er von Kaiser Franz-Joseph I. persönlich nach Wien berufen, wo er als Liniendelegierter das Rote Kreuz reorganisieren und das Verwundetentransportwesen leiten sollte. Er wurde für seine Leistungen im Rettungswesen hoch dekoriert.[11] Der Vater nahm einen wichtigen Platz in Hertha Trogers Kinder- und Jugendzeit ein, auch wenn dieser auf Grund seiner beruflichen und ehrenamtlichen Tätigkeit kaum zu Hause war. An ihm orientierte sie sich. So interessierte sie sich auch schon sehr bald für sein Engagement bei der Rettung und traf eine dementsprechende Berufswahl.[12] In einem Zeitungsartikel aus dem Jahr 1986 wird sie zitiert: „Bereits im Alter von sieben, acht Jahren konnte ich schon fachgemäß Verbände anlegen und Wunden versorgen."[13] Über ihre Mutter sprach Hertha Troger allerdings kaum[14], zu ihr hatte sie laut Szabo-Alapy „keinen besonders guten Draht gehabt"[15].

Nach der Lyzeal-Matura begann Hertha Troger mit Herbst 1915 die Ausbildung zur Krankenschwester am Wiener AKH. Fritz Troger hatte zu Beginn Vorbehalte gegen den Berufswunsch seiner Tochter, wie sich Szabo-Alapy erinnert. Er meinte, dass das „ein zu harter Beruf ist. Eine Frau aus gutem Haus hat solche Sachen nicht gemacht. In Wien hatten sehr ungebildete Pflegerinnen Tradition. Die Familie Troger war sehr viel Theater, Konzerte, Bücher und so weiter gewohnt. Man hat sie [bürgerliche Frauen; L.C.] schon ein bisschen mit Argwohn betrachtet, warum die sich da engagieren. Diese Frauen mussten sich sehr durchsetzen können."[16] Ihre Ausbildungszeit war gekennzeichnet durch die Versorgung von Kriegsverletzten. Eindrücklich für Troger war aber auch ein Praktikum an einer Ambulanz für Geschlechtskrankheiten, wie Gabriella Emese Szabo-Alapy ausführt: „Wenn man sich das so vorstellt. Sexualität war ein Tabu und sie hat gleich solche Sachen machen müssen."[17] Der Krankenpflegeberuf war erst im Begriff, sich als bürgerlicher Frauenberuf zu etablieren. Wie auch im Bereich Sozialer Arbeit waren bürgerliche Vorstellungen vom „Wesen der Frau" Ausgangspunkt für die Berufstätigkeit von Frauen und Begründung dafür, weshalb gerade sie für diesen speziellen Bereich „von Natur aus" so geeignet seien. So wurden „wesensgemäße" Normen für Frauen wie Selbstaufgabe, Dienen, Opfertum und Nächstenliebe mit beruflichen Anforderungen an die Pflege gleichgesetzt.[18] Während des Ersten Weltkriegs absolvierten in Wien die ersten „Damen aus besseren Häusern" die Krankenpflegeschule, erzählt Szabo-Alapy, „und diese ganzen Professoren, deren Lehrbücher wir studiert haben, Pirquet, Zuckerkandl, Wagner-Jauregg und diese Leute, waren ihre Professoren. Sie [die Krankenpflegeschülerinnen; L.C.] haben zum Teil mit den Medizinstudenten Anatomie gelernt. Sie hat mir sehr, sehr viel über diese Zeit in Wien und die große Wiener Medizinische Schule erzählt. Sie hat diese ‚Päpste' alle gekannt und bei ihnen auch Vorlesungen gehört."[19]

Hertha Troger um 1919

Die Ausbildung zur Krankenschwester war damals noch von derartig öffentlichem Interesse, dass Hertha Troger das Diplom 1918 aus der Hand von Kaiser Karl I. erhielt. Hertha Troger hatte ihr Ziel erreicht. „Der Vater war sehr stolz, weil sie mit Auszeichnung ihr Diplom gemacht hat."[20]

Von der Unmöglichkeit gleichzeitig Mutter, berufstätig und anerkannt zu sein

Hertha Troger hatte trotz des Ersten Weltkriegs eine glückliche und behütete bürgerliche Kindheit und Jugend erlebt. Zum Zeitpunkt ihrer Diplomierung wies alles in eine vergleichbare Zukunft. Sie hatte erfolgreich eine standesgemäße Ausbildung absolviert, die sie interessierte und ihr die Anerkennung ihres Vaters sicherte. Zudem war sie mit einem Troppauer verlobt, der im Bankenwesen tätig war.

1918/19 sollte sich das Leben der damals 21-Jährigen allerdings entscheidend verändern. Auslöser waren kriegsbedingte finanzielle Schwierigkeiten ihres Vaters, welche ihren Verlobten die Verbindung überdenken ließen, wie sich Szabo-Alapy erinnert: „Dann ist der Verlag [die ‚Freie Schlesische Presse'; L.C.] in Bankrott gegangen. Der Gute hat die Verlobung aufgelöst und sie war schwanger von ihm. Das war dann das große ‚Aus'."[21] Hertha Troger wurde von ihrem Verlobten verlassen, weil sie keine „gute Partie" mehr war. Ihr Vater konnte für sie keine „standesgemäße" Aussteuer zahlen, deren Höhe allgemein bestimmend für die Heiratschancen von Töchtern war.[22] „Nur" eine Entlobung wäre deshalb vermutlich kein so großer gesellschaftlicher Skandal gewesen. Doch zum Zeitpunkt der Entlobung war Hertha Troger bereits schwanger. Entgegen den damals gültigen Moralvorstellungen lebte sie mit ihrem Verlobten auch eine sexuelle Beziehung. Weibliche Sexualität im Allgemeinen und außerhalb einer ehelichen Beziehung im Speziellen war absolut tabu, ebenso wie die damals ohnehin beschränkten Möglichkeiten zur Empfängnisverhütung. Durch die Entlobung und die Schwangerschaft wurde ihr Verstoß gegen die geltende Sexualmoral sichtbar. Eine Sexualmoral, die in erster Linie Frauen betraf, denn im Gegensatz zu Hertha Troger hatte die gelebte Sexualität und deren – nur am Frauenkörper sichtbaren – Folgen für ihren ehemaligen Verlobten keine Konsequenzen. Sie aber hatte „Schande" über die Familie gebracht, die sich daraufhin vollkommen von ihr distanzierte. Hertha Troger musste ihr Zuhause verlassen und war plötzlich auf sich allein gestellt. Der Kindsvater übernahm keinerlei Verantwortung und leistete auch keinen Unterhalt. Er heirate knapp nach der Geburt des Kindes eine Frau mit besserem finanziellem Hintergrund.[23]

Aus den Schilderungen von Christiane Eble und Gabriella Emese Szabo-Alapy lässt sich rekonstruieren, dass Hertha Troger nach dem Rauswurf aus ihrem Elternhaus vorerst Aufnahme in einem Pfarrhaus fand. „Dann hat sie ganz lang beim Pfarrer von Troppau gewohnt. […] Ich habe eine Tischdecke, die sie unter Tränen gestickt hat, als sie schwanger war."[24] Anschließend musste sie sich bis zur Geburt ihres Kindes ihren Lebensunterhalt in Meran verdienen. „Sie hat nicht nach Hause können. Als schwangere Frau hat sie in Meran bei einer französischen Prinzessin eine Privatpflege angenommen. Dort hat sie bis zur Geburt gearbeitet. […] Das muss ziemlich dramatisch gewesen sein und es ist ihr auch sehr schlecht gegangen in der Schwangerschaft. Die Frau, die sie pflegte, hatte wahrscheinlich eine Schizophrenie oder auf jeden Fall eine Wahnkrankheit und war hochgradig erregt und aggressiv. Die Pflege war nicht so, dass man acht Stunden arbeitete, sondern Tag und Nacht. Und sie war die einzige, die zuständig war für die Frau."[25]

1919 kam Hertha Trogers Sohn Sigurd zur Welt. Noch während der Schwangerschaft war ihr Vater verstorben. Nach der Geburt musste sie einerseits für den Lebensunterhalt sorgen, sich andererseits um ihr Baby kümmern. Für die Vereinbarkeit von Beruf und Familie gab es 1919 für Frauen noch keine adäquaten Unterstützungsmöglichkeiten. Das Thema „Vereinbarkeit" stellte sich für bürgerliche Frauen nicht, da eine Ehefrau und Mutter entsprechend dem bürgerlichen Familienmodell nicht berufstätig war. Hertha Trogers Schwester Paula, die inzwischen von Troppau nach Innsbruck gezogen war, nahm Sigurd in Pflege, was die konflikthafte Familiendynamik nicht unbedingt harmonisierte.[26] Einerseits entzog die Familie die Unterstützung auf Grund des unehelichen Kindes. Andererseits übernahm die Schwester Verantwortung für ihren Neffen, indem sie ihn aufzog. Das Verhältnis zwischen Hertha Troger und ihrer Schwester war über lange Jahre sehr spannungsgeladen. Szabo-Alapy erzählt von Hertha Troger, dass „sie immer gesagt hat, dass sie [ihre Schwester Paula; L.C.] den Sohn so entfremdet hat. Man hat sie wirklich als schwarzes Schaf der Familie behandelt."[27] Diese familiäre Bewertung deckte sich mit den damals weitgehend gültigen gesellschaftlichen Normen. Bemerkenswert dabei ist jedoch die Tatsache, dass Fritz und Pauline Troger selbst erst drei Monate nach der Geburt ihrer ersten Tochter geheiratet[28], also gegen gültige Moralvorstellungen verstoßen hatten. Der Unterschied scheint in der Eheschließung zu liegen, ein Unterschied, dessen Folgewirkung Hertha Trogers Leben maßgeblich prägen sollte.[29]

Endlich ein „normales bürgerliches Familienleben"

1922 heiratete Hertha Troger in Innsbruck Josef Tannheimer.[30] Die Hochzeit war laut Szabo-Alapy „ein großes Happening"[31], bei der der Erzbischof die Trauung vollzog. An dieser Ehe wird erneut deutlich, wie normativ das bürgerliche Familienmodell wirkte, wie schwer lebbar es vielfach war und welche Strategien gewählt wurden, um es nach außen hin lebbar erscheinen zu lassen.[32] Sowohl Gabriella Emese Szabo-Alapy als auch Christiane Eble sprechen davon, dass sie einen „Sunnyboy" geheiratet hat. Laut Szabo-Alapy war er „aus einer schlagenden Verbindung aus dem Außerfern, aus dem Tannheimertal. Das muss auch also eine ‚extra' Ausgabe gewesen sein, war Germanist und bei der Gothia. Das ist eine schlagende, ‚braune' Verbindung. Suspekt. Der hat nicht weiter getan und sie waren in großer finanzieller Not. Da hat sie auch immer arbeiten müssen und er hat dann mit seinen Kollegen das Geld durchgebracht."[33]

Durch die Eheschließung verkehrte Hertha Troger verheiratete Tannheimer laut Christiane Eble wieder in der „besseren Gesellschaft", vor allem als sie nach Wien zogen.[34] Bürgerliche Frauen waren jedoch „schönes Eigentum"[35] des Ehemannes,

Repräsentationsgegenstand und Statussymbol. Ihre vornehmlichste Aufgabe bestand darin, den Schein von Wohlhabenheit, mit dem das Bürgertum die Aristokratie zu imitieren versuchte, aufrechtzuerhalten. Selbst wenn das Geld für Dienstboten nicht vorhanden war, musste die Frau durch ein „zur Schau gestelltes Nichtstun das Prestige des Gatten retten“[36]. Männern brachte Arbeit Anerkennung, bei Ehefrauen galt sie als Schande und musste deshalb möglichst heimlich und unbemerkt erledigt werden.[37] Auch bei Hertha Tannheimer durfte die „gute Gesellschaft“ keinesfalls erfahren, dass sie arbeitete und den Großteil des Familieneinkommens verdiente. Wenn sie wieder monatelang im Ausland bei Adeligen als Privatschwester arbeitete, hieß es offiziell, sie läge im Krankenhaus oder wäre auf Kur. Diese „inoffizielle“ Berufstätigkeit hatte zur Folge, dass auch der 1923 geborene Sohn Wolfgang zeitweise auf Pflegeplätzen aufwuchs.[38] Zur Ehe der Tannheimers resümiert Christiane Eble: „Er hat sie betrogen, wie es überall in den Ehen ist, aber sie hat ihn geliebt. Wenn sie von ihm erzählte, hat sie gestrahlt, obwohl sie es nicht einfach gehabt hat mit ihm. Sie wäre lieber daheim geblieben bei ihren Kindern. Das ist im Alter sehr herausgekommen. Aber es ist ihr nichts anderes übrig geblieben, weil der Mann viel gebraucht hat.“[39] Und so arbeitete Hertha Troger weiterhin als Krankenschwester im Ausland. Ihre Berufstätigkeit seit 1919 sollte sie nach Wien, Meran, Florenz, Rom und Rumänien führen. Sie arbeitete in Sanatorien, in der Privatpflege bei vermögenden BürgerInnen und Adeligen und bildete Krankenschwestern aus. Sie hatte sich vor allem in der Pflege „Nervenkranker“[40] spezialisiert.[41]

Die Ehe zwischen Hertha und Josef Tannheimer hielt dennoch oder gerade deswegen nicht. Die beiden ließen sich 1928 scheiden.[42] 1932 kam Herthas dritter Sohn Peter zur Welt.[43] Laut Szabo-Alapy stammt er aus einer langjährigen Beziehung mit dem akademischen Maler Andreas Winter.[44] Auch Peter konnte sie auf Grund notwendiger Berufstätigkeit nur einige Jahre selbst versorgen.[45] Hertha Tannheimer und der um 15 Jahre jüngere Andreas Winter heirateten 1939 und ließen sich 1944 wieder scheiden. Anschließend nahm sie wieder ihren Geburtsnamen Troger an, eine für die damalige Zeit ungewöhnliche Entscheidung.[46] Ihr zweiter Sohn Wolfgang fiel zu Beginn der Invasion in der Normandie 1944.[47]

Aus der Zeit des Zweiten Weltkriegs ist über Hertha Troger lediglich bekannt, dass sie als Oberschwester in einem Kriegslazarett in Salzburg arbeitete. Mit Kriegsende kam Hertha Troger mit den Ärzten in amerikanische Kriegsgefangenschaft. Im Zuge dieser Gefangenschaft entwickelte sie durch einen nicht behandelten Infekt eine chronische Polyarthritis, eine Autoimmunerkrankung, welche vor allem die Gelenke angreift. Diese chronische Erkrankung sollte zu einer dauerhaft schmerzhaften Belastung werden.[48]

Über die Familienverhältnisse von Hertha Troger wurde innerhalb ihrer Herkunftsfamilie laut Friedrich Troger nicht gesprochen. Dieser Teil der Familiengeschichte wurde nicht tradiert und dies könnte als Indiz dafür gelten, dass sie nicht den weitgehend gesellschaftskonformen Erwartungen ihrer Familie entsprach. Friedrich Troger zieht die Parallele zu der noch bei seiner Großmutter geltenden Regel, dass bei Lehrerinnen Familie und Beruf nicht vereinbar war. Für die Mutter von Hertha Troger bedeutete ihre Heirat, dass sie nicht mehr als Lehrerin arbeiten durfte, denn in der k. u. k. Monarchie galt das Lehrerinnenzölibat.[49] Im Gegensatz zu Lehrern zog eine Eheschließung für Lehrerinnen eine „freiwillige" Dienstentlassung nach sich.[50] Friedrich Troger sieht diese Unvereinbarkeit auch bei Sozial- und Pflegeberufen. „Tante Hertha war in sozialen Diensten, war auch derart fixiert und konzentriert auf ihren Beruf. [...] Das kann man nicht vereinbaren. Wenn man im sozialen Dienst steht, dann sollte man nicht heiraten, man sollte keine Kinder haben. Aber die Tante Hertha war ein lebensfroher Mensch. Da haben Kinder auch irgendwie zum Leben dazu gehört. Aber sie sind wahrscheinlich immer etwas zu kurz gekommen. [...] Alle drei sind auf jeden Fall nicht in den normal gut bürgerlichen Verhältnissen aufgewachsen, wie sonst Kinder eben bei der Mutter aufwachsen."[51]

Das Leitbild der unverheirateten „jungfräulich" lebenden Frau im Erziehungs- und Pflegebereich hat seine Wurzeln vor allem in der langen klösterlichen Tradition der Mädchen- und Lehrerinnenbildung[52], der caritativen Arbeit sowie der Krankenpflege.[53] Hertha Trogers Realität und vermutlich auch ihr Lebensentwurf sahen allerdings anders aus. Sie war einerseits gerne Krankenschwester. „Kranken helfen zu können, war schon immer mein großes Ideal und Schwerkranken half ich am liebsten. Einen freien Sonntag oder Feiertag kannte ich nur vom Hörensagen, und ich hatte auch gar kein Bedürfnis nach freien Tagen, denn die Arbeit an und mit den Kranken bedeutete mir alles."[54] Andererseits war sie unglücklich darüber, ihre Kinder auf Grund der notwendigen Berufstätigkeit in Pflege geben zu müssen, und über die daraus resultierende lebenslang angespannte Beziehung zu ihren Söhnen.[55] Szabo-Alapy sieht die Geschichte von Hertha Troger mit ihren eigenen Kindern als Motivation für ihr späteres Engagement für Kinder. „Diese ganze Geschichte mit Kinder. Sie hat wirklich durchgemacht, wie schwierig das ist, wenn man allein mit einem Kind ist. Und wie wenig Hilfen es gibt. [...] Und da war so die Idee, etwas für Kinder zu tun."[56]

Eigene Betroffenheit als Motivation für das Engagement bei SOS-Kinderdorf

Hertha Troger war 51 Jahre alt, als sie vermutlich im Mai des Jahres 1949 Hermann Gmeiner kennen lernte.[57] Die Societas Socialis war erst kurz vorher, im April dieses Jahres gegründet worden und Hermann Gmeiner bat den Leiter des Landesjugendreferates Arthur Haidl immer wieder um Unterstützung. Im Zuge einer Vorsprache in Haidls Büro in der Innsbrucker Hofburg verwies dieser Hermann Gmeiner an Hertha Troger, die er möglicherweise für die Mitarbeit bei SOS gewinnen könnte. Hertha Troger arbeitete zum damaligen Zeitpunkt beim Roten Kreuz und hatte ihre Dienststelle ebenfalls in der Hofburg. Durch ihre Zusage ermöglichte Hertha Troger der Societas Socialis die Mitbenützung ihrer Dienststelle. Somit wurden die Räumlichkeiten des Roten Kreuzes in der Hofburg die erste als solche bezeichnete „Kanzlei" der Societas Socialis.[58]

Vinzenz Neubauer beschrieb Hertha Troger als „eine ebenso dynamische Persönlichkeit wie Gmeiner"[59], die sich schon „von früher Jugend an der Betreuung hilfsbedürftiger Menschen"[60] widmete. Auch er verwies auf die eigene Betroffenheit von Troger als eine Motivation für ihr Engagement bei der Societas Socialis, denn eines der Ziele des Vereins war zu diesem Zeitpunkt noch die Schaffung einer sozialen Einrichtung „Mutter und Kind“ zum Schutze unverheirateter Mütter. „Aus eigenen Erlebnissen hatte sie [Troger] die Bitternis der Entfremdung zwischen Mutter und Kindern, die auf Pflegeplätzen aufwuchsen und dadurch der eigenen Mutter entfremdet werden, erfahren. Als unerfüllbar scheinender Traum schwebte ihr daher die Errichtung eines Heimes vor, in dem Kinder allein stehender, berufstätiger Frauen aufgenommen werden, ohne ihren Kindern entfremdet zu werden.“[61]

Dafür wollte Hertha Troger sich engagieren. Sie stieß zu einer Zeit zur Societas Socialis, als noch nicht konkret feststand, welche Art von Sozialeinrichtung gegründet werden würde. Laut Franz Müller beteiligte Troger sich neben Gmeiner, Hofer, Kögl und ihm selbst maßgeblich an der Klärung dieser Frage. In den kommenden Wochen wurde neben der Einrichtung „Mutter und Kind“ auch die Errichtung eines Säuglingsheimes diskutiert. Mit Letzterem konnte sich Hertha Troger weniger anfreunden, laut Neubauer setzte sie sich dennoch „mit der ganzen Kraft ihrer Vitalität […] für Gmeiners Wirken ein“[62], unter anderem bei Werbefahrten und Spendenbeschaffungen.[63] Dabei nutzte Hertha Troger ihre Kontakte in bürgerlichen Kreisen, so Walter Gstrein: „Sie hat uns viel geholfen. Sie hatte gute Kontakte, die uns Türen öffneten.“[64]

Die Idee zur Errichtung eines Kinderdorfes dürfte in einem Gruppenprozess zwischen Gmeiner, Hofer, Troger, Müller und Kögl entstanden und entschieden worden sein. Franz Müller verweist darauf, dass der damalige Leiter der Mütterberatungsstelle Innsbruck Alfred Soppelsa den entscheidenden Impuls lieferte. Um zu verhindern, dass Kinder und Jugendliche von Pflegeplatz zu Pflegeplatz, von Heim zu Heim wanderten, schlug er vor, am Rande größerer Gemeinden ein Haus zu errichten, in dem eine Pflegemutter eine Schar Kinder betreute. Diese verschriftlichten Ideen waren laut Müller die Grundlage für hitzige Diskussionen zwischen Gmeiner, Müller, Troger und Hofer.[65] Gmeiner dürften Ansätze der Kinderdorf-Ideen aus der pädagogischen Literatur bekannt gewesen sein.[66] Hertha Troger hatte ein ähnliches Modell in Berlin kennen gelernt und war „Feuer und Flamme“[67]. Laut Müller übernahm die Gruppe Ideen von Soppelsa (ein Haus mit einer Pflegemutter) und beschloss aus pädagogischen und organisatorischen Gründen, anders als in Soppelsas Vorschlag, die Errichtung eines ganzen Kinderdorfes.[68] Auch im Kinderdorf sollten neben Waisenkindern „Kinder, deren Mütter alleinstehend sind und in einem Beruf arbeiten müssen, um ihr Kind erhalten zu können“[69], aufgenommen werden. In seiner ersten Pressekonferenz am 12. Juli 1949 berichtete Hermann Gmeiner noch davon, dass mit dem Bau des ersten Heimes für eine Gruppe von höchstens acht Kindern „unter der Obhut einer geeigneten Frau“ in Igls[70] noch in diesem Jahr begonnen werden würde.[71]

Franz Müller betont immer wieder, wie energisch Troger sich einsetzte und bezieht sich dabei auf ihren Kommunikationsstil: „Die hat uns alle tot geredet, das ist klar.“[72] Ihr Engagement und vor allem ihr gewohnt eigenständiges Handeln waren und sind umstritten, wie der Konflikt um die Initiative zur Gründung des ersten Kinderdorfes in Imst zeigt.

„Die Initiatorin der Gründung von Imst", ...

Während Hermann Gmeiner im Sommer 1949 mit einer Jugendgruppe am Wörthersee zeltete, blieb Hertha Troger nicht untätig.[73] „Ich habe schließlich die Idee geboren, nach einem passenden Grundstück Ausschau zu halten und außerhalb von Innsbruck ein SOS-Kinderdorf zu bauen"[74], so Hertha Troger in einem Zeitungsinterview. Nachweislich erging zehn Tage nach der Bekanntgabe des Standortes Igls, am 22. Juli 1949, ein von Hertha Troger und Franz Müller unterzeichneter Brief an Tiroler Gemeinden mit der Anfrage nach einem erschwinglichen Baugrund von 10.000 m^2 zum Zwecke der Errichtung eines Kinderdorfes.[75] Es ist nicht zu klären, ob dieser Brief in Absprache mit Hermann Gmeiner abgesandt worden war.[76] Laut Vinzenz Neubauer hatte Troger aber „zweifellos ihre Kompetenzen" überschritten, als sie im Namen der Societas Socialis an zehn Tiroler Gemeinden diesen Brief richtete.[77] Die Initiative war auf jeden Fall von Erfolg gekrönt, Imst antwortete als einzige Gemeinde mit einem Brief, in dem der Bürgermeister sein Interesse bekundete und nach Details zu diesem Kinderdorf fragte.[78] Maria Hofer und Hertha Troger beantworteten diesen Brief.[79] Troger führte mit Müller und Hofer die ersten Verhandlungen mit der Gemeinde Imst, während Gmeiner noch am Wörthersee war. Franz Müller beschreibt die Atmosphäre am Beginn der Verhandlungen als weniger angenehm. „Zuerst haben sie uns schon ein bisschen von oben herab behandeln wollen. Wir sind die Gebenden."[80] Doch dann habe Hertha Troger den Spieß umgedreht. Als Dame soll sie bewusst zuerst die „Gentlemen" in den Gemeindevertretern angesprochen haben – „Sie werden mir doch einen Stuhl anbieten"[81] –, um anschließend in angenehmerer Atmosphäre und in gewohnt eindrücklicher Form mit ihren Ausführungen zu beginnen. Sie hatten Erfolg, Hertha Troger erinnert sich an die anschließende Besichtigung des vorgesehenen Grundstücks: „Ich erinnere mich nur meines großen Glückes, als uns zwei Gemeinderäte und Sekretär Treffner das herrlich gelegene Grundstück zeigten, auf dem später das erste SOS-Kinderdorf Österreichs errichtet wurde. Ich war mir meiner Sache so sicher."[82] Bei einem weiteren Treffen zwischen Hertha Troger, Maria Hofer und Gemeindevertretern wurden die Konditionen eines etwaigen Kaufs besprochen, die beiden Frauen bestätigten der Gemeinde auch schriftlich, mit dem Angebotenen einverstanden zu sein. Um das Geschäft unter Dach und Fach zu bringen, baten Hofer und Troger um eine baldige Besprechung mit dem Gemeinderat.[83]

„Nach dieser Erfolg verheißenden Initiative verständigte Schwester Troger Hermann Gmeiner, der nach seiner Rückkehr vom Lager über das Vorgehen der Schwester nicht sehr erfreut war, weil es seinen Plänen widersprach."[84] Hermann Gmeiner war darüber „nicht glücklich"[85], dass die ersten Gespräche ohne ihn geführt worden waren, so Ludwig Kögl. Dennoch fuhr Gmeiner nach Imst und übernahm die weiteren Verhandlungen.[86] Sein erstes Schreiben an die Gemeinde Imst war mit 22. August 1949 datiert. Bei weiteren Gesprächen, bei denen vermutlich Gmeiner, Müller, Troger, Gstrein und der Architekt Alpenheim zugegen waren[87], erläuterte Gmeiner unter anderem noch einmal das Wesen und den Aufgabenbereich der Societas Socialis. Auch bei diesen Ausführungen betonte Gmeiner, dass die Zielgruppe nicht nur elternlose und verlassene Kinder wären, sondern im Kinderdorf auch Kinder von werktätigen Müttern untergebracht werden würden.[88] Nach weiteren Gesprächen segnete der Imster Gemeinderat den Verkauf des Grundstücks am 14. September 1949 ab.[89] Hertha Troger arbeitete „mehr oder weniger Tag und Nacht in der Werbung und Aufklärung und war immer wieder mit [ihren] Gedanken in Imst."[90] Doch ihr eigenständiges Handeln dürfte Hermann Gmeiner nicht zugesagt haben, selbst wenn es der Sache diente. Walter Gstrein erinnert sich: „Das war Gmeiner nicht recht, wenn jemand hinter seinem Rücken selbstständig etwas getan hat. Selbst wenn es positiv ausgegangen ist." Er wollte es „auf seine Kappe schreiben"[91]. Er empfand derartige Initiativen als „Übergehen seiner Person"[92].

Es ist die Rede von Konflikten zwischen Gmeiner und Troger.[93] Laut Szabo-Alapy hatten die beiden auch durchaus unterschiedliche Vorstellungen hinsichtlich der Ausgestaltung des Kinderdorfes. Troger war skeptisch, ob eine Frau allein dazu in der Lage sei, eine derart große Gruppe von Kindern zu betreuen ohne dabei völlig „auszulaugen"[94]. „Was grundsätzlich das Problem war, das hab ich nicht durchschaut. Ich weiß nur, dass sie in ziemlich vielen Punkten andere Vorstellungen hatte."[95] So trat Hertha Troger bereits Ende der 1940er Jahre für das Einbeziehen der Herkunftsfamilien und für regelmäßige Kontakte zwischen Kindern und Eltern ein, was umso verständlicher in Anbetracht ihres Erfahrungshintergrundes war.[96]

Mit Hertha Troger traf Hermann Gmeiner auf eine Frau, die 22 Jahre älter war als er und dementsprechende Lebens- und Arbeitserfahrung mitbrachte. Erzählungen von Maria Hofer zufolge waren dies die markanten Unterschiede zur Studentengruppe rund um Hermann Gmeiner.[97] Zusätzlich sei Hertha Troger eine „Powerfrau" in der heutigen Diktion gewesen, die sich durchzusetzen wusste.[98] Auch Gabriella Emese Szabo-Alapy beschreibt Hertha Troger als „sehr bestimmt und sehr entschlossen. Auch sehr emanzipiert, also von den Männern hat sie nicht allzu viel gehalten, was ja verständlich ist zum Teil. […] Sie hat immer ihre Erfolge gehabt, wenn sie allein was gemacht hat, hat aber im Team sicher schlecht arbeiten können."[99]

… die plötzlich „draußen" war

Für Hertha Troger hatten die Differenzen mit Hermann Gmeiner Konsequenzen, wie die „Initiatorin der Gründung von Imst […] mit schmerzlicher Enttäuschung zur Kenntnis"[100] nehmen musste: „Als am 2. November 1949 der Spatenstich für das erste zu erstellende Haus in Imst mit einer schlichten Feier über die Bühne ging, wurde ich dazu nicht einmal eingeladen. Ich hatte zwar inzwischen die ‚Geschäftstüchtigkeit' Gmeiners kennen gelernt, doch konnte ich einfach nicht verstehen, warum man mich von dieser Feier fernhalten wollte, obwohl Gmeiner mich immer als ‚Liebesfunken' betitelte, zumal er wusste, wie ich mich für den Kinderdorf-Gedanken einsetzte. Da ich nun einmal von den Feierlichkeiten wusste, fuhr ich trotzdem nach Imst und nahm an der Feier uneingeladen teil. Und Gmeiner führte in seiner ersten Ansprache auch aus, dass dieses Kinderdorf aus einem ‚Liebesfunken' entstehen würde, ohne dass er mich namentlich nannte. Aber Gmeiner hat mich schon bei dieser ersten Feier nicht mehr erkannt und gab mir auch zu verstehen, dass nur ‚Geladene' der Feier beiwohnen können."[101] Vinzenz Neubauer formulierte in diesem Zusammenhang Folgendes: „Gmeiner hatte das Zepter seines bestimmenden Einflusses im Verein ergriffen und war nicht mehr bereit, sein Konzept, [...] durch Kritik oder störende Einflüsse verwässern zu lassen. Noch mancher musste im Laufe der Jahre erfahren, dass der Gründer der SOS-Kinderdörfer sein Reich als absoluter Herrscher regierte. Zweifellos mit weltweitem Erfolg."[102]

Zum Zeitpunkt des Spatenstichs hatte die Societas Socialis noch ihre Kanzlei in den Räumlichkeiten des Roten Kreuzes in der Hofburg, die sie nach Zusage von Hertha Troger mitbenutzen durften. Etwa einen Monat später, am 3. Dezember 1949, mussten sie die Hofburg „räumen"[103] und in eine „ärmliche Baracke"[104] am Rennweg übersiedeln. Es gibt bis heute keine direkten Hinweise zum Konflikt mit Hertha Troger. In der SOS-Kinderdorf Chronik aus den Jahren 1949-51 heißt es nur: „Wir müssen dem Roten Kreuz weichen."[105]

Laut Christiane Eble und Gabriella Emese Szabo-Alapy hatte Hertha Troger lange über diesen Bruch geschwiegen. Christiane Eble hatte sie über diese Zeit erzählt, „dass es ihr ganz schlecht gegangen ist, dass sie depressiv geworden ist. Sie hat die Welt nicht verstanden. [...] Sie ist am Anfang gar nicht mitgekommen, dass sie draußen ist. [...] Sie hat sich auch nicht zur Wehr gesetzt. Und sie hat von ihrer Familie auch keinen Rückhalt gehabt."[106] Hertha Troger hatte sich sehr verletzt und schlecht behandelt gefühlt. Für sie war es, als hätte man ihr Lebenswerk gestohlen. Szabo-Alapy, die Hertha Troger sehr nahe stand, sieht einen Zusammenhang zwischen dieser tiefen Kränkung und ihrer Lebensgeschichte: „Dieses von der Familie Ausgestoßensein. Das ist immer das gleiche Muster. Ich engagiere mich, ich streng mich an und dann krieg ich den Fußtritt."[107] Dass sie sich nicht zur Wehr setzte und sich stattdessen vollkommen zurückzog, begründete Hertha Troger noch im Alter von 87 Jahren Christiane Eble gegenüber mit dem Makel, der an ihr als ledige Mutter haftete: „Da hat sie gesagt: ‚Ja und wenn man mich durchleuchtet? Dann erfährt man, dass ich ein lediges Kind hatte.' Und wenn man als Frau damals um die Schmach wusste. Und das war eine angesehene Familie, die Troger."[108] Hertha Troger habe in Tirol auf Grund ihrer „alternativen Lebensweise"[109] auch weniger FreundInnen gehabt. Anders in Wien, wo „es einfach vielfältiger [war]"[110].

Zur Kränkung und ihrem „Minderwertigkeitsgefühl" als ledige Mutter kamen bei Hertha Troger auch noch finanzielle Nöte hinzu. Sie hatte sich erhofft, bei der Societas Socialis wie so viele aus der Gründungszeit angestellt zu werden. Neben der aktuellen finanziellen Situation machte sich die 52-Jährige bereits Gedanken über ihre Pension. Abgesehen davon, dass es damals noch keine Pflichtversicherung gab, hatte Hertha Troger auf Grund der vielen Auslandsjahre kaum Beitragsjahre gesammelt.[111]

Aussöhnung

Anfang der 1950er Jahre ging Hertha Troger wieder für einige Zeit ins vertraute und „vielfältigere" Wien. Dort unterstützte sie einerseits die befreundete Ludovica Hainisch-Marchet in deren Wahlkampf. Als parteilose Kandidatin war sie die erste Frau in Österreich, die sich 1951 für das Amt des Bundespräsidenten bewarb.[112] Andererseits engagierte sich Troger im Aufbau der Kinder-Hilfsorganisation „Goldenes Kreuz". Für sie vor allem bedeutend war der damit verbundene Einsatz für Ungarnflüchtlinge 1956/57.[113] In Folge des niedergeschlagenen Volksaufstandes im Oktober 1956 und des Einmarsches der Roten Armee in Ungarn flohen ca. 200.000 UngarInnen ins westliche Ausland, der Großteil davon nach Österreich.[114] Im Flüchtlingslager Traiskirchen in der Nähe von Wien, das zu diesem Zweck gegründet worden war, gab es unter den tausenden Flüchtlingen auch eine große Gruppe von Kindern und Jugendlichen, wie Szabo-Alapy erinnert: „[…] es sind ja doch relativ viele Kinder und Jugendliche allein geflüchtet, wo die Eltern irgendeinem Nachbarn die Kinder mitgegeben haben, weil sie selber irgendwie nicht weg konnten, um die Kinder in Sicherheit zu bringen. Also es hat sogar kleine Schüler gegeben, die ohne Eltern gekommen sind."[115]

Gabriella Emese Szabo-Alapy war 16 Jahre alt, als sie mit ihrer Familie nach Wien floh. Sie kamen bei Verwandten unter, ihr Vater half bei Übersetzungen im Flüchtlingslager. Über ihn lernte sie Anfang 1957 die damals 59-jährige Hertha Troger kennen, die in Traiskirchen altersadäquate Betreuungsmöglichkeiten für die heute „unbegleitete minderjährige Flüchtlinge" genannten Kinder und Jugendlichen organisieren sollte. In diesem Zusammenhang kam es über alle persönlichen Konflikte hinweg zu einer Kooperation zwischen Hertha Troger in Vertretung des Goldenen Kreuzes und SOS-Kinderdorf, die in der Aufnahme einer Gruppe von Kindern im SOS-Kinderdorf Imst mündete.[116] Szabo-Alapy fungierte als Begleitperson der Kinder auf der Fahrt nach Imst. Sie erinnert sich: „Solang ich und die Frau Troger in Wien waren, haben wir uns oft getroffen, und ich hab sie recht mögen. Sie war eine ganz eine interessante Frau, hat sehr schön Klavier gespielt und ich hab auch gern musiziert."[117]

Nach Beendigung ihres Einsatzes im Flüchtlingslager Traiskirchen übersiedelte Hertha Troger wieder nach Innsbruck. Als Gabriella Emese Szabo-Alapy in Innsbruck das Gymnasium abschließen wollte, allerdings keinen Internatsplatz fand, nahm Hertha Troger sie kurzerhand in ihrer kleinen Mansardenwohnung auf. In dieser Zeit litt Troger auf Grund der Polyarthritis unter starken Schmerzen. Sie bekam allerdings keine Pension und war auch nicht krankenversichert, weshalb sie sich ihr Geld mit Sitzwachen verdienen musste. Szabo-Alapy begleitete sie dabei immer wieder. „Sie war eine sehr gute Krankenschwester, eine sehr gut ausgebildete. Und nachdem ich Medizin studieren wollte, war das für mich ganz toll. […] Wir haben dann eine Zeit von meinem Stipendium gelebt. Das hat Jahre gedauert, bis sie dann wegen der Auslandsjahre, der Kriegsjahre eine Mindestpension gekriegt hat. Weil sie in Folge dieser Kriegsgefangenschaft chronisch krank geworden ist, hat sie vom Kriegsopferverband eine kleine Pension gekriegt, aber das war minimal. Damals war sie wirklich schwerst krank. Das war eine sehr schwere Zeit, auch finanziell, sie hat wirklich in Not gelebt. Und wir haben halt recht gut zusammengehalten."[118]

Über die Jahre entstand zwischen den beiden Frauen eine Art Mutter-Tochter-Beziehung, die sich auch ausweitete, als Gabriella Emese Szabo-Alapy ihre eigene Familie gründete. Für Hertha Troger wurde das lebbar, was ihr in den Beziehungen zu ihren leiblichen Kindern nicht gelungen oder möglich war, so Szabo-Alapy: „Da hat sie bis zum Schluss sehr gelitten. Dass alle sich irgendwo nicht verständigen haben können. Sie [die Kinder; L.C.] haben nicht verstanden, sie haben zu wenig von ihrer Geschichte gewusst. Für sie war der Glaube sehr wichtig, dann eben dieses soziale Engagement, Kunst – also das Schöne – und die Musik. Die haben alle kein Verständnis dafür gehabt. Da hat sie das Gefühl gehabt, ich bin ein Nonplusultra ihrer Vorstellungen von einem Kind. [...] Sie hat viel auf meinen Sohn aufgepasst, nachdem ich im Studium und nach dem Studium auch immer gearbeitet habe. Den hat sie sehr geliebt. Die zwei waren ein Team. Sie ist bis kurz vor ihrem Tod fast jeden Sonntag bei uns gewesen, und der Laszlo hat sie dann gebracht und geholt. Als er sein Moped gekriegt hat, ist sie mit ihm herumgefahren. Er war 16 und sie schon knapp 80, da ist sie auf der ‚Puch' hinten drauf gesessen."[119]

Hertha Trogers Mobilität, Flexibilität und Lebendigkeit bis ins hohe Alter zeigte sich aber nicht nur in der Wahl ihrer Verkehrsmittel, sondern auch in ihrer geistigen Beschäftigung. Sie verfolgte mit großem Interesse Szabo-Alapys Ausbildung zur, ihre Berufstätigkeit als Psychiaterin und Psychotherapeutin für Erwachsene, Kinder und Jugendliche sowie deren Engagement bei Entstehung des Vereines für heilpädagogische Pflegefamilien. Auch Hertha Troger war noch einmal bei einer Vereinsgründung in Tirol aktiv. Sie engagierte sich bei der Gründung der „Psychohygiene"[120], die sich die Betreuung von psychiatrischen PatientInnen außerhalb des Krankenhauses zur Aufgabe machte. Die Liebe zum Klavierspiel blieb, ebenso wie jene zur Kunst und die Offenheit für junge Menschen sowie für neue Entwicklungen. Ihre Auseinandersetzung mit Glaube und Spiritualität dauerte bis an ihr Lebensende[121] und führte sie nach der evangelischen und katholischen Kirche, aus der sie wieder ausgetreten war, zeitweilig auch zu den Mormonen und zum Heimholungswerk Jesu Christi. Christiane Eble, die sie in den letzten Jahren in der Altenbetreuung begleitet hatte, erinnert sich, dass „sie eine suchende Frau [war], hat immer den Herrgott gesucht, hat einige Religionen durchgemacht."[122]

Lange Zeit blieb die Verbitterung über die Erfahrung mit SOS-Kinderdorf. „Diese persönlichen Sachen hat sie oft schwer trennen können. Und hat das sehr gern auf die ganze Institution übertragen."[123] 1975 wollte Hermann Gmeiner Hertha Troger in ihrer Funktion als Gründungsmitglied schließlich das Goldene Ehrenzeichen der SOS-Kinderdörfer verleihen.[124] Szabo-Alapy erinnert sich, dass Hertha Troger zuerst nicht zur Feier gehen wollte, zu sehr war sie noch nach über 25 Jahren verletzt. Auf Zureden von Szabo-Alapy und deren Sohn Laszlo ging sie doch hin. „Und dann war sie recht froh".[125] Diese (späte) Anerkennung ihrer Leistungen unterstrich Hermann Gmeiner, als er sie zehn Jahre später in ihrer Wohnung besuchte, wie zu Beginn dieses Portraits geschildert. Für Hertha Troger hatte es eine besondere Bedeutung, dass Hermann Gmeiner sie zu diesem Zeitpunkt, an einem Karfreitag um 15 Uhr, besuchte. Hertha Troger hatte für ihr Engagement Anerkennung erhalten, sie hatte mit Hermann Gmeiner und SOS-Kinderdorf „Frieden geschlossen".[126] Im Jahr darauf, einen Monat vor ihrem 89. Geburtstag, verstarb Hertha Troger am 4. August 1986 an Herzversagen.

„Sie war einfach eine ganz eine große, wunderbare, bejahende, helfende und so eine tiefe Frau. Sie war auch so eine Idealistin. Sie hat immer wieder wilde Schläge gehabt in ihrem Leben, hat nie aufgegeben und immer wieder und überall immer das Gute gesehen. Sie hat auch ihre Hader gehabt, so wie das Leben einfach ist, bis wir 90 Jahre sind. Sie ist immer aufgestanden nach den Tiefen, das ist so."[127]

Anmerkungen

1 Interview mit Christiane Eble, 2. Oktober 2003
2 Vgl. Schreiber/Vyslozil, 2001
3 Seit 1742 Hauptstadt von Österreichisch-Schlesien, wurde im Friedensvertrag von St. Germain 1919 der Tschechoslowakei zugesprochen, heute das tschechische Opava; vgl. Brockhaus, S.449; http://de.wikipedia.org/wiki/Troppau, Stand: 27.02.2006
4 In der weiteren Verwandtschaft findet sich mit dem gebürtigen Südtiroler Paul Troger einer der bekanntesten österreichischen Maler des Spätbarock.
5 Interview mit Gabriella Emese Szabo-Alapy, 4. November 2003
6 Vgl. Gemeinde Matrik; in: Das Staatliche Bezirksarchiv Státní okresní archiv in Opava, Bestand: Bezirksamt/Okresní urad Opava, Nr. d. Fasc. 283, Inventarnummer 1295 und Adressbücher der Stadt Opava, in: Schreiben des Zemsky Archiv v. Opave vom 31.08.2005
7 Vgl. http://www.aeiou.at/aeiou.encyclop.l/l891666.htm, Stand: 05.08.2005; http://www.cpw-online.de/lemmata/los-von-rom-bewegung.htm, Stand: 05.08.2005
8 Interview mit Gabriella Emese Szabo-Alapy
9 Vgl. Buhl, 1973, 123; Deutschösterreichische Zeitschrift für Feuerwehr- und Rettungswesen, 1919, S.1
10 Vgl. Festschrift der Freiwillige Rettungsgesellschaft Troppau. 1904 bis 1934, Fernruf 158, S.13; Buhl, 1973, S.123
11 Vgl. Interview mit Fritz Troger, 23. September 2003; Deutschösterreichische Zeitschrift für Feuerwehr- und Rettungswesen, 1919, S.1
12 Vgl. Interview mit Gabriella Emese Szabo-Alapy; Interview mit Christiane Eble; Interview mit Friedrich Troger
13 Innsbrucker Stadtmagazin, August 1986
14 Vgl. Interview mit Gabriella Emese Szabo-Alapy; Interview mit Christiane Eble
15 Interview mit Gabriella Emese Szabo-Alapy
16 Ebd.
17 Ebd.
18 Vgl. Steppe, 2000, S.80
19 Interview mit Gabriella Emese Szabo-Alapy. Ärzte bildeten damals deshalb die Krankenschwestern aus, weil die Pflege als reiner Assistenzberuf des (männlichen) Arztes gesehen wurde. Vgl. Steppe, 2000, S.80
20 Interview mit Gabriella Emese Szabo-Alapy
21 Ebd.
22 Vgl. Schmölzer, 1991, S.365
23 Vgl. Interview mit Gabriella Emese Szabo-Alapy
24 Interview mit Christiane Eble
25 Interview mit Gabriella Emese Szabo-Alapy; Interview mit Friedrich Troger

26 Vgl. Interview mit Gabriella Emese Szabo-Alapy
27 Ebd.
28 Vgl. Gemeinde Matrik; in: Das Staatliche Bezirksarchiv Státní okresní archiv in Opava, Bestand: Bezirksamt/Okresní urad Opava, Nr. d. Fasc. 283, Inventarnummer 1295; und: des röm.-kath. Probsteiamtes Maria Himmelfahrt, Band XVII, 1893-1898, S.412
29 Vgl. Interview mit Christiane Eble
30 Vgl. Taufmatrikel des röm.-kath. Probsteiamtes Maria Himmelfahrt, Band XVII, 1893-1898, S.412
31 Interview mit Gabriella Emese Szabo-Alapy
32 Vgl. auch Schmölzer, 1991, S.344f
33 Interview mit Gabriella Emese Szabo-Alapy
34 Vgl. Interview mit Christiane Eble
35 Schmölzer, 1991, S.344
36 Ebd., S.345
37 Vgl. ebd., S.344f
38 Vgl. Interview mit Gabriella Emese Szabo-Alapy; Interview mit Christiane Eble
39 Interview mit Christiane Eble
40 Hertha Troger, in: Echo, 1974
41 Vgl. Interview mit Gabriella Emese Szabo-Alapy; Interview mit Christiane Eble
42 Vgl. Taufmatrikel des röm.-kath. Probsteiamtes Maria Himmelfahrt, Band XVII, 1893-1898, S.412
43 Vgl. Meldekarteikarte: Tannheimer geb. Troger Hertha, Tiroler Landesarchiv
44 Vgl. Interview mit Gabriella Emese Szabo-Alapy
45 Vgl. ebd.; Interview mit Christiane Eble; Interview mit Friedrich Troger
46 Vgl. Meldekarteikarten von Winter Anton und Hertha Winter geb. Troger gesch. Tannheimer, Tiroler Landesarchiv
47 Vgl. Interview mit Christiane Eble; Interview mit Friedrich Troger
48 Vgl. ebd.; Interview mit Gabriella Emese Szabo-Alapy
49 Vgl. Interview mit Friedrich Troger
50 Vgl. Tesar, 1993, S.163
51 Interview mit Friedrich Troger
52 Vgl. Ecker, 1995, S.142
53 Vgl. Steppe, 2000, S.77
54 Hertha Troger, in: Echo, 1974
55 Vgl. Interview mit Gabriella Emese Szabo-Alapy; Interview mit Christiane Eble
56 Interview mit Gabriella Emese Szabo-Alapy
57 Vgl. Neubauer, o.J., S.27
58 Vgl. Ebd., S.26f
59 Ebd., S.26
60 Ebd.
61 Ebd.
62 Ebd., S.34
63 Vgl. ebd., S.27f
64 Interview mit Walter Gstrein, 20. Jänner 2006
65 Vgl. Interview mit Franz Müller, 9. September 1999
66 Vgl. Schreiber/Vyslozil, 2001, S.59
67 Interview mit Franz Müller
68 Vgl. ebd.
69 Zentralkanzlei SOS-Kinderdorf Tirol: SOS-Kinderdorf Tirol, 1949, Ordner Briefe
70 Das Grundstück in Igls war jenes von Maria Hofer, welches sie der Societas Socialis zur Verfügung stellte. Vgl. Portrait Maria Hofer
71 Vgl. Tiroler Tageszeitung vom 13. Juli 1949; zit. n. Schreiber/Vyslozil, 2001, S.58f
72 Interview mit Franz Müller
73 Vgl. Neubauer, o.J., S.34
74 Hertha Troger, in: Echo, 1974

75 Vgl. SOS (Troger/Müller) an das Bürgermeisteramt Imst, 22.7. 1949, StA Imst, Ordner 32; zit. n. Schreiber/Vyslozil, 2001, S.64
76 Vgl. Schreiber/Vyslozil, 2001, S.64
77 Vgl. Neubauer, o.J., S.34
78 Vgl. Bürgermeister Imst an die SOS, 27.7.1949, ebd.; zit. n. ebd., S.65
79 Vgl. SOS (Hofer/Troger) an Stadtgemeinde Imst, 29.7.1949, StA Imst, Ordner 32/4; zit. n. ebd.
80 Interview mit Franz Müller
81 Ebd.
82 Hertha Troger, in: Echo, 1974
83 Vgl. SOS (Hofer) an Stadtgemeinde Imst, 4.8.1949 und SOS (Hofer/Troger) an Bürgermeisteramt Imst, 10.8.1949, StA Imst, Ordner 32; zit. n.: ebd., S.66
84 Neubauer, o.J., S.34f
85 Interview mit Ludwig Kögl
86 Vgl. Stadtgemeinde Imst an das Goldene Kreuz, Zweigstelle Klagenfurt, 15.9.1955. StA Imst Ordner 32; zit. n. Schreiber/Vyslozil, 2001, S.64
87 Vgl. Schreiber/Vyslozil, 2001, S.66; Interview mit Walther Gstrein
88 Vgl. Schreiber/Vyslozil, 2001, S.66
89 Vgl. ebd., S.67
90 Hertha Troger, in: Echo, 1974
91 Interview mit Walter Gstrein
92 Schreiber/Vyslozil, 2001, S.64
93 Vgl. Gesprächsnotiz Ludwig Kögl, 18. Dezember 2002 und Interview, 6. September 1999
94 Interview mit Gabriella Emese Szabo-Alapy
95 Ebd.
96 Vgl. ebd.
97 Vgl. Interview mit Helga Stabentheiner über Maria Hofer, 16. Dezember 2003
98 Vgl. ebd.
99 Interview mit Gabriella Emese Szabo-Alapy
100 Neubauer, o.J., S.39
101 Hertha Troger, in: Echo, 1974
102 Neubauer, o.J., S.39
103 Ordner SOS-Kinderdorf Chronik 1949-51
104 Ebd.
105 Ebd.
106 Interview mit Christiane Eble
107 Interview mit Gabriella Emese Szabo-Alapy
108 Interview mit Christiane Eble
109 Interview mit Gabriella Emese Szabo-Alapy
110 Ebd.
111 Vgl. ebd.
112 Vgl. Koss, 2001, S.36ff. Die hoch gebildete Pädagogin Ludovica Hainisch-Marchet war von 1933 bis 1937 mit Erwin Hainisch verheiratet. Erwin Hainisch war der Enkel von Marianne Hainisch, der Begründerin der österreichischen Frauenbewegung und des Bundes der österreichischen Frauenvereine, sowie Sohn des parteilosen Altbundespräsidenten Michael Hainisch. Vgl. http://www.onb.ac.at/ariadne/vfb/bio_hainisch.htm, Stand: 13.09.2005; Koss, 2001, S.14f
113 Vgl. Interview mit Gabriella Emese.Szabo-Alapy; Interview mit Christiane Eble
114 Vgl. http://de.wikipedia.org/wiki/Ungarischer_Volksaufstand, Stand: 13.09.2005
115 Interview mit Gabriella Emese Szabo-Alapy
116 Vgl. ebd.
117 Ebd.
118 Ebd.
119 Ebd.
120 Heute: „Gesellschaft für psychische Gesundheit"
121 Vgl. Interview mit Gabriella Emese Szabo-Alapy; Interview mit Christiane Eble
122 Interview mit Christiane Eble

123 Interview mit Gabriella Emese Szabo-Alapy
124 Vgl. ebd.; Interview mit Christiane Eble; Liste der Ehrungen: Hermannn-Gmeiner Akademie; EHR-STA
125 Interview mit Gabriella Emese Szabo-Alapy
126 Vgl. Interview mit Christiane Eble
127 Christiane Eble über Hertha Troger

Sechs Frauen im Einsatz zwischen Imst, Caldonazzo und Wien

Weiterentwicklung von SOS-Kinderdorf in den 1950er Jahren

Der Vorstand von SOS-Kinderdorf hatte noch vor der Besiedlung des ersten Hauses in Imst am 24. November 1950 beschlossen, seine Aktivitäten auf das gesamte Bundesgebiet auszudehnen.[1] In Wien wurde eine Zweigstelle für Werbetätigkeiten im Osten Österreichs eröffnet. In den 1950er Jahren kam es zu SOS-Kinderdorf-Gründungen in der Nähe von Lienz, in Altmünster, Hinterbrühl, Moosburg und Stübing. Am Caldonazzo-See verbrachten 1953 erstmals Burschen aus dem SOS-Kinderdorf Imst ihre Sommerferien. Im Imster SOS-Kinderdorf schritt der Häuserbau voran. Die finanzielle Weiterentwicklung von SOS-Kinderdorf gestaltete sich mit originellen Werbe- und Finanzierungsmethoden erfolgreich. Ab 1950 begann die Suche nach SOS-Kinderdorf-Müttern, bis 1955 war das Kinderdorf mit 150 Kindern voll belegt.[2]

Die folgenden Beiträge befassen sich mit den Biographien jener Frauen, die die Weiterentwicklung des Kinderdorfes in Imst mitgestalteten und die wesentlichen Anteil bei der Auswahl von SOS-Kinderdorf-Müttern hatten. Sie zeichnen einen Weg aus der Sozialen Arbeit in führende Positionen ebenso nach wie das Aufgeben eines „sicheren Postens“ für SOS-Kinderdorf oder das ehrenamtliche Engagement in Verbindung mit einer eigenen Familie.

Auguste Neubauer (geb. 1907) lernte Hermann Gmeiner noch vor der Gründung von SOS-Kinderdorf in Innsbruck kennen. Sie verbrachte ihre Kindheit in Mödling, heiratete mit 21 Jahren Vinzenz Neubauer und zog zwei Töchter groß. Als Ehefrau und Mutter engagierte sie sich ehrenamtlich für SOS-Kinderdorf. Sie war einbezogen in die Auswahl von SOS-Kinderdorf-Müttern und konzipierte Anfang der 1950er Jahre gemeinsam mit ihrem Mann die ersten Mütterschulungskurse. 1965 wurde eine eigene Mütterschule für deutsche und österreichische SOS-Kinderdorf-Mütter im bayrischen Mörlbach eingerichtet, deren Unterrichtsinhalte Auguste Neubauer wesentlich mitbestimmte. Die 99-Jährige lebt heute in der Nähe von Innsbruck.

Maria Heritzer (geb. 1921) wuchs in einer Kleinbauernfamilie mit sechs Kindern in bescheidenen Verhältnissen in Kärnten auf. Sie absolvierte eine Schneiderinnenlehre und ihr Beruf führte sie 1952 ins SOS-Kinderdorf nach Imst. Das Kinderdorf befand sich drei Jahre nach der Firstfeier für das erste Haus noch im Aufbau, sieben Mütter betreuten mit drei Helferinnen bereits 64 Kinder.[3] In dieser Zeit beschränkter materieller Ressourcen kam Maria Heritzer als Schneiderin eine besondere Bedeutung zu. Nach 17 Jahren übernahm sie die Leitung des von ihr mitgestalteten ersten Mütterhauses für pensionierte SOS-Kinderdorf-Mütter und vertrat deren Anliegen gegenüber der Kinderdorfleitung. Maria Heritzer ging 1977 selbst in Pension, engagierte sich nun ehrenamtlich in der Imster Pfarre und leitete fast 20 Jahre die Stadtbücherei der Gemeinde.

Albina Ertler (1916-1963) war bis 1994, als Monika Franta zur Dorfleiterin des SOS-Kinderdorfes Wienerwald bestellt wurde, die einzige Frau in der Position einer SOS-Kinderdorf-Leitung in Österreich. Die diplomierte Fürsorgerin leitete in Kärnten Fürsorgeeinrichtungen der Nationalsozialistischen Volkswohlfahrt und wurde nach Kriegsende mit 29 Jahren zur Leiterin des Bezirksjugendamtes Lienz bestellt. 1953 initiierte Albina Ertler die Gründung des österreichweit zweiten SOS-Kinderdorfes in Osttirol. Zehn Jahre bis zu ihrem frühen Tod führte sie die Geschäfte nebenberuflich und ehrenamtlich.

Evamarie Kallir (geb. 1925) war ab 1956 elf Jahre im SOS-Kinderdorf Imst beschäftigt und baute dort eine Werkstatt für kunstpädagogisches Arbeiten mit Kindern und Jugendlichen auf. Geboren in Wien, flüchtete sie nach dem Anschluss 1938 nach Amerika, absolvierte in New York das College und arbeitete als Lehrerin. In den 1950er Jahren kehrte sie zurück nach Österreich. Nach ihrem Engagement im SOS-Kinderdorf absolvierte sie mit 45 Jahren die Ausbildung zur Sozialarbeiterin und baute in Wien das „Regenbogenhaus“ als Pionierprojekt in der psychosozialen Versorgung auf. Nach wie vor engagiert sie sich in Wien ehrenamtlich im sozialen Bereich.

Imma Unterrichter (geb. 1921) wuchs mit vier Brüdern in einem Schloss in Südtirol und auf dem Gut der Familie in Böhmen auf. 1940 übernahm sie die Verwaltung des Gutes, bis die Familie 1945 enteignet wurde. Zurückgekehrt nach Südtirol besuchte Imma Unterrichter die LehrerInnenbildungsanstalt und unterrichtete anschließend in Volksschulen. Ihr Engagement für SOS-Kinderdorf begann ebenso 1956, vier Jahre später wurde sie zur Verwalterin des im Aufbau begriffenen internationalen SOS-Ferienlagers am Caldonazzo-See im Trentino bestellt. Mit 54 Jahren wurde sie vierfache Pflegemutter und lebt heute in der Nähe von Innsbruck.

Erika Gottlieb (geb. 1928) nahm 1957 Kontakt zu SOS-Kinderdorf auf. Wie Evamarie Kallir machte sie das Interesse für den Beruf der Kinderdorfmutter auf SOS-Kinderdorf aufmerksam. Bis zu ihrer Pensionierung 1988 arbeitete sie als persönliche Sekretärin Hermann Gmeiners im Wiener SOS-Kinderdorf-Büro und brachte ihre beruflichen Erfahrungen aus der Wirtschaftskammer in die Büroarbeit wie in die Mittelbeschaffung ein. Für die Vorbereitung des Ferienlagers am Caldonazzo-See wurde sie ebenso eingesetzt wie in der Werbung und Suche von SOS-Kinderdorf-Müttern der zweiten Generation. Aufgewachsen ist Erika Gottlieb in Wien, wo sie auch heute noch lebt.

Die sechs Frauen waren im SOS-Kinderdorf entsprechend den Kompetenzen, die sie aus ihren (beruflichen) Erfahrungen als Mutter, Schneiderin, Lehrerin, Sekretärin und Jugendamtsleiterin mitbrachten, beschäftigt. Außer bei Albina Ertler, die wie Auguste Neubauer ihre Tätigkeit ehrenamtlich ausübte, veränderten oder erweiterten sich die Aufgaben der Frauen im SOS-Kinderdorf. Evamarie

Kallir setzte zudem ihr Engagement nach SOS-Kinderdorf in anderen sozialen Vereinen fort. Die Gemeinschaft der Kinderdorfmütter und ihre eigene Zugehörigkeit erlebten die meisten hier portraitierten Frauen als besondere Qualität.

Anmerkungen

1 Vgl. Schreiber/Vyslozil, 2001, S.169
2 Vgl. ebd., S.85
3 Vgl. ebd.

Auguste Neubauer (geb. 1907)

Die Frau Professor der SOS-Kinderdorf-Mütter

Anerkennung schwingt mit, wenn SOS-Kinderdorf-MitarbeiterInnen aus den Anfängen von der „Frau Professor Neubauer" zu erzählen beginnen. Selten ist die Rede von Auguste oder Frau Neubauer. Nein, es ist die „Frau Professor", die in den Gesprächen an Konturen gewinnt.

Herkunft und Ausbildungsweg

Ihre Kindheit verbrachte Auguste Neubauer in Mödling im Süden von Wien. Ihr Vater Karl Mödlhammer arbeitete dort als Stadtgärtner[1] und hatte den Status eines Landesbeamten[2]. Die 1878 geborene Mutter Josefine Zauner war die älteste Tochter von acht Kindern eines großen Weinbauern in Niederösterreich. Bis zu ihrer Heirat mit Karl Mödlhammer führte sie ihrer Familie den Haushalt.[3] Am 4. Mai 1907 wurde Auguste als zweites Kind der Familie Mödlhammer geboren.

Auguste Neubauer wuchs in einer „bürgerlichen und strengen Familie"[4] auf. Dementsprechend wurde sie in Familie und Schule auf ihre Rolle als Ehefrau, Mutter und Hausfrau vorbereitet. Sie besuchte das Lyzeum in Mödling, das damals auf sieben Klassen erweitert worden war.[5] Anschließend absolvierte sie die Klosterschule im nur wenige Kilometer von Mödling entfernten Laxenburg. Liselotte Morscher, die Tochter von Auguste Neubauer, erzählt, die Unterrichtsinhalte dieser Schule, die ähnlich einer dreijährigen Fachschule für wirtschaftliche Frauenberufe aufgebaut war, wären die Grundlage für die Konzeption der Mütterausbildung im

Auguste und Vinzenz Neubauer

SOS-Kinderdorf gewesen.[6] Auguste Neubauer war eine ehrgeizige Schülerin, für die aber trotz guter Schulnoten kein weiterer Ausbildungsweg vorgesehen war. Der um zwei Jahre ältere Bruder Viktor absolvierte die Gartenbauschule in Klosterneuburg und wurde Gartenarchitekt.[7] Viktor Mödlhammer war ein Künstler, erinnert sich seine Nichte Liselotte Morscher, hatte aber im Gegensatz zu seiner Schwester „schlecht gelernt".

Die Rollenzuschreibung und die damit einhergehende Ausbildungsmöglichkeit für Auguste Neubauer waren zwar traditionell und orientierten sich am bürgerlichen Frauenbild der fürsorglichen und von Erwerbsarbeit entlasteten Mutter und Hausfrau. Nichtsdestotrotz arbeitete sie bis zu ihrer Heirat mit Vinzenz Neubauer als Sekretärin in einer Brauerei in der Wiener Südstadt.[8]

Heirat und Familiengründung in einer schweren Zeit

Auguste und Vinzenz Neubauer lernten einander auf einem Studentenfest in Mödling kennen.[9] Mit 21 Jahren heiratete die junge Frau den um acht Jahre älteren Sohn eines Großkaufmannes aus Wien. Vinzenz Neubauer wurde am 3. Oktober 1899 in Wien geboren, Anfang der 1920er Jahre übersiedelte die Familie nach Mödling. Er studierte Philosophie und Psychologie an der Universität in Wien und begann dort auch seine Dissertation „Über die Entwicklung der technischen Begabung bei Kindern". 1927 wurde er auf Vorschlag seines Professors „mit der Leitung des Psychotechnischen Instituts des Landesarbeitsamtes in Graz betraut"[10]. Vinzenz Neubauer promovierte ein Jahr später an der Universität in Graz, habilitierte sich 1932 für „Philosophie und Psychologie der Arbeit" und war als Privatdozent an der Technischen Hochschule Graz beschäftigt.[11] Auguste Neubauer war mit ihrem Mann nach Graz gezogen und 1935 kam ihre erste Tochter Liselotte zur Welt. Als Vinzenz Neubauer 1936 nach Wien versetzt wurde, übersiedelte die Familie ein weiteres Mal. In Wien hatte Vinzenz Neubauer die Leitung des Berufsberatungsamtes inne und unterrichtete dort ebenso als Privatdozent an der Technischen Hochschule.[12]

Die Zeit der nationalsozialistischen Herrschaft von 1938 bis 1945 bedeutete einen Bruch in der universitären Laufbahn von Vinzenz Neubauer. Er war Mitglied der katholischen Studentenverbindung Norica[13], einer im Österreichischen Cartellverband organisierten Vereinigung.[14] Während für Mitglieder des ÖCV ab 1933 eine Beitrittspflicht zur Vaterländischen Front von Engelbert Dollfuß bestanden hatte, wurde der ÖCV nach dem „Anschluss" von den Nationalsozialisten verboten.[15] Vinzenz Neubauer wurde 1938 „aus politischen Gründen der Lehrtätigkeit enthoben und der Reichsminister für Wissenschaft, Erziehung und Volksbildung hat mir mit Schreiben vom 24.7.1939 die Lehrtätigkeit endgültig entzogen"[16], wie er in einem Brief unmittelbar nach dem Krieg festhielt.

Liselotte Morscher erzählt, dass die Familie damals auch ihre Wohnung in Wien aufgeben musste und auf Grund einer politischen Entscheidung nach Essen ins Rheinland umgesiedelt wurde. Auguste Neubauer „betrieb mit aller Gewalt die Rückkehr nach Österreich"[17], die „dank eines wohlgesonnenen Vorgesetzten"[18] letztendlich gelang. Nach einem vorübergehenden Aufenthalt in Steyr in Oberösterreich wurde Vinzenz Neubauer 1940 vom Reichsarbeitsministerium nach Innsbruck versetzt und dort zum Leiter der Berufsberatung und psychologischen Abteilung des Landesarbeitsamtes ernannt.[19] Die Familie Neubauer übersiedelte deshalb im zweiten Kriegsjahr nach Tirol und wurde nach den Jahren der teils karriereorientierten Ortswechsel, teils politisch entschiedenen Versetzungen von Vinzenz Neubauer in Innsbruck ansässig.

Im Oktober 1945 bekam Vinzenz Neubauer seine „venia legendi", die Erlaubnis Arbeits- und Wirtschaftspsychologie an der Philosophischen Fakultät der Universität Innsbruck zu lehren, wieder zuerkannt.[20] Dennoch beschreibt Auguste Neubauer die Zeit nach dem Zweiten Weltkrieg als „schwere und böse Zeit"[21]. Die Privatdozentur an der Universität brachte kein zusätzliches Einkommen und Auguste Neubauer versuchte, über die vorübergehende Vermietung eines Zimmers samt Verköstigung an Universitätsangehörige einen Beitrag zum Familieneinkommen zu leisten.[22] In dieser Zeit, 1946, wurde auch Auguste Neubauers zweite Tochter Elfriede geboren.

In den folgenden Jahren leitete Vinzenz Neubauer weiterhin die Berufsberatung des Landesarbeitsamtes und seine Lehrbefugnis wurde auf das Fach Psychologie erweitert.[23] 1950 bekam er den Titel eines außerordentlichen Professors der Psychologie an der Universität Innsbruck verliehen.[24] Damit wurde Auguste Neubauer nach österreichischen Gepflogenheiten als Ehefrau zur „Frau Professor".

Erste Kontakte zu Hermann Gmeiner

Auguste Neubauer lernte Hermann Gmeiner noch vor der Gründung von SOS-Kinderdorf über ihren Mann Vinzenz kennen.[25] Gmeiners Bemühungen, ein Grundstück für SOS-Kinderdorf zu finden, sind ihr noch heute als Motiv, den Kontakt zu Vinzenz Neubauer aufzunehmen, in Erinnerung.[26] Zudem war Hermann Gmeiner schon vor 1949 auf der Suche nach Persönlichkeiten, die er für die Idee eines Sozialwerkes gewinnen könnte.[27] Der junge Gmeiner wandte sich daher auch an Universitätsprofessor Burghard Breitner, den er wahrscheinlich noch von seinem Medizinstudium kannte. Dieser war eine in Österreich anerkannte Persönlichkeit und wurde 1950 zum Präsidenten des Österreichischen Roten Kreuzes ernannt.[28] Breitner stellte die Verbindung zwischen Hermann Gmeiner und Vinzenz Neubauer her.[29] „Neubauer, der auf dem Gebiet der Testpsychologie eine angesehene und wissenschaftlich anerkannte Kapazität war und nicht zuletzt auch aufgrund seiner Mitgliedschaft im katholischen Cartellverband einflussreiche Persönlichkeiten des gesellschaftlichen und politischen Lebens kannte, konnte viele Wege ebnen und Türen öffnen. Von besonderer Bedeutung sollte der so angebahnte Kontakt Gmeiners zu Landeshauptmannstellvertreter Josef Anton Mayr werden, der Gmeiner und die SOS von Anfang an unterstützte und gerade in den schwierigen Anfangsjahren der wichtigste Förderer wurde."[30]

Wie Auguste Neubauer erzählt, besuchte Hermann Gmeiner auch Vorlesungen ihres Mannes. Oft kam er in der Anfangszeit von SOS-Kinderdorf nach Hause zur

Familie Neubauer und diskutierte mit ihnen bis in die Morgenstunden. Auguste Neubauer fallen dazu mit einem Schmunzeln Gmeiners nächtelange Monologe ein. Sie erinnert sich, wie anstrengend und zugleich beeindruckend das Zuhören für sie war. „Weil mein Mann sehr begeistert war“[31], ließ sich Auguste Neubauer von den Visionen und Ideen Hermann Gmeiners faszinieren. Ihre Möglichkeiten, sich an der Entwicklung von SOS-Kinderdorf zu beteiligen, waren auf Grund ihrer Lebenssituation allerdings eingeschränkter als die ihres Mannes. Als Ehefrau, Hausfrau und Mutter war sie für die Versorgung der Familie und den Haushalt zuständig. Ihre Tochter Liselotte war damals ein junges Mädchen und Elfriede noch ein kleines Kind.

Auguste Neubauers Begeisterung für SOS-Kinderdorf stand in enger Verknüpfung zu den Anschauungen ihres Mannes. In den Erzählungen über ihr Wirken im SOS-Kinderdorf stellt sie selbst immer wieder den Bezug zu ihrem Mann her. Eine Annäherung an Auguste Neubauers Zeit bei SOS-Kinderdorf und ihre Aufgaben führt daher auch zu den Spuren, die ihr Mann Vinzenz dort hinterlassen hat. Da Vinzenz Neubauer zu SOS-Kinderdorf und dessen Pädagogik ebenso publizierte wie zu den Aufgaben von SOS-Kinderdorf-Müttern und damit zu seinem Frauenbild, geben seine Ausführungen heute auch einen Einblick, wie er die Rolle seiner Frau Auguste verstanden haben könnte. Horst Schreiber und Wilfried Vyslozil halten zu Vinzenz Neubauer fest: „In Bezug auf die Aufgaben der Frau stimmte er mit Gmeiner überein. In der Jahresschrift des Deutschen Famlienverbandes stellte er 1965 fest: ‚Jede Frau, die die Möglichkeit hat, ihrer Bestimmung gemäß zu leben und zu wirken, hat eine dreifache Aufgabe zu erfüllen. Sie ist Hausfrau, Gattin und Mutter.‘ Die damit verbundenen Aufgaben – Gefährtin des Mannes, Kindererziehung und Verwandlung des Hauses in eine ‚Stätte des Wohlbehagens, der Ruhe und Geborgenheit‘ – gehöre ‚zum Wesen jeder Frau‘.“[32] Die Aufgaben als Hausfrau und Mutter zweier Töchter füllten den Alltag von Auguste Neubauer zu einem überwiegenden Teil aus. Als „Gefährtin ihres Mannes“ nützte sie den verbleibenden Spielraum, ihre Kompetenzen in die Entwicklung des SOS-Kinderdorfes einzubringen.

Auguste Neubauers Engagement für die SOS-Kinderdorf-Mütter

Die Kinderdorfmütter waren Auguste Neubauer in ihren Jahrzehnten bei SOS-Kinderdorf ein besonderes Anliegen. In den Anfängen unterstützte sie Hermann Gmeiner und ihren Mann Vinzenz bei der Auswahl der Mütter, organisierte Schulungen, plante und leitete die ersten Lehrgänge. Sie konzipierte die Mütterschule im deutschen Mörlbach, vermittelte die Anliegen der Mütter in der Dorfkommission und stand ihnen beratend zur Seite.

Die Auswahl der SOS-Kinderdorf-Mütter

1951 wurden im SOS-Kinderdorf in Imst die ersten Kinder aufgenommen. Im Laufe des Jahres lebten 40 Kinder im Dorf, ein Jahr später wurden bereits 64 Kinder von sieben Müttern und drei Helferinnen betreut.[33] Horst Schreiber recherchierte, wie Mütter in der Pionierzeit von SOS-Kinderdorf gesucht wurden: Es wurden damals „junge Frauen und kinderlose Witwen gesucht […], ‚denen die Gelegenheit mangelt, ihrem mütterlichen Drang entsprechend Kinder aufzuziehen.' Zu diesem Zweck fuhren Gmeiner und Fritz Haider anfangs gemeinsam auf Haiders Moped, dann in einem alten Steyr Fünfziger durch die Tiroler Dörfer, um bei Bürgermeistern und Pfarrern wegen Adressen junger unverheirateter Frauen vorstellig zu werden. Bei den entsprechenden Gesprächen vor Ort lernten sie dann die Familienverhältnisse kennen, ‚ein wichtiger Faktor für deren Eignung'. […] Bei der Auswahl wurde Gmeiner von Auguste und Vinzenz Neubauer unterstützt, mit dem er auch alle wichtigen pädagogischen Fragen erörterte."[34] Das Alter, keine eigenen Kinder und ein „mütterlicher Drang" zur Kindererziehung waren demnach Anforderungen, die an potentielle Kinderdorfmütter gestellt wurden. In einer Werbeanzeige, die diese Anforderungen noch differenzierter darstellte, wurde das Alter auf 25 bis 40 Jahre festgesetzt und erwartet, dass die Frau unverheiratet und kinderlos, religiös gefestigt sowie völlig gesund war und Hauswirtschaftskenntnisse mitbrachte. Eine bestimmte Ausbildung für diesen „Frauenberuf in des Wortes tiefster Bedeutung" war nicht erforderlich.[35] Rückschauend hebt Auguste Neubauer die Mütterlichkeit, ein religiöses Fundament, Gesundheit und erzieherische Fähigkeiten als wesentliche Kriterien für angehende Kinderdorfmütter hervor.[36]

Zur Auswahl von Kinderdorfmüttern führt Horst Schreiber aus: „[Vinzenz, H.B.] Neubauer betont, dass die Auswahl der Mütter eine große Herausforderung darstellte, da die Aufnahmekriterien Ansprüche enthielten, die ansonsten nur an Angehörige religiöser Ordensgemeinschaften gestellt wurden. Mit dem Eintritt als Kinderdorfmutter war ja der Verzicht auf Partnerschaft und Verehelichung, die zu einem Ausscheiden geführt hätte, verbunden. Genau genommen bedeutete dies auch den Verzicht auf das Ausleben der Sexualität. Gmeiner dachte laut Neubauer vermutlich kurze Zeit an die Gründung einer ordensähnlichen Müttergemeinschaft. Den Ordensgedanken ließ er jedoch rasch wieder fallen, weil dadurch der Kreis der Bewerberinnen zu sehr eingeschränkt worden wäre."[37]

Die ersten SOS-Kinderdorf-Mütter kamen meist aus kinderreichen Familien vom Land. Es waren auch Frauen unter ihnen, die ihren Partner im Krieg verloren hatten. Sie waren hauswirtschaftlich erfahren, standen mit beiden Beinen im Leben, waren praktizierende Katholikinnen und sahen ihre Aufgabe in einer Familie mit Kindern. Horst Schreiber führt zur Herkunft der Mütter weiter aus: „Sie brachten in der Regel eine verinnerlichte patriarchale Rollenvorstellung mit, in der sie erzogen worden und aufgewachsen waren. Aufopferungsvolle Fürsorge, dienende Weiblichkeit und Trost in der Religion waren ihnen geläufige Grundmuster."[38] Trotz hoher Anforderungen und Belastungen dürfte die Arbeitsanstrengung in der SOS-Kinderdorf-Familie doch geringer gewesen sein als die Schwerarbeit in der Landwirtschaft. Ebenso schnitt das hierarchische Mann-Frau-Verhältnis im Kinderdorf besser ab als die Situation in den Herkunftsfamilien vieler Mütter.[39]

Als der Bedarf an SOS-Kinderdorf-Müttern zunahm, wurde Auguste Neubauer vermehrt bei deren Auswahl eingesetzt. Sie führte ausführliche Gespräche mit jenen Bewerberinnen, die vor allem in der ersten Zeit von Hermann Gmeiner selbst ausgewählt worden waren. Als sich Frauen auf Annoncen von SOS-Kinderdorf hin meldeten, traf auch Auguste Neubauer die Entscheidung, welche potentielle Kinderdorfmutter zu einem Gespräch eingeladen wurde. Sie erinnert sich, von ihrem Mann „richtig unterrichtet" worden zu sein. Von Vinzenz Neubauer lernte sie, psychologische Tests für die Auswahl durchzuführen, die dieser dann auswertete.[40] Gemeinsam mit ihrem Mann verglich sie die Gesprächsergebnisse mit den Resultaten der Tests. Die Auswahlkriterien für die Mütter wurden bald verfeinert und zudem graphologische Gutachten für die Entscheidung herangezogen. Angehende Mütter sollten ein zwei- bis dreimonatiges Praktikum in Imst absolvieren und die von Auguste und Vinzenz Neubauer konzipierten Mütterschulungskurse besuchen.[41]

Erste Kurse für SOS-Kinderdorf-Mütter in den 1950er Jahren

Der persönliche wie berufliche Hintergrund von Kinderdorfmüttern, die von Gmeiner und Neubauer definierten Auswahlkriterien und die Anforderungen, die die Frauen in ihrer Arbeit in der Kinderdorffamilie zu bewältigen hatten, wirkten bei den Überlegungen für eine Mütterschulung zusammen. Die ersten SOS-Kinderdorf-Mütter verfügten in der Regel über keine pädagogische Ausbildung, die sie auf ihre Aufgaben in einer SOS-Kinderdorf-Familie mit durchschnittlich neun Kindern vorbereitet hätte. Mit Hausverstand und sozialen Kompetenzen sowie mit Fürsorge und einer schon im Anforderungsprofil erwarteten Opferbereitschaft[42] führten sie ihre Kinderdorffamilie. Die in ihrer Arbeit meist allein verantwortlichen Frauen waren mit den Kindern immer wieder auch überfordert. Zudem waren sie in kein tragfähiges Unterstützungssystem eingebunden. Fritz Haider, der Hermann Gmeiner von den Anfängen an begleitete und 1957 als 25-Jähriger von Gmeiner zum Dorfleiter von Imst ernannt wurde, hielt in seinen Tagebuchaufzeichnungen Ende der 1950er Jahre zu zwei Kinderdorfmüttern fest: „Es zeigte sich, daß die beiden Kinderdorfmütter Ansichten vertreten und Methoden anwenden, die mit der Pädagogik nicht in Einklang stehen. Ich komme immer mehr zur Auffassung, daß sich pädagogisch ausgebildete Mütter leichter täten. Wichtig erscheint mir auch, daß eine erzieherische Fachkraft den Müttern die Richtung weist, wenn sie Schwierigkeiten haben."[43] Die Einschulung der Kinderdorfmütter dauerte oft nur einige Tage, manchmal wenige Wochen.[44] „Die fehlende fachliche Kompetenz wurde durch ein Übermaß an Engagement ausgeglichen."[45]

Auguste und Vinzenz Neubauer setzten sich bereits Anfang der 1950er Jahre dafür ein, die Kinderdorfmütter mit einem praxisbezogenen Unterricht auf ihre Arbeit vorzubereiten und in ihrer Tätigkeit zu unterstützen. „Im Imster Kinderdorf hatte zunächst Gmeiner die Aufgabe übernommen, die Mütter pädagogisch zu belehren, doch, so [Helene] Didl[46], ‚allmählich wurde ihm diese Arbeit zu viel.

Da zog er Fachkräfte heran, um die Mütter anzuweisen und für die Erziehungsaufgaben fortzubilden.‘ […] Da Frauen vom Lande gegenüber Frauen aus der Bildungsschicht der Vorrang eingeräumt wurde, schien Neubauers eine Schulung besonders dringlich. Sie mußten in diesem Punkt bei Gmeiner deutlich drängen, da dieser Schulungen keine besondere Priorität einräumte. […] Ab 1952 kümmerte sich jedenfalls Universitätsprofessor Vinzenz Neubauer gezielt um eine psychologische Aus- bzw. Weiterbildung der Mütter im Kinderdorf, während er federführend an der Entwicklung der Kinderdorfpädagogik arbeitete und an der Verfeinerung der Auswahlkriterien für die Mütter beteiligt war.“[47]

Bei der Planung der Mütterschulungskurse suchte Vinzenz Neubauer Unterstützung bei seiner Frau Auguste. „Ich helfe dir, wenn du mir hilfst!“, antwortete diese ihm darauf.[48] Gemeinsam konzipierten sie die ersten Kurse. „Sie umfassten eine Grundausbildung im Kochen, Nähen, in der Haushalts- und Gesundheitslehre sowie Kinderpflege und führten in die Entwicklungspsychologie ein. […] Das Anforderungsprofil zielte mehr auf praktische, hauswirtschaftliche Fertigkeiten ab, die pädagogische Ausbildung gewann erst allmählich an Bedeutung.“[49] Die Schwerpunktsetzung ist umso erstaunlicher, als die Frauen eher hauswirtschaftliche Kenntnisse mitbrachten als pädagogische Erfahrungen mit Kindern aus meist schwierigen Familienverhältnissen.

Auguste Neubauer organisierte die in Lehrgängen stattfindende Mütterschulung zuerst in Innsbruck. Die Vorträge im Rahmen der ersten Kurse waren noch auf die ganze Stadt verteilt.[50] 1955 wurde ein Mütterschulungskurs im neu errichteten Jugendhaus in Egerdach bei Innsbruck abgehalten, „der von Frau Prof. Neubauer in vorbildlicher und umsichtiger Weise geleitet worden sei“[51]. Von der Vollversammlung des Vereins SOS-Kinderdorf wurde Auguste Neubauer für die erfolgreiche Durchführung ein „besonderer Dank“ ausgesprochen. Ehrenamtlich kümmerte sie sich in dieser Zeit um alles: die Räume, die Unterkünfte, die gesamte Organisation. Es gelang ihr, Lehrende mit dem besten Ruf anzuwerben, da sie über die Tätigkeit ihres Mannes als Universitätsprofessor für Psychologie Kontakte zu universitären Lehrkräften knüpfen konnte. „Sie besuchte auch regelmäßig die Unterrichtsstunden der Lehrenden, um mit ihnen und den Müttern die Positiva und Schwierigkeiten bei den Inhalten und der Vermittlung zu besprechen. Sie brachte auch Lehrkräfte in das Kinderdorf Imst, damit diese durch den Kontakt vor Ort eine praxisbezogenere Unterrichtstätigkeit ausüben konnten.“[52]

1956 begann Auguste Neubauer mit der Planung einer eigenen Mütterschule.[53] Sie erstellte ein Konzept und holte sich dazu Rückmeldungen von Rosemarie Gassner, der Gründerin der Sozialschulen der Caritas Innsbruck. „Was zunächst als fachliche Beratung gedacht war, entwickelte sich zu einer fruchtbaren persönlichen Begegnung zwischen den beiden und zu einer intensiven Zusammenarbeit im Hinblick auf die Ausbildung durch viele Jahre (1956-1965). Frau Dr. Gassner half zunächst mit ihrem Wissen und ihrer Erfahrung, das Konzept abzurunden, sie half bei der Auswahl der Vortragenden und übernahm selbst den Unterricht in Kinder- und Jugendpsychologie.“[54]

Helene Didl hält zur Mütterschule im Bericht über das Jahr 1957 fest: „Die Mütterschule ist gegründet und findet erstmals im Sommer in Hinterbrühl statt. Frau

Auguste Neubauer hat sich sehr dafür eingesetzt und hat die Leitung übernommen."[55] Ab dem Jahr 1959 wurden die sechs- bis achtwöchigen Kurse regelmäßig durchgeführt und auf drei Monate erhöht.[56] Wie Auguste Neubauer diesen Aufgabenbereich ausfüllte und bewältigte, dazu findet sich bei Horst Schreiber Folgendes: „In der für ihn typischen Art hatte Gmeiner Auguste Neubauer, die auch noch eine Familie zu betreuen hatte, mit der Organisation betraut, indem er meinte: ‚Du wirst das schon machen.' Um Zeit zu gewinnen, fuhr sie daher meist in der Nacht mit dem Zug von Innsbruck in die Hinterbrühl und retour. Dort erledigte sie dann in wenigen Tagen die vor Ort notwendige organisatorische Kleinarbeit, ohne vom damaligen Dorfleiter, mit dem sie gut auskam, ‚wenn man alles getan hat, was er wollte', eine wesentliche Unterstützung zu bekommen. Ungünstig wirkte sich aus, dass die Dorfleitung ohne ihr Wissen bisweilen mehrere der auszubildenden Mütter während des Lehrgangs als ‚Tanten' in den Familien einsetzte, sodaß manche Lehrkraft vor einer sehr schütteren Kulisse unterrichten musste."[57]

„Da soll ich eine Mütterschule errichten"

„Die improvisierte sechs- bis achtwöchige Mütterschulung, die ab 1956 allmählich durch einen Mütterkurs mit Lehrplan abgelöst wurde, mündete 1965 nach einer langsamen Steigerung der Ausbildungsdauer in eine einjährige Ausbildung an der SOS-eigenen Mütterschule im deutschen Mörlbach."[58] „Und das machst du", sagte Gmeiner. „Ich versuch's und wenn's nicht geht, geht's halt nicht", entgegnete Auguste Neubauer.[59]

Die Entscheidung für den Standort der Mütterschule in Mörlbach am Starnberger See wurde getroffen, ohne die Bedenken von Auguste Neubauer zu berücksichtigen. Für sie war das Haus „zu nobel" und der Ort nur „umständlich zu erreichen"[60]. Sie hatte dadurch eine Isolation der Mütter befürchtet. „Die Leitung der Mütterschule, die schließlich mehrmals wechselte, lehnte sie aufgrund der räumlichen Distanz und aus Zeitmangel ab."[61] Auguste Neubauer sorgte jedoch auf Wunsch Gmeiners weiterhin für die Auswahl der Lehrenden.[62] „Dies erwies sich allerdings als äußerst schwierig, da sie nicht wie in Österreich über dafür notwendige gute Kontakte verfügte."[63] Die Leitung der Mütterschule in Mörlbach gehörte Ende der 1960er Jahre zum Aufgabenbereich des Wissenschaftlichen Instituts[64] von SOS-Kinderdorf unter Vinzenz Neubauer, das auch die Vortragenden auswählte und Seminare für Kinderdorfmütter veranstaltete, die bereits mehrere Jahre im Beruf standen.[65]

Die Ausbildung vermittelte den angehenden Kinderdorfmüttern weiterhin hauswirtschaftliche Fertigkeiten sowie Grundkenntnisse aus der Gesundheitslehre, der Kinderpflege und Entwicklungspsychologie. Eine pädagogische Ausbildung mit Elementen der Selbstreflexion gewann zunehmend an Bedeutung.[66] In der von Auguste Neubauer verfassten und 1970 in dritter Auflage erschienen Broschüre „Die Mutter im SOS-Kinderdorf" beschrieb sie die Ziele des „pädagogischen Seminars" für deutsche und österreichische Teilnehmerinnen: „Das Seminar verfolgt vor allem das Ziel, den Teilnehmerinnen die Wege zu weisen, wie sie ihre Fähigkeiten am erfolgreichsten im Rahmen der Fremderziehung einsetzen können. […] Mit der Seminarleitung, den Lehrkräften und den Kolleginnen werden Gedanken und Meinungen ausgetauscht, wodurch die persönliche Bereitschaft und die Freude an der künftigen Tätigkeit immer mehr vertieft werden."[67]

Zur Entwicklung der Pädagogik im SOS-Kinderdorf

Wie Auguste Neubauer sich erinnert, habe Hermann Gmeiner die Pädagogik „nach seinen Auffassungen verstanden". Ihren Einfluss beschreibt sie in diesem Zusammenhang als sehr gering. Sie sei „am Rande mitgeschwommen und habe vieles ihrem Mann zuliebe getan"[68]. Vinzenz Neubauer nahm bestimmenden Anteil an der Entwicklung der Pädagogik im SOS-Kinderdorf. Er selbst benannte seine „primäre Aufgabe […] vor allem in der Ausarbeitung der Erziehungsgrundsätze, die den Forderungen einer zeitgemäßen Fremderziehung gerecht werden, ohne bewährte Methoden und Erfahrungen bedeutender Vorläufer über Bord zu werfen"[69]. Ihm oblag es auch, die vier Prinzipien von SOS-Kinderdorf – eine Mutter, für eine Gruppe von leiblichen Geschwistern und Hausgeschwistern, in einem eigenen Haus in einer Dorfgemeinschaft – „in ein System einzubauen, sie wissenschaftlich zu untermauern und zu vertreten"[70].

Gemeinsam gaben Auguste und Vinzenz Neubauer 1962 „Das große Lexikon für Eltern und Erzieher" heraus. Dort werden beide als ständige Berater der SOS-Kinderdörfer genannt, die mit anderen Fachleuten und Institutionen „ihre jahre- und jahrzehntelange Erfahrung mit Kindern und ihren Problemen zur Verfügung stellten"[71]. Während Auguste Neubauer ihre Rolle an der Seite ihres Mannes und orientiert an seinen Vorhaben beschreibt, stehen die beiden hier Seite an Seite als Beraterin und Berater, als Herausgeberin und Herausgeber.

Auguste Neubauers Arbeit und Engagement für SOS-Kinderdorf ging bereits bei der Planung und Organisation der Schulungen für SOS-Kinderdorf-Mütter über die Rolle der „Gefährtin ihres Ehemannes", dem sie unterstützend zur Seite stand, hinaus. Ihre Aktivitäten in der Dorfkommission von SOS-Kinderdorf vermitteln ebenso eigenständige Haltungen und Handlungen. Zu den Aufgaben der Dorfkommission gehörten laut Statut der Societas Socialis von 1950 „die Überwachung der Verwaltung des Kinderdorfes und die Kindererziehung"[72]. Sie entschied über die Aufnahme der Kinder sowie über die Anstellung von Dorfleitern und SOS-Kinderdorf-Müttern.[73] Die Dorfkommission bestand aus vom Vorstand ernannten Mitgliedern und konnte Fachleute mit beratender Stimme beiziehen. Ihr gehörten Anfang der 1950er Jahre Hermann Gmeiner, Maria Hofer als Mitglied der SOS-Schwesternschaft, ein Seelsorger, ein wirtschaftlicher Berater und Vinzenz Neubauer als Vertreter der öffentlichen Fürsorge und Erziehung an. Fritz Haider wurde in der Folge als Dorfleiter ebenso aufgenommen wie Rosemarie Gassner, die Leiterin der Fürsorgeschule in Innsbruck.[74] Später kamen weitere Dorfleiter, Juristen und PädagogInnen[75] dazu.[76] „Eine wichtige Rolle spielte schließlich auch noch Auguste Neubauer, die in der Dorfkommission, die auch Mütterbeschwerden behandelte, gerade bei Konflikten zwischen Dorfleitern und Müttern wiederholt vermittelnd eingreifen musste. Dabei vertrat sie nicht selten andere Ansichten als die in der Kommission vertretenen Männer."[77] Auguste Neubauer wurde anfangs zu speziellen Themen und Anliegen in die Dorfkommission eingeladen. „Mitglied" oder „beratende Stimme" waren damals wahrscheinlich ebenso wenig voneinander zu unterscheiden wie eine „ehrenamtliche, private" oder „hauptamtliche, dienstliche" Teilnahme, vor allem wenn Dorfkommissionssitzungen auch in der Wohnung der Familie Neubauer stattfanden.[78] Später wurde Auguste Neubauer zum Mitglied der Dorfkommission ernannt und Vinzenz Neubauer hatte über viele Jahre die Leitung inne.[79] Wie Schreiber und Vyslozil festhalten, arbeitete die Dorfkommission „unter Vinzenz und Auguste Neubauer" beispielsweise an der Interpretation und Anwendung der vier Prinzipien.[80] Interessant ist in diesem Zusammenhang vor allem, dass Auguste Neubauer damit faktisch eine gemeinsame Leitung mit ihrem Mann zugeschrieben werden kann.

Die Kinderdorfzeit – „eine schöne und anstrengende Zeit"

Auguste Neubauer trug lange Jahre die Mitverantwortung für die Auswahl der SOS-Kinderdorf-Mütter. Aus den Erwartungen Hermann Gmeiners an die Kinderdorfmütter, wie er sie in der von Auguste Neubauer verfassten Broschüre „Die Mutter im SOS-Kinderdorf" aus dem Jahr 1970 beschreibt, lässt sich ablesen, dass sie mit ihrem Beitrag zur Auswahl ein gewichtiges Stück Verantwortung trug: „Für das Kind ist die Mutter die Mitte der Welt. […] Sie macht ihr Kind reif für das Leben. Körper, Geist und Seele des Kindes wachsen unter ihrer Obhut allmählich heran. Was aus dem Kinde wird, verdankt es in hohem Maße seiner Mutter, […].

Auguste Neubauer, 3. Oktober 1969

Mag auch dem Kinde vieles von Natur aus mit auf den Weg gegeben worden sein, von der Mutter hängt es ab, was für ein Mensch aus ihm wird, ob und wie es einmal seine Fähigkeiten entwickelt. […] Unsere Mütter tragen eine große Verantwortung für die Welt."[81]

Den SOS-Kinderdorf-Müttern wurde damit die überwiegende Zuständigkeit für die Entwicklung des Kindes zugeschrieben. Was aus einem Kind wird, stand in einem unmittelbaren Zusammenhang von persönlichem Versagen oder Erfolg der Kinderdorfmutter. Auguste Neubauer hatte die Aufgabe, für diese verantwortungsvolle Tätigkeit, vor dem Hintergrund „eigentlich nicht zu erfüllender Anforderungen", Frauen auszuwählen. Beratend stand sie den Bewerberinnen bei ihrer Entscheidung zur Seite: „Als langjährige Mitarbeiterin der SOS-Kinderdörfer habe ich den Auftrag, die Bewerberinnen zu beraten. Aus ausführlichen Gesprächen kenne ich die Fragen, die fast alle Frauen vor Übernahme dieser verantwortungsvollen Tätigkeit bewegen, ich verstehe ihre anfänglichen Sorgen, Bedenken und Überlegungen, ihre Wünsche und Hoffnungen. Ich weiß aber auch von den vielen frohen und befriedigenden Stunden zu erzählen, die sie später als Kinderdorfmütter im Kreise ihrer Kinder erleben."[82] Nachdem Auguste Neubauer ihre Tätigkeit in der Auswahl von Kinderdorfmüttern beendet hatte, kamen einzelne Frauen nach wie vor „zur Aussprache"[83]. Sie bezeichnet sich selbst als „Beichtvater für die Mütter"[84].

Die ersten Jahre mit Hermann Gmeiner, die Anfangsjahre mit den SOS-Kinderdorf-Müttern und der Beginn der SOS-Kinderdorf-Arbeit in Deutschland Mitte der 1950er Jahre sind in den Erinnerungen Auguste Neubauers mit Pionierinnen und Pionieren verbunden. Sie selbst war eine Pionierin bei der Auswahl der ersten Generation von SOS-Kinderdorf-Müttern und beim Aufbau der Mütterschulung. Dafür wurde sie mit ausgesprochenem Dank, „einmaligen" Zuwendungen und Entschädigungen nach den Kursen belohnt.[85] Im Dezember 1975 bekam Auguste Neubauer als „Gründerin und Leiterin der Mütterschule" die Verdienstmedaille des Landes Tirol verliehen. Wie ihr Mann wurde auch sie als langjähriges Vorstandsmitglied geehrt.[86]

Aus heutiger Sicht sind ihr allerdings die Menschen – insbesondere die Kinderdorfmütter, die sie in ihrer Arbeit für SOS-Kinderdorf kennen gelernt hat – Lohn und Anerkennung genug. „Ich habe diese Menschen geliebt und das war ausschlaggebend. Wir waren eine einzige Familie."[87]

Anmerkungen

1 Vgl. Gespräch mit Liselotte Morscher, der Tochter von Auguste Neubauer, 18. Jänner 2006
2 Vgl. Gespräch mit Auguste Neubauer, 17. Juni 2003
3 Vgl. Gespräch mit Liselotte Morscher
4 Gespräch mit Auguste Neubauer
5 1912 wurden die Lyzeen auf sieben Klassen erweitert, 1927 das letzte Lyzeum aufgelassen. Vgl. Ecker, 1995, S.206
6 Vgl. Gespräch mit Liselotte Morscher
7 Vgl. ebd.

8 Vgl. ebd.
9 Vgl. ebd.
10 Lebenslauf Vinzenz Neubauer, 30. Oktober 1950, in: Habilitationsakt (mit Nachakten) über Prof. Vinzenz Neubauer, Universitätsarchiv Innsbruck
11 Vgl. Müller, 1994, S.17f; Lebenslauf Vinzenz Neubauer, 1950, a.a.O.
12 Lebenslauf Vinzenz Neubauer, o.D., in: Habilitationsakt (mit Nachakten) über Prof. Vinzenz Neubauer, Universitätsarchiv Innsbruck
13 Vgl. http://www.norica.com, Stand: 19.1.2006
14 Vgl. Gespräch mit Liselotte Morscher
15 Vgl. http://www.de.wikipedia.org/wiki/Cartellverband, Stand: 19.1.2006
16 Schreiben von Vinzenz Neubauer an das Rektorat der Universität Innsbruck, 19. Juni 1945, in: Habilitationsakt (mit Nachakten) über Prof. Vinzenz Neubauer, Universitätsarchiv Innsbruck
17 Gespräch mit Liselotte Morscher
18 Gespräch mit Auguste Neubauer
19 Vgl. Lebenslauf Vinzenz Neubauer, o.D., a.a.O.; Lebenslauf Vinzenz Neubauer, 1950, a.a.O.
20 Vgl. Lebenslauf Vinzenz Neubauer, 1950, a.a.O.
21 Gespräch mit Auguste Neubauer
22 Vgl. ebd.
23 Vgl. Brief von Prof. I. Kohler, Institut für experimentelle Psychologie der Universität Innsbruck, 22. Oktober 1957, in: Habilitationsakt (mit Nachakten) über Prof. Vinzenz Neubauer, Universitätsarchiv Innsbruck
24 Vgl. Müller, 1994, S.17f
25 Vgl. Schreiber/Vyslozil, 2001, S.50
26 Vgl. Gespräch mit Auguste Neubauer
27 Vgl. Gespräch mit Helga Zündel, 17. Juni 2003
28 Dr. Burghard Breitner, 1884-1956. Breitner geriet zu Beginn des Ersten Weltkrieges 1914 in russische Gefangenschaft. Dort wurde ihm die Leitung der chirurgischen Station übertragen und er betreute sechs Jahre unter härtesten Bedingungen Kriegsgefangene in Sibirien. 1951 wurde er vom ‚Komitee der überparteilichen Einigung' (dem VdU – Verband der Unabhängigen, der Vorgängerpartei der FPÖ, H.B.) zum Kandidaten für die Bundespräsidentenwahl vorgeschlagen und erzielte im ersten Wahlgang über 662.000 Stimmen. Vgl. Zeitungsartikel „Burghard Breitner, Zum 70. Geburtstag", erschienen 1954; http://www.aeiou.at/aeiou.encyclop.b/b741525.htm, Stand: 21.12.2005
29 Vgl. Gespräch mit Auguste Neubauer
30 Schreiber/Vyslozil, 2001, S.59
31 Gespräch mit Auguste Neubauer
32 Schreiber/Vyslozil, 2001, S.241
33 Vgl. ebd., S.85
34 Schreiber, o.J., S.81f; zur Mütterwerbung vgl. auch Portrait Maria Hofer
35 „FRAUENBERUF in des Wortes tiefster Bedeutung ist der Beruf der MÜTTER IN DEN SOS-KINDERDÖRFERN. Was wird verlangt? – Alter 25 bis 40 Jahre. Unverheiratet und kinderlos (oder kinderlose Witwe). Religiös gefestigt. Hauswirtschaftskenntnisse. Völlige Gesundheit. Was wird geboten? – Angestelltenverhältnis (Weihnachts- und Urlaubsgeld). Soziale Sicherstellung durch eigenes Mütterstatut. Monatlich zwei freie Tage, jährlich vier Wochen Urlaub. Selbständige Arbeit und glückliches Gemeinschaftsleben. *Eine Lebensaufgabe.*
Eine bestimmte Ausbildung ist nicht erforderlich. Bewerbungen sind zu richten an: Zentralkartei der SOS-Kinderdörfer, Innsbruck, Goldenes Dachl.", in: Stadelmann, 1970, S.89
36 Vgl. Gespräch mit Auguste Neubauer
37 Schreiber, o.J., S.82
38 Ebd., S.83
39 Vgl. ebd.
40 Vgl. Gespräch mit Auguste Neubauer
41 Vgl. Schreiber, o.J., S.84
42 Vgl. Schreiber/Vyslozil, 2001, S.241
43 Haider, 1990, S.9f

44 Vgl. ebd., S.14
45 Ebd., S.15
46 Vgl. Portrait Helene Didl
47 Schreiber, o.J., S.83f
48 Vgl. Gespräch mit Auguste Neubauer
49 Schreiber/Vyslozil, 2001, S.257
50 Vgl. Gespräch mit Auguste Neubauer
51 Beschlussprotokoll über die ordentliche Vollversammlung vom 14. Mai 1956, in: Ordner „Hauptverein – Zweigverein Imst, Vollversammlung, Protokolle 1949-58"
52 Schreiber/Vyslozil, 2001, S.258
53 Vgl. ebd.
54 Oberhauser, 1979/80, S.16
55 Aufzeichnungen von Helene Didl (ab 1950-1963), in: Ordner „Anfänge Societas Socialis, SOS-Kinderdorf"
56 Vgl. Schreiber/Vyslozil, 2001, S.258
57 Schreiber, o.J., S.84
58 Schreiber/Vyslozil, 2001, S.259
59 Vgl. Gespräch mit Auguste Neubauer
60 Ebd.
61 Schreiber/Vyslozil, 2001, S.259
62 Vgl. ebd.
63 Schreiber, o.J., S.85
64 Vinzenz Neubauer gründete 1964 im Auftrag von Hermann Gmeiner das Wissenschaftliche Institut von SOS-Kinderdorf International, dessen Leitung er 1968 aus Altersgründen abgab. In den folgenden Jahren übernahm Renate Wetjen die Leitung des in „Sozialpädagogisches Institut" umbenannten Bereiches. Vgl. Wissenschaftliches Institut, Tätigkeitsbericht 1965/66, in: Ordner „Sozialpädagogisches Institut"; Protokoll Vorstandssitzung Hauptverein 14.11.1968, in: Ordner „SOS-Kinderdorf Hauptverein, Protokolle 1967-1971"; Portrait Renate Wetjen
65 „Leitung der SOS-Mütterschule in Mörlbach einschliesslich der Gewinnung von Vortragenden; Durchführung der Mütterseminare für bereits mehrere Jahre tätige Kinderdorfmütter", in: „Bericht über die Tätigkeit des Wissenschaftlichen Institutes im Zeitraum v. Sept. 1967 bis Sept. 1968" (verfasst von Univ.Prof. Dr. Vinzenz Neubauer am 9.10.1968), Ordner „Sozialpädagogisches Institut"
66 Als Lehrgegenstände werden u.a. angeführt: Kinder- und Jugendpsychologie, Erziehungslehre, Heilpädagogik, Religiöse Erziehung, Sexualpädagogik. In den pädagogischen Vorträgen beispielsweise ging es um den Strukturwandel von Gesellschaft und Familie, um Möglichkeiten und Grenzen der Erziehung, um Erziehungsmittel wie Lob und Strafe, um Charakter- und Gewissensbildung in den einzelnen Phasen der Entwicklung sowie um Fragen des Lernens. Vgl. Auguste Neubauer, 1970, S.12ff
67 Ebd., S.11f
68 Gespräch mit Auguste Neubauer
69 Vinzenz Neubauer, o.J., S.54
70 Ebd., S.75
71 Vgl. Umschlagklappe des Buches: Univ.Prof. Dr. Vinzenz Neubauer und Auguste Neubauer (Hrsg.): Das große Lexikon für Eltern und Erzieher, Alles Wissenswerte von unseren Kindern – Bis zur Großjährigkeit, Umschau-Verlag, Frankfurt a. M., Pinguin-Verlag, Innsbruck/Tirol 1962
72 Statut der Societas Socialis, 5.1.1950, in: Ordner „Hauptverein – Zweigverein Imst, Vollversammlung, Protokolle 1949-1958"
73 Vgl. Vinzenz Neubauer, o.J., S.55
74 Vgl. Schreiber/Vyslozil, 2001, S.88
75 Vgl. Portrait Henriette Rieder; Portrait Renate Wetjen
76 Vgl. Schreiber/Vyslozil, 2001, S.102
77 Ebd., S.88
78 Vgl. Gespräch mit Rudolf Maurhard, 28. Juli 2003
79 Am 5. Juni 1963 z.B. wird eine Neuzusammensetzung der Dorfkommission beschlossen: 1. Vorsitzender: Prof. Vinzenz Neubauer, 2. Vorsitzender: Fritz Haider, Mitglieder: Dir. Hermann Gmeiner,

Rudolf Maurhard, Pfarrer Simon Mayr, Frau Auguste Neubauer, Dr. Ludwig Kögl. Vgl. Protokoll der Vorstandssitzung Hauptverein und Zweigverein Imst am 5. Juni 1963, in: Ordner „Vorstandssitzungen, Protokolle 1.1.1962 bis 31.12.1966"; Schreiber/Vyslozil, 2001, S.241

80 Vgl. ebd., S.149

81 Auguste Neubauer, 1970, S.3

82 Ebd., S.6

83 Gespräch mit Auguste Neubauer

84 Ebd.

85 Auguste Neubauer erinnert sich, dass Gmeiner ihr nach den Kursen immer „ein bisschen was gegeben hat". Vgl. Gespräch mit Auguste Neubauer. Aus dem Jahr 1964 ist eine „Zuwendung" für Auguste Neubauer dokumentiert: „Es wird beschlossen, Frau Prof. Auguste Neubauer für die sehr wichtigen Aufgaben, die sie für das SOS-Kinderdorf zu erfüllen hat, zu Weihnachten eine einmalige Zuwendung in Höhe von S 6.000.- zukommen zu lassen.", in: Protokoll Vorstandssitzung 7.12.1964, Ordner „Hauptverein, Vorstandssitzungen, Protokolle 1.1.1962 bis 31.12.1966"

86 Vgl. Anhänge zum Protokoll der 25. Vollversammlung am 2.12.1975, in: Ordner „Vollversammlung, Zweigverein Imst, Protokolle 1968-81"

87 Gespräch mit Auguste Neubauer

Maria Heritzer (geb. 1921)

„Ich bin sehr dankbar“

Kindheit einer „Keischler“-Tochter

Maria Heritzers Erinnerungen an ihre Kindheit vermitteln trotz aller Bescheidenheit, die das Aufwachsen in einer Kleinbauernfamilie mit sich brachte, eine glückliche erste Lebensphase am Land. Sie beginnt ihre Erzählungen über ihre bedeutendsten Stationen im Leben mit dem Satz: „Dass ich überhaupt so gute Eltern gehabt habe, die ‚ja‘ gesagt haben zu mir.“[1]

Maria Heritzer wurde am 2. August 1921 in Pollheim bei Wolfsberg in Kärnten geboren. „Ich war das vierte Kind von neun Kindern, allerdings sind drei früh gestorben. Ja, es war sehr schön mit Geschwistern, wir haben eigentlich keine Not gelitten, aber sehr karg gelebt haben wir.“[2] Ihre Eltern Franz und Magdalena waren Kleinbauern, so genannte „Keischler“[3]. Sie hatten eine kleine Landwirtschaft im Kärntner Lavanttal, im „Paradies“ wie Maria Heritzer es nennt. Die Kargheit in diesem< Paradies bezog sich vor allem auf Materielles, denn die kleine Landwirtschaft konnte gerade die Familie ernähren. „Wir haben gerade so viel Getreide gehabt, dass wir so durchgekommen sind. Trotzdem ist kein Bettler von uns gegangen, der nicht etwas bekommen hat. Uns ist es eben nie aufgefallen, dass es zu knapp wäre. Es war halt so gegeben. Wir sind nicht die Ärmsten gewesen, sicher nicht.“[4] Die ärmliche Kindheit teilte Maria mit den Nachbarskindern, weshalb sie diesen Umstand auch nicht als belastend empfand. Einzig wenn ein Ausflug ihrer Volksschulklasse anstand, wurde sie mit der finanziellen Armut ihrer Familie konfrontiert. Für diese Ausflüge hätten die Kinder zehn Groschen beitragen müssen. „Das ist nicht da gewesen. Wir mussten daheim bleiben, das ist uns schon schwer gefallen.“[5]

Geld hatte die Bauernfamilie sehr wenig. Die einzige Möglichkeit, zu Geld zu kommen, war der Verkauf von Äpfeln im Herbst. Dabei hatten sie allerdings ungleich schwierigere Bedingungen als die Großbauern aus der Gegend. Konnten diese mit schnelleren Pferdefuhrwerken die Äpfel nach Wolfsberg bringen, so musste die Familie Heritzer Kühe – sie hatten drei Stück – vor einen großen Bretterwagen spannen. „Da sind die Großbauern mit ihren Fuhrwerken vorgefahren und haben natürlich das bessere Geschäft gemacht. [...] Die Wege waren so holprig, dass wir die Äpfel mit Stroh unterlegt haben, dass sie ja keinen Matzen bekommen. Das ist für Kühe eine strenge Arbeit gewesen, für uns auch. Wir haben als Kinder mitfahren müssen, damit wir bei den Kühen bleiben, während der Vater das Geschäft abgewickelt hat. Dabei haben wir oft die längste Zeit in der Sonne warten müssen und dadurch ist das Obst auch nicht schöner geworden“[6], erinnert sich Maria Heritzer. Die Folge war, dass das Obst oft keine Abnehmer fand und ihr Vater den halbvollen Wagen mit nunmehr Pressobst wieder heimführen musste. Da sie allerdings nur mit dem Obst Geld verdienen konnten, waren diese Einbußen deutlich zu spüren: „Man hat das ganze Jahr auf das Geld gewartet.“[7]

In der Kleinbauern-Familie mussten alle mit anpacken. Bürgerliche Vorstellungen, in denen der Vater für das Familieneinkommen zuständig ist und die Mutter sich ausschließlich um Haushalt und Kindererziehung kümmert, waren im bäuerlichen Milieu nicht lebbar. So arbeitete auch Marias Mutter den ganzen Tag am Feld. Kamen die Kinder mittags nach Hause, „haben wir im [Back-]Rohr etwas vorgefunden und das haben wir dann verspeist“[8], bevor es wieder in die Schule ging. Auch Maria musste nicht nur beim Verkauf der Äpfel mithelfen. Die Arbeitskraft der Kinder, so sie nicht in der Lehre oder als Knecht und Stubenmädchen „im Dienst“ waren, wurde benötigt. Für Maria Heritzer bedeutete die Notwendigkeit, in der elterlichen Landwirtschaft mitzuarbeiten, aber auch den Verlust eines ganzen Schuljahrs. 1928 war sie in die damals noch fünfjährige Volksschule gekommen. „Ich bin sehr gerne in die Schule gegangen. Zwei Sommer bin ich total befreit gewesen von der Schule. Am Feld mitarbeiten. Leider, oder ich weiß nicht, ich hab das als Kind nicht so empfunden, aber es ist mir ein Schuljahr abgegangen. Weil es doch von Ostern bis Allerheiligen war.“[9]

Wenn Maria Heritzer ihre Kindheit mit der heutigen vergleicht, so kann sie beidem positive Seiten abgewinnen. „Es war trotzdem schön. Wenn ich denke, heute bei dem Wohlstand haben die Kinder nicht so viele unschuldige Freuden. Wir sind so unbekümmert gewesen, das war einfach eine schöne Zeit. […] Bei uns ist viel gesungen und musiziert worden, die Eltern sind sehr singfreudig gewesen. Wir haben Sonntag fast immer die Stube voll gehabt. Da sind sie von Wolfsberg gekommen und haben Instrumente mitgebracht. Dann ist gesungen und gespielt worden. Sie haben sehr schönes Liedgut gehabt. Es ist keine Schnulze dabei gewesen und es war ganz schön. Für das bin ich sehr dankbar.“[10]

Was ihr heute besonders gefällt, ist das veränderte Verhältnis zwischen Eltern und Kindern. „Was ich selber geschätzt hätte, dass man als Kind mehr seinen Willen durchsetzt oder sich ‚nein!‘ zu sagen traut. Diese Freiheit von den Kindern, obwohl es oft weit über die Stränge schlägt. Aber die Sicherheit von den Kindern, dass sie sagen dürfen, nein, das mag ich nicht. […] Heute ist mehr Freundschaft zwischen Mutter und Kind, bei uns war ein Abstand wie Vorgesetzter und Kind-Untergebener. Man hat nicht widersprechen können.“[11] In diesem Zusammenhang bedauert Maria Heritzer besonders, dass durch dieses distanzierte Verhältnis, in dem sie mit ihren Eltern sogar „per Sie“ war, auch die Beziehungsqualität zwischen Eltern und Kindern eingeschränkt war. „Es ist ein Unterschied, ob ich sag: ‚Ich liebe Sie‘ oder ‚Ich liebe dich‘. Mir kommt vor, das war ein Manko in unserer Kindheit. Es tut mir oft leid, wenn ich so denk, was die Eltern versäumt haben, nicht mitkriegt haben, die Dankbarkeit von uns. Und wir die Liebe von ihnen auch nicht so gespürt haben, weil eine Umarmung oder ein Busserl wie heute hat es bei uns nicht gegeben. Bei uns ist Distanz gehalten worden.“[12] Maria Heritzer benennt auch die Unterschiede in den Vorstellungen von Kindheit zwischen den 1920er Jahren und heute. „Ein Kind ist einfach nebenbei gelaufen, aber so richtig hinein genommen ist es nicht geworden. Und das find ich heute sehr schön. Die haben es früher nicht anders gekannt, die haben es so übernommen, das ist ihre Mentalität gewesen.“[13]

Eine Jugend geprägt durch die NS-Zeit

Nach Beendigung der Volkschule wollte sie in der Landwirtschaft bleiben. Aus Sorge, ob sie das schaffen würde, entschieden ihre Eltern allerdings anders: „Ich war schwächlich. Ich hätte viel lieber in der Landwirtschaft gearbeitet. Und dazu, hat es geheißen, bist du zu schwach.“[14] Maria sollte in die SchneiderInnenlehre gehen. Doch damit war auch das Ende der schönen Kindheit eingeläutet. „Meine Lehrzeit nachher ist weniger fein gewesen.“[15] In den 1930er Jahren war es für Maria Heritzer auf Grund der schlechten wirtschaftlichen Lage sehr schwierig, eine Lehrstelle zu finden: „Tal auf, Tal ab haben wir eine Lehrstelle gesucht. Und nirgendwo ist ein Platz frei gewesen.“[16] Die Schneiderin, bei der sie in die Lehre gehen wollte, hatte gerade am Tag vor Marias Anfrage einen Lehrling eingestellt. Sonst hätte sie die Stelle erhalten. Im Nachhinein sollte es sich als Glück herausstellen, denn die Schneiderin hatte Tuberkulose und sowohl sie als auch der neue Lehrling verstarben daran. „Ja, das war wirklich eine Fügung.“[17]

Maria Heritzer fand schließlich in der näheren Umgebung eine Lehrstelle. Doch mit dem ersten Arbeitstag am 13. Jänner 1936 begann für sie eine „ganz, ganz schlimme Zeit“[18]. Die Arbeitsbedingungen waren äußerst hart, die gesetzliche Arbeitszeit von sieben Uhr morgens bis sieben Uhr abends wurde kaum eingehalten. „In Wirklichkeit war es in der ganzen Lehrzeit vielleicht zehnmal, wo ich um sieben Uhr aufhören durfte, es ging meistens bis in die Nacht hinein. Einmal, als ich um 11.00 Uhr nachts fragte, was muss ich noch tun, wäre ich bald hinausgeflogen – ich hatte zu fragen, was darf ich noch tun? […] Viele Sonntage waren Arbeitstage, von freiem Tag oder Nachmittag keine Rede. Wenn uns bei Nachtarbeit oft die Augen nimmer offen blieben, schickte uns die Meisterin in die Nachbarschaft zu einem Brunnen, damit wir nach einer kalten Gesichtsdusche wieder fit arbeiten konnten. Auch der achttägige Urlaub, der den Lehrlingen zustand, wurde nur ratenweise gegeben.“[19] Diese überlange Arbeitszeit und besonders die Nachtarbeit hatten Auswirkungen auf die Gesundheit von Maria, deren Eltern sie ja auf Grund ihrer schwächlicheren körperlichen Konstitution nicht in der Landwirtschaft arbeiten hatten lassen.

„Eine ganz ungute Zeit begann dann mit 1938, der NS-Zeit. Der 13. März 1938 ist mir noch in böser Erinnerung. Die Lehrmeisterin, eine illegale Nazi[20] – was ich in meiner Naivität nicht bemerkte – sagte mir am Vortag, ich solle am nächsten Tag früher zur Arbeit kommen. Ich kam und war furchtbar erschrocken: Die Schneiderei hat sich über Nacht in eine ‚braune‘ Parteizentrale verwandelt. Lauter SA-Männer in den braunen Uniformen, Frauen an den Nähmaschinen, die Hakenkreuzfahnen nähten, ganze Ballen Fahnenstoff. Ich glaubte, meinen Augen nicht zu trauen. Menschen, denen ich immer tagsüber in der Nachbarschaft und auf der Straße begegnete, standen da. Ich wurde mit einem strammen ‚Heil Hitler‘ begrüßt.“[21] Maria Heritzer beschreibt die „hämische Freude“, die ihr Erschrecken und ihr „verdutztes Gesicht“ hervorriefen. Eine „Freude“, die darauf beruhte, dass sie bekanntermaßen aus einer „schwarzen“[22] Familie stammte. „Von da an war es für mich eine Zeit der Demütigungen und Sticheleien, die mir sehr zusetzten. Obendrein konnte ich daheim nicht ‚abladen‘, denn Vater wäre nicht still gewesen und er war ohnedies auf der ‚schwarzen Liste', somit die Familie in ständiger Gefahr."[23] So behielt die 17-jährige Maria ihren Kummer für sich. „Auf dem Weg, den ich in die Lehrstelle hatte, da hab ich so viel geweint. Mich wundert, und ich bin sehr dankbar, dass ich nicht verbittert worden bin. [...] Nein, das war keine schöne Zeit. Das war eine schlimme Zeit."[24]

Dennoch hielt sie durch, denn eine Lehre zu absolvieren war ein „Privileg", so Maria Heritzer: „Dafür hat man nämlich zahlen müssen. Als Lehrling habe ich keinen Groschen verdient, habe aber meine Krankenkasse selber zahlen müssen. Das hat drei Schilling sechzig im Monat ausgemacht. Ich hätte es von daheim aus nicht gehabt, wenn nicht mein jüngerer Bruder jeden Tag um sechs Uhr in der Früh im nahen Karmeliterkloster ministrieren gegangen wäre. Dafür hat er genau das bekommen, was ich für die Krankenkasse gebraucht habe. Er gab mir das Geld. Einmal hat er es verspätet gekriegt, und die Chefin hat es schon eingefordert. Da hab ich gesagt, ich hab's vergessen. Ich hab mich geschämt zu sagen, wir haben es nicht. Wir haben gebetet, dass er es kriegt. Der Bub hat sich bei den Schwestern nicht zu sagen getraut, wir brauchen das Geld. [...] Gott sei Dank hat er es bekommen."[25]

Als sie im Mai 1939 zur Gesellinnenprüfung antreten sollte, galt es für Maria, eine weitere Hürde zu überwinden. Sie musste ein Gesellenstück, ein Kleid, nähen und dafür Materialien kaufen. Doch der Apfelverkauf fand erst wieder im Herbst statt. „Der Vater hat daheim gesagt: ‚Mein Gott bitte, bitte mach es erst im Herbst, wann ich Geld habe, ich hab das Geld jetzt nicht.' Muss man sich vorstellen, 21 Mark!"[26] Doch Maria Heritzer wollte endlich den für sie so unerträglichen – und unbezahlten – Lehrlingsstatus beenden und deshalb akzeptierte sie dieses Mal nicht stillschweigend. „Da hab ich nachher einfach darauf bestanden, ich möchte es jetzt machen, ich möchte es machen. Er hat sich dann das Geld beim Nachbarn ausgeborgt."[27]

Der Tag der Gesellinnenprüfung sollte einer der schönsten im damaligen Leben von Maria Heritzer werden. „Ich bin von der Gesellenprüfung heim gekommen. Ich weiß noch, wie die Mutter dort gesessen ist. Sie haben gewartet. Und wie ich dann rein gegangen bin, hab ich gesagt, ich bin durchgekommen. [...] Da sagt mir die Mutter: ‚So, morgen brauchst nicht mehr in die Schneiderei hinuntergehen.' Das war ein ganz großer Augenblick. Ich hab gar geglaubt, das gibt's nicht! Denn in der Lehrzeit war ich so fatalistisch geworden, dass ich mir gedacht habe, das geht so weiter. Ich hab mir keine Illusionen gemacht. Das Leben ist so, da kannst du nichts machen. Ich war echt stumpf. [...] Aber das war dann einer von den schönsten Augenblicken."[28]

Nach der Gesellinnenprüfung zog Maria Heritzer knapp vor Ausbruch des Zweiten Weltkriegs zu ihrer ältesten Schwester, die in Immendorf/Niederösterreich als Pfarrhaushälterin arbeitete. Die Zeit des Zweiten Weltkriegs überdauerte Maria Heritzer relativ unbeschadet. „Der kommende Zeitabschnitt war durch die Kriegszeit auch nicht rosig, aber mit einem menschlicheren Arbeitsplatz lässt sich alles viel leichter ertragen."[29] Sie arbeitete als Schneiderin, verstand sich mit ihrer neuen Chefin sehr gut und wohnte bei ihrer Schwester. „Die Schwester war sehr gut, sie war wirklich wie eine Mutter zu mir. Sie war zwölf Jahre älter wie ich. Sie hat mir einen Platz besorgt, eine Schneiderei, wo ich bis 1946, wie der Krieg aus war, dort gewesen bin. Dort ist es mir trotz Krieg, trotz Elend, … Aber das war noch meine Jugend. Also die Jugendzeit ist ziemlich passé gewesen bei mir."[30]

Die Nachkriegszeit, die kein „Honigschlecken" war

Die Zeit knapp nach dem Zweiten Weltkrieg war unter anderem geprägt von ihrer Angst vor russischen Soldaten und von der Schwierigkeit, wieder zu ihren Eltern nach Kärnten zu kommen. „Dann ist die Nachkriegszeit gekommen. Das war auch nicht gar so ein Honiglecken, wir haben Verstecken spielen müssen."[31] Maria Heritzer benennt das Verstecken vor den russischen Soldaten im Nachhinein salopp als „Spiel", auch als „Abenteuerspiel". Über ihre Ausführungen wird allerdings deutlich, wie bedrohlich die Situation für sie damals war, als sich Frauen vor den Übergriffen von Soldaten fürchteten. „Das war schon wirklich sehr oft, wo wir gerade im letzten Moment entkommen sind."[32] Immer wenn es „brenzlig wurde", suchten Maria und vier aus Wien geflohene Mädchen im Pfarrhof Schutz. „Rein bei der hinteren Tür des Pfarrhofes, vorne raus und in die Kirche rein. Das war mitten am Tag und der Pfarrer hat geschwind hinten die Türe zugesperrt, wo die Mädchen hinein sind, und ist dann leise rundherum gegangen. Da haben die Russen schon fast die Türe eingeschlagen."[33] Der Pfarrer ließ sich so lange Zeit, um die Türe zu öffnen, bis sich die Frauen versteckt hatten. „Und nachher hat er wohl aufgemacht, und dann haben sie ihm gedroht. Sie haben das Haus angeschaut, ob wer drin sein könnte. Nachher haben sie beraten, wo wir sein könnten. Die Kirchtür ist offen gestanden, die sind vor der Kirchtüre gestanden und wir drinnen gleich unter den Knieschemel gelegen. Da haben wir fast Blut geschwitzt. Wir haben uns nicht mehr hinausgehen getraut. Dann sind wir drinnen geblieben, und die Schwester hat uns nachher am Abend was zum Essen gebracht."[34] Eingerollt in einen Teppich verbrachten die jungen Frauen die Nacht in der Kirche. Sie hatten sich so hingelegt, dass sie im Notfall entweder durch die Sakristei oder durch den Vorderausgang flüchten konnten.

Maria Heritzer teilt diese schreckliche Erfahrung mit einem Teil jener Interviewpartnerinnen in diesem Projekt, welche die Nachkriegszeit in der russischen Besatzungszone verbringen mussten. So bezeichnete es beispielsweise Maria Heissenberger als Glück, dass sie gut versteckt wurde. Sie erzählt von Frauen, die vergewaltigt wurden, wenn sie sich nicht rechtzeitig in Sicherheit gebracht hatten. Maria Heissenberger wusste aber auch von Ausgrenzungen durch die einheimische Bevölkerung zu berichten, als eine Niederösterreicherin einen russischen Soldaten heiratete.[35] Kriegerische Handlungen sind seit Jahrhunderten mit Vergewaltigungen verbunden. Vergewaltigungen als Teil der Demoralisierung und der sozialen Vernichtung des Gegners werden auch bewusst als Kriegsstrategie eingesetzt bzw. indirekt gefördert und geduldet. „Vergewaltigungen im Krieg dienen vor allem den sozialen Bedürfnissen der Vergewaltiger, der Selbstvergewisserung von Männlichkeit und Macht."[36] Sexuelle Gewalt gegen Frauen der unterlegenen Seite gilt als aggressiver Akt gegen die Frau, aber auch als Botschaft an die unterlegenen

Männer. Sie stellt eine Verletzung der „Eigentumsrechte" der Männer dar, so die Soziologin Ruth Seifert. Dahinter steht die Vorstellung von Frauen als Objekte, als Projektionsfläche, als nationales und männliches Eigentum.[37] Repräsentative Zahlen gibt es wenige, vor allem weil Frauen infolge der Traumatisierung oder auch aus Angst vor gesellschaftlicher und familiärer Stigmatisierung meist schweigen.[38]

Maria Heritzer entkam den „brenzligen" Situationen. Im Februar 1946 machte sie sich auf den Weg zu ihrer Familie in Kärnten. „Die Schneiderei ist von den Russen besetzt gewesen. Und ich hab nicht gewusst, was daheim los ist. Da hab ich mir gedacht, jetzt möchte ich heim."[39] Doch es war für die 25-Jährige gar nicht so einfach, zu ihrer Familie zu gelangen. Nicht nur der öffentliche Verkehr war durch die Kriegsfolgen stark in Mitleidenschaft gezogen, Maria Heritzer befand sich nach Kriegsende zudem in einer anderen Besatzungszone als ihre Eltern. Um von einer Besatzungszone zur nächsten zu gelangen, brauchte sie einen Übertrittsschein, welcher nicht so einfach zu bekommen war. Nach einem vergeblichen Versuch im November 1945 gelang es ihr trotz einiger Schwierigkeiten drei Monate später. Sie bekam den Übertrittsschein und machte sich auf die Heimreise. Für die 300 Kilometer zu ihren Eltern brauchte Maria Heritzer schließlich knapp drei Tage.

Zwischen Widerstand und Anpassung

Maria Heritzer blieb zwei Jahre zu Hause, um ihren Eltern in der Landwirtschaft zu helfen. Für sie war damals noch nicht klar, wie es weitergehen sollte. „Ich hab mir selber nichts zugetraut, ich bin irgendwo so ein – ich weiß nicht – unselbstständiges Wesen noch gewesen. Ich hab mir eigentlich nicht zugetraut, dass ich jemals weiter weg geh. Es hat etwas gebraucht, dass ich nachher doch weg hätte wollen."[40] Dieses „etwas" war der Wunsch ihrer Heimatgemeinde, dass sie dort als Schneidermeisterin ansässig würde. Zu diesem Zweck kümmerte sich sogar der Pfarrer darum, dass sie den zwei Jahre dauernden Meisterkurs besuchen konnte. Doch Maria Heritzer hatte mit der „Schneiderei nie eine große Freude gehabt"[41]. Immer noch war es ihr größter Wunsch, in der Landwirtschaft zu arbeiten. „Ich hab es dem Vater gar nicht zu sagen getraut."[42] Als am Ende des Kurses schließlich der Termin für die Meisterprüfung bekannt wurde, entschied sich Maria Heritzer, diesen Weg nicht weiter zu gehen. „Ich hab schön still getan und hab gedacht, ich lass es vorbeigehen."[43] Doch der Pfarrer bemerkte dies und wollte für sie einen Ersatztermin organisieren. „Da hab ich mir gedacht, nein, das tue ich nicht. Jetzt hab ich dem Pfarrer gestanden, dass ich überhaupt keine Lust mehr hab. Und nachher hab ich geschaut, dass ich wegkomme von daheim."[44]

Maria Heritzer gab in einer Vorarlberger Zeitung ein Inserat mit einem Stellengesuch im Bereich „Landwirtschaft" auf. Sie wollte ins westlichste österreichische Bundesland, weil dort die Lebens- und Arbeitsbedingungen nach dem Krieg wesentlich besser waren als in Kärnten. „Es war in Kärnten kaum etwas zu haben, die Kärntnerinnen sind fast alle nach Vorarlberg gegangen. [...] Das war ein Niveauunterschied. Man verdiente viel mehr und was das Essen anbelangt. Die Vorarlberger haben ja eigentlich weniger vom Krieg mitbekommen als wir, haben doch immer noch mit der Schweiz solche Verbindungen gehabt, Schleichwege und so, wo sie noch so manches herüber gerettet haben, was bei uns überhaupt nicht zu haben war."[45] Maria Heritzer bekam im Frühjahr 1948 eine Stelle in Vorarlberg, allerdings nicht wie erhofft in der Landwirtschaft. Sie arbeitete als Stubenmädchen auf der „Rütte", einem Erholungsheim der Vorarlberger Krankenkassa. „War eine schöne Zeit, hab viel gelernt, es war wirklich eine ganz eine gute Zeit."[46]

Neben der Arbeit war es vor allem der Kontakt zum „Werk der Frohbotschaft", der diese Zeit für sie besonders machte. Dieses Säkularinstitut[47] war erst im Jahr zuvor von einer Gruppe von Frauen als geistliche Weltgemeinschaft der katholischen Kirche gegründet worden. Ein bestimmendes Merkmal des „Werk der Frohbotschaft" war die „Bereitschaft zu einem einfachen, solidarischen, verfügbaren und ehelosen Leben […] mitten unter den Menschen"[48]. Die praktizierende Katholikin Maria Heritzer fand in dieser Gemeinschaft ein soziales Netz, in dem sie sich sehr wohl fühlte. Auch die Frauen dort hätten es gerne gehabt, wenn sie in das Säkularinstitut eingetreten wäre. Doch entgegen ihren eigenen Wünschen tat Maria Heritzer dies nicht. „In der Familie waren sie nicht einverstanden. Ja, und da war ich noch sehr gehorsam, heute wäre ich es nicht mehr. Aber dort war ich noch sehr unterwürfig und hab mir gedacht, man kann es den Eltern auch nicht absprechen. Und wenn sie einen Wunsch haben."[49] Und so kehrte die 29-Jährige im Dezember 1950 wieder nach Kärnten zurück. „Ja, dem habe ich lange nachgeweint, das ist mir lange nachgegangen, ich war noch lange verbunden mit denen, ganz liebe Leute. Die haben dann auch überall Niederlassungen gehabt. In England haben sie eine Mädchenanlaufstelle gehabt, wo Kärntnerinnen oder Österreicherinnen, die nach England gegangen sind und keine Verbindung gehabt haben, eine Gesellschaft fanden, die sie aufgefangen hat. Ja, mein Weg wäre wahrscheinlich ganz, ganz anders gewesen."[50]

Zu Hause in Kärnten arbeitete Maria Heritzer dann knapp über ein Jahr in einem Hotel als Stubenmädchen, was aber „keine Offenbarung"[51] war. Also machte sie sich erneut auf die Suche nach einer Stelle, dieses Mal im Sozialbereich. „In der Zeit hab ich in der [Zeitschrift] ‚Stadt Gottes'[52] gelesen, dass das Kinderdorf eine Schneiderin sucht. Da dachte ich mir, das wird jetzt was sein. Ich hab geschwind geschrieben."[53]

Die Zeit im SOS-Kinderdorf

Auch wenn sie nie so gerne Schneiderin war, für diese Stelle bewarb sich Maria Heritzer. „Das hab ich immer gerne getan für Kinder, auch geschneidert. Und dann hab ich mir gedacht, ja das wird was sein."[54] Sie bekam auch sofort Antwort von SOS-Kinderdorf. Vorerst wollten sie die Stelle nicht besetzen, bei Bedarf würde SOS allerdings Maria Heritzer einstellen. Dieser Bedarf war eher gegeben, als sie gedacht hatte. „Und nachher hab ich auf einmal eine schnelle Nachricht bekommen, ich kann mich in Maria Wörth melden, da sind sie jetzt auf Ferien."[55]

Es war der Sommer 1952. Eineinhalb Jahre zuvor war die erste SOS-Kinderdorf-Mutter mit ihren Kindern im SOS-Kinderdorf Imst eingezogen. Hermann Gmeiner hatte bereits in den 1940er Jahren für seine Pfarrjugendgruppe ein Ferienlager in Maria Wörth am Kärntner Wörthersee organisiert und setzte diese „Tradition" auch bei SOS-Kinderdorf fort.[56] Gemeinsam mit Maria Hofer[57], deren Bruder Karl, Fritz Haider und einer SOS-Kinderdorf-Mutter war Hermann Gmeiner mit den größeren Kindern für zwei Wochen nach Maria Wörth gefahren.[58] Diese Gelegenheit nutzte Gmeiner und bat die ca. 80 Kilometer entfernt lebende Kärntnerin Maria Heritzer zum Vorstellungsgespräch an den Wörthersee. Diese erinnert sich noch genau an diesen ersten Kontakt mit Hermann Gmeiner und einem Kinderdorfkind: „Ich weiß es so gut! Der Direktor [Gmeiner; L.C.] hat mich interviewt. Nachher bin ich auf die Insel, dann sehe ich schon so ein Mädchen. Sie ist so auf einem Steinblock oben gesessen, wie eine kleine Nixe. Nur in so – also heute wäre das ja sehr modern, aber damals – nur in so einem Stricherl als Badehose. Na, die brauchen wirklich eine Schneiderin! Das ist mir das Erste gewesen."[59]

Maria Heritzer wurde mit September 1952 als Schneiderin im SOS-Kinderdorf Imst angestellt und zog ein weiteres Mal von Kärnten weg. Als sie am Imster Sonnberg ankam, wo das SOS-Kinderdorf im Aufbau begriffen war, hatte sie das Gefühl, sie käme auf „eine eigene Insel. Es hat mir getaugt, weil es einfach irgendwo so ein bisschen ‚Robinson' war."[60] Ähnlich erlebte es auch Evamarie Kallir, die Pionierin des kunstpädagogischen Arbeitens bei SOS-Kinderdorf, als sie 1956 von Amerika kommend den Sonnberg hinaufging: „Es lag noch ganz im Wald. Es gab überhaupt nichts dort, nur Wald, [...]. Es hat mir natürlich sehr gut gefallen, es war eigentlich alles, was ich mir gewünscht habe, eine wunderschöne Gegend, die Tradition, die Frauen, die Gemeinschaft. Es war eigentlich das österreichische Paradies, wie ich es mir vorgestellt habe. [...] Es war ja alles noch sehr arm."[61]

Als Maria Heritzer in Imst begann, war das SOS-Kinderdorf noch mitten in der Aufbauphase. Zu diesem Zeitpunkt standen fünf Häuser und zwei weitere waren gerade im Bau. Doch nicht nur die Badekleidung der Kinder war ärmlich und primitiv, wie Maria Heritzer feststellen musste. „Ja, aber ich hab noch vieles mitbekommen, wo noch die Waschküche ganz im Freien gewesen ist. Wo man das Wasser zum Putzen der Häuser noch draußen gewärmt hat."[62] Die Häuser selbst hatten keine Bäder. Das Wirtschaftsgeld der SOS-Kinderdorf-Mütter war sehr knapp, da die Spendengelder in erster Linie für bauliche Maßnahmen und die Errichtung weiterer Häuser verwendet wurden. Die SOS-Kinderdorf-Mütter legten einen eigenen und kostengünstigen Gemüsegarten an und „fetteten" das Wirtschaftsgeld sogar teilweise mit ihrem kargen Lohn auf, um die Kinder zu versorgen.[63] In dieser Situation der materiellen Armut kam Maria Heritzer als Schneiderin eine besondere Bedeutung zu. Wenn gerade mal die Ernährung gesichert ist, bleibt kaum Geld für die Bekleidung. Nun lag es an ihr, aus kostengünstigen Materialien und Sachspenden, wie Stoffballen oder abgetragener (Erwachsenen-)Bekleidung, die Kleidung für die Kinder herzustellen und sie zu reparieren. Deshalb war Maria Heritzer in ihrer Funktion als Schneiderin so wichtig, wie sich Renate Wetjen, die spätere Leiterin des Sozialpädagogischen Instituts von SOS-Kinderdorf, erinnert. Gleichzeitig hätte sie eine Art „Zwischenposition" gehabt. Denn da sie selbst „keine Kinder gehabt hat", also nicht Kinderdorfmutter war, zählt sie zu den „stillen Leuten im Hintergrund".[64]

Für Maria Heritzer war „die Schneiderei als solche sehr abwechslungsreich. Ich hab in meiner Zeit fast 1.000 Skihosen gemacht. Das dauerte eine Weile, bis die Buben alle mit Skihosen und auch die Mädchen versorgt waren. Zuvor noch mit Loden, die wir in ganzen Ballen billiger gekriegt haben. [...] Aber der Loden hat für die Hosen nicht so viel ausgegeben. Einen Monat später wären sie oft schon zum Flicken gewesen. Weil der Schulweg runter, der war ja eine richtige Rutschstrecke für die Kinder. Später ist der Stretch aufgekommen, der ist wesentlich besser gewesen. Und sonst Trachten, viele Trachten hab ich machen müssen für die Kinder, so Dirndl, und für die Buben Janker und Wetterfleck."[65]

Doch mit ihrer Arbeit war Maria Heritzer nicht nur für die basale Versorgung mit Kleidung zuständig. Sie verfolgte damit auch ein integratives Ziel. Kinderdorfkinder sollten sich trotz beschränkter materieller Ressourcen hinsichtlich der Kleidung möglichst wenig von den anderen Kindern unterscheiden. Heute wird darüber diskutiert, ob Markenkleidung entscheidend für die Eingebundenheit von Kindern und Jugendlichen in Peergruppen ist und inwieweit Erziehungsberechtigte nicht beinahe „verpflichtet" sind, diese großteils kostspielige Praxis mitzutragen, um das „Glück ihrer Kinder" nicht zu gefährden. In den Anfangsjahren von SOS-Kinderdorf war man bemüht, den Vorurteilen von Teilen der Imster Bevöl-

Maria Heritzer in ihrer Schneiderei im SOS-Kinderdorf Imst

kerung zu begegnen. „Man ließ manches Mal verlauten: so ein Gesindel tut man uns da her, die verderben unsere Imster Kinder. Ich lasse meine Kinder nicht mit denen gehen oder sitzen."[66] Bei solchen Aussagen von Eltern mag es nicht verwunderlich erscheinen, dass es zu kleineren Raufereien kam und Imster Kinder den Kindern aus dem SOS-Kinderdorf wiederholt „Bettelkinder" nachriefen. Vor allem auf Letzteres reagierte der Imster Bürgermeister vehement und hielt in Folge seine schützende Hand über das SOS-Kinderdorf. Auch wenn sich Klagen aus der Imster Bevölkerung gering hielten, so hatten unter anderem diese Begebenheiten zur Folge, dass die „Kinderdörfler" als „Fremde" einem hohen Anpassungsdruck ausgesetzt waren. Sie wurden besonders nachdrücklich angewiesen, sich „wohl zu verhalten".[67]

Nur nicht auffallen, vor allem nicht in der Schule. So legte Maria Heritzer Wert darauf, dass beispielsweise Mädchen, die in die Höherbildende Lehranstalt für Frauenberufe kamen, „ordentlich ausgestattet" wurden. Besuchten diese Schule doch vor allem Töchter aus wohlhabenderen Tourismusbetrieben. Dabei „zauberte" sie mit den vorhandenen Materialien und ihrem Gespür für Stil. Dieses Gespür für Stil und ihre Kreativität waren es auch, die ihre Arbeit so vielfältig machten. Maria Heritzers Lösungen waren gefragt, wenn es um Fragen des textilen Werkens ging. So stellte sie beispielsweise Stubenwagen für Säuglinge her, hatte aber auch Lösungen für „tierische" Probleme parat. „Der Pudel einer Kinderdorfmutter hat sich das Bein gebrochen und der hat jeden Gips zerbissen. Dem hab ich ein Geschirr verpasst, wo er nachher nicht mehr daran gekommen ist. Da hat mich der Tierarzt gebeten, ob er das als Muster haben kann."[68] Dabei arbeitete sie nicht nur allein, ihre Werkstatt war ein von den Mädchen des SOS-Kinderdorfes Imst gern besuchter Ort. „Das ist einfach so eine Teamarbeit gewesen. Die Mädchen sind da gewesen, mal haben sie für sich selber etwas gemacht, dann haben sie wieder einmal eine Handarbeit gemacht, Wandbehang mit viel Phantasie, wo man geholfen hat. Sie sind da gerne gekommen, und das hat mich immer gefreut. Da sind viele dabei gewesen, die wirklich selber eine gute Hand gehabt haben und die ziemlich eine Weile waren. Die mit Freude gekommen sind, bis sie nachher weggegangen sind [aus dem SOS-Kinderdorf; L.C.]. Und das war eine schöne Zeit. Mir ist es eigentlich nie so aufgefallen, dass das für sie eine Lehrzeit ist. Die sind einfach da gewesen."[69]

Als die Sachspenden zunahmen, übernahm Maria Heritzer 1954 zusätzlich die Verwaltung des Spendenlagers.[70] Schwere körperliche Arbeit stand wieder einmal auf der Tagesordnung. „Ich war nachher auch im Kleiderlager. Ich trau mich fast zu wetten, dass ich in meinem Leben im Kinderdorf das Gewicht vom Haus getragen hab. Was Kisten und Packerln anbelangt, über Stiegen schleppen. Ich bin dankbar, dass ich es durchgehalten habe. Ich bin kein Riese gewesen, aber es hat mir Spaß, Freude gemacht."[71]

Maria Heritzer im „Laden“ des SOS-Kinderdorfes Imst

Die SOS-Gemeinschaft

Wie für viele Frauen aus der PionierInnenzeit hatte die Gemeinschaft der Frauen einen besonderen Wert für Maria Heritzer. Auch wenn Hermann Gmeiner die ursprüngliche Idee eines Ordens aufgegeben hatte, sahen sich die ersten SOS-Kinderdorf-Mütter doch weniger als Berufstätige als vielmehr als Mitglieder der SOS-Gemeinschaft, in der sie zugunsten der übernommenen Aufgabe völlig auf ihr Privatleben verzichten.[72] Für Maria Heritzer war es wie in einer Familie oder einem Familienbetrieb, in dem von den Mitgliedern viel abverlangt, dafür eine haltgebende Gemeinschaft gelebt wurde. „Ich mein, verwöhnt sind wir nie gewesen. Mit Lob und Ding überschüttet ist man nie geworden. Wenn man anerkannt ist, dann muss es nicht gesprochen werden, aber man merkt's. Dass ich gehalten und getragen werde auch von der Gemeinschaft. [...] Da ist wirklich Gemeinschaft gewesen, das kann ich mit vollem Recht sagen. Das war schön.“[73]

„Familienoberhaupt“, so Maria Heritzer, war Hermann Gmeiner, der von den Frauen den vollen Einsatz verlangte.[74] Als Beispiel erzählt sie eine Begebenheit mit in Bayern stationierten amerikanischen Soldaten: „Die haben oft Auslaufprodukte gehabt, Obst oder Käse oder so etwas. Da haben sie große Ladungen gebracht mit Mordswägen. Ich sitz in der Nähstube drinnen und hab genäht, kommt so ein Wagen daher. Dann kommt auf einmal der Direktor herein und schreit mich an, was ich für eine Kinderdörflerin bin. Da kriegen wir so eine Spende und ich bleib da sitzen und geh nicht abladen helfen. Jetzt bin ich wohl auf und raus und hab mir gedacht, jetzt geh ich schnell helfen. Dabei kommt so ein großer Schwarzer daher und hat gezeigt, ich soll verschwinden. Wahrscheinlich hätte er mich mitsamt der Kisten vertragen. Der wird sich gedacht haben, was will denn die da."[75]

Maria Heritzer nennt es Gmeiners „Mentalität": „Mild und hart zugleich. Zielstrebig auf alle Fälle. Und er ist immer demütig geblieben. Er hat keine Starallüren nicht gehabt. Sein Werk immer verfolgend. Es war für ihn Lebenswerk. Und nicht nur gesagt, sondern auch getan."[76] Maria Heritzer weiß aber auch um die Kraft, die von den Frauen ausging, die „hinter" Gmeiner standen: „Ich weiß eine Situation, da war er sehr verzweifelt. Da war noch eine kleine Mütterrunde, und da war er sehr, sehr deprimiert. Dass das nicht weiter geht, weil zu wenig Geld da war. Und da waren die Frau Hofer und die Frau Didl. Die haben ihn Stein und Bein beschworen, er muss durchhalten. Die Frauen, die sind so hinter ihm gestanden. Dass sie also keine Sorge haben, dass das weiter geht. Aber das war einmal, da ist er in einer Mordskrise drinnen gewesen."[77] Maria Hofer und Helene Didl haben nicht nur Hermann Gmeiner gestärkt, sondern maßgeblich zur Gründung und zum Aufbau des Sozialwerkes beigetragen. „Sehr zielstrebig, beide, und sehr starke Frauen, ganz starke. Wo wirklich auch ein Mann hat Halt finden können. Nicht wankelmütig. Ihre Sache gestanden, und durch dick und dünn, beide. Die Frau Hofer, die war sehr intelligent, ich mein, dass sie einfach ‚bildungssüchtig' war. Sie hat dann neue Ziele gesucht. Und die hat sie auch gefunden. Und die Frau Didl war so eine Urmutter, also durch dick und dünn, und so ‚Mutter Courage' ein bisschen."[78]

Über das Leben in der SOS-Gemeinschaft resümiert Maria Heritzer: „Das ist, glaube ich, ein Reifeprozess in jedem Menschen, dass man alles ein bisschen von der anderen Seite sieht, dass man nicht alles glorifiziert, dass es auch hinter den Kulissen ein Leben gibt. Und das hab ich selber und das haben andere wahrscheinlich auch, die ganze Gemeinschaft. Man hat seine geheimen Winkel, und es ist einfach schön, wenn man weiß, man wird nicht ausgeschlossen, man ist dabei. Es ist in der Familie genau dasselbe. Da können Blutsverwandte ganz verschieden sein, Gott sei Dank. Weil wenn alles auf einem Leisten wäre, dann wäre es langweilig."[79]

Aufbau und Leitung des ersten „Mütterhauses"

Dass es auch in ihrer Arbeit nicht langweilig wurde, darauf achtete Maria Heritzer. Im Laufe der 1960er Jahre hatte sie den Eindruck, dass die Dienste einer Schneiderin im SOS-Kinderdorf nicht mehr benötigt würden. Zum einen kamen viele Kleiderspenden, zum anderen bekamen die Kinder inzwischen Bekleidungsgeld. Nach 17 Jahren als Schneiderin und Spendenlagerverwalterin fühlte Maria Heritzer sich in dieser Funktion nicht mehr gebraucht. 1969 wollte sich Maria Heritzer außerhalb von SOS-Kinderdorf beruflich neu orientieren. Daraufhin unterbreitete Hermann Gmeiner ihr das Angebot, die Leitung des neu zu errichtenden „Mütterhauses“ zu übernehmen. Bereits im November 1965 hatte Gmeiner bei einer Vorstandssitzung von SOS-Kinderdorf erklärt, dass er sich in nächster Zeit für den Bau von Altersheimen für SOS-Kinderdorf-Mütter, so genannte „Mütterhäuser“, einsetzen wird. Dort sollten SOS-Kinderdorf-Mütter nach ihrer Pensionierung und dem damit verbundenen Auszug aus „ihren“ Kinderdorfhäusern wohnen können. „Diese Häuser sollen nahe den Kinderdörfern errichtet werden, damit die Mütter nicht den Kontakt mit den Kinderdorffamilien verlieren und vereinsamen, wie es leider heutzutage bei so vielen alten Leuten der Fall ist.“[80]

Als Maria Heritzer das Angebot von Hermann Gmeiner annahm, war das Haus noch nicht ganz fertig. „Das hat noch allerhand Mängel gehabt und war überhaupt noch nicht ausgebaut.“[81] Renate Wetjen betont, dass gerade Maria Heritzers Einsatz in dieser Bauphase dazu führte, dass das Haus entsprechend den Bedürfnissen älterer Frauen adaptiert wurde und diese auch in einem Altersheim individuelle Gestaltungsmöglichkeiten vorfanden. Diese zielgruppenspezifischen Überlegungen wurden von den bauverantwortlichen Herren nicht immer sofort goutiert, aber Maria Heritzer scheute diesbezügliche Konflikte nicht. Das von ihr mitgestaltete Mütterhaus wurde zum Vorbild für weitere Altersheime für pensionierte SOS-Kinderdorf-Mütter in Österreich.

Maria Heritzer war es ein Anliegen, dass sich die Menschen im Haus wohl fühlten. „Ein Motto von mir ist immer: Mich freut, dass mich Freude machen freut.“[82] Das galt für die Bewohnerinnen, aber auch die Gäste des Hauses, denn dieses hatte bis Anfang der 1980er Jahre eine Doppelfunktion: Im Mütterhaus wurden auch Seminare für MitarbeiterInnen von SOS-Kinderdorf veranstaltet.[83] Im Rahmen der Möglichkeiten und mit viel Kreativität legte Maria Heritzer selbst Hand an, um eine angenehme Atmosphäre zu schaffen. Doch damit sich die pensionierten SOS-Kinderdorf-Mütter wohl fühlten, bemühte sich Maria Heritzer nicht nur um ein einladendes Haus, sondern vertrat auch die Anliegen der Pensionistinnen der Dorfleitung und der Geschäftsführung gegenüber.

Im November 1977 ging Maria Heritzer, der zwei Jahre zuvor als verdiente Mitarbeiterin von SOS-Kinderdorf die Verdienstmedaille des Landes Tirol verliehen worden war[84], vorzeitig in Pension.

Neubeginn und Kontinuität

Die Pensionierung bedeutete für Maria Heritzer einerseits Neubeginn, andererseits Fortsetzung. Sie nutzte ihr noch zu Dienstzeiten erworbenes Wohnrecht in dem von ihr mitgestalteten und geleiteten Mütterhaus. Dort lebt Maria Heritzer heute noch und ist Teil der von ihr so geschätzten (Frauen-)Gemeinschaft, zu der sie inzwischen seit 54 Jahren gehört. Gänzlich zur Ruhe hat sie sich 1977 jedoch nicht gesetzt. Die ehemalige Schneiderin und Altersheimleiterin wurde gebeten, in der Pfarre Bastelkurse für SeniorInnen anzubieten, was sie auch zwei Jahre ehrenamtlich tat.

Maria Heritzer 2003

„Inzwischen hat die Gemeinde und die Pfarre eine Hilfe für die Bücherei gesucht. Die Bücherei war so ein kleines Eckerle, bucklige Wände drinnen, 450 Bücher, meist in den Kisten noch drinnen. Und eine Büchereileiterin."[85] Maria Heritzer hatte 1978 begonnen, in der kleinen Bücherei mitzuarbeiten. Als die Leiterin derselben zwei Jahre später in Pension ging, sagte sie zu Maria Heritzer, „so, jetzt machen Sie es weiter"[86]. Und Maria Heritzer tat es „mit einer Freude"[87]. Gleich zu Beginn gelang es ihr, von der Gemeinde einen größeren Saal und weitere MitarbeiterInnen zu bekommen. Im Laufe der Jahre wurde die Bücherei sukzessive erweitert, „und jetzt ist die Bücherei wirklich Stadtbücherei, jetzt haben sie auch eine Spielothek mit über 500 Spielen."[88] Die mittlerweile 76-jährige Maria Heritzer ging 1997 schließlich auch in der Stadtbücherei von Imst „in Pension". „Das hab ich erlebt, von der Dorfbücherei bis zur Stadtbücherei. 19 Jahre fast. Das ist eine große Freude in meinem Leben."[89]

Von Stillstand und Ruhe ist bei der heute knapp 85-Jährigen immer noch nicht die Rede. Sie ist – wie auch in den vergangenen 14 Jahren – an vier Vormittagen in der Woche als Pförtnerin des Imster Kapuzinerklosters tätig. Ihr Gedächtnis trainiert sie durch das Sammeln von Sprüchen. Über 2.000 hat sie bereits zusammengetragen, und wenn man Glück hat, wird man mit einem ihrer besonderen und selbst gefertigten Spruchhefte oder „Spruchsteine" bedacht.

Anmerkungen

1 Interview mit Maria Heritzer, 24. September 2003. Die Zitate wurden nach einem Gespräch mit Maria Heritzer zum Teil ergänzt.
2 Ebd.
3 Interview mit Maria Heritzer
Keischler: Kleiner Bauer, Kleinhäusler von Tirol bis Kärnten und Krain, auch Niederösterreich; kommt von: Keische, f. kleines Bauernhaus oder Bauerngut; vgl. http://germazope.uni-trier.de/Projects/WBB/woerterbuecher/dwb/wbgui?lemid=GK03312, Stand: 02.04.2006
4 Interview mit Maria Heritzer
5 Ebd.
6 Ebd.
7 Ebd.
8 Ebd.
9 Ebd.
10 Ebd.
11 Ebd.
12 Ebd.
13 Ebd.
14 Ebd.
15 Ebd.
16 Ebd.
17 Ebd.
18 Ebd.
19 Ebd.
20 Die NSDAP war 1933 in Österreich verboten worden. Vgl. http://www.aeiou.at/aeiou.encyclop.n/n122448.htm, Stand: 07.04.2006
21 Interview mit Maria Heritzer
22 Ebd.; bedeutet: der christlich-sozialen Partei nahe stehend.
23 Ebd.
24 Ebd.
25 Ebd.
26 Ebd.
27 Ebd.
28 Ebd.
29 Ebd.
30 Ebd.
31 Ebd.
32 Ebd.
33 Ebd.
34 Ebd.
35 Vgl. Interview mit Maria Heissenberger, 28. Juni 2003
36 Wesemann Dorette, http://www.dadalos-d.org/deutsch/Menschenrechte/Grundkurs_MR3/frauenrechte/warum/vergewaltigung.htm, Stand: 16.05.2006
37 In diesem Sinne symbolisierte der weibliche Körper nach dem Ende des Zweiten Weltkriegs den „Volkskörper". Neben der sexuellen Gewalt gegen Frauen galten auch Beziehungen zwischen Frauen und Besatzungssoldaten dementsprechend als Verletzung dieses „Volkskörpers". Vgl. Seifert, 1997, S.14-20. Diese Vorstellungen teilten Besatzungssoldaten mit den heimkehrenden Wehrmachtssoldaten, deren Selbstwertgefühl und männliche Identität durch die militärische Niederlage erschüttert war. So wurde beispielsweise in Zeitungsberichten die eheliche Treue der Frauen in Frage gestellt und abwertend über „Soldatenbräute" geschrieben. Beziehungen mit Besatzungssoldaten bedeuteten eine „Unterminierung der männlichen Machtposition, nämlich den Verlust der angestammten Eigentumsrechte an den ‚eigenen Frauen'". Erst eine Entwertung dieser Frauen als „Huren" machte die sexuelle Konkurrenz und die Bedrohung der männlichen Identität wieder erträglich. Vgl. Rosenberger/Weiss, 1999, S.324f.

38 Vgl. Wesemann Dorette, http://www.dadalos-d.org/deutsch/Menschenrechte/Grundkurs_MR3/frauenrechte/warum/vergewaltigung.htm, Stand: 16.05.2006
39 Interview mit Maria Heritzer
40 Ebd.
41 Ebd.
42 Ebd.
43 Ebd.
44 Ebd.
45 Ebd.
46 Ebd.
47 Säkularinstitute sind von der Kirche anerkannte Gemeinschaften von Christen, deren Mitglieder in ihren eigenen Wohnungen leben und selbst für ihren Lebensunterhalt sorgen wie jeder/r andere Laie. Das unterscheidet sie von den Orden, wohingegen sowohl Mitglieder von Orden als auch von Säkularinstituten das Gelübde ablegen. „Unser Apostolat besteht vorrangig nicht in bestimmten Tätigkeiten, sondern im Präsentsein in allen gesellschaftlichen Strukturen, im Begleiten der Menschen. Regelmäßige Kontakte untereinander, Treffen zur geistlichen Erneuerung und Begleitung, gemeinsame Exerzitien, Bildungswochen und vieles andere mehr, schaffen eine tiefe geistige Gemeinschaft." Vgl. http://www.saekularinstitute.at/wir.html, Stand: 13.07.2005
48 http://frohbotinnen.at/kms/cms/kms.php?str_id=30, Stand: 15.05.2006
49 Interview mit Maria Heritzer
50 Ebd.
51 Ebd.
52 Die „Stadt Gottes" ist eine Zeitschrift der Steyler Missionare (katholischer Männerorden).
53 Interview mit Maria Heritzer
54 Ebd.
55 Ebd.
56 Vgl. Schreiber/Vyslozil, 2001, S.184; Portrait Imma von Unterrichter
57 Vgl. Portrait Maria Hofer
58 Vgl. Bericht Helene Didl über das Jahr 1953, Ordner Anfänge Societas Socialis – SOS-Kinderdorf
59 Interview mit Maria Heritzer
60 Ebd.
61 Interview mit Evamarie Kallir, 26. August 2003
62 Interview mit Maria Heritzer
63 Vgl. Schreiber/Vyslozil, 2001, S.243
64 Gespräch mit Renate Wetjen, 11. Juni 2003
65 Interview mit Maria Heritzer
66 Bericht Helene Didl über die Jahre 1949-63, Ordner Materialien Stadelmann; zit. n. Schreiber/Vyslozil, 2001, S.89
67 Vgl. Schreiber/Vyslozil, 2001, S.89f
68 Interview mit Maria Heritzer
69 Ebd.
70 Vgl. Protokoll der Vorstandssitzung der Societas Socialis am 14. Dezember 1954, Ordner Zweigverein SOS-Kinderdorf Imst Vorstandssitzungen (Protokolle 1950-56)
71 Interview mit Maria Heritzer
72 Vgl. Schreiber/Vyslozil, 2001, S.91
73 Interview mit Maria Heritzer
74 Vgl. ebd.
75 Ebd.
76 Ebd.
77 Ebd.
78 Ebd.; vgl. auch Portrait von Maria Hofer; Portrait von Helene Didl
79 Interview mit Maria Heritzer
80 Protokoll der Jahreshauptversammlung des SOS-Kinderdorf Hauptverein am 6.11.1965, Ordner Zweigverein SOS-Kinderdorf Imst Vorstandssitzungen (Protokolle 1950-56)
81 Interview mit Maria Heritzer

82 Ebd.
83 In Folge wurde 1981 die Hermann-Gmeiner-Akademie u.a. als Seminarhaus in Egerdach in Innsbruck gegründet.
84 Vgl. „Land Tirol ehrt Pioniere des Kinderdorfwesens“, Ordner Vollversammlung Zweigverein Imst (Protokolle 1968-81)
85 Interview mit Maria Heritzer
86 Ebd.
87 Ebd.
88 Ebd.
89 Ebd.

Albina Ertler (1916-1963)

„Der Motor und die Seele" des SOS-Kinderdorfes Osttirol

Es gilt als eines der ursprünglichen Prinzipien von SOS-Kinderdorf, dass ausschließlich Männer in der Funktion des Dorfleiters an der Spitze der mütterzentrierten Kinderdorffamilien stehen. Als Vorbild dafür diente das Modell der bürgerlichen Familie. In der Rolle des männlichen Familienoberhauptes wurden Dorfleiter als „Väter von Beruf, Autorität in allen Fragen der Erziehung, Leiter der Dorfgemeinschaft und Berater der Mütter"[1] verstanden. In Österreich hat die geschlechtsspezifische Zuordnung dieser Leitungsfunktion offiziell seit den 1990er Jahren keine Gültigkeit mehr und auch Frauen können Dorfleiterin werden. Es finden sich allerdings bereits in der PionierInnenzeit von SOS-Kinderdorf einige Beispiele, die diesem Prinzip schon damals nicht entsprochen haben. So hatte das weltweit zweite SOS-Kinderdorf in Osttirol[2] mit seiner Initiatorin und Mitbegründerin Albina Ertler eine Frau als Geschäftsführerin und Dorfleiterin. Als Leiterin des Bezirksjugendamtes Lienz übernahm die Sozialarbeiterin die Leitung des SOS-Kinderdorfs nebenberuflich und ehrenamtlich.

Albina Ertler verstarb bereits 1963 an einem Herzinfarkt. Deshalb stützt sich das Portrait vor allem auf Interviews mit Erna und Othmar Doblander sowie mit Hermine Kollnig. Erna Doblander war die Sekretärin von Albina Ertler am Jugendamt und übernahm bis zu deren Tod ebenfalls größtenteils ehrenamtlich die Kanzleiarbeit für SOS-Kinderdorf Osttirol. Othmar Doblander war zuerst Jurist am Bezirksjugendamt Lienz unter der Leitung von Albina Ertler. 1960 wurde er Bezirkshauptmann von Lienz und Vorsitzender des SOS-Kinderdorf-Zweigvereins Osttirol. Hermine Kollnig arbeitete als erste Kinderdorfmutter in Osttirol. Ergänzt werden diese Erinnerungen durch Dokumente des Tiroler Landesarchivs sowie von SOS-Kinderdorf. Zu Albina Ertlers Leben vor ihrem Engagement bei SOS-Kinderdorf sind die Quellen eher spärlich. Die vorhandenen Daten aus den Jahren 1938 bis 1945 veranlassen zu einer Auseinandersetzung mit dem Thema Sozialarbeit im Nationalsozialismus.

Ein Kind des Ersten Weltkriegs auf dem Weg zur Fürsorgerin

Albina Ertlers Vater Jakob, ein gebürtiger Steirer, war „Kondukteur"[3] bei der Eisenbahn. Während des Ersten Weltkriegs heiratete er 1916 in Lienz die 32 Jahre jüngere Südtirolerin Maria Tschurtschenthaler aus Sexten. Zwei Monate später, am 7. April 1916, kam bereits Albina in Lienz zur Welt. Albina Ertlers Vater war zum Zeitpunkt ihrer Geburt 61 Jahre alt, ihre Mutter 29.[4] Albina Ertler verbrachte ihre Kindheit in Lienz und besuchte dort nach der Volks- und Hauptschule von 1930 bis 1932 die Handelsschule.[5] Ihre weitere Schullaufbahn kann als Paradebeispiel für die Umsetzung einer der zentralen Zielvorstellungen der Frauenbildung in der ersten Hälfte des 20. Jahrhunderts herangezogen werden. Frauen sollten eine ihrem „Wesen" gemäße Schulbildung erhalten, welche die Mädchen vor allem auf ihre Rolle als Hausfrau und Mutter vorbereitete, „zur Not" aber auch eine standesgemäße Berufstätigkeit ermöglichte. Pflege- und Fürsorgetätigkeit zählten zu diesen „wesensgemäßen" Berufen.[6] Laut den Angaben im handschriftlichen Lebenslauf von Albina Ertler war sie mit 16 Jahren zu jung „für die Fachausbildung zur Säuglings- und Kinderkrankenschwester"[7], weshalb sie die nächsten drei Jahre einerseits damit verbrachte, „für den Hausgebrauch Nähen und Kochen zu lernen"[8], und von September 1932 bis Herbst 1934 eine Schneiderinnenlehre absolvierte.[9] Andererseits nutzte sie die Zeit, um ihrer musikalischen Begabung nachzugehen, und „studierte zwei Jahre Gesang und Musik"[10].

Von 1935 bis 1937 besuchte Albina Ertler schließlich die Säuglings- und Kinderkrankenpflegeschule der Universitätsklinik Graz. Nach ihrer Diplomierung schrieb sie sich „auf Grund dieser Ausbildung"[11] an der Fürsorgerinnenschule Graz ein. Es ist anzunehmen, dass Albina Ertler ursprünglich tatsächlich Säuglings- und Kinderkrankenschwester werden wollte, da die zweijährige Fürsorgerinnenausbildung in Graz von 1933 bis 1937 auf Grund mangelnder Arbeitsplätze für Fürsorgerinnen eingestellt worden war. 1937 wurde die Ausbildung wieder angeboten, allerdings nur in einjähriger Form. Mit Rücksicht auf die verkürzte Ausbildungszeit wurde der Nachweis einer vorhergegangenen Ausbildung als Krankenschwester, Kinderkrankenschwester oder Hebamme verlangt.[12] Albina Ertler begann die Ausbildung im Herbst 1937. Als sie am 8. Juli 1938 diplomierte, war Österreich bereits seit knapp vier Monaten Teil des Deutschen Reichs unter der Führung Adolf Hitlers. Ihr Berufseinstieg als Fürsorgerin fällt somit zusammen mit einem der dunkelsten Kapitel auch auf dem Gebiet der Sozialen Arbeit in Österreich.

Leitende Volksfürsorgerin während der NS-Zeit

Im Mittelpunkt nationalsozialistischer Sozialpolitik stand nicht mehr die Förderung von in Not geratener Individuen der humanistisch geprägten sozialen Wohlfahrt, sondern die Stärkung des Volkes als Ganzes, die Herstellung eines „gesunden Volkskörpers"[13]. Das Ziel war die „Reinhaltung wertvoller kulturschaffender Rassen"[14], an deren Spitze der „Arier" stand. Das führte zur Auslese „minderwertiger"[15] fremder Rassen, deren breites Spektrum an Maßnahmen bis zur systematischen Vernichtung führte. Hiervon betroffen waren vor allem Menschen jüdischer Abstammung. Aber auch „die ‚Ausmerze' von kranken und ‚schädlichen' Elementen aus den eigenen Reihen sollte erfolgen"[16]. Ethnischer und eugenischer[17] Rassismus als ein bestimmendes Element nationalsozialistischer Weltanschauung spiegelte sich auch in der Sozialen Arbeit wieder.[18] Umgesetzt wurde dies vor allem durch die Fürsorgeorganisation der NSDAP, die 1933 gegründete Nationalsozialistische Volkswohlfahrt (NSV).[19] Die NSV hatte im nationalsozialistischen Wohlfahrtswesen beinahe eine Monopolstellung inne. Sowohl Gemeinden, Bezirks- oder Landesverwaltungen als Träger der Wohlfahrt als auch ein Großteil der freien Wohlfahrtsträger wurden rasch mit dem Zugriff des neuen politischen Systems konfrontiert und entweder „gleichgeschaltet", untergeordnet oder aufgelöst.[20] Zu den Aufgabengebieten der NSV zählten unter anderem das „Winterhilfswerk", das „Ernährungshilfswerk", das „Tuberkulosehilfswerk" oder das Hilfswerk „Mutter und Kind". Letzteres verschrieb sich der Familienfürsorge nach erbbiologischen Richtlinien und der Förderung des nationalsozialistischen Frauenbildes, welches die Frau als Gebärerin und Erzieherin im Dienste der Volksgemeinschaft verstand.[21] Die NSV übernahm aber auch die Agenden der Jugendhilfe, betrieb Kindergärten und Kindertagesstätten und gründete eine NS-Schwesternschaft.[22]

Mit Kriegsbeginn 1939 verschärften sich Rassismus und Entrechtung für Teile der Bevölkerung bis hin zur systematischen Vernichtung. Der Wohlfahrtsstaat entwickelte sich zu einem zentralen Element sowie zum Instrument rassistischer und eugenischer nationalsozialistischer Politik. „Gewaltsame Expansion war die eine zentrale Voraussetzung für die Verwirklichung dieses rassistischen Wahns; die systematische ‚Aufartung' des eigenen Volkes nach den Grundsätzen der Rassenhygiene und der Bevölkerungsbiologie die andere. Und wie der Krieg zum unverzichtbaren Instrument der gewaltsamen Expansion nach außen wurde, so wurde der Wohlfahrtsstaat zum Instrument der gewaltsamen ‚Aufartung', zum Instrument des völkischen Krieges nach innen."[23] In der Praxis sah das so aus, dass nur „erbgesunde", nach dem Ideal der „deutschen Familie" lebende BürgerInnen einer Förderung „würdig" waren, wohingegen Familien, die diesem Ideal nicht entsprachen, nicht unterstützt wurden. „Der Grad der Unterstützung von Personen wurde nicht mehr an der Bedürftigkeit der Betreffenden gemessen, sondern nur im Kontext mit dem Nutzen, den diese Unterstützung in der Umwegrentabilität für die Volksgemeinschaft brachte."[24] In einem ersten Schritt sollten als „minderwertig" definierte Familien allein schon durch die eingeschränkte Gewährung von Förderungen an der Fortpflanzung gehindert werden. Weitere gravierende Schritte waren zum einen die Maßnahmen nach dem „Gesetz über die Verhütung erbkranken Nachwuchses", die häufig in Zwangssterilisationen von Angehörigen von Unterschichtfamilien endeten.[25] Zum anderen wurden „asoziale", „unerziehbare" Jugendliche in Einrichtungen mit dem harmlosen Namen „Jugendschutzlager" interniert.[26] De facto waren das Konzentrationslager für „rassisch, politisch und vor allem auch gesellschaftsauffällige Kinder und Jugendliche"[27]. Kinder, die in normalen Heimen „nicht tragbar"[28] waren, wurden nach der psychologischen Diagnose „Anlage zu Geisteskrankheiten"[29] in Sonderheime verlegt, aus denen sie nicht mehr lebend kamen. Die Parole lautete: Vernichtung „unwerten Lebens"[30]. „Die soziale Frage sollte biologisch gelöst werden. Nicht mehr liberalistische ‚Humanitätsduselei' sollte das Handeln bestimmen, es ging statt dessen um Ursachen bekämpfende, radikale ‚Ausmerze'."[31]

Der flächendeckende Umbau des Wohlfahrtsbereichs durch den NS-Staat brachte eine Erweiterung der Handlungsfelder Sozialer Arbeit mit sich und damit einhergehend eine Aufstockung des Personalstandes. Mit hoher Wahrscheinlichkeit gab es auch bei den SozialarbeiterInnen vorauseilenden Gehorsam dem NS-Regime gegenüber, wie es erwiesenermaßen auch bei anderen Berufsgruppen wie ÄrztInnen und JuristInnen zutraf. [32] Da die personellen Kapazitäten nicht ausgereicht hätten, um politisch unzuverlässige „VolkspflegerInnen" durch politisch genehme auszutauschen, brachte der NS-Staat die Ausbildung der SozialarbeiterInnen unter seine Kontrolle. So wurden einige Ausbildungsstätten geschlossen und aufgelöst. Darunter waren auch die ersten beiden österreichischen Ausbildungsstätten für Fürsorgerinnen, die Vereinigten Fachkurse für Volkspflege von Ilse Arlt und die Soziale Frauenschule in Wien. Bei anderen Schulen wurden Leitungs- und Lehrposten mit regimetreuen Personen besetzt, die fachliche Ausrichtung des Unterrichts wurde zugunsten der ideologischen vernachlässigt. Zu diesem Zwecke wurden neue Ausbildungen für die nun so benannten „VolkspflegerInnen" geschaffen. Neben beruflicher Vorbildung und der Absolvierung einer höheren Schule waren die arische Abstammung sowie die Mitgliedschaft bei einer Organisation der NSDAP Voraussetzung, um eine derartige Ausbildung absolvieren zu können.[33]

Albina Ertler hatte ihre Ausbildung noch vor dieser Gleichschaltung im Nationalsozialismus absolviert. Nach den Jahren in Graz von 1935 bis 1938 wollte sie nun wieder zurück nach Lienz und suchte dort nach Arbeit. Doch ihre „Bemühungen waren umsonst"[34], wie Albina Ertler es formulierte, weshalb die 22-Jährige mit 1. August 1938 eine Stelle als Fürsorgerin bei der NSV-Gauwaltung Kärnten annahm.[35] Über Albina Ertlers Leben von 1938 bis 1945 und somit über ihre Tätigkeit bei der Nationalsozialistischen Volkswohlfahrt in Kärnten gibt nur ihr Lebenslauf Auskunft. Nach einer Einarbeitungszeit war sie 1938, wie sie schreibt „gegen [ihren] Wunsch"[36], einen Monat lang Pflegerin und Leiterin des Flüchtlingsheimes Ossiach. Mit November 1938 übernahm sie die Leitung der Familienhilfe der Kreiswaltung Spittal/Drau. Im Februar 1939 wurde Albina Ertler ins kärntnerische Wolfsberg versetzt, wo sie für vier Jahre die Leitung der Familienhilfe, der Jugendhilfe und der Jugenderholungspflege sowie vertretungsweise der Kindertagesstätte der Kreiswaltung Wolfsberg innehatte. Von April 1943 bis Juni 1945 stand sie der Jugendhilfe der Kreiswaltung Klagenfurt vor. In diesem Zusammenhang erwähnt Ertler das „umfangreiche Aufgabengebiet"[37], besonders Jugendgerichtshilfe und Adoptionswesen.

Albina Ertler war 1940 der NSDAP beigetreten.[38] Über die dafür ausschlaggebenden Beweggründe gibt es keine Informationen. Die Bewertung als „Minderbelastete" im Zuge der Entnazifizierungsmaßnahmen durch die Alliierten nach dem Zweiten Weltkrieg erlaubt nur eine Einschätzung.[39] Offensichtlich leitete Albina Ertler NSV-Stellen, zudem belegt ein Nachweis datiert mit dem 19. Juli 1943 Ertlers Absolvierung der Ausbildung in Volkswohlfahrtspflege.[40] Laut ihrem Personenstandsblatt aus dem Jahr 1947 hatte sie aber innerhalb der NSDAP keine Funktionen inne. Ebenso wurde keine Mitgliedsnummer angegeben.[41]

Allgemein gibt es vor allem in Österreich wenig Forschungsarbeiten über die konkrete Berufspraxis der SozialarbeiterInnen während der NS-Zeit. Es lässt sich allerdings belegen, dass sich die Mehrheit der SozialarbeiterInnen für die Zwecke der nationalsozialistischen Wohlfahrtspolitik instrumentalisieren ließ. Es sind nur wenige Beispiele bekannt, wo sich FürsorgerInnen gegen Aufträge wehrten, die ihrer ethischen Berufsauffassung widersprachen.[42] „Dabei muss jedoch festgehalten werden, dass nicht näher bestimmt werden kann, inwieweit sich VolkspflegerInnen den Vorgaben des NS-Staates anpassten bzw. wie weit sie unter Einsatz eines hohen Risikos für das eigene Leben konkrete Durchführungsmaßnahmen bei einzelnen

Personen zu verhindern wussten. Abgesehen davon ist davon auszugehen, dass diejenigen FürsorgerInnen, die sich nicht loyal gegenüber dem Regime verhielten bzw. nicht ‚arischer' Abstammung waren, recht bald aus den Diensten der Wohlfahrt entlassen wurden."[43] Der „versteckte" und „stille" Widerstand der FürsorgerInnen in der NS-Zeit steht heute noch vielfach im Zentrum ihrer subjektiven Wahrnehmung und Verarbeitung. Jene unzähligen Verfahren gegen „Asoziale" und „Entartete", die durch Anzeigen von FürsorgerInnen in Gang gesetzt wurden und die für die Betroffenen von menschenunwürdigen bis zu tödlichen Folgen hatten, wurden hingegen „vergessen".[44] „Dass dieser Teil ihrer Tätigkeit so leicht verdrängt werden konnte, liegt vielleicht auch darin, dass die Fürsorgerinnen sich in Erfüllung dieser Aufgaben (im Gegensatz zu ihrer helfenden und ratenden Fürsorge) niemals als Akteurinnen der Geschichte betrachteten, sondern als ausführende Organe, die nach Richtlinien zu handeln hatten."[45] Albina Ertler dürfte zumindest in ihrem beruflichen Kontext nach Kriegsende nicht über ihre NS-Geschichte gesprochen haben. Einzige Anhaltspunke bleiben die Angaben in ihrer Personalakte.

Friktionslose Fortsetzung der Karriere nach Kriegsende

Die Kriegsniederlage, das Ende des NS-Regimes und die Nachkriegszeit in der britischen Besatzungszone bedeuteten für Albina Ertlers Berufslaufbahn, wie es scheint, keinen Bruch. Mit 30. Juni 1945 wurde ihre Dienststelle in Klagenfurt aufgelöst. Ertler wirkte noch bei der Übergabe der NSV-Gauwaltung an das Amt der Kärntner Landesregierung mit. Anschließend ging, wie sie schrieb, ihr „langjähriger Wunsch [...] in Erfüllung"[46], als sie mit der Bestellung zur Leiterin der Jugendfürsorgestelle im August 1945 nach Lienz zurückkehren konnte. Am Beispiel von Albina Ertler wird ansatzweise deutlich, dass mit dem Ende des NS-Regimes in Österreich nicht nur eine Zäsur und ein Neustart stattfanden, sondern die Zeit nach dem Zweiten Weltkrieg durchaus auch durch (personelle) Kontinuität gekennzeichnet war.[47]

Mitte 1945 hatten die Alliierten nach ihrem Sieg auch in Österreich mit der Entnazifizierung begonnen. Die NSDAP und alle damit in Verbindung stehenden Organisationen, wie auch die NSV, wurden verboten und 1945 das Verbots- und Kriegsverbrechergesetz von der provisorischen Regierung verabschiedet. Auf Grund dieses Gesetzes mussten sich alle, die zwischen 1933 und 1945 Mitglied der NSDAP oder einer ihrer Organisationen waren, registrieren lassen, so auch Albina Ertler. Dieser Personenkreis war bei der Nationalratswahl im November 1945 nicht wahlberechtigt. In einem Folgegesetz von 1946 wurden diese Personen in die Gruppen „Kriegsverbrecher", „Belastete" und „Minderbelastete" eingeteilt. Die Minderbelasteten, auch als „Mitläufer" bezeichnet, wurden meist zu Geldstrafen, Entlassungen, Wahlrechtsverlust oder Berufsverbot verurteilt. Da unter diesen Personen aber auch viele für den Wiederaufbau notwendige Fachkräfte waren, versuchten die beiden Großparteien ÖVP und SPÖ bei den Besatzungsmächten vor allem für die „MitläuferInnen" eine Lockerung der Bestimmungen zu erreichen. Die Anzahl der von gravierenden Konsequenzen Betroffenen wurde durch Amnestien in den Folgejahren wesentlich reduziert.[48]

Albina Ertler wurde als „minderbelastet“ kategorisiert und zählte zu diesen für den Wiederaufbau benötigten Fachkräften. Neben der Ausbildung war es letztlich vor allem die Berufserfahrung bei der NSV, die sie qualifizierte. Ertler schrieb 1947 in ihrem Lebenslauf, dass sie die Stelle der Jugendamtsleiterin von einer fachfremden Vertretung übernommen hatte und mit der Neuorganisation betraut war.[49] 1947/48 begann allgemein die Reintegration der „minderbelasteten“ ehemaligen NationalsozialistInnen.[50] Im Zuge dessen erfuhr Albina Ertler in einem Schreiben der Bezirkshauptmannschaft Lienz vom 13. Juni 1947 von der Möglichkeit für Minderbelastete in den Personalstand übernommen zu werden. Diese Übernahme konnte allerdings nur, so wurde der Gesetzestext zitiert, „auf Ansuchen und nach besonderer Prüfung ihres politischen Verhaltens vor dem 27.04.1945“[51] erfolgen. Albina Ertler stellte diesen Antrag.[52] Nach einer Bescheinigung der Bezirkshauptmannschaft Lienz vom 27. September 1948 fiel sie unter das Amnestiegesetz für Minderbelastete und wurde in den Personalstand übernommen.[53]

Machtbewusste Gestalterin

Nachdem die Neuorganisation des Bezirksjugendamtes abgeschlossen war, galt Albina Ertlers Bestreben „Vorgesetzte zufrieden zu stellen und das Jugendamt mustergültig zu leiten“[54]. Sie dürfte dieses Ziel erreicht haben, denn das Verhältnis zu ihrem Vorgesetzten Otto Hosp, der 1948 Bezirkshauptmann von Lienz wurde, galt als sehr konstruktiv. Hosp gewährte Ertler weit reichende Handlungs- sowie Entscheidungsspielräume und bot ihr Rückhalt und Unterstützung für ihre Arbeit am Jugendamt.[55]

Albina Ertler dürfte 1949/50 vom SOS-Kinderdorf in Imst erfahren haben. VertreterInnen der Societas Socialis waren in ganz Tirol zu Werbezwecken unterwegs, so auch in Osttirol.[56] Im Juli 1950 gab es bereits die Zusage zur Finanzierung eines Hauses „Osttirol“ in Imst[57], der Spendenaufruf unter der Osttiroler Bevölkerung brachte schließlich über 60.000.- Schilling.[58] Wenn Osttiroler Kinder zu dieser Zeit fremduntergebracht werden sollten, dann wurden sie vor allem bei Bauernfamilien in Pflege gegeben, wie Albina Ertler 1955 berichtete: „Eines wohl ist das Schönste, was man Osttirol nachsagen kann, das ist sein Kinderreichtum und seine Aufnahmefreudigkeit für arme, verlassene Kinder. Nicht selten treffen wir Bauernfamilien mit 6, 8, 10 und mehr Kindern, die wie die Orgelpfeifen dastehen und heranwachsen zu strammen und christlichen Tirolern. Trotz dieses Kinderreichtums sind gerade die Osttiroler Bauernfamilien bereit noch Pflegekinder aufzunehmen und diesen ebenso ein Daheim zu geben, wie den eigenen. Trotzdem gibt es immer noch Grenzfälle, für die keine Familie gefunden werden kann oder Kinder, mit denen man eine Familie nicht belasten darf. Unsere Bergbauern müssen in harter Arbeit ihr kärgliches Brot erarbeiten und es bleibt ihnen wohl sehr wenig Zeit, ein etwas schwieriges Kind neben ihrem großen Schöcklein noch zu betreuen.“[59] Pflegekinder wurden oftmals aber auch nur als billige Arbeitskräfte funktionalisiert, wie Maria Hofer aber auch Hermine Kollnig beschrieben.[60] Kinder, für die kein passender Pflegeplatz gefunden werden konnte, mussten „nach Nordtirol oder

Kärnten oder eventuell noch weiter weg“[61] von ihrem ursprünglichen Zuhause gebracht werden, da Osttirol weder ein Säuglings- noch ein Kinderheim hatte. So wurden auch im Haus Osttirol des SOS-Kinderdorfes Imst acht Osttiroler Kinder untergebracht. Ertler hatte sich in Imst selbst ein Bild von der Arbeit im SOS-Kinderdorf gemacht. Sie fand dieses neue Angebot überzeugend.

Um Osttiroler Kinder, die nicht in Pflegefamilien vermittelt werden konnten, nicht immer nach Nordtirol oder Kärnten „wegschicken“ zu müssen, setzte Ertler um das Jahr 1952 alles daran, vor Ort ein SOS-Kinderdorf zu errichten. Entsprechend der Größe des Bezirks und dem daraus resultierenden Bedarf sollte es „ein eigenes kleines SOS-Kinderdorf“[62] werden. Erna Doblander, die 1952 als Sekretärin am Bezirksjugendamt zu arbeiten begann, erlebte mit, wie Albina Ertler ihre Idee zielstrebig umsetzte.[63] Über die ersten Gespräche zwischen Ertler und der Zentrale von SOS-Kinderdorf gibt es wenige Informationen. Der Vorstand von SOS-Kinderdorf hatte allerdings bereits am 24. November 1950 beschlossen, seine Aktivitäten auf das gesamte Bundesgebiet auszudehnen.[64] Als Resultat von Ertlers Initiative konnte das Bezirksjugendamt 1953 melden, dass über „Anregung des Jugendamtes Lienz [...] in der Nähe von Lienz ein Kinderdorf als Zweigstelle des SOS-Kinderdorfes Imst errichtet“[65] wird. Ertler führte die Verhandlungen mit SOS-Kinderdorf und erledigte die für die Gründung anstehenden Arbeiten. Dabei wusste sie um die Unterstützung des Bezirkshauptmannes Otto Hosp. Diese zeigte sich vor allem darin, dass sie die Arbeiten für das SOS-Kinderdorf zu einem großen Teil während ihrer Dienstzeit erledigen und die Infrastruktur des Jugendamtes nutzen konnte. Hosp war aber auch maßgeblich bei der Suche nach einem geeigneten Grundstück beteiligt.[66]

Gerade zu dieser Zeit war sich Albina Ertler ihrer Position am Jugendamt trotz ihrer anerkannten Leistungen, ihres Engagements und ihres guten Verhältnisses zu ihrem Vorgesetzten nicht gänzlich sicher. Sieben Jahre, nachdem sie die Leitung übernommen hatte, wurde Othmar Doblander in ihrer Abteilung als Jurist angestellt. Er erinnert sich, dass „damals in fast allen Bezirkshauptmannschaften Tirols Juristen eingestellt worden [sind], die zum Teil gleich die Leitung übernommen haben“[67]. Erna Doblander ergänzt, dass diese Situation für Albina Ertler nicht sehr leicht war. Sie hätte gemerkt, dass davon auch ihre Leitungsposition betroffen sein könnte. Die Frage, ob es häufiger vorkam, dass Frauen die Leitung einer Abteilung der Bezirkshauptmannschaft übertragen bekamen oder es eher ungewöhnlich war, beantwortete der ehemalige Bezirkshauptmann Othmar Doblander mit: „Ich kann es mir nur so vorstellen, dass sich in der Bezirkshauptmannschaft Lienz wahrscheinlich niemand besonders dafür interessiert hat und dass sie froh waren, dass sich Frau Ertler als ausgebildete Fürsorgerin für diese Stelle interessiert. Als ausgebildete Fürsorgerin war sie sicherlich geeignet, schon von ihrem ganzen Temperament her. Sie war ja nicht immer ganz leicht zu haben.“[68]

Albina Ertler war eine Frau, die sich ihres Wertes als Sozialarbeiterin und Jugendamtsleiterin bewusst war. Davon zeugen unter anderem zahlreiche Eingaben bei der Bezirkshauptmannschaft und bei der Personalabteilung des Landes Tirol, in denen sie um höhere Gehaltseinstufungen entsprechend ihrer Ausbildungen und Verantwortungsbereiche bat.[69] Und sie war keine Frau, die sich kommentarlos in die zweite Reihe zurückzog. Sie wird von Erna Doblander als „sehr versiert“

beschrieben. „Es hat ihr niemand etwas zu sagen brauchen."[70] Sie stand gerne im Mittelpunkt und konnte andere begeistern. „Beneidenswert, das ist eine Gabe, die hat nicht jeder."[71] Gleichzeitig sei sie aber auch sehr dominant und bestimmend gewesen. „Wenn sie etwas gesagt oder vorgehabt hat, ist das so gemacht worden, wie sie es wollte. Wenn da ein bisschen etwas Neues hineinkommen hätte sollen, war das schwierig."[72] Dementsprechend gestaltete sich anfangs die Arbeitsbeziehung zu Othmar Doblander, wie Erna Doblander mit folgender Episode verdeutlicht: „Nachdem mein Mann ans Jugendamt gekommen war, hat er versucht, ein paar Formulare, die total überholt waren, der Rechtsordnung anzupassen. Davon hat er Abzüge gemacht. Ich habe es selber gesehen, wie sie ins Büro gekommen ist und ihm die Papiere mit einem ‚na so geht das nicht' auf den Tisch geworfen hat. Als ob er ein Schulbub wäre. Wir haben uns das gefallen lassen, wir haben sie gekannt. Mein Mann ist natürlich schon ein bisschen ‚hochgegangen'. Obwohl er auch blutjung war, aber zumindest hat er studiert und Gerichtspraxis gehabt."[73] Othmar Doblander betont, dass sie sich nach den ersten Widerständen „dann schon verstanden"[74] haben. Er wurde schließlich einer anderen Abteilung zugeteilt, bis er sieben Jahre später nach dem Tod von Otto Hosp Bezirkshauptmann von Lienz und somit Albina Ertlers Vorgesetzter wurde.

Die Jugendamtsleiterin als „Dorfleiter" im zweiten SOS-Kinderdorf

Albina Ertler verfolgte zielstrebig ihre Bemühungen, in Osttirol ein SOS-Kinderdorf zu errichten. Nach der Genehmigung durch die Zentralkanzlei von SOS-Kinderdorf wurde der Zweigverein Osttirol am 30. Oktober 1953 gegründet.[75] Bei der

Albina Ertler um 1950

konstituierenden Generalversammlung am 16. November 1953 in Lienz wurde Albina Ertler zur Obmann-Stellvertreterin, Geschäftsführerin und Dorfleiterin gewählt. Es gab gute Gründe für Hermann Gmeiner, entgegen seiner Überzeugung einer Frau die Leitung zu überlassen. Laut Othmar Doblander schätzte Gmeiner an Ertler, dass sie „sich mit vollem Engagement in diese Sache hineingeschmissen hat. Er hat gewusst, […] die Frau Ertler, die macht das so, dass es gut läuft. Gmeiner akzeptiert oder schätzt sie auch sogar und unterstützt sie. Damit ist die Geschichte gut gelaufen."[76] Zudem sei Gmeiner über die „Doppelrolle" von Albina Ertler froh gewesen. Einerseits brachte sie Wissen und Erfahrung im Jugendwohlfahrtsbereich und Leitungskompetenz mit. Andererseits war und ist die Jugendwohlfahrtsbehörde mit der Vergabe von Betreuungsaufträgen der zentrale Kooperationspartner von SOS-Kinderdorf in Österreich. Mit Albina Ertler engagierte sich die Leiterin einer derartigen Bezirksbehörde bei SOS-Kinderdorf.[77] Obmann des Zweigvereins Osttirol wurde Bezirkshauptmann Otto Hosp, den Ertler für die Kinderdorf-Idee gewonnen hatte.[78] Das entsprach auch dem Bestreben Hermann Gmeiners, die leitenden Vorstandsfunktionen mit honorigen und einflussreichen Männern zu besetzen. Die erste Aufgabe, die sich der neu gegründete Verein gesetzt hatte, war der Kauf eines adäquaten Grundstücks für das SOS-Kinderdorf. Das erste Angebot des Bezirkshauptmannes Hosp im Herbst 1953 war der Kiefernhof in der Gemeinde Iselsberg. Dieser sagte Hermann Gmeiner aber absolut nicht zu. Schließlich stieß der Verein auf die Debant, einen Ortsteil der Gemeinde Nußdorf bei Lienz[79], wo der Grund zu Beginn des Jahres 1954 erstanden wurde.[80]

Laut Othmar Doblander war das SOS-Kinderdorf Osttirol in seiner Aufbauzeit durch Albina Ertler ein „Einfraubetrieb".[81] Für sie hieß es in den Jahren 1953/54 eine Kinderdorfmutter für das erste Haus zu finden, ihre Vorstellungen mit dem Architekten Fessler zu besprechen und mit Handwerkern zu verhandeln.[82] „Sie war die treibende Kraft, das muss man ehrlich sagen. Von ihrer ganzen Einstellung her hat sie das schon sehr berührt. Sie hat das fast als eine Lebensaufgabe gesehen – mitzuarbeiten, mitzuwirken und hier das Kinderdorf in der Gemeinde Nußdorf-Debant entstehen zu lassen."[83] Hermine Kollnig, die in Klagenfurt den Haushalt von Geschäftsleuten führte, las 1953 im Osttiroler Boten die Stellenausschreibung für die erste SOS-Kinderdorfmutter in Osttirol. Nach einem Bewerbungsgespräch bei Albina Ertler wurde Hermine Kollnig von der Zentrale in Innsbruck zu einer Probezeit in Imst eingeladen. Albina Ertler zerstreute Bedenken von Hermine Kollnig, ob sie auf Grund der eigenen Schulbildung und den Anforderungen an die Lernhilfe von Jugendlichen für diese Stelle geeignet sei: „Ich habe nur die Volksschule besucht. Daraufhin hat sie gesagt, wenn sie mit Hauptschülern lernen müsste, müsste sie selber auch wieder lernen. Dann habe ich es gewagt, weil sie mir Mut gemacht hat. Sie war einfach eine einmalige Frau. Sie hat so auf alle eingehen können."[84]

Im Frühjahr 1954 wurde mit der finanziellen Unterstützung des Hauptvereins von SOS-Kinderdorf[85] mit dem Bau des ersten Hauses begonnen.[86] „Die 60.000.- Schilling, die seinerzeit die Osttiroler Bevölkerung für das Haus Osttirol in Imst gespendet hatte, wurden vom Hauptverein wieder zur Verfügung gestellt und so konnte der Rohbau im Jahre 1954 aufgeführt werden."[87] Am 23. Oktober 1955 fand die offizielle feierliche Übergabe des ersten Hauses statt. Laut Albina Ertler dürften weit über 1.000 Besucher die mit Feldmesse, Festansprachen von Otto Hosp und Hermann Gmeiner sowie mit viel Musik inszenierte Einweihung erlebt haben. „Schon lange vor Beginn der eigentlichen Einweihungsfeier hatte sich zahlreiche Bevölkerung [...] im Kinderdorf selbst eingefunden. Um allen die Gelegenheit zu geben, an der Einweihungsfeier teilzunehmen, wurde ein kostenloser Pendelverkehr zwischen Lienz und Debant eingerichtet. [...] Als nach der Messe die gesamten Teilnehmer das Lied ‚Großer Gott wir loben Dich' sangen, blieb wohl kaum ein Auge trocken."[88] Erna Doblander hat eine weitere Verbindung zu diesem Lied: „Als das erste Haus eröffnet worden ist, ging alles sehr knapp her. Am Samstag war noch nicht alles so ganz richtig fertig und am Sonntag sollte die Einweihung sein. Der [Architekt] Fessler ist in der Früh noch gekommen und hat Bilder mitgebracht. Und während vor dem Haus der Gottesdienst und die Einweihung vor sich gegangen ist, habe ich ihm drinnen die Bilder halten müssen und er hat sie hinauf genagelt. Das habe ich so in Erinnerung: während sie draußen ‚Großer Gott wir loben Dich' gesungen haben, habe ich drinnen die Stiege gewischt. Jedes Mal, wenn ich das Lied wieder höre, fällt mir das ein."[89]

Die „öffentliche" Frau

Nach der Besiedlung des ersten Hauses war Albina Ertler mit dem Auf- und Ausbau des SOS-Kinderdorfes Osttirol beschäftigt. Zum Teil erledigte sie die Arbeiten vom Büro aus, mittwochnachmittags war sie immer im SOS-Kinderdorf. Erna Doblander unterstützte sie, indem sie die Kanzleiarbeiten für das SOS-Kinderdorf Osttirol ehrenamtlich erledigte.[90] 1956 gab es bereits die Firstfeier der nächsten zwei Häuser.[91] 1957 wurde das zweite Haus bezogen, 1958 das dritte. Und jedes Mal organisierte die stark im katholischen Glauben verwurzelte Dorfleiterin eine öffentlichkeitswirksame Einweihung, so Erna Doblander. Bei der Eröffnung jedes Hauses gab es zuerst in der Kirche einen Gottesdienst. „Dann ist sie mit den Kindern aufmarschiert. Die armen Haschelen. Sie sind den ersten Tag da und dann das. Das hat sie gemacht, damit die Leute sie sehen. Das war damals noch gang und gäbe."[92]

Albina Ertler investierte nun beinahe ihre ganze Freizeit in die Arbeit für das SOS-Kinderdorf, wie sich Erna Doblander erinnert: „Ich weiß keinen Samstagnachmittag, den sie zuhause gewesen wäre. Sonntags ist sie heruntergefahren, zuerst in das eine Haus. Wie die ersten drei Häuser waren, da hat man überhaupt nur mehr gehört: ‚Ich fahr heute in das Kinderdorf.' Sie hat kein Auto gehabt und ist mit dem Postauto gefahren."[93] Was Albina Ertler unter anderem von (männlichen) Dorfleitern unterschied, war die Tatsache, dass sie bei der Betreuung der Familien einsprang, wenn Not an der Frau war. Da es noch keine „Tanten" bzw. Familienhelferinnen gab, vertrat sie die Mütter an deren freien Tagen und im Krankheitsfall.[94] Erna Doblander erinnert sich: „Sie war gescheit, praktisch veranlagt. Und sie hat alles können: Sie hat kochen können und ist ihnen mit Rat und Tat zur Seite gestanden. [...] Sie war immer, immer da. Wenn sie [die Mütter] etwas gebraucht oder gefragt haben, ist die Frau Ertler angerufen worden."[95] Auch Hermine Kollnig spricht davon, dass sie „immer gewusst [hat], wie sie mit einem jeden reden soll. Sie ist einfach korrekt gewesen und auch eine seelengute Frau. [...] Wie wir dann später Männer als Dorfleiter gehabt haben, ist mir immer vorgekommen, die Frau Ertler hat viel besser auf die Mütter und die Kinder eingehen können. Das hat einfach feiner funktioniert. Man hat sich besser getraut, mit einer Frau zu reden. Sie hat mehr Gefühl gehabt"[96].

1955 und 1958 wurde Albina Ertler als Ersatzmitglied in den Vorstand des SOS-Kinderdorf Hauptvereins gewählt.[97] In der Zentrale von SOS-Kinderdorf in Innsbruck hieß es, sie wäre „der geheime Bezirkshauptmann" von Osttirol.[98] 1961 wurde sie zum Ehrenmitglied von SOS-Kinderdorf ernannt.[99]

Doch Albina Ertler investierte ihre Freizeit nicht nur bei SOS-Kinderdorf. Sie war der Österreichischen Volkspartei beigetreten und kandidierte bei der Lienzer Gemeinderatswahl 1956 auf der Liste von Bürgermeister Michael Maier. Von 1956 bis 1962 war Albina Ertler als eine von zwei Frauen im Gemeinderat von Lienz tätig. Die zweite Frau neben den 19 Männer inklusive dem Bürgermeister war Anna Waldeck von der SPÖ. Ertler war Mitglied im Kulturausschuss, Sportausschuss und Museumsausschuss sowie im Altersheimbeirat.[100] Zudem leitete sie die ÖVP-Frauenbewegung in Lienz, so Erna Doblander: „Sie hat sehr viele Bekannte gehabt, einflussreiche Leute. Sie hat es verstanden, sich da beinahe unabkömmlich zu machen. Wenn sie etwas getan hat, hat sie gemeint, sie muss bis zum Schluss bei allem dabei sein."[101]

Albina Ertler war ein öffentlicher Mensch, interessiert, engagiert und gut vernetzt. „Sie war dann gleich im Mittelpunkt. Das hat sie mögen, das hat sie können. Sie hat es auch angestrebt und es dann auch durchgezogen"[102], so Othmar Doblander. „Sie war die Säule hier im kleinen Dorf. Jeder hat zu ihr können und hat sie auch geachtet. Schon auf Grund ihrer Position in der Bezirkshauptmannschaft und als Gemeinderätin im öffentlichen Leben der Stadt. Man hat gespürt, dass man jederzeit zu ihr kommen kann. Sie hilft einem, sie hilft auch den Frauen weiter, bringt ihre Ideen ein, weil sie doch ein bisschen eine moderne Frau war."[103] Über sie wird immer wieder erzählt, sie wäre streng, bestimmend und dominant gewesen. „Ich kann schon verstehen, dass sie das alles selber machen wollte. Weil sie gesagt hat, was ich selber mache, ist getan und wenn ich es anderen übergebe, dann weiß ich nicht. Das war auch einer ihrer Beweggründe. Hat alles kontrolliert, hat sich nicht blindlings auf etwas verlassen", erzählt Erna Doblander. Albina Ertler wird aber ebenso als herzlich und humorvoll beschrieben. Und sie konnte singen.[104] „Sie konnte unterhalten. Ich bin mit ihr einmal nach Venedig gefahren, da hat sie die ganze Gruppe unterhalten. Im Bus war auch der Vater eines ledigen Kindes, der mit ihr schon am Jugendamt zu tun gehabt hat. Die Väter haben großen Spundus gehabt. Wie er sie dann in der Freizeit so kennen gelernt hat, hat er zu mir gesagt: ‚Ich hab gar nicht gewusst, dass diese strenge Frau so lustig kann sein.'"[105] Hermine Kollnig betont in diesem Zusammenhang, dass Albina Ertler zwischen ihrer Rolle, ihrer Verantwortung als Jugendamtsleiterin und der privaten Albina Ertler gut zu unterscheiden wusste.[106]

Doch Albina Ertlers engagierte Lebensführung hatte ihren Preis. Sie war erst Mitte 40, als ihr zu Beginn der 1960er Jahre Herzprobleme zu schaffen machten.

Nach zwei Kuraufenthalten verstarb Albina Ertler am 31. März 1963 in ihrer Wohnung in Lienz an den Folgen eines Herzinfarktes. Ihr Tod im 47. Lebensjahr kam für alle völlig unerwartet.[107] Hermine Kollnig resümiert: „Dadurch, dass sie alleinstehend war, hat sie ihr Leben voll ausgenützt und gemacht, was sie können hat. Aber es war halt doch zu viel, dass sie so jung gestorben ist."[108] Im Protokoll der Vollversammlung des Hauptvereines von SOS-Kinderdorf vom 27.11.1963 ist anlässlich ihres Todes Folgendes zu lesen: Gedenken an die 1963 verstorbene Albina Ertler, „die seit der Gründung des Lienzer Dorfes dieses nebenamtlich, aber so gut wie der beste Dorfleiter führte und der Kinder und Mütter ans Herz gewachsen waren"[109].

Die Wirkkraft von Prinzipien

Doch auch die Anerkennung ihrer Leistung, dieses gelungene Unternehmen mit einer Frau an der Spitze, brachte die Haltung in der Leitungsebene von SOS-Kinderdorf hinsichtlich der geschlechtsspezifischen Arbeitsteilung nicht ins Wanken. Seit ihrem Tod wurde die Dorfleitung in Osttirol mit Männern besetzt. Nachdem der Aufbau weitestgehend abgeschlossen war, galt (wieder) das am Beginn des Portraits stehende Prinzip des männlichen Dorf- und Familienoberhauptes. „Das hat auch der Direktor Gmeiner so gesehen. Deshalb ist gleich, nachdem die Frau Ertler nicht mehr da war, ein Dorfleiter gekommen. [...] Er wollte durch den Dorfleiter das väterliche Element hineinbringen"[110], so Othmar Doblander. „Da hat Gmeiner noch seinen Einfluss geltend gemacht und der Verein hat sich natürlich nicht quergelegt. Uns war es dann recht im Vorstand, dass dann nur mehr von einem Dorfleiter gesprochen wird, nach dem Tod von der Frau Ertler."[111]

Es ist bemerkenswert, dass mit Albina Ertler eine Frau die klar für Männer vorgesehene Position des Dorfleiters innehatte. Hervorzuheben ist auch der Umstand, dass sie ihre Funktion als Dorfleiterin und Geschäftsführerin nebenberuflich und ehrenamtlich ausführte – im Gegensatz zum SOS-Kinderdorf Imst und allen anderen folgenden SOS-Kinderdörfern in Österreich. Dass Albina Ertler bisher in der Geschichtsschreibung der Organisation nicht als erste Dorfleiterin aufscheint, wird immer wieder gerade mit der Ehrenamtlichkeit begründet. In diesem Zusammenhang wird auch darauf verwiesen, dass Albina Ertler eine alleinstehende Frau war.[112] „Das ist so nebenbei gegangen. Sie war ein alleinstehender Mensch und glücklich, dass sie eine Aufgabe hat."[113] Erna Doblander, aber auch andere interpretieren das Engagement von Albina Ertler als Kompensation für das Fehlen einer „eigenen" Familie. Ertler nicht als erste Dorfleiterin zu bezeichnen wird auch mit der Größe des Dorfes in Verbindung gebracht. Das Dorf wäre ja „nur" so klein gewesen, man könne eigentlich nicht von Dorf sprechen.[114] Tatsächlich dachte Ertler ursprünglich an ein Dorf mit maximal drei Familienhäusern.[115] Während ihrer Tätigkeit bis 1963 wuchs es allerdings auf fünf Häuser. 2005 umfasst das Dorf mit sieben Häusern nur um zwei mehr als zu Ertlers Zeiten. Das SOS-Kinderdorf in Osttirol ist heute noch das kleinste in Österreich. Alle Nachfolger von Albina Ertler waren angestellt und als Leiter anerkannte Dorfleiter. Es stellt sich die Frage, ob eine Frau in diesen Anfangsjahren von SOS-Kinderdorf als Dorfleiterin arbeiten, aber als solche in der Geschichtsschreibung nicht wahrgenommen werden durfte, um die „Prinzipien" der geschlechtsspezifischen Arbeitsteilung bei SOS-Kinderdorf für Jahrzehnte nicht in Frage stellen zu müssen. Eine weitere Interpretation wäre jene, dass es ein Ausdruck der Geringschätzung von Ertlers Arbeit ist, verbunden mit der Annahme, dass sie damit das Fehlen einer eigenen Familie ausglich. Dahinter steht wiederum das Bild, dass eine Frau ohne Mann und Kind(er) „defizitär" wäre und „nur" in „Ermangelung" einer eigenen Familie einen derartigen Berufsweg einschlägt. Eine autonome Entscheidung für ein berufliches Engagement ohne „Mängelkompensation" als Motivation scheint es für Frauen – im Gegensatz zu Männern – gemäß dieser Vorstellung nicht zu geben.

Albina Ertler wird als „der Motor und die Seele" bezeichnet.[116] Ein Synonym, welches möglicherweise auch für ihr Berufsverständnis als Sozialarbeiterin gelten kann. „Motor" meint in erster Linie die treibende Kraft, mit der sie ihre Arbeit und den Aufbau von SOS-Kinderdorf Osttirol vorantrieb. Ertler ging ihren Weg zielstrebig, orientierte sich an Hierarchien und passte sich dabei den Regeln an. Sie war ausführend und kontrollierend. Die zweite Funktion Sozialer Arbeit neben der Kontrolle ist die Hilfe. Die „Seele" kann diesen helfenden Zugang symbolisieren. Albina Ertler wird immer wieder als „gestandene Frau, eine echte Sozialarbeiterin in dem Sinne, kinderlieb, im Umgang mit den Menschen herzlich, lustig, freundlich"[117] beschrieben. Sie konnte auf Menschen zugehen und ihnen bei Bedarf „fürsorglich" Hilfe leisten oder zukommen lassen, ebenso wie dafür Strukturen schaffen. Albina Ertler war: „Zur rechten Zeit lustig und zur rechten Zeit streng."[118]

Anmerkungen

1 Schreiber/Vyslozil, 2001, S.158f

2 Nachdem der Vorstand des SOS-Kinderdorfes am 24. November 1959 beschlossen hatte, seine Aktivitäten über das gesamte Bundesgebiet auszudehnen, begannen ab 1953 relativ parallel Bemühungen um die Gründung eines SOS-Kinderdorfes in Osttirol und in Oberösterreich. Aus diesem Grund gibt es heute noch Diskussionen darüber, welches nun wirklich das zweite SOS-Kinderdorf war. In Oberösterreich gab es bereits im Februar 1953 eine Geschäftsstelle, die aufgelöst werden sollte, sobald der Zweigverein „SOS-Kinderdorf Oberösterreich" fixiert war. Die Gründungsversammlung des Zweigvereins SOS-Kinderdorf Oberösterreich fand allerdings erst zwei Jahre später, am 26. Februar 1955, statt. Der Zweigverein Osttirol hingegen wurde bereits am 30. Oktober 1953 gegründet, die konstituierende Generalversammlung fand am 16. November 1953 statt. Formal gesehen wurde der SOS-Kinderdorf-Verein Osttirol vor dem Oberösterreichischen Verein gegründet. Das erste Haus im SOS-Kinderdorf Osttirol wurde am 23. Oktober 1955 feierlich übergeben. Dreizehn Monate später, am 18. November 1956, wurde das SOS-Kinderdorf Oberösterreich eingeweiht. Vgl. Protokoll der Vollversammlung vom 24.11.1950, Ordner Hauptverein – Zweigverein Imst (1949-58), zit. n. Schreiber/Vyslozil, 2001, S.169; Protokoll der Vorstandssitzung vom 7.2.1953, Ordner Hauptverein-Zweigverein Imst (Protokolle 1950-1958), zit. n. ebd., S.170f; Protokoll der Vorstandssitzung des Hauptvereins SOS-Kinderdorf am 9.3.1955, Ordner Protokolle Hauptverein Vorstandssitzungen; Doblander, 1993, S.1; Ertler, 1955, S.3

3 Schaffner. Ertler Albina, handschriftlicher Lebenslauf vom 29. September 1948, Personalnachweis von Landesoberrevident Albina Ertler, Tiroler Landesarchiv

4 Vgl. Geburtsurkunde von Albina Ertler, Ordner Personalnachweis von Landesoberrevident Albina Ertler, Tiroler Landesarchiv

5 Vgl. Ertler Albina, handschriftlicher Lebenslauf vom 29. September 1948, Personalnachweis von Landesoberrevident Albina Ertler, Tiroler Landesarchiv
6 Vgl. das Kapitel „Die soziale Arbeit ist das Amerika der Frau". Die Entwicklung Sozialer Arbeit zum „modernen Frauenberuf" in diesem Buch
7 Ertler Albina, handschriftlicher Lebenslauf vom 29. September 1948, Personalnachweis von Landesoberrevident Albina Ertler, Tiroler Landesarchiv
8 Ebd.
9 Vgl. Personenstandsblatt vom 27.1.1947, Personalnachweis von Landesoberrevident Albina Ertler, Tiroler Landesarchiv
10 Ebd.; Ertler Albina, handschriftlicher Lebenslauf vom 29. September 1948, Personalnachweis von Landesoberrevident Albina Ertler, Tiroler Landesarchiv
11 Ertler Albina, handschriftlicher Lebenslauf vom 29. September 1948, Personalnachweis von Landesoberrevident Albina Ertler, Tiroler Landesarchiv
12 Vgl. Steinhauser, ca. 1993, S.164
13 Amthor, 2003, S.303
14 Ebd.
15 Ebd.
16 Ebd.
17 Die Erbgesundheitslehre betreffend; vgl. Duden, 2001, S.284
18 Vgl. Amthor, 2003, S.303
19 Vgl. Amthor, 2003, S.303ff; http://de.wikipedia.org/wiki/Nationalsozialistische_Volkswohlfahrt, Stand: 27.02.2006
20 Vgl. Amthor, 2003, S.303ff; auf Grund der mangelnden Aufarbeitung der Geschichte der Sozialarbeit oder der NSV in Österreich dient hier die Situation in Deutschland als Bezugssystem und es werden Parallelen zu Österreich gezogen.
21 Vgl. Kreitner, 2002, S.17
22 Vgl. Amthor, 2003, S.305f; http://de.wikipedia.org/wiki/Nationalsozialistische_Volkswohlfahrt, Stand: 27.02.2006
23 Sachße/Tennstedt, 1992, S.219
24 Ebd., S.21
25 Vgl. Kreitner, 2002, S.19
26 Vgl. ebd., S.53f
27 Hepp, 1987, S.192
28 Ebd.
29 Ebd.
30 Mitrovic, 1987, S.33
31 Ayas, 2006, S.86. Dazu sei erwähnt, dass sich bereits seit dem Ende des 19. Jahrhunderts rassistische und eugenische Ideen in Politik und Wissenschaft ausgebreitet hatten und in den 1920er und 1930er Jahren als fortschrittlich galten. Charles Darwins Theorie der natürlichen Auslese wurde von Rassentheoretikern vom Tierreich auf die menschliche Gesellschaft übertragen. Francis Galton begründete Ende des 19. Jahrhunderts in England die „Eugenik". In Deutschland entwickelte die völkische Rechte, aus der später der Nationalsozialismus entstand, unter der Bezeichnung „Rassenhygiene" die radikalste Form der Eugenik. In Österreich wurde 1925 an der Universität Wien die „Wiener Gesellschaft für Rassenhygiene (Rassenpflege)" gegründet. Rassenhygienische Überlegungen durchdrangen zunehmend die Gesundheits- und Sozialpolitik und hatten insbesondere in der Psychiatrie die Entwicklung von rassenhygienischen Programmen zur Folge. So propagierte auch der Psychiater und Medizin-Nobelpreisträger Julius Wagner-Jauregg die eugenische Sterilisierung und selbst der sozialdemokratische Wohlfahrtsstadtrat von Wien, Julius Tandler, sprach sich für die „Unfruchtbarmachung der Minderwertigen" aus. Der Verhaltensforscher und spätere Nobelpreisträger Konrad Lorenz war für eine „Ausmerzung der Minderwertigen". Vgl. Schwarz/Neugebauer/Czech, 2006, S.62
32 Vgl. Kreitner, 2002, S.22
33 Vgl. ebd.
34 Ertler Albina, handschriftlicher Lebenslauf vom 29. September 1948, Personalnachweis von Landesoberrevident Albina Ertler, Tiroler Landesarchiv

35 Vgl. ebd.
36 Ebd.
37 Personenstandsblatt vom 27.1.1947 und Ertler Albina, handschriftlicher Lebenslauf vom 29. September 1948; Personalnachweis von Landesoberrevident Albina Ertler, Tiroler Landesarchiv
38 Vgl. Personalnachweis von Landesoberrevident Albina Ertler, Tiroler Landesarchiv
39 Vgl. Ordner Personalnachweis von Landesoberrevident Albina Ertler, Tiroler Landesarchiv
40 Vgl. ebd.
41 Vgl. Personenstandsblatt vom 27.1.1947, Personalnachweis von Landesoberrevident Albina Ertler, Tiroler Landesarchiv
42 Vgl. Mitrovic, 1987, S.32-35
43 Kreitner, 2002, S.29
44 Vgl. Mitrovic, 1987, S.35
45 Ebd.
46 Ertler Albina, handschriftlicher Lebenslauf vom 29. September 1948, Personalnachweis von Landesoberrevident Albina Ertler, Tiroler Landesarchiv
47 Vgl. Schwarz/Neugebauer/Czech, 2006, S.75f
48 Vgl. http://www.aeiou.at/aeiou.encyclop.e/e655391.htm, Stand: 04.05.2006; http://de.wikipedia.org/wiki/Entnazifizierung, Stand: 27.02.2006
49 Vgl. Ertler Albina, handschriftlicher Lebenslauf vom 29. September 1948, Personalnachweis von Landesoberrevident Albina Ertler, Tiroler Landesarchiv
50 Vgl. http://www.oesterreichistfrei.at/, Stand: 27.02.2006
51 Bezirkshauptmannschaft Lienz an Albina Ertler, 13. Juni 1947; Schriftverkehr, Ordner Personalnachweis von Landesoberrevident Albina Ertler, Tiroler Landesarchiv
52 Vgl. Albina Ertler an die Bezirkshauptmannschaft Lienz, 26. Juni 1947; Schriftverkehr, Ordner Personalnachweis von Landesoberrevident Albina Ertler, Tiroler Landesarchiv
53 Vgl. Bezirkshauptmannschaft Lienz an Albina Ertler, 27. September 1948; Schriftverkehr, Ordner Personalnachweis von Landesoberrevident Albina Ertler, Tiroler Landesarchiv
54 Ertler Albina, handschriftlicher Lebenslauf vom 29. September 1948, Personalnachweis von Landesoberrevident Albina Ertler, Tiroler Landesarchiv
55 Vgl. Interview mit Erna und Othmar Doblander, 22. Jänner 2004
56 Vgl. ebd.
57 Vgl. Protokoll der Vorstandssitzung vom 6. Juli 1950, Ordner SOS-Kinderdorf Imst Zweigverein - Vorstandssitzungen (Protokolle 1950-56)
58 Vgl. Interview mit Erna und Othmar Doblander
59 Ertler, 1955, S.1f
60 Vgl. Portrait Maria Hofer; Interview mit Hermine Kollnig, 22. Jänner 2004
61 Ertler, 1955, S.2
62 Ebd.
63 Vgl. Interview mit Erna und Othmar Doblander
64 Vgl. Protokoll der Vollversammlung vom 24.11.1950, Ordner Hauptverein - Zweigverein Imst (1949-58); zit. n. Schreiber/Vyslozil, 2001, S.169
65 Jahresbericht des Bezirksjugendamtes Lienz für das Jahr 1953 o.D. und das Jahr 1954, 20.1.1955. TLA, ATLR Vb, Zl. 467 I 3 (Jahresberichte der Jugendämter 1. Teil: 1959-1955); zit. n. ebd.
66 Vgl. Interview mit Erna und Othmar Doblander
67 Ebd.
68 Ebd.
69 Vgl. Schriftverkehr, Ordner Personalnachweis von Landesoberrevident Albina Ertler, Tiroler Landesarchiv
70 Interview mit Erna und Othmar Doblander
71 Ebd.
72 Ebd.
73 Ebd.
74 Ebd.
75 Vgl. Doblander, 1993, S.1
76 Interview mit Erna und Othmar Doblander

77 Vgl. ebd.
78 Vgl. ebd.
79 Vgl. ebd.
80 Vgl. Doblander, 1993, S.1
81 Interview mit Erna und Othmar Doblander
82 Vgl. ebd.
83 Ebd.
84 Interview mit Hermine Kollnig
85 Vgl. Ertler, 1955, S.3
86 Vgl. Doblander, 1980, S.1
87 Ertler, 1955, S.3
88 Ebd.
89 Interview mit Erna und Othmar Doblander
90 Vgl. ebd.
91 Vgl. Helene Didl: Bericht über das Jahr 1956, Ordner Anfänge Societas Socialis – SOS-Kinderdorf
92 Interview mit Erna und Othmar Doblander
93 Ebd.
94 Vgl. ebd., Interview mit Hermine Kollnig
95 Interview mit Erna und Othmar Doblander
96 Interview mit Hermine Kollnig
97 Vgl. Protokolle der Vollversammlung des Hauptvereins vom 12.11.1955 und vom 9.10.1958, Ordner Hauptverein Vollversammlung (Protokolle 1954-58); Zweigverein Imst Vollversammlung (Protokolle 1951-58)
98 Vgl. Interview mit Fritz Haider, 3. Dezember 2003
99 Vgl. Protokoll der ordentlichen Vollversammlung des SOS-Kinderdorf Hauptvereins, 24.6.1961; Ordner Protokolle Vollversammlung Hauptverein (1959-69)
100 Archiv der Stadt Lienz
101 Interview mit Erna und Othmar Doblander
102 Ebd.
103 Ebd.
104 Vgl. Interview mit Erna und Othmar Doblander; Interview mit Hermine Kollnig; Interview mit Fritz Haider; Interview mit Hansheinz Reinprecht, 1. Dezember 2003
105 Interview mit Hermine Kollnig
106 Vgl. ebd.
107 Vgl. Interview mit Erna und Othmar Doblander; Interview mit Hermine Kollnig
108 Interview mit Hermine Kollnig
109 Protokoll der Vollversammlung des Hauptvereines vom 27.11.1963, Ordner Protokolle Vollversammlung Hauptverein (1959-69)
110 Interview mit Erna und Othmar Doblander
111 Ebd.
112 Vgl. Interview mit Erna und Othmar Doblander; Interview mit Fritz Haider; Interview mit Hansheinz Reinprecht
113 Interview mit Erna und Othmar Doblander
114 Vgl. Interview mit Erna und Othmar Doblander; Interview mit Fritz Haider; Interview mit Hansheinz Reinprecht
115 Vgl. Protokoll der ersten konstituierenden Vorstandssitzung des Hauptvereins „SOS-Kinderdorf", S.12. November 1955; Ordner SOS-Kinderdorf Hauptverein Vorstandssitzungen (Protokolle 1953-57)
116 Vgl. Doblander, 1995, S.2
117 Interview mit Hansheinz Reinprecht
118 Interview mit Hermine Kollnig

Evamarie Kallir (geb. 1925)

„Ganz vom Herzen etwas machen“

Eine Pionierin in der kunstpädagogischen und psychosozialen Arbeit

Geboren 1925 in Wien als Tochter von Fanny Löwenstein und Otto Kallir gelang Evamarie Kallir mit ihrer Familie kurz nach dem Anschluss 1938 die Flucht in die Schweiz und anschließend nach Amerika. In New York verbrachte sie ihre Jugend und arbeitete dann als Lehrerin. In den 1950er Jahren kehrte sie zurück nach Österreich, leitete die Galerie ihres Vaters in Wien, bewarb sich im SOS-Kinderdorf Imst zuerst als Kinderdorfmutter, engagierte sich für SOS-Kinderdorf in den USA und baute eine Werkstatt für kunstpädagogisches Arbeiten mit Kindern und Jugendlichen in Imst auf. Nach elf Jahren SOS-Kinderdorf absolvierte sie in Wien die Ausbildung zur Sozialarbeiterin und initiierte das „Regenbogenhaus“, ein Begegnungszentrum für Menschen mit unterschiedlichen Bedürfnissen und psychosozialen Problemen.

Herkunft und Exil in den USA

„Die Familie meiner Mutter ist eine feministische Familie gewesen, irgendwie. Mehrere Generationen zurück waren immer die Frauen eigentlich die, die die Interessanteren waren, die es geschupft haben, die Verbindungen hatten. […] Vor allem in der Familie meiner Mutter waren viele eigenständige Frauen. Waren eigentlich auch über viele Generationen hinweg geschieden, was damals ungewöhnlich war. Meine Großmutter und meine Urgroßmutter. Meine Mutter hat gesagt: ‚Bei mir kommt das nicht in Frage.‘“[1]

Fanny Löwenstein heiratete 1922 Otto Kallir, der an der Technischen Hochschule in Wien studiert hatte[2], bevor er als junger Kunsthistoriker die Kunsthandlung „Neue Galerie“ in Wien gründete. Im Jahr 1923 wurde Evamarie Kallirs Bruder Johannes geboren. Nach ihm wurde der Verlag „Johannes Presse“[3] benannt[4], den Otto Kallir seinem Unternehmen damals noch hinzufügte. Zwei Jahre später kam Evamarie Kallir am 26. Juni 1925 zur Welt. Ihre ersten dreizehn Lebensjahre – bis kurz nach dem Anschluss 1938 – verbrachte sie in Wien.

„Meine Familie ist größtenteils jüdisch, und ich war immer katholisch, aber das hat den Hitler ja nicht interessiert, und daher sind wir im 38er Jahr noch sehr knapp ausgewandert.“[5] Evamarie Kallir war ebenso wie ihr Bruder Johannes katholisch getauft und erzogen. Aus der damaligen rassenideologischen Sicht galten sie als jüdisch. „Den Jahrzehnten des ‚Antisemitismus der Worte‘ war nach dem ‚Anschluß‘ im März 1938 der ‚Antisemitismus der Tat‘ gefolgt. Unter dem Schutz und mit Billigung des neuen Regimes konnten die Antisemiten vorerst ihre

Haßgefühle ungestraft ausleben, die jüdische Bevölkerung quälen und erniedrigen und sich an deren Besitz bereichern. Dem Wüten des Mobs folgte schon bald die ‚gesetzlich legitimierte' systematische Ausgrenzung, totale Beraubung und anschließende Vertreibung der österreichischen Juden durch die NS-Behörden."[6] Wie Thomas Albrich zur „Schreckensbilanz der Verfolgung von 1938 bis 1945"[7] festhält, mussten über 128.000 Juden und Jüdinnen aus Österreich fliehen bzw. wurden aus dem Land vertrieben und rund 65.000 österreichische Juden und Jüdinnen wurden ermordet.

Evamarie Kallir flüchtete mit ihren Eltern und ihrem Bruder Johannes in die Schweiz. Der Vater ging nach Paris. 1939 erreichte die Familie New York. „Ich habe die ganze Invasion von Deutschland noch sehr miterlebt, den plötzlichen Umschwung und dass man plötzlich sich nicht auf die Straße getraut hat. Für ein Kind natürlich sehr beeindruckend. Dass man ein normales Schulkind ist und am nächsten Tag ist man der letzte Dreck. Das war ein großer Schock, ist ja klar. Und wir sind dann knapp, sehr knapp noch weggekommen, waren ein Jahr in der Schweiz, und mein Vater war in Paris, weil er in der Schweiz keine Arbeitsbewilligung bekommen hat. Und dann sind wir gerade noch mit dem letzten Schiff, noch vor dem Krieg, nach Amerika, wo wir ursprünglich gar nicht bleiben wollten. Das war dann alles sehr schicksalhaft, 1939. [...] Wir wollten nach Frankreich, da hätte es uns noch einmal erwischt. [...] Dadurch bin ich in Amerika aufgewachsen, in die Schule und ins College gegangen und hab die ersten Jahre dort auch gearbeitet."[8]

Der Kunsthistoriker, Kunsthändler und Verleger Otto Kallir gründete 1938 in Paris die Galerie St. Etienne – Hl. Stephan – zu Ehren des Stephansdoms in Wien.[9] Diesen Namen behielt er für seine Galerie in New York bei, die er nach der Emigration in die USA eröffnete und mit der er im Laufe der Zeit großen Erfolg und Ruhm erntete. Als Evamarie und Johannes von zu Hause ausgezogen waren, half Fanny Kallir in der Galerie mit. Die Galerie St. Etienne spezialisierte sich auf den europäischen Expressionismus, vor allem auf österreichische Künstler wie Egon Schiele, Gustav Klimt und Oskar Kokoschka, sowie die amerikanische naive Malerei.[10] Heute wird die Galerie von Otto Kallirs Enkelin Jane und der langjährigen Geschäftspartnerin Hildegard Bachert fortgeführt.

Auf die Frage nach einer Frau, die für Evamarie Kallir Vorbild war, denkt sie nach und erzählt: „In vielem, nicht in allem, schon meine Mutter. Das hab ich später erst erkannt – in ihrem völligen Interesse und Offensein für Menschen. Sie hat, wie sie alt war, immer gesagt: ‚Ich tu ja nichts und sitz nur da.' Und ich hab gesagt, dass sie zuhört, dass sie weiß, dass sie nach einem Jahr noch weiß, was war. Dann hat sie gesagt: ‚Na ja, ich hab ja sonst nichts zu tun.' [...] Sie war wirklich Mittelpunkt der Familie. Sie war sehr bemüht, sie hat Gedichte auswendig gekonnt. Und kritisch, äußerst kritisch."[11]

Evamarie Kallir besuchte in New York das College. Als junge Frau arbeitete sie in den 1940er Jahren mit Kindern in Harlem und gab kurze Zeit Zeichenunterricht in Pfarrschulen in New York. Sie malte eine Kirche in Vermont aus und unterrichtete zwei Jahre an einer öffentlichen Schule in Delaware. Dort sollte sie eigentlich mit den LehrerInnen arbeiten und den Kunstunterricht „ankurbeln".[12] Die Lehrer-

Innen waren allerdings froh, als sie selbst den Unterricht übernahm und damit war Evamarie Kallir für 600 SchülerInnen zuständig. „Und das war mir zu viel, ich wollte eigentlich mehr individuell mit Kindern zu tun haben“[13], erzählt sie. Ihr Weg führte sie über ihr Interesse für Kunst und Kunsterziehung sowie ihre Erfahrungen aus der pädagogischen Arbeit mit Kindern zurück nach Wien und später ins SOS-Kinderdorf nach Imst.

„Heimweh nach Österreich“

1949 kam die Familie Kallir zum ersten Mal seit ihrer Vertreibung im Jahr 1938 „besuchsweise“ nach Österreich. „Das war natürlich irrsinnig aufregend. Sowohl Menschen wieder sehen wie Menschen nicht wieder sehen. Und damals, obwohl vier Jahre dazwischen waren, war das halt doch noch sehr unmittelbar nach dem Krieg. [...] Ich bin nachgekommen, wie ich dann Urlaub hatte. Das war das erste Mal, dass ich geflogen bin. Da sind wir von New York nach Europa 27 Stunden geflogen. Ich hab gedacht, das ist so schnell. Das ist ja wahnsinnig. Ein Schiff geht fünf, sechs Tage. Das war sehr aufregend.“[14]

Evamarie Kallir hatte den Wunsch, nach Österreich zurückzukehren. Sie selbst bezeichnet das als ungewöhnlich, denn sie gehört „der jüngeren Generation“ an, die die Jahre ihrer Jugend und als junge Erwachsene in den Vereinigten Staaten verbracht hatte. „Ich wollte nach Österreich. Ich wollte irgendwie mit dem Aufbau zu tun haben, mit einem gewissen ‚nie wieder‘, weil ich gedacht habe, wenn man da schon entgangen ist, diesem ganzen Schicksal, dann ist das doch irgendwo ein gewisser Auftrag. Ich hatte auch Heimweh nach Österreich und wollte ein bisschen diese Bitterkeit überbrücken, was ja dann auch geworden ist.“[15]

Ihr künstlerischer Werdegang war eine weitere Motivation, zurück nach Wien zu gehen. In den USA hatte sie eine Zeit lang Glasmalerei studiert. Da die Glasmalerei in Europa viel weiter entwickelt war, wollte sie in Wien ihre Kenntnisse vertiefen. Sie fand eine Glaswerkstätte, in der sie arbeiten konnte und besuchte in dieser Zeit auch einige Kurse an der Kunstgewerbeschule. „Und da hat mein Vater gesagt: ‚Wenn du schon in Wien bist, dann kümmere dich um die Galerie.‘ Diese wurde von einer wirklich sehr, sehr netten Mitarbeiterin, früher Sekretärin, Freundin, Frau Dr. Künstler geführt. Zum Unterschied von manchen Arisierungen hat sie sie ihm sofort zurückgegeben. Gesagt, ich hab das nur für dich geführt und ich will nicht mehr. [...] Sie war damals schon über 50 und hat mir sehr geholfen. Ich hab Ausstellungen gemacht, aber ich hätte es auf Dauer weder gewollt noch gekonnt. Die Galerie ist dann von Monsignore Mauer übernommen worden und ist jetzt die ‚Galerie nächst St. Stephan‘.“[16] Von 1952 bis 1954[17] führte Evamarie Kallir die Galerie ihres Vaters und bildete sich in Kursen an der Akademie für Angewandte Kunst weiter. In dieser Zeit erfuhr sie auch von SOS-Kinderdorf: „Da hab ich mir gedacht, das wäre eigentlich etwas.“[18] Ihre Firmpatin Lili Schalk bestärkte sie in ihrem Vorhaben.

„Ich wollte Mutter werden“

Zwischen dem ersten Besuch von Evamarie Kallir und ihren Eltern im SOS-Kinderdorf Imst, der wahrscheinlich im Jahr 1952 stattgefunden hatte, und ihrer Anstellung 1956 hatte die junge Frau einige Hindernisse zu überwinden. Mit einem Verbleib in Österreich war, wie Evamarie Kallir erzählt, das Aufgeben der amerikanischen Staatsbürgerschaft verbunden. Das bereitete ihrem Vater Sorgen. Eine berufliche Zukunft bei SOS-Kinderdorf – und damit in Österreich – zu planen, wurde Evamarie Kallir zudem von Hermann Gmeiner nicht leicht gemacht. Er erteilte ihr damals weder eine Absage noch eine Zusage und ließ sie einige Zeit im Unklaren.

Als Evamarie Kallir sich 1954 an Hermann Gmeiner wandte, entgegnete ihr dieser: „Nein, das geht jetzt nicht.“ Evamarie Kallir erzählt dazu: „Ich wollte Mutter werden. Ich glaube, man musste 30 sein, jedenfalls war ich nicht alt genug. Und dann hab ich gesagt: ‚Ich fahr jetzt wieder nach Amerika.‘ Und da hat er gesagt: ‚Wenn Sie nach Amerika fahren, schauen Sie, dass Sie dort Geld auftreiben, dass Sie da ein bisschen Propaganda machen.‘ Das Handwerkliche hat ihn schon interessiert, weil er gesagt hat, Mutter kann ich nicht werden, aber sie haben eigentlich im Sinn, einen Verkauf von Kunsthandwerk zu machen, auch als Geldquelle. Ich soll mich ein bisschen mit Schmiedeeisen beschäftigen, mit Entwürfen und so. Da bin ich eben nach Amerika gefahren und hab mich wahnsinnig geplagt, um Geld aufzutreiben. Und es war nichts. Ich mein, Österreich war damals doch noch, nicht ganz ein Nazi-Land, aber so beliebt halt doch auch nicht. Es war sehr frustrierend. Ich habe gedacht, wenn ich in der Zeit gearbeitet hätte und dem Kinderdorf mein Gehalt gespendet hätte, dann hätte mehr herausgeschaut. Inzwischen habe ich immer wieder geschrieben, bitte, was ist, ich würde ja eigentlich ganz gern in das Kinderdorf kommen. Nein, es geht noch nicht und so weiter.“[19]

Evamarie Kallir setzte allerdings ihre Bemühungen fort. Sie war motiviert von ihrem Anliegen, mit Kindern zu arbeiten und in ein Land zu gehen, das im Aufbau und in dem „das Leben noch ein bisschen grundlegender“ war. „Dann hab ich dem Direktor Gmeiner geschrieben: ‚Bitte entscheiden Sie sich jetzt. Ich werde bald 30, und wenn es nichts ist im Kinderdorf, dann such ich mir halt etwas anderes.‘ […] Und dann hat er gesagt: ‚Dann kommen Sie halt.‘ Daran erinnere ich mich noch sehr gut: Ich habe, glaube ich, meinen Koffer vorausgeschickt und hab meine uralten Holzski mitgenommen, weil ich gedacht habe, die werde ich in Österreich brauchen. Ich weiß noch, wie ich nur mit einem Rucksack diesen Berg hinaufgegangen bin […] und gedacht habe, habe ich das nötig, dass ich jetzt wieder etwas Neues anfange. Es hat mir natürlich sehr gut gefallen, es war eigentlich alles, was ich mir gewünscht habe, eine wunderschöne Gegend, die Tradition, die Frauen, die Gemeinschaft. Es war eigentlich das österreichische Paradies, wie ich es mir vorgestellt habe. Es war aber auch ein bisschen, das kann man sich jetzt nicht vorstellen, es war noch ein Entwicklungsland. Und Amerika war, so wie es in Österreich jetzt ist. So wie junge Leute jetzt denken, ich möchte irgendwo hingehen, wo das Leben noch ein bisschen grundlegender ist. Es war ja alles noch sehr arm. Das hat mich auch gelockt.“[20]

Fanny und Otto Kallir „established the American branch of the SOS Children's Villages“[21]

Die Bemühungen von Evamarie Kallir, in Amerika finanzielle Mittel für SOS-Kinderdorf in Österreich zu lukrieren, waren in den Anfängen nicht von Erfolg gekrönt. Kurz vor ihrer Rückkehr nach Österreich hatte sie einen Artikel über SOS-Kinderdorf für eine größere amerikanische Zeitschrift geschrieben, der eine Wende einleiten sollte. „Und da hab ich meiner Mutter gesagt: ‚Du, es könnte sein, dass da noch ein paar Zuschriften kommen. Geh, kannst du dich darum kümmern.‘ Und dann ist eine Flut losgegangen. Das war das Erste, was wirklich eingeschlagen hat. Meine Mutter ist dann voll drinnen gesessen und hat jahrzehntelang das drübere Kinderdorfbüro geleitet und sehr persönlich mit Paten Kontakt gehabt, immer wieder. Die Leute haben das sehr geschätzt. Sie hat es später aufgegeben. [...] Da war sie auch schon älter. Sie hat es zuerst zu Hause gemacht. Dann hatte sie ein kleines Büro mit einer Halbtagssekretärin, die Deutsch und Englisch konnte. Sie war vollstens beschäftigt.“[22]

„In 1961 Otto and Fanny Kallir established the ‚Friends of SOS Children's Villages‘ in New York as a way to garner American support for Gmeiner's venture. Both the Kallirs remained intimately involved with the daily activities of the Children's Villages until Otto Kallir's death in 1978. During this period and thereafter, the ‚Friends‘ gradually expanded; in 1993 the enterprise the Kallirs had founded spawned the first American Children's Villages."[23]

Ausgehend von Fanny und Otto Kallirs Engagement entstand in New York eine Gruppe zur Unterstützung der SOS-Kinderdörfer in Österreich. Der Verein „Friends of SOS Children's Villages Inc.“ wurde 1963 eingetragen. Dieser bemühte sich bald verstärkt um eine finanzielle Förderung der SOS-Kinderdorf-Arbeit in Asien, Lateinamerika und Afrika. In Coconut Creek im Bundesstaat Florida nahm 1993 das erste SOS-Kinderdorf in den USA seinen Betrieb auf.[24] Otto Kallir war von Beginn an bis zu seinem Tod 1978 Präsident des amerikanischen Vereins.[25]

Als Evamarie Kallir bereits im SOS-Kinderdorf Imst arbeitete, begleitete sie Hermann Gmeiner bei seinem ersten Besuch in die Vereinigten Staaten. „Gmeiner ist zum ersten Mal nach Amerika und hat mich mitgenommen. Da haben wir zuerst noch bei meiner Familie gewohnt. Die zwei [Otto Kallir und Hermann Gmeiner, H.B.] haben sich gut verstanden, sich immer ein bisschen pflanzt und so. Hermann Gmeiner war ein mords Philosemit. Da ist dann wirklich eine Verbindung gewesen. Die Eltern haben sich dann auch interessiert. [...] Sie waren ja jedes Jahr auch herüben, nicht nur wegen mir, sondern weil mein Vater auch zu tun hatte. Diese Brücke ist dann wirklich ein bisschen zustande gekommen, oder sehr zustande gekommen.“[26]

1956 bis 1967 – Elf Jahre im SOS-Kinderdorf in Imst

So wie die von Evamarie Kallir beschriebene Annäherung an SOS-Kinderdorf mit Verzögerung und Zurückhaltung ebenso wie mit Offenheit und Interesse von Hermann Gmeiner beantwortet wurde, gestalteten sich für sie die ersten Wochen in

Imst, ohne recht zu wissen, was nun das Aufgabengebiet war. „Es war ein bisschen schwierig, weil ich nicht gewusst habe, was ich machen soll. Ich hatte ein kleines Zimmer im Gemeindehaus, wie wir alle. Da bin ich gesessen, und ein paar Kinder sind gekommen und haben Puppenkleider genäht. Ich habe immer gedacht, es wird mir schon gesagt werden, wie das weiter geht. [...] Der Direktor Gmeiner war ja immer um die Wege damals, aber er hat halt viel zu tun gehabt. Und ich hab ihn nie erwischt. Nach fünf Wochen hab ich gesagt, also bitte, ich muss mit ihm sprechen, und hab gesagt: ‚Herr Direktor, ich bin jetzt fünf Wochen da, und ich weiß eigentlich nicht, was ich hier machen soll.' Da hat er gesagt: ‚Das müssen Sie selber wissen.' Das war typisch für ihn. Ich hab gedacht, na gut, er hat die Leute sehr frei gelassen. Dann habe ich wirklich getan, was ich wollte. Ich habe sehr kämpfen müssen, damit ich eine Werkstatt bekomme. [...] Die Mütter haben bald gesehen, dass die Kinder sehr gerne gekommen sind, dass ich viel mit ihnen gemacht habe. Dass ich gerade gemerkt habe, dass die Kinder, die in der Schule nicht so gut sind, oft sehr begabt sind. Es war ja herrlich, ich habe nie eine Disziplin gebraucht. Das Einzige, was ich sagen musste, war, nächste Woche darfst du nicht kommen, das war ja alles freiwillig. Es war ein sehr freies Arbeiten, und ich sehe im Nachhinein, dass wir wirklich sehr schöne Sachen gemacht haben. Mit relativ sehr jungen Kindern."[27]

„Kreativ tätig sein, wenn man eigentlich nicht will, das geht ja nicht"

Evamarie Kallir baute im Kinderdorf eine Werkstatt auf, in der sie kreatives Arbeiten mit sozialpädagogischer Begleitung verband. Nach heutigem Verständnis arbeitete sie mit kindertherapeutischen Ansätzen.[28] Die Kinder und Jugendlichen konnten mit Ton formen, Stoffe bedrucken, weben, Holz schnitzen, batiken, malen, zeichnen, Modeldruck und Siebdruck ausprobieren. Das „Basteln" unterstützte sie, ihren Erfahrungen und Erlebnissen in anderer Form Ausdruck zu verleihen.

Als die größeren Buben einmal vorhatten, in den Tagen vor Weihnachten einen Krippenberg für die Leute im Altersheim zu bauen, half ihnen Evamarie Kallir bei ihrem – ganz eigenständig geplanten – Vorhaben. In kurzer Zeit formten die Burschen die Figuren aus Ton und Evamarie Kallir übernahm das Brennen im Ofen. Auf der Rodel wurde der Krippenberg ins Altersheim transportiert und die Freude über das Geschenk war auf beiden Seiten groß.[29] Für den Verkauf fertigte Evamarie Kallir selbst Gegenstände an, für die sie auch Entwürfe von Kindern verwendete. Darüber hinaus wurden die Kinder in diesem Bereich nicht miteinbezogen, denn sie sollten nicht unter dem Druck basteln, dass etwas schön genug ist für den Verkauf.[30]

Als „Basteltante" konnte Evamarie Kallir ihre Ideen von kunstpädagogischem Arbeiten verwirklichen. „Was ich gemacht habe, war schon professionell, das hab ich nur damals nicht gewusst."[31] Für sie hatte ein freies kreatives Arbeiten ohne Vorgaben Priorität. Das konnte sie in der Werkstatt von SOS-Kinderdorf auch umsetzen. Dabei orientierte sie sich unter anderen an dem 1946 in Wien verstorbenen Maler und Kunstpädagogen Franz Cizek. Er förderte in seiner Mal- und Zeichenschule in der Zeit der Jahrhundertwende als Erster die freie Entfaltung der spontanen künstlerischen Aktivität der Kinder.[32] Evamarie Kallirs (kunst)pädagogische Haltung zeigte sich nicht nur darin, dass sie auf Vorgaben verzichtete, wie zum Beispiel dass einem Schneemann eine orange Nase und ein schwarzer Hut gemalt werden muss. Sie wirkte sich auch darauf aus, wie sie den Kindern begegnete, wie sie ihnen handwerkliche Erfahrung nahe brachte und sie in ihrem künstlerischen Ausdruck unterstützte. „Wie ich gekommen bin, hat der damalige Dorfmeister gesagt: ‚Es hat schon einmal jemand versucht, mit den Kindern zu basteln. Eines sage ich Ihnen, Sie müssen ein ganz strenges Regiment halten und sagen, wer sich eingeschrieben hat, der muss kommen.' Und ich hab gedacht, das werde ich bestimmt nicht tun. Kreativ tätig sein, wenn man eigentlich nicht will, das geht ja nicht. Man hat schon gespürt, wenn dann nach einer Weile ein paar Kinder nicht mehr so getan haben. Da hab ich gesagt, jetzt wollt ihr vielleicht wieder einmal ein bisschen mehr Fußballspielen oder Skifahren. Weil es konnten ja nicht alle gleichzeitig kommen. Ich musste das ja einteilen. Auch welche Kinder zusammengehen und welche nicht. Es war sicher viel freier wie damals üblich. In dem Sinn war es vielleicht schon Pionierarbeit, weil diese Art kreatives Arbeiten macht man jetzt, aber hat es damals in ähnlichen Einrichtungen wahrscheinlich nicht gegeben."[33]

In einem Artikel für die SOS-Kinderdorf-Zeitschrift „Der Dorfleiter" von 1963 widmete sich Evamarie Kallir dem Thema, warum „Malen, Zeichnen, Werken – also alles das, was unsere Kinder mit ‚Basteln' bezeichnen – im Leben und Reifen der uns anvertrauten Kinder einen Raum haben soll. […] Es gibt eine Auffassung vom Musischen und Künstlerischen als einer ganz netten, aber durchaus unwesentlichen

Evamarie Kallir mit Kindern in der Bastelstube im SOS-Kinderdorf Imst

und im Grund unnötigen Randerscheinung; einer Verzierung sozusagen, die dem Leben, und daher auch der pädagogischen Arbeit, nachträglich angeklebt wird. Also etwas, wofür jenes seltsame Wesen, der ‚ernsthafte Mensch', der vollständig ‚Erwachsene', keine Zeit haben wird. Wenn es nun aber wahr ist, daß ein Mensch aus Geist und Körper besteht und daß beides zusammen (nicht nebeneinander) erst eigentlich den Menschen ausmacht, dann wird ihm eben solange etwas fehlen zum vollen Mensch-Sein, als sich diese Einheit in ihm nicht wenigstens einigermaßen vollziehen kann. Solange er nicht Inneres, Unsichtbares, sichtbar machen – ausdrücken – kann, und umgekehrt im Sichtbaren, Vordergründigen, ein Unsichtbares erahnt. Das aber geschieht im Künstlerischen, im weitesten Sinn"[34]. Mit dem „Basteln" in einem geschützten Rahmen begleitete die Kunstpädagogin Kinder auf dem Weg, zu sich selber zu finden. „Bedrückende Erfahrungen, mit denen das Kind nicht fertig wird, können oft besser mit Pinsel und Bleistift als mit Worten ausgedrückt und damit gebannt und bewältigt werden."[35]

„Wie sehr das Zeichnen eines Kindes Ausdruck des Innersten ist, und als solcher behütet werden müßte, möge ein Beispiel zeigen. Die fünfjährige Anni [...] zeichnete ihr Daheim: Berge, Wälder, Kühe, Weide [...] – alles sicher und unbekümmert, nichts schien ihr schwierig. Aber dann kam das Hindernis: ‚Mein Haus? Nein, das kann ich nicht.' Erstaunlich, denn ein Haus zeichnet ja fast jedes Kind am leichtesten. Anni wurde ermuntert und wagte es doch: ein längliches Etwas, darauf ein paar kleine Kreise, darüber zwei gekreuzte Striche. ‚Dein Haus?' – ‚Ja, das ist der Herd, das sind die Knödelpfannen, und da ist der Herrgottswinkel.' Welches Erlebnis, welche Abstraktion gehen da in einem fünfjährigen Geist vor sich, daß sich der Begriff ‚Heim' zu Herd und Herrgottwinkel verdichtet! Und welcher Erwachsene könnte diesen Begriff schöner und einfacher ausdrücken? Darum also war es dem Kind schwierig erschienen, diesen so inhaltsreichen und erlebnisschweren Begriff zeichnerisch darzustellen. Was aber wäre da unwiederbringlich zerstört worden, wenn man der Anni vorgemacht hätte, wie ‚man' ein Haus zeichnet. Sie hätte gemerkt: uninteressant ist also das eigene Empfinden und Erleben, das da nach seinem Ausdruck tastet. Nur auf die fertig übernommenen äußeren Formen kommt es an!"[36]

Evamarie Kallir selbst beschreibt ihre Arbeit mit den Kindern in Abgrenzung zu „wirklich pädagogischer" als kunstpädagogische Arbeit und erinnert sich, dass ihr dabei niemand Vorschriften machte. Sie begleitete die Kinder in ihrer Freizeit außerhalb von Familie und Schule. „Die Mütter haben zu Recht gesagt: ‚Du siehst die Kinder ja nur, wenn sie gerne da sind, und wenn sie keine Probleme machen.' Was auch gestimmt hat."[37]

„Ich war ein bisschen Mädchen für alles"[38]

Werkstatt und kunstpädagogische Arbeit waren nicht die einzigen Aufgabengebiete von Evamarie Kallir. Sie hatte die „nicht sehr beliebte Aufgabe"[39], vor allem englischsprachige BesucherInnen durch das Kinderdorf zu führen, und war auch für Büroarbeiten zuständig. Über den Christian Children's Fund wurde SOS-Kinderdorf damals von amerikanischen PatInnen unterstützt. Evamarie Kallir übersetzte die Briefe der PatInnen ins Deutsche und die Briefe der Kinder ins Englische. In den Sommermonaten wurde sie für Vertretungen im Büro genauso eingesetzt wie für Vertretungen der Kinderdorfmütter, „wenn sie im Urlaub waren. Wo ich mich eher schwer getan habe. Mit den Kindern nicht, aber mit dem Haushalt. [...] Da waren ja doch gewisse Standards. Ich weiß, einmal war ich in einem Haus und da hat man, wenn die Kinder in der Schule waren, das Bettzeug über den Balkon gehängt. Nebenan war auch eine Tante, die hat gesagt: ‚Ich bin ja so erleichtert, bei Ihnen hängt das Bettzeug auch nicht schon um acht Uhr auf dem Balkon.' Aber das hätte doch sein müssen. Sonst, mit den Kindern, kann ich mich nicht erinnern, dass es so schwer war. Ich mein, das ist wie bei allen Kindern. Sie haben mir gesagt, bei der Mutter dürfen sie das, und bei der Mutter haben sie gesagt, bei der Tante haben sie es gedurft. Also, das war halt so."[40]

Die Begleitung von Interessentinnen für den Beruf der Kinderdorfmutter und von Praktikantinnen fiel ebenso in das Aufgabenfeld der Pädagogin wie die Nachhilfe für SchülerInnen, die das Gymnasium besuchten. „Und in späteren Jahren hab ich einen kleinen Mädchenclub gemacht, mit den 13-, 14-Jährigen. Die ein bisschen das Bedürfnis gehabt haben, mit jemandem zu sprechen, der nicht die Mama ist. Weil das war ja doch sehr eine geschlossene Gesellschaft. Das war dann ganz nett."[41]

„Im Kinderdorf hab ich mich nicht als Pionierin gefühlt"[42]

Den Lebensabschnitt im Kinderdorf Imst vergleicht Evamarie Kallir mit einer Lebensgemeinschaft. „Etwas, wo ich am Anfang gedacht habe, nie wieder gehe ich weg. Nein, sicher kein ‚Arbeitsplatz' im heutigen Sinn. Wir hatten ja auch keine Arbeitszeiten. Wir waren halt da. Das war nicht ich, das waren alle. Wenn man einen freien Tag gehabt hat und weggefahren ist, na gut, war eh gut. Aber wenn man halt da war, ist doch ein Kind gekommen und hat gesagt, wo ist das oder das. Ich mein, es war fast ein bisschen klösterlich. Ich habe dort zum ersten Mal Menschen erlebt, die ganz selbstverständlich aus dem Glauben leben."[43]

Nach elf Jahren fasste Evamarie Kallir den Entschluss, von SOS-Kinderdorf Abschied zu nehmen. Diese Gemeinschaft zu verlassen, von den Müttern und Kindern wegzugehen, fiel Evamarie Kallir schwer. Sie hatte gedacht, „das Ideale"[44] gefunden zu haben, und ihre Zukunft nach SOS-Kinderdorf war ungewiss. Gleichzeitig sah sie sich mit ihrem Aufgabengebiet als „Glasur auf der Torte"[45] und hatte den Wunsch, ihre Kompetenzen dort einzubringen, wo sie noch mehr gebraucht wurden. „Mir wurde bewusst, wie Menschen am Rand der Gesellschaft stehen, und ich spürte immer stärker, dass es mich dort hin zog."[46] Als Kinderdorfmutter, fügt sie hinzu, wäre das für sie anders gewesen. Obwohl Evamarie Kallir sich – und das Kinderdorf – lange auf ihren Abschied vorbereitete, suchte „man" für ihren Aufgabenbereich keine Nachfolge. Dass ihre Arbeit in der Werkstatt nicht fortgesetzt wurde, hatte sie „immer sehr betrübt. Wo ich dann gesehen habe, so wichtig war es anscheinend doch nicht. Denn ich habe ein Jahr lang vorher gesagt, ich gehe weg. Bitte schaut euch um jemanden um, der das übernimmt. Die Mütter waren ganz traurig und haben gesagt, es ist nie wieder so geworden. Es gab ein sehr nettes Lehrerehepaar aus der Hauptschule, die haben sogar oben gewohnt hinter dem Kinderdorf, die sind auch manchmal gekommen. Ich hab manchmal für Erwachsene auch Sachen in der Werkstatt gemacht. Die haben gesagt, sie würden das gerne übernehmen. Nein, da ist das Kinderdorf nicht eingestiegen, weil der kann doch nicht all die anderen Sachen auch machen, die ich gemacht habe. Das Briefeschreiben und im Büro und Nachhilfe und das Vertreten für die Mütter. Die Werkstatt allein war ihnen nicht wichtig genug. Ich hab mich auch völlig eingesetzt, ich war ja auch froh, dass ich ganz dort war. Das hat mir leid getan, weil ich bin ja dann ziemlich bald einmal wieder zu Besuch gekommen. Da war die Werkstatt so vernachlässigt, der Brennofen ist offen in den Angeln gehängt, und – das hat mir leid getan."[47]

Der Weg in die Soziale Arbeit

Evamarie Kallir war 42 Jahre alt, als sie im Jahr 1967 zurück nach Wien ging. Wohin sie ihr Weg führen sollte, war zu diesem Zeitpunkt noch offen. Schon früher hatte sie die damalige Leiterin der Caritas Socialis kennen gelernt. Diese hatte zu ihr gesagt: „Wenn Sie nicht ganz wissen, was Sie tun wollen, wir haben sehr viele soziale Tätigkeiten. Kommen Sie halt eine Weile zu uns und tun'S ein bisschen mitarbeiten. Dann sehen Sie schon was."[48] Für zwei Monate arbeitete Evamarie Kallir in der Altenhilfe der Caritas Socialis, einer geistlichen Schwesterngemeinschaft, die sich in verschiedenen Bereichen der Sozialarbeit einsetzt.[49]

In dieser Zeit erfuhr sie von einer „Abendschule für Sozialarbeit": „Ich hab gedacht, das ist eigentlich nicht schlecht als Berufsausbildung. Was immer mir vorschwebt, das ich machen will, brauch ich doch irgendwie ein Taferl oder irgend etwas Professionelles."[50] Nach den Jahren der pädagogischen und psychosozialen Praxis und als Frau mit Lebens- und Berufserfahrung entschied sie sich für die Abendschule der „Lehranstalt für gehobene Sozialberufe"[51]. „Das war wirklich eine Pionierschule. Ich glaub, normal war das nur zwei Jahre, aber ich hab mich nicht getraut. Ich hatte dann noch ein Jahr dazu gehängt."[52]

Während ihrer Ausbildung war Evamarie Kallir zunächst bei einer katholischen Gemeinschaft im Büro und anschließend beim „Internationalen Sozialdienst" angestellt. Im Rahmen zwischenstaatlicher Sozialarbeit, bei der es beispielsweise um Adoptionen oder Familienzusammenführungen ging, war sie für die Korrespondenz in Englisch zuständig. Nach etwa zwei Jahren stellte sie fest, dass sie auch hier überwiegend Büroarbeit zu leisten hatte. Da sie inzwischen ihre Ausbildung in Sozialarbeit abgeschlossen hatte, bekam sie Anfang der 1970er Jahre eine Stelle als Sozialarbeiterin im „Psychohygienischen Dienst" der Gemeinde Wien. Der „Psychohygienische Dienst" – heute „Psychosoziale Dienste (PSD)" – war damals Teil des Gesundheitsamtes.

Ihren Weg im psychosozialen Feld – von der sozialpädagogischen Arbeit mit Kindern und Jugendlichen im Kinderdorf über die Arbeit mit alten Menschen bei der Caritas Socialis bis zur Begleitung von Menschen nach einem Aufenthalt in einer psychiatrischen Station im Rahmen des Psychohygienischen Dienstes – hatte Evamarie Kallir so nicht geplant. „Ich hab komischerweise immer gesagt, alles mache ich, nur nicht mit psychisch Kranken. Und hab dann gemerkt, dass die Art Menschen, mit denen ich zu tun haben will, genau das ist."[53] Während Evamarie Kallir als Sozialarbeiterin in der Nachbetreuung von Menschen im Anschluss an eine Unterbringung auf der Psychiatrie tätig war, entwickelte sie schon bald Ideen für ein neues Projekt.

Vom „Zentrum 25" zum „Regenbogenhaus"

„Ja, da war ich also elf Jahre [im Psychohygienischen Dienst, H.B.], bis zur Pensionierung. In der Zeit hab ich aber sehr bald gemerkt, dass es diese Art Leute gibt, die eben in einem Kinderdorf hätten sein sollen und nicht waren. Und die auch irgendwo so ein ‚Dach über der Seele' brauchen – einfach wo jeder hinkommen kann, nicht als bürokratische Stelle. Da ist mir diese Idee gekommen, aus der später das Regenbogenhaus geworden ist."[54]

Evamarie Kallir führte 1997 in „15 Jahre Regenbogenhaus" zur Entstehungsgeschichte aus: „Im Juli 1975 entstand das ‚Zentrum 25' in der Einwanggasse im 14. Bezirk in einer gemieteten Parterrewohnung von cirka 120 m². Träger war der Verein ‚Pro Mente Infirmis'[55] [PMI]. Es war der für Wien erste Versuch eines offenen Begegnungszentrums, und er war begleitet von skeptischen Voraussagen. (‚Wer soll da hin kommen?' ‚Man kann doch nicht verschiedenartige Menschen mischen...') Das ‚Mischen' war aber gerade eine Grundidee, aus der Überzeugung heraus, daß eine Problematik oder Behinderung – sei sie psychisch oder körperlich, durch Anlage oder Schicksal bedingt – doch nicht das Wesentliche einer Persönlichkeit ausmacht und daß darum eine allzu straffe Kategorisierung weder der Realität noch dem Betroffenen gerecht wird. Das war auch einer der Gründe, warum sich die Initiative selbständig machte. Die Mitarbeiter, die sich im Zentrum 25 zusammengefunden hatten, waren sich bald im klaren darüber, daß eine fortgesetzte Trägerschaft durch PMI nicht nur positive Auswirkungen auf die Entwicklung haben würde. Weitere Gründe waren die drohende Kündigung des Mietvertrags für die bald ohnehin zu beengten Räumlichkeiten und nicht zuletzt die Notwendigkeit zusätzlicher finanzieller Mittel."[56] Nach zweieinhalb Jahren begann sich abzuzeichnen, dass eine strukturelle Veränderung für die Weiterentwicklung des Angebotes erforderlich war. Im Herbst 1978 wurde der „Verein Regenbogen" als „Verein zur gegenseitigen Hilfe" gegründet.[57] Initiatorin und Gründerin des Vereins war Evamarie Kallir mit fünf engagierten Menschen.[58]

Sowohl im „Zentrum 25" als auch im „Verein Regenbogen" mit dem im Sommer 1982 eröffneten Haus in der Hadikgasse 50 leisteten Evamarie Kallir, ihre KollegInnen sowie BesucherInnen des Zentrums bezahlte und unbezahlte Aufbauarbeit von der Mittelbeschaffung bis zu Renovierungsarbeiten. „Ich bin dann natürlich auf halbtags bei meiner Berufsarbeit [als Sozialarbeiterin im Psychohygienischen Dienst bei der Gemeinde Wien, H.B.] gegangen, weil sonst hätte ich ja nicht die Zeit gehabt, das konnte ich ja nicht nebenbei machen.“[59] Evamarie Kallir konnte den Aufbau des Begegnungszentrums zwar nicht „nebenbei“ machen, war aber mehr als zwei Jahrzehnte lang ehrenamtliches Mitglied im Team wie im Vorstand.[60] Zu ihren Aufgabenfeldern gehörte die Werkstatt, die in einem eigenen Gebäude im Garten untergebracht ist. Dort gibt es eine Töpferstube, eine Holzwerkstatt und Räume zum Malen, Batiken, Drucken, Weben und Nähen. Sie bot aber auch Gesprächsgruppen an, diskutierte spirituelle und philosophische Fragen mit den TeilnehmerInnen der Bibelrunde und leitete Englischkurse.

Mit dem Regenbogenhaus schuf Evamarie Kallir ein Pionierprojekt in der psychosozialen Versorgung Wiens und eine Tageseinrichtung, die von Anfang an offen sein wollte für Menschen mit ihren unterschiedlichen Bedürfnissen, für Menschen aller Altersgruppen, mit verschiedensten psychosozialen Problemen.[61] In ihren „Gedanken nach 27 Jahren“ fasste sie 2002 die sie von Anfang an leitende Idee zusammen: „‚….Wenn man zu euch kommt, weiß man oft nicht, wer ist Besucher und wer ist Mitarbeiter….‘, sagten manche Besucher in den Anfangszeiten des Zentrum 25 und dann des Regenbogenhauses. Es war für mich ein Zeichen, daß wir auf dem rechten Weg sind, wenn, unbeschadet aller Unterschiede in den Aufgaben, in der Verantwortung und in den Persönlichkeiten, die grundlegende Gleichheit der Menschen spürbar wurde.“[62]

Aus dem SOS-Kinderdorf hatte Evamarie Kallir eine Einstellung zur Arbeit mitgenommen, die ihr die Zusammenarbeit sowohl mit den ehrenamtlichen als auch mit den angestellten MitarbeiterInnen nicht immer leicht machte. Sie stellte Anforderungen an die MitarbeiterInnen, die sich an einem Grundsatz Hermann Gmeiners orientierten: „Das ganze Kinderdorf baut darauf auf, dass jeder mehr macht, als er eigentlich müsste. Also das ganz vom Herzen etwas machen.“[63] Peter Jünnemann schreibt über Evamarie Kallir: „Es gibt […] viel zu wenig Menschen wie Evamarie Kallir, die ein Leben lang für die Würde der Menschen eintreten, die als sogenannte Außenseiter im Schatten unsrer Gesellschaft leben.“[64]

„Der Kreis schließt sich“

Aus dem Gespräch mit Evamarie Kallir lassen sich zwei miteinander verknüpfte Einstellungen zum Leben und zu den Menschen herausfiltern, die in ihren Lebensabschnitten in unterschiedlicher Ausgestaltung für sie wesentlich gewesen zu sein scheinen. Ihre Auffassung von kunstpädagogischem Arbeiten und ihr Zugehen auf Kinder und Erwachsene waren geleitet von der Vorstellung, dass kreatives künstlerisches Arbeiten einen Raum der Freiheit braucht und damit Türen in ein reicheres Leben öffnet. Dazu brauchte auch sie als Kunstpädagogin ein Arbeitsfeld, in dem sie „frei arbeiten“ konnte. Unter diesen Bedingungen gestaltete sie ihre Arbeit mit SOS-Kinderdorf-Kindern. Dahinter steht ein Menschenbild, das Evamarie Kallir in ihren „Gedanken nach 27 Jahren Regenbogenhaus“ beschreibt:

„Menschliche Monokulturen – ob im Mädchenpensionat oder im Altersheim – kommen mir so langweilig und unnatürlich vor wie landwirtschaftliche, und letztlich wohl auch ähnlich unfruchtbar. Unser Bestreben war es immer, daß das

Evamarie Kallir, Weihnachten 2004 im Caritas Flüchtlingshaus in Wien

Regenbogenhaus nicht zu einer Monokultur werden soll. Das braucht ein bewußtes Bemühen aller Beteiligten. Denn der Trend in unserer Gesellschaft ist doch eher, daß es für jeden ein ‚Kasterl' gibt, und da soll er brav drinbleiben. Durchlässige Grenzen können bedrohlich sein, das erleben wir heute in Europa. Meine eigene Biographie hat es mit sich gebracht, daß ich beides erfahren konnte: welche Bereicherung und Lebenskraft in der Begegnung und dem Zusammenleben mit anderen Kulturen, Weltanschauungen, Religionen, oder ganz andersartigen Menschen liegt. Aber auch, wie lebensfeindlich, ja tödlich, mutwillig erzeugte und befestigte Grenzen sind – (‚wir' hier, ‚ihr' dort) – die vielleicht noch ideologisch begründet werden."[65]

Evamarie Kallir arbeitet heute ehrenamtlich mit jungen Flüchtlingen und sieht darin, dass sich der Kreis, den sie mit ihrer eigenen Flucht aus Österreich zu zeichnen begonnen hat, nun wieder schließt.

Anmerkungen

1 Interview mit Evamarie Kallir, 26. August 2003. Die Zitate aus dem Interview wurden zum Teil von Evamarie Kallir ergänzt und der Schriftsprache angenähert. Vgl. E-Mail Evamarie Kallir an Bettina Hofer, 3. Juni 2006
2 Vgl. http://www.aeiou.at/aeiou.encyclop.k/k053392.htm, Stand: 21.2.2006
3 In der „Johannes Presse" erschienen z.B. 1925 Gedichte von Hugo von Hofmannsthal, einem der bedeutendsten österreichischen Dichter seiner Zeit. Vgl. http://www.navigare.de/hofmannsthal/morrison.htm, Stand: 21.2.2006
4 Vgl. http://www.stadtbibliothek.wien.at/cgi-ma09/embed-wo.pl?lang=-de&l=3&doc=http://www.stadtbibliothek.wien.at/themen/verlag_1/erste_republik/johannespresse-de.htm, Stand: 21.2.2006
5 Interview mit Evamarie Kallir
6 Albrich, 1997, S.39
7 Ebd., S.53
8 Interview mit Evamarie Kallir
9 Vgl. ebd.
10 Vgl. http://www.navigare.de/hofmannsthal/morrison.htm, Stand: 21.2.2006; Homepage der Galerie St. Etienne: http://www.gseart.com, Stand: 21.2.2006
11 Interview mit Evamarie Kallir
12 Vgl. ebd.
13 Ebd.
14 Ebd.
15 Ebd.
16 Ebd.
17 Vgl. http://www.belvedere.at/information/nachlaesse.php, Stand: 21.2.2006: Vita Künstler leitete die Galerie bis 1952.
18 Interview mit Evamarie Kallir
19 Ebd.
20 Ebd.
21 http://www.gseart.com/about.html, Stand: 21.2.2006
22 Interview mit Evamarie Kallir
23 http://www.gseart.com/about.html, Stand: 21.2.2006
24 Vgl. http://www.sos-childrensvillages.org, Stand: 21.2.2006
25 Vgl. Gespräch mit Rudolf Maurhard, 28. Juli 2003; Informationen von Elisabeth Kofler Shuman, E-mail 10. März 2006
26 Interview mit Evamarie Kallir
27 Ebd.
28 Vgl. Gespräch mit Gottfried Gabriel über seine Erfahrungen in der Gruppe mit Evamarie Kallir, 18. März 2006
29 Vgl. Interview mit Evamarie Kallir
30 Vgl. ebd.
31 Ebd.
32 Vgl. http://www.aeiou.at/aeiou.encyclop.c/c505882.htm, Stand: 13.7.2005
33 Interview mit Evamarie Kallir
34 Kallir, 1963, S.13f
35 Ebd., S.14
36 Ebd., S.18
37 Interview mit Evamarie Kallir
38 Ebd.
39 Ebd.
40 Ebd.
41 Ebd.
42 Ebd.
43 Ebd.
44 Ebd.

45 Ebd.
46 E-Mail Evamarie Kallir an Bettina Hofer, 5. Juli 2006
47 Interview mit Evamarie Kallir
48 Ebd.
49 Vgl. http://www.caritas-socialis.or.at, Stand: 1.3.2006
50 Interview mit Evamarie Kallir
51 Zur Ausbildung in Sozialarbeit vgl. Steinhauser, ca. 1993, S.118-136; zur „Lehranstalt für gehobene Sozialberufe" der Caritas der Erzdiözese Wien vgl. ebd., S.132
52 Interview mit Evamarie Kallir
53 Ebd.
54 Ebd.
55 Der Verein „Pro Mente Infirmis" heißt heute „pro mente". „pro mente Wien" wurde 1965 von Raoul Schindler, Facharzt für Psychiatrie, Psychotherapeut und Psychoanalytiker, gegründet. Damit begann die Ära der rehabilitativen und extramuralen Psychiatrie in Wien. Vgl. http://www.promente-wien.at, Stand: 14.7.2005; http://www.oe-lehrgang.at/index.htm?http://www.oe-lehrgang.at/TrainerInnen.htm, Stand: 14.7.2005. Raoul Schindler war damals Evamarie Kallirs Chef beim „Psychohygienischen Dienst". Vgl. Interview mit Evamarie Kallir
56 Kallir, o.J. (15 Jahre Regenbogenhaus), S.6
57 Vgl. Regenbogen, o.J. (5 Jahre Regenbogenhaus), S.17
58 Vgl. Regenbogen, 2003, S.17; E-Mail Evamarie Kallir an Bettina Hofer, 22. Juni 2006
59 Interview mit Evamarie Kallir
60 Vgl. Regenbogen, 2003, S.17
61 Vgl. Verein Regenbogen, o.J. (15 Jahre Regenbogenhaus), S.4 und S.16
62 Kallir, 2002
63 Interview mit Evamarie Kallir
64 Jünnemann, o.J. (15 Jahre Regenbogenhaus), S.11
65 Kallir, 2002

Imma von Unterrichter (geb. 1921)

„Tue recht und schau nicht um“

„Tue recht und schau nicht um“ – so lautet der Wappenspruch der Familie Unterrichter. Es scheint, als ob auch Imma Unterrichter den Herausforderungen ihres Lebens gemäß diesem Motto begegnet. Sie, die seit 1956 „für das Werk“ unterwegs ist und das internationale Ferienlager von SOS-Kinderdorf am Caldonazzo-See aufbaute, sagt dazu in ihrer spritzigen Art: „Man hat halt getan, was zu tun war!“[1]

Aus der faschistischen Diktatur in eine Kindheit mit vielen Freiheiten

Imma Unterrichter kam am 5. November 1921 auf dem Sitz der Familie, dem Schloss Kampan in Sarns bei Brixen, in Südtirol zur Welt. Sie ist das sechste Kind nach fünf Söhnen, wobei zwei bereits als Kleinkinder verstorben waren. Nachdem 1922 ein weiterer Sohn folgte, blieb Imma die einzige Tochter. Ihr Vater war der Offizier Freiherr Rudolf von Unterrichter, ihre Mutter Hermine eine aus Böhmen stammende Heidler von Heidelborn.[2] Immas Vater starb, als diese fünf Jahre alt war. Da sich Immas Mutter in Südtirol nie so wohl gefühlt hatte wie in Böhmen, zog Hermine Unterrichter mit vier ihrer fünf Kinder im Frühsommer 1926 auf das Gut ihrer Eltern in der Nähe des tschechoslowakischen Kurortes Marienbad.[3] Der älteste Sohn der Familie Unterrichter blieb in Italien, absolvierte seine Gymnasialzeit in der „Stella Matutina“, einem Vorarlberger Internat, und studierte anschließend in Mailand. Die immer unsicherer werdende Lage für die deutschsprachige Bevölkerungsgruppe in Südtirol seit der Machtübernahme der Faschisten im Oktober 1922 hatte zusätzlichen Einfluss auf die Entscheidung umzusiedeln.[4]

Auf dem Gut „Altzedlisch“ in Böhmen, aber auch immer wieder auf Schloss Kampan, erlebte Imma eine unbeschwerte Kindheit mit sehr vielen Freiräumen. Im Vergleich zum Anwesen in Südtirol war der Familienbesitz in Böhmen wesentlich umfangreicher. Er bestand aus zwei Höfen, Wäldern, Wiesen und Teichen auf einer Fläche von etwa 500 Hektar. Imma verbrachte den Großteil ihrer Kindheit in der Natur und nutzte die Weitläufigkeit des Anwesens für ausgedehnte Ausritte. Verpflichtungen, die für Kinder anderer Schichten zu dieser Zeit üblich waren, hatte Imma kaum. „Wir haben zu Hause immer eine Köchin und Personal gehabt.“[5]

Ähnliche Freiheiten galten auch für Immas Schullaufbahn. Die Kinder der Familie Unterrichter besuchten keine öffentliche Volksschule, dennoch war höhere Schulbildung vor allem für die älteren Söhne vorgesehen. Nicht nur der älteste Sohn absolvierte ein Gymnasium, auch die beiden nächsten wurden darauf vorbereitet, allerdings durch einen Privatlehrer. Imma und ihr jüngerer Bruder hingegen besuchten weder die Volksschule, noch bekamen sie regelmäßig Hausunterricht. Sie erinnert sich, dass ihre Mutter – eine begabte Malerin – eigentlich mit den kleineren Kindern Schulaufgaben machen wollte. „Wenn sie sich aber zurück zog um zu malen, durfte man sie nicht stören. Wohl sagte sie zu uns Kindern ‚es dauert nicht lange', dann blieb sie aber doch stundenlang bei ihrer Malerei und vergaß uns Kinder. Uns war das recht. Wir setzten uns auf die Pferde und ritten los."[6] Imma wusste bereits damals, dass sich ihr Leben von dem anderer Kinder unterschied. „Ich kann mich erinnern, dass ich eines Tages zu meinem Bruder gesagt habe: ‚So geht das nicht weiter! Wir müssen in die Schule!' Da haben wir gesagt: ‚Wir gehen zu Hause einfach durch!' Wir sind dann in der Früh durchgebrannt und in die Schule gegangen. Die Kinder haben uns mit großer Freude empfangen! Der eine hat ein Blatt aus dem Heft heraus gerissen und gesagt: ‚Da hast du etwas zum Schreiben!' Einer hat uns Bleistifte gegeben und in der ersten Bank haben sie uns sitzen lassen. In der Pause ist der Schuldirektor gekommen und hat gesagt: ‚Schaut's, dass weiter kommt's! Ihr seid ja nicht eingeschrieben!' Das war das einzige Mal, dass ich in einer Volksschule war."[7] Als Imma 1934 mit 13 Jahren in die Hauptschule kam, wurde sie mit ihren schulischen Defiziten und deren Konsequenzen konfrontiert. „Sie haben Algebra geschrieben. Da hab' ich mich gemeldet und gefragt: ‚Kommt das ins Schreibheft oder ins Rechenheft?' Die ganze Klasse hat hellauf gelacht. Ich habe mich furchtbar geschämt."[8] Um die Hauptschule bestehen und eine weiterführende Schule besuchen zu können, musste sie sehr viel Lernstoff nachholen. Dennoch sieht sie viele Vorteile in dieser Form des Aufwachsens, die ihr auf Grund ihrer Herkunft möglich war. „Ich glaube, dass man durch das freie Leben in der Natur so viel Reserven und so viel Kraft schöpft, dass man auch mit einer durchschnittlichen Intelligenz die Volksschule nachholen kann."[9] Nach Beendigung ihrer Schullaufbahn sollte Imma Unterrichter am Gut mitarbeiten.

Imma Unterrichter

Sie besuchte deshalb nach der Hauptschule eine landwirtschaftliche Mittelschule. Übernehmen sollte das Gut allerdings ihr drittältester Bruder, der Landwirtschaft studierte. Die Naturverbundenheit und die spritzige Kraft ihrer Kindheit behält Imma Unterrichter bis ins hohe Alter.

Landarbeit während des Zweiten Weltkriegs

Mit dem Zweiten Weltkrieg veränderte sich auch für die Familie Unterrichter Wesentliches. Nur zögernd erzählt Imma Unterrichter, die zu Kriegsbeginn 18 Jahre alt war, davon – vor allem wenn es um ihre Zeit beim Arbeitsdienst geht. Der Reichsarbeitsdienst (RAD) als Teil des nationalsozialistischen Machtapparates verpflichtete ab September 1939 alle Frauen zwischen 18 und 25 Jahren zum sechsmonatigen „Ehrendienst am deutschen Volke. […] Der Reichsarbeitsdienst soll die deutsche Jugend im Geiste des Nationalsozialismus zur Volksgemeinschaft und zur wahren Arbeitsauffassung, vor allem zur gebührenden Achtung der Handarbeit erziehen. Der Reichsarbeitsdienst ist zur Durchführung gemeinnütziger Arbeiten bestimmt“[10]. Neben politischem Unterricht wurden vor allem die befriedigende Wirkung von harter körperlicher Arbeit sowie das klassenlose Leben in der Gemeinschaft ideologisch besetzt.[11] Mädchen wurden vor allem in der Landwirtschaft eingesetzt[12], wo sie die Bäuerinnen unterstützten, deren Männer eingezogen worden waren. Imma Unterrichter war eine dieser Arbeitsmaiden. „Ich war die ersten Kriegsjahre im Arbeitsdienst. […] Das war oft eine sehr schwierige Zeit, aber man kann heutzutage nicht erzählen, wie das war.“[13] Erst auf Nachfragen führt Imma Unterrichter weiter aus: „Über den Arbeitsdienst werden heute oft sehr schlechte Sachen erzählt. Von mir aus war der Arbeitsdienst eine äußerst gute Einrichtung und wir sind auch nicht politisch weiß Gott wie beeinflusst worden. So wie heute ein Bub zum Militär muss, musste jedes Mädchen zur Stellung und zum Arbeitsdienst. Du bist in ein Lager gekommen, hast eine Uniform gekriegt wie beim Militär und dann ist man eingesetzt worden. In der Früh ist man weggegangen aus dem Lager und zu den Bauern geschickt worden.“[14]

Imma Unterrichter betreute aber auch eine Gruppe Berliner Buben, die aufs Land „verschickt“ worden waren. Zudem wurde sie in kürzester Zeit zur Kameradschaftsältesten ernannt und übernahm die Leitung einer Mädchengruppe. „Es hat geheißen, du hast die Verantwortung für das Essen von 60 Personen. Ich konnte doch nicht kochen. […] Und so hat man sehr viele Sachen gelernt und ich bin eigentlich unheimlich dankbar für die Zeit im Arbeitsdienst.“[15]

Als ihre Brüder zum Kriegdienst eingezogen wurden, übernahm Imma Unterrichter ab 1940 die Verwaltung des Gutes ihrer Familie. „Die Brüder sind eingerückt und ganz automatisch bist du eingestiegen und hast gemacht, was du machen konntest und was gemacht werden musste. Am Wochenende musstest du die Tagelöhner auszahlen, am Monatsende musstest du schauen, dass du das Geld für das, was du verkauft hast, bekommst. Du musstest in den Wald fahren, das Holz messen und solche Sachen. Du musstest das Holz dem Holzhändler übergeben und schauen, dass er dir den vereinbarten Preis rechtzeitig bezahlt. Da ist man automatisch hineingewachsen, weil es eben sein musste. Und du hast dich nicht viel umschauen können, wie das andere machen."[16]

Von der Gutsverwalterin zur Dorfschullehrerin

Als eine der wichtigsten Stationen in ihrem Leben bezeichnet Imma Unterrichter das Ende des Zweiten Weltkrieges. 1945 verlor die Familie Unterrichter ihr Gut in der Tschechoslowakei, sie wurden im Zuge der Umsetzung der so genannten „Benes-Dekrete" enteignet. Hermine Unterrichter wurde 1945 ausgewiesen. Sie wurde ins Aussiedlungslager nach Pilsen gebracht und gelangte in einem Aussiedlungstransport über Österreich nach Südtirol. Die damals 24-jährige Imma Unterrichter wurde als ehemalige Verwalterin „dienstverpflichtet" und musste das Gut weiterhin leiten, welches ihrer Familie nun allerdings nicht mehr gehörte. 1946 gelang es ihrem Bruder Wolfgang mit Hilfe des italienischen Botschafters in Prag, ihre Ausreise zu erwirken.

21 Jahre, nachdem die Familie Unterrichter unter anderem aus politischen Gründen aus Südtirol weggezogen war, kehrte Imma in einer erneut veränderten politischen Situation auf Anraten ihres Bruders wieder dorthin zurück. Die Familie hatte ihren Besitz in Böhmen verloren, besaß aber noch den landwirtschaftlichen Betrieb von Schloss Kampan in Südtirol. „Das war für uns sehr schwer, weil wir überhaupt nicht wussten, was wird. Wir wussten zwar, dass wir hier diesen Besitz noch haben, aber es war doch ein kleiner Besitz und wir waren fünf Geschwister, vier Buben und die waren beim Militär. Jeder ist nach Hause gekommen und keiner hat etwas gehabt. [...] Wie wir nach Südtirol zurückkehrten, war da überhaupt nichts da. Der Hof war verpachtet, war in einem ziemlich schlechten Zustand."[17] Die nächste Zeit hielt sich die Familie über Wasser, indem sie in Handarbeit Saatkartoffeln anbaute und nach Süditalien verkaufte.

Als jener Bruder, der den landwirtschaftlichen Betrieb von Schloss Kampan übernommen hatte, heiratete, musste sich Imma Unterrichter mit der Frage ihres weiteren Verbleibs beschäftigen. Ihre Brüder hatten alle studiert, dieses Ziel schwebte auch Imma vor. Bei der Frage nach der Studienrichtung traf sich zwar ihr Interesse mit ihrer Ausbildung und Berufserfahrung. Als Frau war es allerdings schwierig, diesen Wunsch zu realisieren. „Ich wollte zuerst in Wien die landwirtschaftliche Hochschule besuchen, aber das ist nicht gegangen. Erstens hatte ich nur die Mittelschule absolviert und die Berechtigung nicht bekommen. Und dann haben sie mir absolut abgeraten, haben gesagt, ein Mädchen mit der landwirtschaftlichen Schule, nach dem Krieg, hat keine Aussicht. Es kriegen die Männer keine Stellen!"[18] Imma Unterrichter teilt diesen Aspekt ihrer Geschichte mit unzähligen anderen Frauen in der Kriegs- und Nachkriegszeit. Während des Krieges und in der Nachkriegszeit, also bei (männlichem) Arbeitskräftemangel, fungierten Frauen am Arbeitsmarkt als „Reservearmee". So kam es teilweise zu einer Aufhebung des geschlechtsspezifisch segmentierten Arbeitsmarktes.[19] Frauen übernahmen in dieser Zeit sowohl die Familien- als auch die Lohnarbeit, was ein Grund für die Erschütterung der Geschlechterhierarchie nach Kriegsende war. Erwerbstätige, unabhängige Frauen stellten für Kriegsheimkehrer eine Bedrohung für sich und ihren Status dar. Sie würden den Heimkehrern und ihren Angehörigen „das Brot weg nehmen", so die Kommentare mancher Zeitungen.[20] Die Wiederherstellung und Normalisierung der Geschlechterverhältnisse in den 1950er und 1960er Jahren bedeutete, dass Hausfrau- und Mutter-Sein zum eigentlichen Beruf der Frau stilisiert und eine bezahlte Berufstätigkeit demgegenüber als bedauerliche Notwendigkeit gesehen wurde. Fallweise wurde die Berufstätigkeit von Frauen sogar für den „Werteverfall" der Gesellschaft verantwortlich gemacht.[21] Auch Imma Unterrichter konnte, obwohl sie während des Krieges und in den ersten Nachkriegsjahren sieben Jahre lang das Gut der Familie verwaltet hatte, nun nicht ihr Wunschstudium aufnehmen, denn die darauf folgende Berufsausübung war Männern vorbehalten.

Deshalb entschloss sie sich mit Ende 20 zu einem beruflichen Neustart. Sie wählte einen klassischen „gehobenen Frauenberuf"[22] und besuchte die LehrerInnenbildungsanstalt. „Ich habe Kinder immer schon gern gehabt, da hat mir mein Bruder geraten: ‚Versuch doch die Lehrerbildungsanstalt zu machen.' [...] Ich hätte mich nie getraut, das zu machen. Denn wenn du kein Latein und kein Italienisch kannst und dann sollst auf einmal in die dritte Klasse Lehrerbildungsanstalt einsteigen ...."[23] Imma Unterrichter musste ein weiteres Mal Lehrstoff nachholen. Ihre Familie war am Beginn der Italianisierunsphase der Faschisten nach Böhmen gezogen. Zurück im zweisprachigen Südtirol ging es unter anderem darum, ihre Italienischkenntnisse zu verbessern. Aus diesem Grund und um Erfahrungen in der Arbeit mit Kindern zu sammeln, arbeitete sie im Sommer 1950 unentgeltlich bei der Gräfin Piccolomini in der Toskana. Diese engagierte sich in der Betreuung von Waisenkindern und hatte je ein Haus für Mädchen, für Buben sowie für ledige Mütter erbaut. In ihrer Arbeit ging Gräfin Piccolomini damals fortschrittliche Wege. So bewohnten die größeren Mädchen in Kleingruppen ein eigenes kleines Haus, versorgten sich selber und wurden, ähnlich dem heutigen „Betreuten Wohnen", nur gelegentlich von einer damals so bezeichneten „Aufseherin" besucht. Imma Unterrichter war von der Gräfin Piccolomini beeindruckt und fand an der Arbeit mit Kindern und Jugendlichen großen Gefallen.[24]

Mit 29 Jahren maturierte Imma Unterrichter im Juni 1951 in Meran. 1952 erhielt sie ihre erste Lehrverpflichtung und unterrichtete die nächsten zehn Jahre an Volksschulen in Südtirol. Dabei bevorzugte sie ländlich geprägte Arbeitsplätze, die ihr soziale Eingebundenheit ermöglichten. „Da habe ich immer kleine Orte gesucht, wo ich möglichst alle Klassen gemeinsam gehabt habe. Das war eine schwere Arbeit, war aber sehr schön und interessant in einem Dorf. Da war ich zuerst in Albions. Das ist ein ganz kleiner Ort, da gab's auch keine Straße hin. Man musste von Klausen auf den Berg hinauf steigen. Die Schule war damals in einem Bauernhof und die Kinder sind von weit her gekommen. Im Dorf war man jemand. Wenn die Leute einen Brief schreiben mussten, sind sie gekommen. Oder wenn irgendein Fest war, sind wir eingeladen gewesen, das war halt sehr nett. Im Dorf war man wie eine große Familie."[25] Neben den Kindern unterrichtete Imma abends die Erwachsenen in Lesen und Schreiben, da unter dem Regime der Faschisten der Deutschunterricht verboten gewesen war.[26]

Von der „Internationalen Hilfe" zu „SOS-Kinderdorf"

Unermüdliches dynamisches Zupacken – „zu tun, was man eben tun muss" – kennzeichnen Imma Unterrichter. So meldete sie sich 1951 bei der „Internationalen Hilfe" und bot ihre Mitarbeit während des Urlaubs an. Die „Internationale Hilfe" richtete im Sommer Feriencamps für etwa 2.500 meist unterernährte Kinder im italienischen Cattolica, Brindisi und Sardinien aus. Imma Unterrichter absolvierte eine vierwöchige Ausbildung, was eine Voraussetzung für die Mitarbeit war. Nachdem sie diese beendet hatte, wurde Imma nicht – wie es ihr Wunsch war – in der direkten Betreuungsarbeit eingesetzt. Vielmehr bildete sie von 1951 bis 1953 nun selbst die Betreuerinnen der Feriencamps, die so genannten „Assistentinnen", aus.[27]

Es waren vor allem ihre Erfahrungen und Kompetenzen im Bereich der Feriencamps, die Hermann Gmeiner auf Imma Unterrichter aufmerksam werden ließen. Den ersten Kontakt zwischen den beiden stellte Ernst Gschließer her. Dieser war nicht nur Unterrichters Cousin zweiten Grades, sondern unter anderem auch Obmann-Stellvertreter bei SOS-Kinderdorf. „Und der sagte: ‚Du, den Menschen musst du kennen lernen, das wird dich interessieren, der nimmt sich auch sehr um Kinder an.'"[28] Im Herbst 1953 schrieb Hermann Gmeiner Imma Unterrichter einen Brief, in dem er sie in das SOS-Kinderdorf nach Imst einlud. „Auf diesen Brief hin bin ich das erste Mal nach Imst, habe mir das angeschaut und war sehr begeistert"[29], erinnert sie sich. Dennoch vergingen über zwei Jahre, bis sich Imma Unterrichter bei SOS-Kinderdorf engagierte. In dieser Zeit leitete sie im Sommer noch Ferienlager für die „Internationale Hilfe" in Cattolica und Brindisi.

Hermann Gmeiner hatte bereits mit seiner Pfarrjugendgruppe Sommerlager durchgeführt und begann dies auch für SOS-Kinderdorf zu etablieren. Während die Kinder im Ferienlager waren, konnten die SOS-Kinderdorf-Mütter ihren Urlaub nehmen. Jene Kinder, die für den „Lagerurlaub" zu klein waren, blieben im Dorf und wurden in dieser Zeit von so genannten „Tanten" betreut.[30] Die Kinder und Jugendlichen hatten im Ferienlager durch die BetreuerInnen die Möglichkeit, andere Bezugspersonen kennen zu lernen. In Anbetracht der mutterzentrierten Erziehung sollten dies vor allem auch Männer sein.[31] Für Hermann Gmeiner war das Ferienlager die Gelegenheit, zumindest einmal im Jahr für einige Wochen mehr Zeit mit den Kindern zu verbringen und dabei auch die Dorfleiter bei ihrer Arbeit zu sehen und sie besser kennen zu lernen.[32]

Im Sommer 1953 hatten 40 Buben aus dem SOS-Kinderdorf Imst das erste Mal ihre Ferienzeit in Calceranica am Caldonazzo-See verbracht.[33] Zur Frage, wie SOS-Kinderdorf auf diesen See in der italienischen Provinz Trient stieß und schließlich dort ein Grundstück erwarb, gibt es unterschiedliche Antworten. Imma Unterrichter nennt es Zufall, der Hermann Gmeiner auf der Suche nach einem wettersicheren Ort an den Caldonazzo-See geführt hatte. Dort soll er sich im Zuge des ersten Lagers 1953 umgesehen und schließlich auf das heutige Grundstück gestoßen sein.[34] Schreiber und Vyslozil führen an, dass es Südtiroler Kinderdorffreunde waren, die 1953 Imster Buben an den Caldonazzo-See einluden. Karl Hofer[35] wiederum erzählt davon, dass seine Schwester Maria Hofer[36] die ersten entscheidenden Verhandlungen mit dem Bürgermeister von Caldonazzo im Zuge eines Ferienaufenthaltes geführt hatte. Ein Bekannter ihrer Mutter aus Pergine hatte den Kontakt zwischen den beiden hergestellt.[37] Drei Aussagen oder Erinnerungen, die sich widersprechen, aber auch ergänzen können. So könnte der Zufall darin liegen, dass Hermann Gmeiner von den Kinderdorffreunden mit Kindern an den Caldonazzo-See eingeladen wurde. Es gefiel ihm dort, er setzte alles daran, dort die Ferienlager veranstalten zu können und schaute sich nach einem passenden Grundstück um. Zufällig hatte die mitgereiste Maria Hofer in dieser Gegend hilfreiche Kontakte, die sie für den Grundstückskauf nutzte.

1954 gründete SOS-Kinderdorf in Bozen die Feriengenossenschaft Caldonazzo, um ein Grundstück am Caldonazzo-See zu erwerben, sowie den Aufbau und den Unterhalt des Ferienlagers finanzieren zu können.[38] Hermann Gmeiner bemühte sich nun verstärkt darum, Imma Unterrichter für die Ferienlager von SOS-Kinderdorf zu gewinnen. Er besuchte sie oft in Kastelruth, wo Imma Unterrichter inzwischen einen Lehrauftrag hatte, und erzählte den Schulkindern von SOS-Kinderdorf. „Da hat er gesagt, warum ich bei der ‚Internationalen Hilfe' arbeite, ich könnte auch beim Kinderdorf arbeiten."[39] 1956 waren Hermann Gmeiners Bemühungen schließlich von Erfolg gekrönt. Imma Unterrichter übernahm ehrenamtlich die Betreuung des Ferienlagers der Mädchen aus dem SOS-Kinderdorf Imst. Da zu diesem Zeitpunkt die Ferienlager der Buben und der Mädchen noch getrennt stattfanden, organisierte Imma Unterrichter ein kleines Ferienlager in Egerdach bei Innsbruck. „Tante Imma" war die einzige Betreuerin und konnte so direkt mit den Mädchen arbeiten, was ihr immer sehr wichtig war. Olga Cracolici, die als kleines Mädchen daran teilnahm, erinnert sich an „Morgensport, singen, dann unter die eiskalte Dusche, anschließend gab's Frühstück und der Tag konnte beginnen!"[40]

In den Jahren 1957 bis 1959 fuhr Imma Unterrichter weiterhin „doppelgleisig": Während des Schuljahres arbeitete sie als Lehrerin und im Sommer engagierte sie sich ehrenamtlich bei SOS. Sie führte Mädchen-Ferienlager in Elvas bei Brixen in Südtirol durch und übernahm in einem Jahr die Urlaubsvertretung von zwei Kinderdorfmüttern im SOS-Kinderdorf Hinterbrühl bei Wien, das gerade im Entstehen war.

SOS-Ferienlager Caldonazzo unter der Leitung von „Tante Imma"

Imma Unterrichters „Caldonazzo-Ära" begann 1960. In diesem Jahr konnte „Tante Imma" erstmals mit den Mädchen nach Caldonazzo fahren. Aber auch die Kinder aus den anderen österreichischen SOS-Kinderdörfern sollten zum ersten Mal ihre Ferien dort verbringen.[41] Imma Unterrichter wurde mit der Verwaltung des Ferienlagers und dem täglichen Einkauf betraut. Diesen hatte in den vorhergehenden Jahren Auguste Neubauer[42] für die „Imster Buben" erledigt. Das ursprünglich kleine Ferienlager der „Imster Buben" nahm immer größere Dimensionen an. In diesem Jahr zeichnete sich ab, dass die Arbeit bei SOS-Kinderdorf neben ihrer regulären Beschäftigung als Lehrerin nicht mehr möglich war. Imma Unterrichter erinnert sich daran, dass sie erkrankte und Hermann Gmeiner daraufhin zu ihr sagte: „‚Das geht nicht mehr so. Du kannst nicht ein halbes Jahr unterrichten, du musst von der Schule weggehen.' Da bin ich weg und bin dann zum Kinderdorf."[43]

Imma Unterrichter wurde von der SOS-Feriengenossenschaft angestellt und beendete 1961 ihre Lehrverpflichtung. Ihre Motivation, mit 40 Jahren und nach knapp zehn Jahren als Lehrerin ihren Beruf und die damit verbundene finanzielle Absicherung zugunsten eines Engagements im SOS-Ferienlager aufzugeben, beschreibt sie folgendermaßen: „Ich war gerne Lehrerin in Südtirol. Es war nett in den Dörfern draußen. Ich war sehr gerne mit Kindern beisammen und da hab ich mir gedacht, dass man im Kinderdorf vielleicht die gleichen Kinder wieder bekommt und mehr mit den Kindern beisammen ist."[44]

Doch das, was sie an den ersten Mädchenlagern in Egerdach und Elvas geschätzt hatte – das Kleine, Familiäre – sollte im Ferienlager Caldonazzo in dieser Form nur begrenzt möglich sein. Zu groß wurde das Unternehmen „SOS-Ferienlager", denn neben den Kindern aus den österreichischen SOS-Kinderdörfern kamen 1961 bereits jene aus Deutschland und Italien dazu.

Aufbau und Verwaltung

Imma Unterrichter war nun in erster Linie mit dem Aufbau und der Verwaltung des ursprünglich kleinen und einfachen Ferienlagers beschäftigt. „Das war eigentlich dann eine kleine Enttäuschung für mich, weil im Sommer dann die große Masse nach Caldonazzo kam, da konnte ich mich mit dem Einzelnen fast nicht abgeben. Und dann waren sie weg, da war ein großes Chaos, da war vieles zu reparieren und du hast sehr wenig Kontakt gehabt mit den Kindern."[45] Wie bereits als Lehrerin war es der persönliche Kontakt zu den Kindern und die soziale Eingebundenheit, die Imma Unterrichter wichtig waren.

Aber wieder hieß es für sie überall mit anzupacken und zu improvisieren. „Ich hab' halt gemacht, was so an mich herangekommen ist."[46] Herangekommen waren die Grundstücksverhandlungen mit der „See-Gesellschaft" und den Bauern, bei denen Imma Unterrichter unterstützt durch den Juristen Ludwig Kögl großes Geschick bewies. Zudem wurde ein seit Jahren leer stehendes Hotel im Ortszentrum von Caldonazzo gekauft, um dessen Renovierung sie sich kümmerte. Zuerst wohnten dort die Mädchen, bis für sie im Laufe der Zeit einfache Bungalows neben dem Hotel errichtet wurden. Dort wurden schließlich die Verwaltung, die Großküche, Personal- und Gästezimmer untergebracht. Die Infrastruktur des Bubenlagers am See und des Mädchenlagers beim Hotel wurde sukzessive aufgebaut. Der Beginn war äußerst bescheiden. Als „Bett" diente den Burschen und Mädchen ein Baumwollsack, den sie sich mit Stroh vollstopften. Sanitäreinrichtungen waren nicht vorhanden, ebenso wenig wie eine Küche.[47] „Wir hatten damals nicht so viele Mittel. Da musste man schauen, dass möglichst alles in die SOS-Kinderdörfer geht und so war für Caldonazzo nicht viel da."[48]

… beim „Strohsack-Stopfen" in Caldonazzo

Neben Imma Unterrichter wurde nur ein Arbeiter angestellt und so machten und reparierten die beiden das meiste selbst. „Wir haben improvisiert. Die einfachen Zelte und die Strohsäcke hatten nach dem Sommer Löcher und mussten gestopft werden. Da haben wir tagelang geflickt und genäht. Man hat möglichst viel selber gemacht. Ich hatte einen ständigen Arbeiter und der hat gestrichen, genagelt, geflickt und gemalt. Das war im Winter schon oft eine harte Arbeit. […] Das kann man sich heute gar nicht mehr vorstellen. Heute würde es niemandem mehr einfallen, der die Leitung innehat, einen Boden zu putzen oder Wäsche zu waschen oder zu flicken. Das ist unmöglich. Heute hast du die Leute dazu, aber damals war es einfach nicht möglich."[49] Imma Unterrichter scheute sich auch nicht vor klassischer Männerarbeit im Sinne von schwerer körperlicher Arbeit. „Wenn nur ein Mann da ist, dann muss man diesem Mann auch helfen. Ich kann mich erinnern, wie wir eine Drainage[50] gelegt haben. Zu zweit haben wir große dicke Rohre durch den ganzen Zeltplatz hinunter gelegt. Der Arbeiter hat so eine Art Stellage gebaut, da wurden die Rohre reingehängt und angeschoben. Heute wäre es ein Wahnsinn, das so zu machen. Man würde Leute und eine Maschine bestellen, die das machen. Damals hat man aber alles selber mit der Hand gemacht."[51]

In den kommenden Jahren und Jahrzehnten war Imma Unterrichter dafür verantwortlich, dass sich das kleine, improvisierte Ferienlager zu einem professionellen Feriendorf mit internationalem Charakter entwickelte. Ab 1965 waren jährlich über 1.000 Kinder unter der Aufsicht von über 100 BetreuerInnen aus ganz Europa und dem angrenzenden Mittelmeerraum in Caldonazzo.[52] Aus dem Ferienlager 1966 berichtete Hermann Gmeiner: „Das Ferienlager, an dem heuer über 1000 Kinder und rund 200 Erwachsene teilgenommen haben, war durch das schlechte Wetter stark beeinflusst. Die starken Regenfälle zu Beginn und am Ende des Lagers haben sich fürchterlich ausgewirkt. Die Zelte konnten das Wasser nicht mehr halten, so dass auch innerhalb der Zelte die Decken, Strohsäcke und Kleidungsstücke der Kinder völlig durchnässt wurden und lange Zeit nicht mehr getrocknet werden konnten. Das führte dazu, dass das Bubenlager zweimal zum Großteil in den Dachboden des Gasthauses und in die Volksschule des Ortes Caldonazzo evakuiert werden musste."[53] Infolgedessen wurden sowohl vom Hermann-Gmeiner-Fonds Deutschland als auch von SOS-Kinderdorf Österreich Investitionen für die Befestigung des Bubenlagers beschlossen.[54] Im Laufe der Jahre wuchs das Ferienlager und die Infrastruktur wurde verbessert. Im Mädchenlager wurden Bungalows sowie Sanitäreinrichtungen aufgebaut. Am weitläufigen Gelände im Bubenlager am See wurden Hauszelte sowie einige Bungalows errichtet, ebenso wie eine Krankenstation, Sportplätze, ein kleines Kino, eine Bibliothek und Zelte für kreatives Arbeiten. Zudem standen den Kindern ein abgeschlossener Strandbereich sowie Kletter- und Spielgeräte zur Verfügung.[55]

Imma Unterrichter war zuständig für den Einkauf sowie die Buchhaltung und hatte zu Beginn auch die Leitung des Mädchenlagers. „Ich habe in der Lagerzeit den Einkauf gemacht, ich bin in der früh mit dem VW-Bus auf den Markt gefahren. Oft bin ich auf den Markt nach Verona gefahren, denn da gab's das Obst um einiges billiger. 90 Kilometer, aber es hat sich ausgezahlt."[56] Eine große Unterstützung in ihrer Arbeit fand Imma Unterrichter in Günther Eberle. Dieser war gerade 16 Jahre alt, als ihn sein Onkel Hermann Gmeiner an Imma Unterrichter vermittelte. Sie erinnert sich noch, wie Gmeiner erklärte: „Ich gebe dir meinen Neffen, der möchte gerne bei Kinderdorf arbeiten. Lass ihn von Anfang an überall mitmachen." Günther Eberle wurde von Imma Unterrichter schließlich zum Nachfolger aufgebaut.

Pädagogische Überlegungen

„Die Ferien in Caldonazzo sollen den Kindern zum Erlebnis werden, an das sie später gerne zurück denken. [...] Damit die Tage fruchtbar werden, müssen sich die Betreuer intensiv mit den Kindern beschäftigen. [...] Sie müssen aktiv sein, mittun, anregen. Vor allem aber und das ist das allerwichtigste: Die Betreuer müssen die ihnen anvertrauten Kinder in Liebe annehmen", verpflichtete Hermann Gmeiner die pädagogischen MitarbeiterInnen.[57] Dementsprechend bedeutete Caldonazzo für die Kinder Schwimmen, sportliche Wettkämpfe, Ausflüge, Lagerfeuerromantik, vielfältige Gemeinschaftserlebnisse und multikulturelle Erfahrungen. Sie kamen begeistert von Caldonazzo zurück, freuten sich bereits im Winter auf den nächsten Aufenthalt.[58] Und so wurde Caldonazzo für viele so etwas wie eine „zweite Heimat". Gerade in den 1960er Jahren war ein Urlaub im Ausland für eine durchschnittliche österreichische Familie nicht selbstverständlich.[59]

Caldonazzo in den 1960er Jahren hatte aber auch einen „streng militärischen Teil"[60] mit straffer Hierarchie und den dazu gehörenden Befehlsstrukturen und Erziehungsvorstellungen. Gottfried Gabriel schildert in seiner Dissertation seine diesbezüglichen Erlebnisse als Kind: „Gleich wurde vor dem Zelt mit hellen Kieselsteinen eine Linie gezogen, damit jeder wusste, wo er beim Pfiff anzutreten hatte. Normal hatten die Pfiffe diese Bedeutung:

1 Pfiff: Vorbereitung, in 5 Minuten: Antreten vor den Zelten!

2 Pfiffe: Antreten vor den Zelten!

3 Pfiffe: Abmarsch zum Morgen- oder Abendappell!

In der Früh genügte ein Pfiff (oder Trompetengeschmetter) und alle hatten augenblicklich vor den Zelten zu stehen. Umgekehrt war's am Abend, nach dem ‚Zapfenstreich' war Nachtruhe. Zum Appell versammelten sich alle in einem geordneten Quadrat um den Fahnenmasten. Nach Gebet und Lied wurde die Fahne mit dem SOS-Kinderdorf-Emblem gehisst oder eingeholt."[61]

Geprägt von seiner Militärzeit hatte Hermann Gmeiner die Idee eines militärischen Tagesablaufs, so Fritz Haider.[62] „Härte und Schulung waren als männlicher Gegenpol zu den Müttern gedacht."[63] Imma Unterrichter trug diesen Führungs- und Erziehungsstil auch basierend auf ihren eigenen Erfahrungen mit. Rückblickend würde sie das etwas anders gestalten. „Ich hab eine ziemlich strenge Schule mitgemacht. Bevor ich im Kinderdorf anfing, habe ich in der Internationalen Hilfe mitgearbeitet und im Ferienlager in Cattolica mit 2.500 Kindern hat man ziemlich auf Disziplin und Ordnung geschaut. [...] Gerade in der ersten Zeit in Caldonazzo war ich ziemlich streng, das wäre ich vielleicht heute nicht mehr. Ich wäre toleranter. Auch vielleicht den Mitarbeitern gegenüber. Ich war damals den Erziehern gegenüber schon sehr streng. Aber das kam eben auch aus der Schule. Wenn man so viele Kinder hat, braucht man ein wenig Strenge, sonst fehlt es an Ordnung."[64] Gleichzeitig setzte sich Imma Unterrichter aber auch für die Kinder ein.[65] Diese konnten sich jederzeit an sie wenden. Dasselbe galt auch für die BetreuerInnen. Und so war und ist Imma Unterrichter im SOS-Kinderdorf als „Tante Imma" bekannt.

Bereits Mitte der 1960er Jahre wurde von Seiten der BetreuerInnen Kritik an dieser Form der Lagerleitung laut. Am Beginn der 1980er Jahre verschärfte sich die Kritik und stellte neben der „Herrschaft von Zucht und Ordnung" das pädagogische Konzept in Frage.[66] Imma Unterrichter sieht die Entwicklungen folgendermaßen: „Zuerst hat man das ein wenig militärischer aufgezogen. Am Sonntag sind die Buben in Lederhosen, weißen Stutzen und weißen Hemden in die Kirche marschiert. Immer marschiert und gesungen, denn bei der Bevölkerung hat das großen Eindruck gemacht. Aber dieses militärische Marschieren ist den Erwachsenen, den Erziehern und unseren Leuten, auf die Nerven gegangen. Dann ist diese antiautoritäre Erziehung gekommen. [...] Da sind die Dorfleiter gekommen und da hat's geheißen, die Kinder sollen selbst entscheiden und man darf den Kindern nichts aufzwingen. In den Ferien sollen die Kinder das genießen und sollen sich selbst beschäftigen können. Man hat's gesehen. Die kleinen Kinder sind rumgesessen und haben geweint. Dann hast du Zelte mit Schnitten gesehen. Viele Kinder wussten nichts mit sich selber anzufangen. Von dieser antiautoritären Erziehung ist man dann auch wieder ganz abgekommen. Man hat dann wieder mit den Kindern was unternommen, es ist wieder gespielt worden. Die Erwachsenen haben sich eingemischt und haben mit den Kindern mitgespielt. Gerade bei den kleinen Kindern hast das sehr gespürt, dass, wenn sich jemand mit den Kindern beschäftigt und abgibt, die Kinder zufrieden und glücklich waren."[67]

SOS als Lebensentscheidung

Die Entscheidung für SOS bedeute für Imma Unterrichter nicht nur beruflich, sondern auch privat eine gravierende Veränderung. Sie war 1961 von Südtirol nach Caldonazzo gezogen. Durch ihre Übersiedelung verlor sie die Eingebundenheit, die sie als Dorfschullehrerin so geschätzt hatte. Wieder musste sie sich ein neues soziales Netzwerk schaffen, was zu Beginn nicht leicht war, da nach den Ferien alle Kinder und MitarbeiterInnen wieder nach Hause fuhren. „Die erste Zeit war schon schwer. Wenn du alleine in Caldonazzo bist, bist du schon sehr einsam im Winter. Um vier Uhr Nachmittag sind die Straßen in Caldonazzo schon leer, da ist jeder in seinem ‚Bau' drinnen und zu den Leuten hast du auch nicht viel Kontakt. Du bist doch die Fremde. [...] Außerdem war es im Hotel auch kalt und das Wasser war draußen im Freien."[68] Was hatte sie getan, um mit der Situation gut umzugehen? „Gearbeitet. Das war das beste Mittel, um darüber hinwegzukommen."[69] Leichter wurde es für Imma Unterrichter, als Günther Eberle ihr Mitarbeiter wurde. „Da war ein Bursche da, mit dem du reden konntest. Er ist am Abend gekommen und man ist beisammen gesessen. Da war das schon ein wenig besser."[70] Mit der Zeit war sie auch rund um Caldonazzo gut vernetzt und trug dazu bei, dass SOS-Kinderdorf in der Gegend eingebunden wurde. „Für Caldonazzo war's recht günstig, dass ich die italienische Staatsbürgerschaft habe. Gerade am Anfang waren wir nicht so bekannt, da hatte es viele Vorteile."[71]

Imma Unterrichter dachte nie an eine Rückkehr in den Lehrberuf. Die Entscheidung für SOS-Kinderdorf war eine Lebensentscheidung. Wenn sie nicht für Caldonazzo arbeitete, war sie in Sachen SOS-Kinderdorf dort, wo sie gebraucht wurde. „Einen Winter lang wurde ich ins SOS-Kinderdorf Moosburg geschickt. Dort sollte ein neuer Dorfleiter eingestellt werden. Da hat es geheißen, ich soll nach Moosburg gehen und den Winter über mit den Kindern dort basteln und dem Dorfleiter ein wenig helfen, ihm zur Hand gehen."[72] Sie genoss es, wieder einmal intensiver mit Kindern zu arbeiten. Die Winter 1964 und 1965 verbrachte sie in Süditalien und engagierte sich beim Aufbau des SOS-Kinderdorfes Ostuni. Initiiert wurde das erste SOS-Kinderdorf in Süditalien von einem Bekannten von Imma Unterrichter. „Dr. Lacorte war der Arzt im Ferienlager der ‚Internationalen Hilfe'. Er hat mir geschrieben und gefragt, was ich jetzt mache und da hab ich ihm geantwortet, ich arbeite beim Kinderdorf. Er ist dann nach Caldonazzo gekommen, hat Imst angeschaut und gesagt, so etwas baue ich auch in Süditalien. Daraufhin wurde ich nach Ostuni geschickt, um dort den Anfang zu machen."[73] 1969 arbeitete sie in Ostuni am Konzept für die „Mütterschule" mit.

Auch als sie Mitte der 1970er Jahre für einige Monate ihren Bruder in Argentinien besuchte, gab Hermann Gmeiner ihr einen Auftrag mit. „Dr. Gmeiner hat mir einen großen Fragebogen mitgegeben und gesagt, ich soll durch alle Dörfer in Südamerika fahren und überall diesen Fragebogen ausfüllen."[74] Es war für Imma Unterrichter allerdings nicht immer einfach, die südamerikanischen SOS-Kinderdörfer zu finden, denn sie flog ohne große Vorbereitungen. „Als ich in Bolivien ankam, hab ich am Flugplatz nach dem Kinderdorf gefragt. Kein Mensch wusste, wo das war. Da ist mir eingefallen, dass es etwas mit Milch zu tun hat. Und da sagte einer ‚Gota de Leche',

Milchtropfen, und das Kinderdorf heißt da wirklich ‚Gota de Leche'. So bin ich dort hingekommen. Ich habe mich oft durchgefragt und das war schon sehr interessant."[75] Nachdem sie die Dörfer gefunden hatte, waren die Fragebögen, welche Informationen zu Kindern und Müttern liefern sollten, nicht immer sofort ausgefüllt. Also nutzte Imma Unterrichter die Zeit in den südamerikanischen SOS-Kinderdörfern. „Die Fragebögen waren gar nicht so leicht auszufüllen und so habe ich mich länger im Dorf aufgehalten. Ich habe inzwischen mit den Kindern gebastelt oder mit ihnen etwas unternommen. Gleichzeitig habe ich versucht, diesen Bogen auszufüllen und bin ins nächste Dorf gefahren. So habe ich die Dörfer in Südamerika kennen gelernt. Das war eine sehr schöne Erfahrung und ich hab sehr viel kennen gelernt. In den Dörfern bist du überall gleich zu Hause. Wie eine große Familie. Du wirst überall nett aufgenommen und ich hab mich sehr wohl gefühlt damals in Südamerika."[76]

Im paraguayanischen Asunción wurde Imma Unterrichter gefragt, ob sie die Dorfleiterin in deren Urlaub vertreten wolle. Auf Grund der Tatsache, dass sie die Verhältnisse vor Ort nicht kannte, lehnte sie ab. Um aber der Dorfleiterin, die gleichzeitig eine Kinderdorffamilie führte, ihren ersten Urlaub seit Eröffnung des Dorfes zu ermöglichen, wollte Unterrichter sie in ihrer Familie vertreten. Die anderen Kinderdorfmütter und sie managten gemeinsam das Dorf, bis die Dorfleiterin nach einem Monat wieder zurückkam.

Imma Unterrichter gefiel die Zeit in Südamerika so, dass die inzwischen 54-Jährige ernsthaft überlegte, dort zu bleiben. Doch Hermann Gmeiner, der nach Südamerika nachgekommen war, erinnerte sie an ihr Versprechen, noch so lange in Caldonazzo zu bleiben, bis Günther Eberle für eine Übergabe der Leitung entsprechend eingearbeitet war. Imma Unterrichter schätzte Hermann Gmeiner sehr, und so flogen sie gemeinsam zurück nach Europa.

Mit Kindern in die Pension

„Nachdem wir in Innsbruck angekommen waren, kam ein Telefonanruf von einer Dame, deren Mann der Konsul in Addis Abeba war."[77] Grund für den Anruf war eine Anfrage um Aufnahme einer Geschwistergruppe, deren Eltern in Äthiopien ums Leben gekommen waren. Da der Vater Österreicher war, sollten die vier Kinder nach Österreich gebracht werden. Die Dorfkommission, welche die Kinderaufnahme regelte, wollte die Geschwistergruppe nicht in ein SOS-Kinderdorf aufnehmen, weil das älteste Mädchen bereits 15 Jahre alt war. Imma Unterrichter, die mit Hermann Gmeiner sehr verbunden war, erinnert sich lebhaft an ihre heftige Reaktion darauf: „Ich hab gesagt: ‚So was Dummes, so ein Blödsinn! Ich denk, dass auch diese Kinder noch jemanden brauchen!' Und er sagt: ‚Wenn du so gescheit bist, warum machst du's nicht?'"[78] Imma Unterrichter hatte nicht die finanziellen Mittel, um vier Kinder aufnehmen zu können. Hermann Gmeiner meinte, darüber ließe sich reden. „Innerhalb von einer halben Stunde haben wir diese Dame wieder angerufen und ihr gesagt, sie soll diese Kinder schicken."[79] So wurde Imma Unterrichter mit 54 Jahren noch vierfache Pflegemutter. Die Kinder kamen zu Imma Unterrichter nach Caldonazzo, als dort gerade das Ferienlager lief. „Ich hab mittags mit den Kindern gegessen und nachher sind sie zum Strand gegangen und haben mit den anderen Kindern gespielt. Abends sind sie wieder bei mir gewesen, dann haben wir etwas gelesen, Geschichten erzählt und sind beisammen gesessen. So haben wir uns langsam zusammengewöhnt.“[80]

1977 übergab sie die Leitung von Caldonazzo an Günther Eberle, ging in Pension und zog mit ihren vier Pflegekindern ins Nordtiroler Oberhofen. Dort hatte SOS-Kinderdorf ein altes Bauernhaus geerbt, das in sehr schlechtem Zustand war. „Es war alles wild verwachsen. Die Eingangstreppe, das Dach und die Fenster waren kaputt und es gab keine Heizung. Es hat schon wild ausgeschaut.“[81] Eine für Imma Unterrichter erschwingliche Wohnung in Innsbruck wäre für die vier Geschwister zu klein gewesen. Also kaufte und renovierte sie das Haus. Unterstützt wurde sie dabei von Mitarbeitern und Jugendlichen des SOS-Kinderdorfs Imst.

Nachdem sie nicht Landwirtschaft studieren konnte, wollte Imma Unterrichter immer direkt mit Kindern arbeiten. Karriere im Sinne der Übernahme von Leitungspositionen war nicht ihr primäres Ziel. „Das hab ich immer schon gerne getan. Ich glaube, dass in Kindern oft verborgene Talente stecken, wie fast in jedem Menschen. Ich glaube, das zu ergründen, das kann eben nicht jeder. Da musst du den Menschen ungeheuer gerne haben, sonst kannst du es nicht sehen.“[82] Bei SOS-Kinderdorf wurde Imma Unterrichter auf Grund ihrer vielfältigen Kompetenzen in erster Linie mit Aufbau-, Leitungs- und Sonderaufgaben betraut. Getreu ihrem Motto „die Arbeit war da und musste gemacht werden“ stellte sie sich den Anforderungen. „Man ist dann so reingewachsen in Caldonazzo, das hat sich von selbst ergeben. Als ich in Pension ging, habe ich dann sehr viel mit Kindern zu tun gehabt.“[83] Für ihre Pension wählte sie sich jene Aufgaben, die ihr diese Qualität des Arbeitens und Lebens mit Kindern brachten. Neben ihren Pflegekindern betreute Imma Unterrichter immer wieder Kinder und Jugendliche, die kurz- oder mittelfristig Hilfe brauchten. Ebenso unterstützt sie bei Bedarf Erwachsene, die im SOS-Kinderdorf aufgewachsen waren. In der Nachbarschaft bot Imma Unterrichter Nachhilfeunterricht an.

„Tante Imma“ und „ihre SOS-Kinderdorf-Familie“

SOS-Kinderdorf war und ist für Imma Unterrichter weniger ein Arbeitsplatz als vielmehr eine Lebensform. „Kinderdorf war auf jeden Fall mehr als ein Arbeitsplatz. Solange es hell war und solange man arbeiten konnte, hat man gearbeitet. Heutzutage schaut man auf die Uhr, so etwas gab's nicht. Das war für uns ganz undenkbar, ebenso wie zum Beispiel Urlaub. Solang ich hier mit den Kindern war, hab ich doch nie einen Urlaub genommen. Es hat gekocht werden müssen und du kannst sie nicht auf einmal alleine lassen. Es war, als ob man in einer Familie wäre, nicht als ob es eine Beschäftigung wäre. Wenn du in der Welt herumschaust, dann ist das am Anfang überall so. Wenn die Leute heute etwas aufbauen, dann werden sie am Anfang nie auf die Uhr schauen, sonst erreichen sie nichts. Ich glaube, wenn du dich am Anfang nicht ganz einsetzt, kommst du nicht weiter. Durch das Kinderdorf bin ich viel in der Welt herum gekommen.“[84]

Ausgehend von ihrer Geschichte und ihren Werten hat Imma Unterrichter klare Erwartungshaltungen an die MitarbeiterInnen von SOS-Kinderdorf. „Vielleicht wird auch das Kinderdorf mit der Zeit ein großer Betrieb und die Leute haben einen Job und die Leute schauen auf die Uhr und warten, wann sie in Pension gehen können. Das ist in jedem Betrieb so. Es täte mir gefallen, wenn sich jemand außer der Zeit noch für das Werk ein wenig einsetzt und interessiert ist. Darin ein wenig mehr sieht als wie nur einen Job. Weil es das Kinderdorf ist und das sollte ein wenig anders sein wie die anderen."[85] Auch gelebte Religiosität ist ihr ein großes Anliegen. Sie ist für Imma Unterrichter „ein Schatz, den du dem Kind mitgeben kannst und den du dem Kind verweigerst, wenn du dem Kind diesen Schatz nicht gibst."[86]

Imma Unterrichter lebt heute in Oberhofen. Einer ihrer Pflegesöhne wohnt mit seiner Frau im selben Haus. Sie ist Ehrenmitglied von SOS-Kinderdorf International und erhielt 2001 die Verdienstmedaille des Landes Tirol, und sie tut mit 85 Jahren immer noch, was getan werden muss.

Trotz aller Aufbauarbeit vor allem in Caldonazzo bezeichnet sich Imma Unterrichter nicht als Pionierin. „Pionierinnen, das sind Frauen, die eine neue Sache aufbauen. Die für's Kinderdorf ins Ausland gehen oder etwas Neues aufbauen. Die Frau Heissenberger[87] oder die Frau Sinnhuber[88], das sind Pionierinnen. Ich bin dem Kinderdorf so dankbar, dass ich so tolle Leute kennen gelernt habe. Man hat direkt eine Freude, mit diesen Leuten wieder zusammenzukommen. Ich habe sehr viele Freunde gewonnen und konnte sehr frei arbeiten. Ich würde mich nicht als Pionierin betrachten. Ich bin hingekommen und habe zugepackt, wo gerade etwas zu tun war. Aber deshalb würde ich mich nicht als Pionierin bezeichnen. Da waren ja immer Leute, die mir geholfen haben. Allein war man ja nicht, man hätte ja sonst nichts machen können und es war immer eine Teamarbeit. Es ist ein beglückendes Gefühl, bei einem großen Werk mitwirken zu dürfen."[89]

Imma Unterrichter beim Fest anlässlich ihres 80. Geburtstages in der SOS-Jugendwohngemeinschaft Telfs

Anmerkungen

1 Interview mit Imma Unterrichter, 30. Juni und 08. Juli 2003. Die Zitate wurden nach einem Gespräch mit Imma Unterrichter zum Teil ergänzt und der Schriftsprache angepasst.

2 Hermine Unterrichters Vater Karl Heidler von Heidelborn war von 1818-58 Kurarzt in Marienbad und unter anderem mit Johann Wolfgang von Goethe befreundet. Vgl. Träger, 2001, S.5; http://www.marianskelazne.cz/de/turistika-volny-cas/denkmaler-und-gedenktafeln/, Stand: 15.03.2006

3 Nach dem Zerfall der Österreichisch-Ungarischen Monarchie wurde Böhmen Teil der neu gegründeten Tschechoslowakischen Republik. Vgl. Brockhaus, 2001, S.48

4 So hatte der italienische Nationalist Ettore Tolomei im Juli 1923 einen 32 Punkte umfassenden Maßnahmenkatalog zur „Entnationalisierung“ Südtirols verkündet, der in weiterer Folge sukzessive umgesetzt wurde. Bis zur Übersiedlung der Unterrichters nach Böhmen kam es beispielsweise zum Verbot des Namens „Tirol“ und die Italianisierung der Schulen begann. Italienisch wurde als Verwaltungs- und Gerichtssprache eingeführt, die deutsche Presse verboten sowie das Dekret zur Umwandlung von deutschen Familiennamen ins Italienische erlassen. Vgl. http://zis.uibk.ac.at/stirol_doku/welcome_chronik.phtml, Stand: 15.03.2006; siehe auch Portrait von Franziska Lemayr

5 Interview mit Imma Unterrichter

6 Träger, 2001, S.28

7 Imma Unterrichter im Video: „Auf Imma und Ewig“, 2001

8 Ebd.

9 Ebd.

10 Gesetz für den Reichsarbeitsdienst, Reichsregierung, 26. Juni 1935, § 1; zit. n. http://de.wikipedia.org/wiki/Reichsarbeitsdienst; Stand: 03.01.2006; http://www.dhm.de/lemo/html/nazi/innenpolitik/arbeitsdienst/, Stand: 06.02.2006. In einer Frauenzeitschrift aus dem Jahr 1939 wurde der Reichsarbeitsdienst folgendermaßen beschrieben: Die Frauen „[...] sollten ein halbes Jahr lang zusammenleben, gemeinsam arbeiten, am Abend zusammen singen und spielen, gemeinsame Fahrten und Feste erleben – und alles unter dem Zeichen des Arbeitsdienstes: unter der Fahne, die wir morgens aufziehen und abends als letztes wieder einholen. [...] Und das ist das Große am Arbeitsdienst: dass jeder junge Mensch nicht allein die richtige Einstellung zur Arbeit finden lernt, sondern dass er nach allen Seiten hin ausgebildet und erzogen wird. [...] Die Aufgabe des Arbeitsdienstes für die weibliche Jugend ist Dienst an der kinderreichen Deutschen Mutter, und das Schöne und Einmalige ist, dass wir die Mütter entlasten und gleichzeitig dabei selbst soviel lernen können!“. Deutsche Frauen-Zeitung, 1938/39, S.4

11 http://www.dhm.de/lemo/html/nazi/innenpolitik/arbeitsdienst/, Stand: 06.02.2006; Deutsche Frauen-Zeitung, 1938/39, S.4; http://www.dhm.de/ausstellungen/lebensstationen/ns_8.htm; Stand: 16.12.2003

12 Vgl. http://www.dhm.de/ausstellungen/lebensstationen/ns_8.htm; Stand: 16.12.2003

13 Interview mit Imma Unterrichter

14 Ebd.

15 Ebd.

16 Ebd.

17 Interview mit Imma Unterrichter

18 Ebd.

19 Vgl. Weiss, 1998, S.8

20 Vgl. ebd., S.10

21 Vgl. ebd, S.8ff

22 Vgl. in diesem Buch das Kapitel: „Die soziale Arbeit ist das Amerika der Frau“. Die Entwicklung Sozialer Arbeit zum „modernen Frauenberuf“.

23 Interview mit Imma Unterrichter

24 Vgl. Träger, 2001, S.5f

25 Interview mit Imma Unterrichter

26 Vgl. Träger, 2001, S.6

27 Vgl. ebd.

28 Interview mit Imma Unterrichter

29 Ebd.

30 Vgl. Schreiber/Vyslozil, 2001, S.184
31 Vgl. Gabriel, 1985, S.68
32 Vgl. Schreiber/Vyslozil, 2001, S.184
33 Vgl. ebd.
34 Vgl. Imma Unterrichter im Video: „Auf Imma und Ewig", 2001
35 Karl Hofer war über seine Schwester Maria Hofer in Kontakt mit SOS-Kinderdorf gekommen und engagierte sich ehrenamtlich im SOS-Kinderdorf Imst. Unter anderem war er 1952 als Betreuer im Ferienlager des Imster Kinderdorfs am Wörthersee tätig.
36 Vgl. Portrait Maria Hofer
37 Vgl. Interview mit Karl und Helene Hofer, 29. September 2003; Interview mit Walter Gstrein, 20. Jänner 2006
38 Vgl. Schreiber/Vyslozil, 2001, S.185
39 Interview mit Imma Unterrichter
40 Video „Auf Imma und ewig", 2001
41 Träger, 2001, S.7
42 Vgl. Portrait Auguste Neubauer
43 Interview mit Imma Unterrichter
44 Ebd.
45 Ebd.
46 Ebd.
47 Vgl. Portrait Helene Didl
48 Interview mit Imma Unterrichter
49 Ebd.
50 Dient zur Entwässerung des Bodens; vgl. Duden Fremdwörterbuch, 2001, S.244
51 Interview mit Imma Unterrichter
52 Vgl. Schreiber/Vyslozil, 2001, S.185
53 Protokoll über die Vorstandssitzung des Hauptverein am 5.9.1966, Ordner Hauptverein Vorstandssitzungen (Protokolle 1962-66)
54 Vgl. ebd.
55 Vgl. Gabriel, 1985, S.70
56 Interview mit Imma Unterrichter
57 Vgl. Ferienordnung (Lagerordnung) für die pädagogischen Mitarbeiter; in: Gabriel, 1985, S.190
58 Vgl. Bericht Helene Didl über die Jahre 1949-63, Ordner Materialien Stadelmann; zit. n. Schreiber/Vyslozil, 2001, S.185
59 Vgl. Schreiber/Vyslozil, 2001, S.185
60 Gabriel, 1985, S.74
61 Ebd., S.73
62 Fritz Haider war einer der ersten Angestellten in der Kanzlei der Societas Socialis, wurde später Dorfleiter des SOS-Kinderdorf Imst und schließlich erster Leiter des SOS-Kinderdorfes Hinterbrühl.
63 Fritz Haider, in: Gabriel, 1985, S.205
64 Interview mit Imma Unterrichter
65 Vgl. Interview mit Walter Gstrein
66 Vgl. Schreiber/Vyslozil, 2001, S.186
67 Interview mit Imma Unterrichter
68 Ebd.
69 Ebd.
70 Ebd.
71 Ebd.
72 Ebd.
73 Ebd.
74 Ebd.
75 Ebd.
76 Ebd.
77 Ebd.

78 Ebd.
79 Ebd.
80 Ebd.
81 Ebd.
82 Ebd.
83 Ebd.
84 Ebd.
85 Ebd.
86 Ebd.
87 Vgl. Portrait Maria Heissenberger
88 Vgl. Portrait Luise Sinnhuber
89 Interview mit Imma Unterrichter

Erika Gottlieb (geb. 1928)

„Mir hat das getaugt, so Feuerwehr zu spielen“

Hineingeboren in eine Zeit der wirtschaftlichen Krise wuchs Erika Gottlieb mit Mutter und Großmutter in Wien auf. Ihre Jugendjahre begannen mit der Machtübernahme der Nationalsozialisten und endeten in den ersten Nachkriegsjahren. Nach der Matura 1946 studierte Erika Gottlieb an der Technischen Hochschule in Wien, sie musste sich aber bald aus finanziellen Gründen um eine Anstellung bemühen. In den 1950er Jahren arbeitete sie sich bis zur Chefsekretärin in der Wirtschaftskammer empor. 1957 traf sie ihre Entscheidung, für SOS-Kinderdorf zu arbeiten.

In einer Zeitungsreportage aus dem Jahr 1985 ist über Erika Gottlieb zu lesen: „Die resolute Wienerin bewarb sich vor rund 30 Jahren [...] als Mutter – und wurde von SOS-Kinderdorf-Gründer Hermann Gmeiner als seine persönliche Sekretärin engagiert. [Sie] half ihm beim Aufbau der Kinderdörfer und ist heute noch dafür verantwortlich, daß immer genügend Mütter da sind.“[1]

Eine Familie von Frauen

„Aufgewachsen bin ich in einer Mutterfamilie. Mein Vater hat nach dem Ersten Krieg keine Arbeit gekriegt und war in Jugoslawien Gastarbeiter, damit wir bei der winzigen Pension, die ehemalige Offiziere bekommen haben, überhaupt leben konnten. [...] Ich hab nicht das Gefühl, dass mir irgendwas abgegangen ist, das war eben so. Ich glaub, ich hab eine nette Jugend gehabt, wie es in dieser Zeit eben üblich war.“[2]

Erika Gottlieb wurde am 14. April 1928 als Tochter von Adolfine und Karl Gottlieb in Wien geboren. Sie wuchs mit der um viereinhalb Jahre älteren Schwester, ihrer Mutter und Großmutter in einer Familie von Frauen auf. Der früh verstorbene Großvater war Schlosser von Beruf gewesen und hatte sein Geld in Häusern angelegt. Die Familie lebte in der Hausbesitzerwohnung eines vom Großvater angekauften Mietshauses, in der Erika Gottlieb noch heute als Mieterin wohnt.[3]

Die Mutter Adolfine Gottlieb besuchte eine Klosterschule „und hat ‚auf den Prinz gewartet‘, wie das damals üblich war, und war im Haushalt“[4]. Nach ihrer Heirat trug sie mit Häkel- und Strickarbeiten als Zuverdienst zum Lebensunterhalt der Familie bei. Erika Gottliebs Vater Karl absolvierte die Militärakademie und war Offizier im Ersten Weltkrieg. Da er in der Zwischenkriegszeit in Wien keine Arbeit bekam, ging er letztendlich als „Gastarbeiter“ nach Jugoslawien. Am 20. März 1938 wurde Karl Gottlieb nach Österreich „zurückberufen“. „Die Nationalsozialisten haben genau gewusst, wo die Österreicher oder Deutschen sind und eine Arbeit bekommen haben“[5], erzählt Erika Gottlieb. Ihr Vater kam in die Bösendorfer Klavierfabrik.[6] Die kurze Zeit, die er in Wien war, lebte er bei seinen Eltern. „Ich lernte ihn zwar endlich kennen, aber wahrscheinlich durch die lange Abwesenheit ist ‚eine gewisse Entfremdung' zwischen den Eltern entstanden"[7], erinnert sie sich. Zu Beginn des Zweiten Weltkrieges im Herbst 1939 wurde Karl Gottlieb wieder eingezogen. Das Aufwachsen ohne Vater bedauert Erika Gottlieb, sieht es aber nicht als „Unglück".[8] „Der einzige gravierende Nachteil, der ihr daraus erwachsen wäre, sei der Umstand, dass sie geglaubt habe, dass Männer wie Frauen denken. Dafür musste sie auch Lehrgeld bezahlen."[9]

1938 bis 1946 – vom Jungmädelbund bis zur Matura

Die Jugendjahre von Erika Gottlieb beginnen 1938 mit der nationalsozialistischen Machtübernahme und dem Einmarsch der Deutschen Wehrmacht in Österreich. Für die 10-Jährige war das Jahr 1938 aus zweierlei Gründen „eine einschneidende Sache"[10]. Sie verknüpft damit die „positive Situation", dass der Vater „zurückberufen" wurde und sie ihn endlich kennen lernte.[11] Wie ihre Schwester kam nun auch sie in die Mittelschule und trat in dieser Zeit den Jungmädchen bei. Eine Verpflichtung zum Dienst in der Hitlerjugend wurde im folgenden Jahr in einer Verordnung vom 25. März 1939 bestimmt.[12] Die 10-Jährigen wurden in das deutsche Jungvolk bzw. in den Jungmädelbund aufgenommen, die 14-Jährigen in der Regel in die Hitlerjugend bzw. in den Bund Deutscher Mädel überwiesen. „Diese Initiationsriten waren genau zum richtigen Zeitpunkt im Leben der jungen Menschen gesetzt. Auch die Religionsgemeinschaften pflegen in diesem Alter mit Firmung, Konfirmation oder Bar-Mizwa ihre Jugendlichen in den Kreis der ‚Eingeweihten' aufzunehmen."[13] Im nationalsozialistischen System spielte die Jugend eine besondere Rolle. Jugendliche „galten als die zukünftigen Verteidiger der ‚Volks- und Kulturgemeinschaft'. Zur weltanschaulichen Beeinflussung und körperlichen Vorbereitung auf künftige Aufgaben […] wurden die Schule und vor allem die Hitlerjugend benützt."[14]

Aus ihrer Zeit bei den Jungmädchen in Wien erinnert sich Erika Gottlieb: „Meine Mutter war dagegen, dass man sich ‚an die Zeit anpasst'. […] Mir hat der Jungmädchenbund gefallen, weil wir viel unternommen haben. Wir sind in die Berge gegangen, wir haben Sport betrieben, es ist kaum Politik betrieben worden. Das dürfte auch verschieden gewesen sein in den Gebieten. Und ich weiß, dass meine Mutter dagegen war. Als Mittelschülerin ist man natürlich in manche Funktion gekommen und ich wollte nicht zu dem so genannten Bund Deutscher Mädchen. Ich wollte bei den Jungmädchen bleiben. Daher habe ich eine Führungsfunktion gekriegt, aber wir haben mit Politik eigentlich kaum etwas zu tun gehabt. […] Wir haben nicht hinterfragt. Darum versteht die heutige Gesellschaft diese Zeit nicht, weil das eine andere Denkweise war. […] Wir waren froh, dass wir keinen Hunger mehr gehabt haben, den man vorher gehabt hat."[15]

In den Jahren des Zweiten Weltkrieges hatte die junge Erika Gottlieb keine andere Wahl, als ihre Selbständigkeit unter Beweis zu stellen und die Anforderungen der Kriegseinsätze zu bewältigen. Sie wurde „nach den Bombenangriffen zum Ziegelschupfen gerufen"[16], arbeitete in Fabriken und kam im Alter von 15 Jahren zum Kriegseinsatz in ein Krankenhaus in Wien. „Es war kein Zwang, ich hab mir eben das Spital ausgesucht“[17], erzählt sie. Dort war sie als Hilfskrankenschwester für einen Saal mit 25 Männern zuständig. „Meine Mutter durfte das ja gar nicht wissen, was ich da alles erlebt habe in dem Spital, was ich erleben durfte, weil einem das schon eine gewisse Reife gebracht hat.“[18] In der Erinnerung an ihre Aufgaben im Krieg stellt Erika Gottlieb heute fest: „Meine soziale Einstellung ist eigentlich in der Zeit interessanterweise gewachsen, wenn ich ehrlich bin.“[19]

In der Zeit nach dem Krieg war es für Erika Gottlieb eine Selbstverständlichkeit, „die Trümmer“ wegzuräumen und beim Wiederaufbau mitzuhelfen. Sie erinnert sich auch, wie sie, nachdem keine Handwerker verfügbar waren, selbst in den vierten Stock ihres Hauses stieg, um das Dach zu reparieren. Mit Jutesäcken um die Füße und sportlich trainiert, wie sie damals war, dachte sie keine Minute daran, hinunterfallen zu können. Gemeinsam mit ihrer Familie war sie gefordert, deren Überleben zu sichern. „Man hat einfach gemacht, was notwendig war. Und wenn man Hunger gehabt hat, dann ist man stundenlang in den Wald gegangen, hat Bärlauch und Kräuter gepflückt und bei Bauern Kartoffeln eingetauscht. […] Echt Hunger gelitten zu haben, kann ich mich eigentlich nicht erinnern.“[20]

Als Erika Gottlieb nach dem Krieg erfuhr, „was im Hintergrund gelaufen ist, habe ich zuerst einen Nervenzusammenbruch gekriegt. Ich war so enttäuscht, was also da mit den Juden passiert ist, dass ich einen Nervenzusammenbruch hatte. Da hätte ich bald die Matura nicht geschafft, da war ich gesundheitlich ziemlich am Ende.“[21] Im Jahr 1946 maturierte Erika Gottlieb und beendete die Mittelschule mit hauswirtschaftlichem Schwerpunkt. Für ihren weiteren Ausbildungsweg sollte nun der Vater eine wesentliche Rolle spielen.

Die Tochter eines Offiziers und technischen Genies

Die Bedeutung des Vaters streicht Erika Gottlieb in ihren Erinnerungen insbesondere hervor, wenn es um ihre moralischen Werte geht und sie ihren Ausbildungsweg nach der Matura beschreibt. Aus der Besatzungszeit erzählt sie von Schulkolleginnen, „die sich mit den Amerikanern eingelassen haben, vielleicht auch mit den Russen, das weiß ich nicht, und ich als Offizierstochter, na also das war unter meiner Würde. […] Als Tochter eines Offiziers, das wäre für mich das Letzte gewesen, dass ich da von den Amerikanern etwas annehme.“[22] Als sie einmal nach der Schule einen Amerikaner in der Wohnung ihrer Familie vorfand, mit einem „Berg Lebensmittel, Brot, Schokolade und Bananen, also alles was gut und teuer war“[23], verbot sie der Großmutter, ein Stück davon zu essen.

Erika Gottliebs Vater kam nach einem Sturz vom Pferd und einer schweren Ruhr noch vor Kriegsende zurück nach Wien. Er bekam den XIV. Wiener Gemeindebezirk als Kommandeur des Volkssturms zugewiesen. „Er hat, bevor die Russen gekommen sind, alle vom Volkssturm heimgeschickt, damit sein Leben riskiert und sich dann freiwillig gestellt, also in russische Gefangenschaft begeben. Das ist auch etwas, das man heute nicht versteht. Das war die Ehre eines Offiziers. […] Also ich muss sagen, ich habe Achtung davor.“[24] Schon in früher Jugend entwickelte Erika

Gottlieb Eigenständigkeit, Selbstbewusstsein und Stärke. Aus ihrer Familie nahm sie Werte wie Ehre, Würde und Anstand mit, die sie in ihrer Jugend ebenso leiteten wie in den ersten Berufsjahren.

Karl Gottlieb „vererbte“[25] seiner Tochter das besondere Interesse an Technik. Zudem „war ein Gewerbeschein für ein technisches Büro vorhanden“[26], wie Erika Gottlieb erzählt. Ohne technische Ausbildung bekam Karl Gottlieb ehrenhalber den Ingenieurtitel von der Ingenieurkammer verliehen. Im Ersten Weltkrieg hatte er Geräte repariert und in seiner Zeit in Jugoslawien Holzbearbeitungsmaschinen entwickelt. „Er war ein technisches Genie und ich hab ein bissl was davon geerbt“[27], erinnert sich Erika Gottlieb an ihren Vater.

Der Berufswunsch „Mittelschullehrerin für Mathematik und Darstellende Geometrie“ und die Aussicht, den Gewerbeschein verpachten zu können, motivierten sie zu einem Technikstudium. „Ich wollte auf jeden Fall mit Jugend zu tun haben.“[28] Und da Erika Gottlieb im hauswirtschaftlichen Zweig der Mittelschule kein Latein hatte, wählte sie den Weg zur Mittelschullehrerin über die Technische Hochschule. Die Übernahme des Gewerbescheins war zudem mit einem Abschluss als Ingenieurin verbunden. Dieser hätte sie zwar nicht befähigt, ein technisches Büro zu leiten, „weil eine Frau hätte so was damals nicht führen können“[29], aber das Verpachten hätte ein zusätzliches Einkommen gesichert. Erika Gottlieb studierte vier Semester Maschinenbau an der Technischen Hochschule in Wien. Im Februar 1950 „starb der Vater und ‚damit war alles vorbei‘“[30]. Für Karl Gottlieb wirkte sich bereits der Erste Weltkrieg negativ auf seine Gesundheit aus. Seit damals „hatte er mit der Lunge zu tun“[31]. Die Entbehrungen und Belastungen der weiteren Kriegsjahre und die Zeit in der Gefangenschaft nach 1945 verschlimmerten seine Erkrankung „und er ist an Lungenkrebs dann verstorben, nach zwei Jahren fürchterlichen Leidens“[32].

Nach dem Tod des Vaters versuchte Erika Gottlieb, das Geld für die Studiengebühren mit Nebenjobs – wie Putzen, Bügeln, Nähen und „auf Kinder aufpassen“ – zu verdienen. Sie eignete sich Kenntnisse in Stenographie und Maschineschreiben an, um stundenweise bei einem Rechtsanwalt arbeiten zu können. Neben dem aufwendigen Studium an der Technischen Hochschule waren diese Nebenjobs aber zeitlich nicht zu bewältigen. Daher musste sie letzten Endes das Studium aufgeben. Der Beruf der Hauswirtschaftslehrerin wäre für Erika Gottlieb nun noch eine Alternative gewesen, „weil ich hab immer für Hauswirtschaft, für Familie, für Kochen auch was übrig gehabt“[33]. In diesem Bereich „war damals keine Ausbildungsstelle zu bekommen“[34]. Der Tod des Vaters brachte zudem mit sich, dass Erika Gottlieb zum Familieneinkommen beitragen musste. Ihre Mutter bekam eine kleine Pension und einen geringen Zuverdienst mit Handarbeiten, die Großmutter bezog Sozialhilfe. Die Schwester, die als „Lehrerin an der jugoslawischen Grenze im Partisanengebiet arbeiten musste“[35], dann eingezogen worden war, befand sich, wie Erika Gottlieb erzählt, nach wie vor in Kriegsgefangenschaft.

Von der Schreibkraft zur Chefsekretärin

Auf der Suche nach einer Anstellung kam Erika Gottlieb im Herbst 1950 mit Beziehungen – der Mann einer Freundin ihrer Mutter war Sektionsobmann in der Wirtschaftskammer – zum Wirtschaftsbund der ÖVP. Als in der Bundeskammer der Gewerblichen Wirtschaft eine Stelle frei wurde, wechselte Erika Gottlieb in die „Sektion Gewerbe". Ihre Arbeit in der Wirtschaftskammer begann sie als Schreibkraft in der „Beschaffungsstelle", bis sie einen Posten in der Bundesinnung der Konditoren, Molkereien und Eierkennzeichnungsstellen bekam. Erika Gottlieb erzählt aus dieser Zeit von einem einschneidenden Erlebnis: Sie erkrankte damals an Diphtherie, die – zuerst nicht erkannt – beinahe zu ihrem Tod geführt hätte. Sieben Wochen musste sie im Spital verbringen, bis sie wieder genesen war. Ihre Stelle war inzwischen nachbesetzt worden, sie konnte aber im selben Bereich tätig bleiben.

„Dann war noch etwas, das war eigentlich ein Bruch, mein Aufstieg eigentlich, nicht mein Abstieg."[36] Erika Gottlieb hatte in der Bundesinnung die Aufgabe, Funktionären die vorbereitete Unterschriftenmappe vorzulegen. Einer dieser Funktionäre wohnte in einem Hotel. „Wie ich hingekommen bin mit der Mappe, da hat es geheißen: ‚Der Herr Kommerzialrat erwartet Sie zum Dinner.' Na gut, ich habe die Unterschriftsmappe zum Liftboy gebracht und hab gesagt, geh sei so gut, bringst das auf Zimmer sowieso, der Herr Kommerzialrat sowieso, dass er das unterschreibt, und dann bringst mir die Mappe wieder. Ich hab ihm, was weiß ich, einen Schilling oder so etwas in die Hand gedrückt und er ist gegangen. Und ab der Minute war ich auf der Abschussliste."[37] Sie befürchtete gekündigt zu werden. „In meiner Not habe ich gedacht, was kann schon passieren, bevor ich da hinausfliege, werde ich mich [bei Julius Raab[38], dem Präsidenten der Bundeskammer] anmelden. Habe mich angemeldet, habe einen Termin gekriegt bei ihm und hab natürlich mit gesenkten Augen, weil ich mich geniert habe, erzählt, was mir widerfahren ist und wie es halt ist. [...] Ich sehe ihn heute noch, die Zornesröte ist ihm ins Gesicht gestiegen, ich habe im Moment nicht gewusst, geht das jetzt gegen mich oder was ist da jetzt. Dann hat er sich beruhigt und hat gesagt: ‚Frau Gottlieb, keine Sorge, ich werde veranlassen, dass Sie versetzt werden.'"[39]

In der Sektion Gewerbe bekam Erika Gottlieb die Stelle der Sekretärin des „Adlatus" und wurde von Julius Raab in die „Disziplinarkommission" berufen. Dort fungierte sie als Ansprechpartnerin für Beschwerden von Mitarbeiterinnen der Bundeswirtschaftskammer. „Und da hab ich sehr viel Ungutes gesehen und das war, glaube ich, das auslösende Moment, dass ich aussteigen wollte aus der Kammer. Vielleicht hätte ich sonst das vom Kinderdorf gar nicht gelesen, vielleicht, ich weiß es nicht."[40]

Vorher sollte sie auf die Bitte des Präsidenten Julius Raab hin aber noch einen Betriebsrat und eine Sportsektion gründen. Und da ihr „immer zu wenig Arbeit" war, wie sie selbst mehrmals bemerkt, organisierte sie auch Betriebsveranstaltungen. Ihr Organisationstalent perfektionierte Erika Gottlieb schlussendlich bei der Vorbereitung eines internationalen Gewerbekongresses. Ihr Vorgesetzter bei diesem Projekt leitete in die Wege, dass sie nach dem Kongress als erste Frau als

Sekretärin eines Sektionsobmannes in der Bundeskammer der Gewerblichen Wirtschaft eingesetzt wurde. Üblicherweise wurden Männer, die dem Cartellverband angehörten und neben ihrer Arbeit ein Studium absolvierten, den Sektionsobmännern als Sekretäre zur Seite gestellt, erinnert sich Erika Gottlieb. „Auch wenn die Tätigkeit in der Kammer nicht ihr Berufsziel gewesen war, arbeitete sie sich […] zur Chefsekretärin in der Bundessektion Gewerbe hinauf. Und dies als einzige Frau in einer damals absoluten Männerdomäne."[41]

Berufswunsch SOS-Kinderdorf-Mutter

Aus der Zeitung erfuhr Erika Gottlieb 1957, dass für das SOS-Kinderdorf Wienerwald Kinderdorfmütter gesucht wurden: „Für mich war sofort klar, das ist der Beruf."[42] Ein Besuch im SOS-Kinderdorf in Hinterbrühl sowie Gespräche mit dem Verwalter Hugo Köchle und dem Geschäftsführer des Wiener Büros Hubert Gau bestärkten Erika Gottlieb in ihrem Vorhaben: „Kinderdorfmutter. Da habe ich genau das, was ich wollte, ich hab mir immer eine Familie gewünscht und viele Kinder wollen."[43]

Obwohl Erika Gottlieb fest davon überzeugt war, ihre Anstellung in der Wirtschaftskammer für ein Leben mit Kinderdorffamilie aufgeben zu wollen, gelang es Hermann Gmeiner, sie für andere Aufgaben bei SOS-Kinderdorf zu gewinnen. Bei ihrem ersten Gespräch im Wiener SOS-Kinderdorf-Büro meinte Hermann Gmeiner: „Und Kinderdorfmutter können'S immer noch werden."[44] Erika Gottlieb wurde vermittelt, „er bräuchte dringendst jemanden in der Organisation. Sie hätten überhaupt keine Ahnung, wie man Bürotechnik macht oder organisiert. Also er hat getan, als würde, wenn ich nicht komme, alles zerfallen und ohne mich würde nichts. ‚Mit dem Lasso einen einzufangen', das hat er verstanden"[45]. Wiederholte Male lud er Erika Gottlieb in das SOS-Kinderdorf in die Hinterbrühl ein, um dort mit ihr weiter zu reden. „Da hat er mir die kleinen Kinder in die Hand gedrückt und so begann es."[46] In einen Aufgabenbereich umzusteigen, in dem das Ziel der Tätigkeit auf das Wohl von Kindern ausgerichtet ist und darauf, „dass Geld da ist, dass man noch ein Haus bauen kann"[47], bewog Erika Gottlieb, sich für SOS-Kinderdorf zu entscheiden. „Gmeiner forderte sie also auf, ihre Entscheidung für die Tätigkeit einer Kinderdorf-Mutter noch zwei Jahre lang hinauszuzögern und einstweilen seine persönliche Sekretärin zu werden. Da Gmeiner sie jedoch permanent benötigte und die Aufgaben mit der Größe der SOS-Kinderdörfer wuchsen, verblieb sie auf diesem Posten."[48]

Mit ihrem Wechsel von der Wirtschaftskammer zu SOS-Kinderdorf nahm Erika Gottlieb finanzielle Einbußen und anfängliche Zusatzbelastungen auf sich. Sie hatte in der Kammer einen Kredit zurückzuzahlen und nachdem sie bei SOS-Kinderdorf erheblich weniger verdiente, musste sie sich anfangs noch mit Putzen ein zusätzliches Einkommen verschaffen. Ihre Mutter war mit dem Ausstieg aus der Kammer nicht einverstanden. Dort hätte die Tochter inzwischen die Chance auf eine Karriere gehabt, während SOS-Kinderdorf aus ihrer Sicht nur ein geringeres Einkommen und unklare Perspektiven zu bieten hatte. Adolfine Gottliebs Verehrung für Hermann Gmeiner sollte ihre Einstellung aber bald so weit verändern, dass sie der Tochter immer wieder vermittelte, was noch alles für SOS-Kinderdorf zu tun wäre.[49]

Erika Gottliebs vielseitige Einsetzbarkeit bei SOS-Kinderdorf

Den Vorstellungen von Erika Gottlieb entsprach es ebenso wie dem Bedarf von SOS-Kinderdorf, sie in den 31 Jahren ihrer Anstellung in unterschiedlichsten Aufgabenfeldern einzusetzen. Erika Gottlieb nahm 1957 Kontakt zu SOS-Kinderdorf auf. Sie begann als persönliche Sekretärin Hermann Gmeiners und arbeitete mit ihm vor allem im Wiener SOS-Kinderdorf-Büro und im SOS-Kinderdorf in Hinterbrühl. Sie brachte ihre Erfahrungen aus der Wirtschaftskammer in die Büroarbeit und in die Mittelbeschaffung ein. Für die diversen Veranstaltungen waren zudem die Erfahrungen aus der Vorbereitung des internationalen Gewerbekongresses eine große Hilfe. 27 Jahre lang war Erika Gottlieb für die Vorbereitung und Organisation des SOS-Kinderdorf-Ferienlagers[50] in Caldonazzo zuständig und arbeitete dort auch als Betreuerin einer Mädchengruppe. Die Anfänge von SOS-Kinderdorf Burgenland sind ebenso mit Erika Gottlieb verbunden wie die des Hermann-Gmeiner-Fonds in München. Zu Beginn der 1970er Jahre übernahm sie als weiteres Hauptaufgabengebiet die Werbung und Suche von SOS-Kinderdorf-Müttern. In der Tschechoslowakei und in Armenien war Erika Gottlieb zudem in einem internationalen Aufgabenfeld tätig.

Erika Gottlieb in Pinkafeld

Die Hausstiftungen – das erste große Betätigungsfeld

Die erfolgreiche Aktion mit den Hausstiftungen beim Aufbau des SOS-Kinderdorfes Wienerwald war das erste große Betätigungsfeld von Erika Gottlieb. Sie brachte ihre Erfahrungen mit Büroarbeit und Organisation sowie zahlreiche Adressen von Unternehmen und führenden Wirtschaftspersönlichkeiten ein.[51] Während ihrer Tätigkeit in der Wirtschaftskammer hatte sie auch die soziale Einstellung vieler UnternehmerInnen kennen gelernt. Dieses Wissen, wen sie für die Stiftung eines SOS-Kinderdorf-Hauses anschreiben konnte, kam ihr für ihre erste Aufgabe sehr zu Gute. Zunehmend gehörte es auch zum Prestige in Wirtschaftskreisen bzw. zur Förderung des eigenen Images von Unternehmen, SOS-Kinderdörfer zu unterstützen.[52]

„Von allen Aktionen, die SOS-Kinderdorf bis dahin gestartet hatte, erachtete es die vielen Stiftungen ganzer Häuser durch diverse Unternehmen als größten Erfolg. Bis Anfang Oktober 1957, also erst ein Jahr nach Gründung des Zweigvereins [SOS-Kinderdorf Wienerwald, H.B.], waren in erster Linie dank Gmeiners Aktivitäten mit besonderer Unterstützung seiner Sekretärin Erika Gottlieb schon 13 Häuser gespendet worden, was damals einer Summe von dreieinviertel Millionen Schillingen entsprach."[53] Dazu ergänzt Erika Gottlieb: „Wir fanden mehr Stifter, als wir Häuser in Hinterbrühl bauen wollten. Die Stifter wurden ersucht, für die Dörfer Seekirchen und Stübing ein Haus zu stiften."[54]

Von 1970 bis 1988 „für den Mütternachwuchs verantwortlich"[55]

Erika Gottlieb bekam 1970 von Hermann Gmeiner ein weiteres Hauptaufgabengebiet übertragen: die Suche nach SOS-Kinderdorf-Müttern der „zweiten Generation".[56] Als Erstes fuhr sie damals in die SOS-Kinderdörfer, um sich in Gesprächen mit Dorfleitern und Kinderdorfmüttern Anregungen für ihr neues Aufgabenfeld zu holen. Bei der Suche nach Kinderdorfmüttern leitete Erika Gottlieb die eigene Identifikation mit dem Beruf SOS-Kinderdorf-Mutter.[57]

Die persönliche Aussprache mit den Interessentinnen stand für Erika Gottlieb im Vordergrund: „Sie fuhr zu den Frauen hin, um ihnen die Schwellenangst zu nehmen, die Bedenken der Eltern zu zerstreuen und dabei auch den persönlichen Hintergrund der Bewerberinnen kennen zu lernen."[58] Erika Gottlieb absolvierte rund 6.000 Besuche. Der erste Eindruck von einer Frau war für Erika Gottlieb bei der Suche nach potentiellen Kinderdorfmüttern wesentlich: „Ich hab ja nicht gewusst, hab ich eine Menschenkenntnis, habe ich sie nicht. Ich bin ja nicht ausgebildet gewesen, hab ja nur nach Gefühl agieren können, bin aber draufgekommen, dass, wenn ich jemandem das erste Mal begegne, dieser erste Eindruck, der einem direkt aufgedrängt wird von jemandem, dass das der richtige ist."[59] In einer Kurier-Reportage aus dem Jahr 1985 verriet Erika Gottlieb weitere Auswahlkriterien: „‚Wenn ich mit einer Bewerberin spreche, überlege ich mir, ob es schön wäre, bei dieser Frau Kind zu sein', […]. Ausgeglichen soll die werdende Mutter sein, nicht verkrampft, vom eigenen Schicksal verbittert."[60]

Nach den ersten Gesprächen bot sie ausgewählten Bewerberinnen an, im Kinderdorf eine Zeitlang zu „schnuppern“. Anschließend folgte ein verbindliches Praktikum als „Tante“ in der Rolle einer SOS-Kinderdorf-Familienhelferin, deren Aufgabe es ist, Kinderdorfmütter zu unterstützen. In Gesprächen mit den Dorfleitern und SOS-Kinderdorf-Müttern tauschte Erika Gottlieb schließlich Erfahrungen und Einschätzungen zu den Mütterbewerberinnen aus.[61] Einer Anstellung als SOS-Kinderdorf-Mutter gingen zudem ein psychologischer Test, ein graphologisches Gutachten und weitere Gespräche mit Fachkräften voraus.[62]

Der persönliche Kontakt von Erika Gottlieb zu den Dorfleitern sollte Veränderungen in der Zusammenarbeit mit den Kinderdorfmüttern bewirken. „Was die Behandlung der Mütter und der Tanten anlangt, konnte ich viel mit den Dorfleitern – weil wir ein so gutes Verhältnis gehabt haben – eben auch ein bisschen verbessern.“[63] Erika Gottlieb ließ ihre Erfahrungen aus den Gesprächen mit den angehenden SOS-Kinderdorf-Müttern auch in Empfehlungen für die Zusammenarbeit der Mütter untereinander einfließen: „Der ersten Generation der Mütter zu zeigen, wie sie mit der zweiten Generation umgehen sollte, ‚war eine große Herausforderung und dringend notwendig‘, betont Gottlieb. Ihrer Meinung nach hatte die zweite Generation wesentlich mehr aufzugeben, da die meisten im Gegensatz zu den ersten Müttern im Berufsleben gestanden waren. Weiters verweist sie darauf, dass die Entscheidung für die Ehelosigkeit viel schwieriger war.“[64]

Kurzfristige Einsätze

Wie andere MitarbeiterInnen aus den Anfängen von SOS-Kinderdorf sieht sich auch Erika Gottlieb als „Mädchen für alles“: „Hermann Gmeiner ist manches Mal gekommen und dann hat er einen gesehen und dann ist ihm eingefallen, aha, und das machst du jetzt. [...] Und mir hat das getaugt, so Feuerwehr zu spielen.“[65] So kümmerte sich Erika Gottlieb im Auftrag von Hermann Gmeiner um die Anfänge des SOS-Kinderdorfes in Pinkafeld.[66] Im Burgenland sollte Anfang der 1960er Jahre das siebte SOS-Kinderdorf in Österreich entstehen. Die Grundsteinlegung des SOS-Kinderdorfes Burgenland erfolgte am 12. Juni 1960.[67] Mehrmals pro Woche fuhr Erika Gottlieb damals mit dem Zug von Wien nach Pinkafeld und betreute das Dorf, bis Alois Bichler als ehrenamtlicher Geschäftsführer eingesetzt wurde.[68] Kurzfristig übernahm Erika Gottlieb auch die Agenden der Geschäftsführung in der Landesgeschäftsstelle in Wien.[69] Die Geschäftsführung der 1951 eröffneten Zweigstelle[70] wurde mit 31. Dezember 1964 aufgelöst, das Büro trug von nun an den Namen „SOS-Kinderdorf-Büro Wien“ und unterstand weiterhin der Hauptgeschäftsführung von SOS-Kinderdorf in Innsbruck.[71]

Im selben Jahr wurde Erika Gottlieb noch nach Deutschland „abberufen“.[72] Sie erinnert sich an die Worte Hermann Gmeiners: „Frau Gottlieb, ich brauch Sie schon wieder einmal, aber nicht mit der Ausrede, Sie haben morgen keine Zeit und übermorgen, und zwar brauche ich das gleich.“[73] Sie sollte im Büro des Hermann-Gmeiner-Fonds in München einspringen, nachdem der damalige Leiter samt Team gegangen war. Der „1962 [...] in Vaduz gegründete ‚Hermann-Gmeiner-Fonds‘, der

Erika Gottlieb, Caldonazzo 1988

1963/64 nach München als ‚Hermann-Gmeiner-Fonds Deutschland', Verein zur Förderung der SOS-Kinderdörfer in aller Welt, übersiedelte, [wurde] eigens dafür ins Leben gerufen, um in den wohlhabenden Ländern jene Mittel aufzutreiben, die für den Bau von SOS-Kinderdörfern in den ‚Entwicklungsländern' nötig waren."[74] Bis ein Nachfolger gefunden war, arbeitete Erika Gottlieb ungefähr ein halbes Jahr für den Aufbau des Hermann-Gmeiner-Fonds Deutschland in München.[75]

„Eingesprungen" ist Erika Gottlieb auch als Karenzvertretung für Henriette Rieder, die Leiterin der SOS-Kinderdorf-Mädchenwohngemeinschaft in Innsbruck. Im Jugendhaus des SOS-Kinderdorfes Wienerwald hat sie „ein paar Monate vertreten"[76] und manches Mal wurde ihr völlig unerwartet die Verantwortung für eine Kinderdorffamilie übertragen. Dazu resümiert Erika Gottlieb: „Das waren immer die Sternstunden für mich im Kinderdorf. […] Zum Beispiel bald nach meiner Einstellung, wie ich in Hinterbrühl mit Hermann Gmeiner gearbeitet habe, kam eine Mutter: Die Nachbarin ist krank. Der Blick ging auf mich, ich hab meine Sachen zusammengepackt, bin in das Haus gegangen und hab die Kinder versorgt. Wie dann die Kinder im Bett waren, ist Hermann Gmeiner nachgekommen und wir haben dann die Arbeit weiter gemacht. Das war für mich das Allerwichtigste, dass ich hab können auch mit den Kindern sein, dass das immer wieder möglich war und ich nicht nur im Büro arbeitete."[77]

Internationale Aufgaben in der Tschechoslowakei

Um 1968 hatte der tschechische Arzt Jiri Dunovský das Vorhaben, in der Tschechoslowakei ein Kinderdorf aufzubauen. Er führte Vorgespräche mit Hermann Gmeiner, der im Herbst 1968 die Tschechoslowakei besuchen sollte.[78] Im Frühjahr 1968, bekannt als „Prager Frühling", war es mit einer von leitenden Funktionären der Kommunistischen Partei und von Intellektuellen getragenen Reformbewegung zu einer Regierungsumbildung in der Tschechoslowakei gekommen. Alexander Dubcek wurde zum Ersten Sekretär des Zentralkomitees der Tschechoslowakei. Mit der militärischen Intervention sowjetischer Truppen, unterstützt von Kontingenten aus der DDR, Ungarn, Polen und Bulgarien, fanden die Reformbewegungen jedoch ein jähes Ende.[79]

Ein offizieller Besuch von SOS-Kinderdorf, vertreten durch Hermann Gmeiner, war in der Erinnerung von Erika Gottlieb daher im Herbst 1968 nicht möglich. Da Erika Gottlieb aber bei den Gesprächen von Hermann Gmeiner mit Jiri Dunovský dabei war und diesen bei seinem Engagement für SOS-Kinderdorf nicht „im Stich lassen" wollte, fuhr sie auf eigene Initiative in die Tschechoslowakei: „Da hab ich zu Gmeiner gesagt, dass er nicht fährt, ist mir klar, aber was ist, wenn ich fahre. Mich kennt kein Mensch, ich kann nicht schaden und wenn, dann bin ich es, die Gottlieb, und nicht eine Institution. Daraufhin bekam ich zur Antwort, was ich mit meinem Urlaub und mit meinem Geld mache, das sei meine Sache, und wenn ich zu den Russen wolle. Aber über Kinderdorf reden dürfe ich schon."[80]

Mit Unterstützung von Erika Gottlieb wurde 1968 von engagierten tschechischen Fachleuten „die einzige, private, karitative Organisation im Land"[81] gegründet. Wie es weiterging, fasst Erika Gottlieb zusammen: „Wir bauten das SOS-Kinderdorf bei Karlsbad mit freiwilligen Brigaden, fanden Mütter, bildeten sie aus und bekamen von den Behörden die Kinder."[82] Aus den Anfängen erzählt sie: „Ich hab halt das gemacht, was der Dr. Dunovský von mir wollen hat. Dann bin ich wieder nach Hause gefahren und habe meine Arbeit gemacht. Und wenn es wieder notwendig war, dann bin ich wieder nach Karlsbad gefahren, es ist ja nicht weit gewesen."[83] Kurze Zeit später wurde mit dem Bau eines zweiten SOS-Kinderdorfes in Chvalcov bei Kromeriz begonnen.[84] „Mit 1. Januar 1974 fielen die SOS-Kinderdörfer in staatliche Hände und wurden als staatliche Pflegeheime betrieben. Erst nach der politischen Wende im Dezember 1989 war eine Wiederaufnahme der SOS-Kinderdorf-Arbeit möglich."[85] Anfang der 1990er Jahre übernahm Elisabeth Pean, die von 1977 bis 1997 Mitarbeiterin von SOS-Kinderdorf International in Wien war, die Regionalleitung für einige osteuropäische Länder – u.a. auch für Tschechien.[86]

Müttersuche in Armenien

Die SOS-Kinderdorf-Arbeit begann in Armenien nach dem verheerenden Erdbeben im Dezember 1988. Erika Gottlieb war Ende der 1980er Jahre bereits in Pension, als Helmut Kutin, den Hermann Gmeiner noch zu seinen Lebzeiten zu seinem Nachfolger bestimmte, „die Idee gekommen war, mich nach Armenien zu schicken, um dort die Mütter zu suchen. Und ergeben hat sich natürlich dann dort, dass man alles, was notwendig war, gemacht und nicht nur die Mütter gesucht hat."[87] In Zusammenarbeit mit dem armenischen Lenin-Kinderfonds konnte innerhalb kurzer Zeit ein geeignetes Grundstück in der Nähe von Jerewan gefunden werden. 1990 zogen die ersten Kinder mit ihren SOS-Kinderdorf-Müttern in das Dorf ein.[88]

Erika Gottlieb beim ‚Treffen der pensionierten SOS-Kinderdorf-Mütter' im Herbst 2003 in Innsbruck

„Kinderdorf war mein Leben, ist es nach wie vor"[89]

31 Jahre – von 1957 bis zu ihrer Pensionierung 1988 – trug Erika Gottlieb mit ihren vielfältigen Fähigkeiten, mit ausgeprägtem Idealismus und engagiertem eigenständigen Handeln zum Aufbau von SOS-Kinderdorf bei. Aus heutiger Sicht setzte sie sich vor allem deshalb im SOS-Kinderdorf ein, weil sie „die Idee Hermann Gmeiners faszinierte, [sie] seine Güte und Persönlichkeit schätzen lernte: ‚Ich glaube, ich habe einfach verstanden, was er für die Kinder wollte!'"[90] Die ständige Improvisation in den Jahren des Aufbaus und die immer wieder neuen Herausforderungen mochte sie dabei ganz besonders. „Feuerwehrmädchen für alles, das war auch das, was mir am meisten Spaß gemacht hat"[91], resümiert Erika Gottlieb in der Rückschau.

SOS-Kinderdorf erfüllte in diesen Jahren ihr Leben. „Wenn wir gearbeitet haben, wenn das vorbei war, ist Hermann Gmeiner mit uns beieinander gesessen. Und da waren die Mütter und ich, und die Kinder haben geschlafen, und dann war man einfach wie eine Familie. Da waren wir privat und dann hat man gelacht und Spaß gehabt."[92] Erika Gottlieb lebt heute nach wie vor in Wien, mit engen Verbindungen zu pensionierten SOS-Kinderdorf-Müttern in Hinterbrühl und eingebunden in das soziale Netz von Frauen und Männern, die im SOS-Kinderdorf aufgewachsen sind oder dort gearbeitet haben.

Anmerkungen

1 Brigitte R. Winkler: Von Beruf: Mutter, Reportage, in: Kurier, 12. Mai 1985, S.15
2 Interview mit Erika Gottlieb, 30. Juni 2003. Die Zitate aus dem Interview wurden mit Anmerkungen von Erika Gottlieb zum Teil ergänzt und der Schriftsprache angenähert. Vgl. Anmerkungen von Erika Gottlieb, 26. Juni 2006
3 Vgl. Anmerkungen von Erika Gottlieb
4 Interview mit Erika Gottlieb
5 Ebd.
6 Vgl. ebd.
7 Anmerkungen von Erika Gottlieb
8 Vgl. Interview Horst Schreiber mit Erika Gottlieb, 25. August 1999; Schreiber/Vyslozil, 2001, S.140
9 Schreiber/Vyslozil, 2001, S.140
10 Interview mit Erika Gottlieb
11 Vgl. ebd.
12 Vgl. Steiner, 2002, S.62
13 Ebd., S.67f
14 http://www.nationalsozialismus.at, Stand: 31.1.2006
15 Interview mit Erika Gottlieb
16 Anmerkungen von Erika Gottlieb
17 Interview mit Erika Gottlieb
18 Ebd.
19 Ebd.
20 Ebd.
21 Ebd.
22 Ebd.
23 Ebd.
24 Ebd.
25 Anmerkungen von Erika Gottlieb
26 Ebd.
27 Interview mit Erika Gottlieb
28 Ebd.
29 Ebd.
30 Schreiber/Vyslozil, 2001, S.141
31 Vgl. Interview mit Erika Gottlieb
32 Ebd.
33 Ebd.
34 Anmerkungen von Erika Gottlieb
35 Interview mit Erika Gottlieb
36 Ebd.
37 Ebd.
38 Julius Raab war von 1946 bis 1953 Präsident der von ihm 1946 mitbegründeten Bundeswirtschaftskammer, von 1953 bis 1961 Bundeskanzler und übernahm anschließend bis 1964 ein zweites Mal die Präsidentschaft in der Bundeskammer der Gewerblichen Wirtschaft. Vgl. http://www.aeiou.at.encyclop.r/r005190.htm, Stand: 20.7.2005
39 Interview mit Erika Gottlieb
40 Ebd.
41 Schreiber/Vyslozil, 2001, S.141
42 Interview mit Erika Gottlieb
43 Ebd.
44 Ebd.
45 Ebd.
46 Ebd.
47 Ebd.

48 Schreiber/Vyslozil, 2001, S.142
49 Vgl. Interview mit Erika Gottlieb
50 Mehr zum SOS-Feriendorf am Caldonazzo-See in der Nähe von Trient im Portrait Imma von Unterrichter.
51 Vgl. Schreiber/Vyslozil, 2001, S.142
52 Vgl. Schreiber, o.J., S.127
53 Schreiber/Vyslozil, 2001, S.173; vgl. Beschlussprotokoll, Sitzung 9.10.1957, in: Ordner „SOS-Kinderdorf Hauptverein, Vorstandssitzungen, Protokolle 1953-1957"
54 Anmerkungen von Erika Gottlieb
55 Brigitte R. Winkler: Von Beruf: Mutter, Reportage, in: Kurier, 12. Mai 1985, S.15
56 Vgl. Schreiber/Vyslozil, 2001, S.142; Den Bereich „Mütterwerbung" übergab Erika Gottlieb 1988 – im Jahr ihrer Pensionierung – an Henriette Rieder, einer ebenfalls in diesem Buch portraitierten Pionierin in der Arbeit mit Mädchen und Frauen im SOS-Kinderdorf. Vgl. Interview mit Erika Gottlieb
57 Vgl. Anmerkungen von Erika Gottlieb
58 Schreiber/Vyslozil, 2001, S.142
59 Interview mit Erika Gottlieb
60 Brigitte R. Winkler: Von Beruf: Mutter, Reportage, in: Kurier: 12. Mai 1985, S.15
61 Vgl. Interview mit Erika Gottlieb; Schreiber/Vyslozil, 2001, S.142
62 Vgl. Portrait Auguste Neubauer
63 Interview mit Erika Gottlieb
64 Schreiber/Vyslozil, 2001, S.143
65 Interview mit Erika Gottlieb
66 Vgl. ebd.
67 Vgl. Protokoll Vorstandssitzung Hauptverein, 3.5.1960, in: Ordner „Hauptverein, Vorstandssitzungen, Protokolle 3.2.1958-31.12.1961"
68 Vgl. Interview mit Erika Gottlieb; Protokoll, 16.11.1970, in: Ordner „SOS-Kinderdorf Hauptverein, Vorstandssitzungen, Protokolle 1953-1957"
69 Vgl. Interview mit Erika Gottlieb
70 Schreiber, o.J., S.125
71 Vgl. Protokoll Vorstandssitzung Hauptverein, 7.12.1964, in: Ordner „Hauptverein, Vorstandssitzungen, Protokolle 1962-1966"
72 Vgl. Interview mit Erika Gottlieb
73 Ebd.
74 Schreiber/Vyslozil, 2001, S.127
75 Vgl. Interview mit Erika Gottlieb
76 Ebd.
77 Ebd.
78 Vgl. ebd.
79 Vgl. Doris Kleber: Der Prager Frühling, in: http://www.aurora-magazin.at/wissenschaft/kleber.htm, Stand: 21.4.2006
80 Interview mit Erika Gottlieb
81 Schreiber/Vyslozil, 2001, S.197
82 Anmerkungen von Erika Gottlieb
83 Interview mit Erika Gottlieb
84 Vgl. Schreiber/Vyslozil, 2003, S.197
85 http://www.sos-kinderdorf.at, Stand: 21.4.2006
86 Vgl. Interview mit Elisabeth Pean, 22. Juli 2003
87 Interview mit Erika Gottlieb
88 Vgl. http://www.sos-kinderdorf.at, Stand: 21.4.2006
89 Interview mit Erika Gottlieb
90 Anmerkungen von Erika Gottlieb
91 Interview mit Erika Gottlieb
92 Ebd.

Internationalisierung von SOS-Kinderdorf Anfang der 1960er Jahre

Nach der Etablierung in Österreich hatte bereits 1953 die Errichtung von SOS-Kinderdörfern in anderen europäischen Ländern begonnen, was 1960 in der Gründung des „Europäischen Verbandes der SOS-Kinderdörfer" mit Sitz in Wien mündete.[1] Die Errichtung von SOS-Kinderdörfern auf anderen Kontinenten war ursprünglich nicht geplant. Die so genannte „Dritte Welt" geriet allerdings durch Entkolonialisierung und Industrialisierung mit all ihren negativen Begleiterscheinungen in den öffentlichen Blickpunkt Europas und somit auch von SOS-Kinderdorf.[2] In Folge des internationalen Engagements wurde der „Europäische Verband der SOS-Kinderdörfer" 1964 in den Dachverband „SOS-Kinderdorf International" umgewandelt.[3]

Es war eine Frau, welche die Initiative zur Gründung des ersten außereuropäischen SOS-Kinderdorfes setzte, und es waren Frauen, welche die Internationalisierung von SOS-Kinderdorf maßgeblich vorantrieben. Diesen Frauen ist das folgende Kapitel gewidmet. Da drei Frauen die Internationalisierung mit dem Aufbau eines SOS-Kinderdorfes im südkoreanischen Daegu starteten, wird Südkorea in der Einleitung etwas ausführlicher behandelt, um Wiederholungen in den Portraits möglichst zu vermeiden.

Die Errichtung des ersten SOS-Kinderdorfs außerhalb von Europa ist eng verwoben mit der Geschichte von Maria Heissenberger, Franziska Lemayr und Luise Sinnhuber. Drei Frauen, die einiges verbindet und von denen gleichzeitig jede für sich eine besondere (Lebens-)Geschichte zu erzählen hat. In den Portraits soll diese gemeinsame Geschichte rekonstruiert sowie den außergewöhnlichen Lebensverläufen von Maria Heissenberger, Franziska Lemayr und Luise Sinnhuber Rechnung getragen werden.

Südkorea war am Beginn der 1960er Jahre noch stark gekennzeichnet durch die Folgen des Koreakrieges von 1950-53. Die Geschichte des asiatischen Landes war zu diesem Zeitpunkt bereits seit über 50 Jahren durch gewaltbesetzte Fremdherrschaft bestimmt. Korea geriet ab 1894 unter die Vorherrschaft Japans und wurde schließlich 1910 annektiert. Die mit brutaler Unterdrückung und Ausbeutung verbundene Kolonialherrschaft[4] endete 1945 mit der Kapitulation Japans gegenüber seinen Kriegsgegnern USA und UdSSR. Doch die Befreiung sollte weitere Jahre der Unterdrückung sowie schwerwiegender Konflikte und Probleme für die KoreanerInnen mit sich bringen. Die koreanische Halbinsel wurde zum Schauplatz des aufkommenden Kalten Krieges, das Land wurde im Norden durch die UdSSR und im Süden durch die USA besetzt. In Folge der auseinanderstrebenden politischen und sozialen Entwicklung wurde 1948 im Süden die Republik Korea und im Norden die Demokratische Volksrepublik Korea ausgerufen und somit das Land definitiv geteilt. Die Spannungen verschärften sich und mündeten schließlich in den Korea-Krieg von 1950-1953.[5] Der drei Jahre dauernde Krieg hinterließ ein schrecklich verwüstetes Land, Millionen Tote, Versehrte, Waisen sowie Millionen von Flüchtlingen. In der Zeitspanne vom Kriegsende bis Ende der 1950er Jahre verarmte der größte Teil der südkoreanischen Bevölkerung, die sozialen Gegensätze radikalisierten sich. Im Mai 1961 kam es schließlich zu einem Militärputsch, das Parlament und die Parteien wurden aufgelöst.[6] In dieser für große Teile der Bevölkerung so katastrophalen Situation hatte die Katholische Frauenbewegung Österreichs (KFB) mit Spenden aus dem 1957 eingeführten Familienfasttag primär Entwicklungshilfeprojekte in Südkorea gestartet.[7] Auch der Einsatz von Maria Heissenberger, Franziska Lemayr und Luise Sinnhuber erfolgte ursprünglich im Rahmen des Engagements der KFB und wurde aus deren Spendengeldern finanziert.[8]

Das SOS-Kinderdorf Daegu verdankt seine Entstehung der Initiative von **Maria Heissenberger** (geb. 1930). Die niederösterreichische Seelsorgehelferin[9] hatte mit einer Kollegin bereits 1960 aus Eigeninitiative ein Heim für obdachlose Kinder und Jugendliche in Daegu (Südkorea) errichtet und sollte im Auftrag des Erzbischofs von Daegu ein weiteres Waisenhaus übernehmen. Bei ihrem ersten Urlaub zu Hause 1962 erwähnte sie einem Journalisten gegenüber den Wunsch, ein SOS-Kinderdorf in Daegu zu errichten, wenn sie das Geld dazu hätte. Hermann Gmeiner las diesen Artikel und setzte sich mit Maria Heissenberger in Verbindung. Damit startete das Projekt „SOS-Kinderdorf Südkorea“. Maria Heissenberger leitete den Aufbau und das SOS-Kinderdorf Daegu von 1963 bis 1968. Nach ihrem Engagement bei SOS war Maria Heissenberger weitere 23 Jahre in Südkorea in der Sozial- und Bildungsarbeit tätig, baute Projekte auf und leitete diese.

Franziska Lemayr (geb. 1922), ebenfalls Seelsorgehelferin sowie Gründerin und Leiterin der Katholischen Jungschar Südtirol, flog 1962 mit Maria Heissenberger nach Daegu, ursprünglich um im Diözesanen Waisenhaus mitzuarbeiten. Auch sie war von Anfang an am Aufbau des SOS-Kinderdorfes Daegu maßgeblich beteiligt und übernahm 1968 von Maria Heissenberger die Leitung. Diese hatte sie bis zu ihrer Pensionierung 1988 inne. Während ihrer Zeit als Dorfleiterin von Daegu wurden in Südkorea weitere SOS-Kinderdörfer und SOS-Einrichtungen eröffnet, infolgedessen Franziska Lemayr auch zur Projektleiterin von SOS-Kinderdorf Südkorea avancierte.

Neben ihrer gemeinsamen Arbeit in Südkorea verbindet Maria Heissenberger und Franziska Lemayr die gleiche Ausbildung. Sie absolvierten beide, wenn auch nicht zur selben Zeit, das Seminar für kirchliche Frauenberufe in Wien. Diese Ausbildung war eine der wenigen Möglichkeiten für Frauen am Beginn der 1950er Jahre, eine Art „Studium“ zu absolvieren. In den Interviews wird deutlich, wie sehr diese Ausbildung und die Leiterin des Seminars, Hildegard Holzer, die beiden Frauen fachlich wie persönlich geprägt hatten.[10]

Luise Sinnhuber (geb. 1937) war die dritte Frau im Bunde der „Südkoreanerinnen“. Die Salzburger Krankenschwester wollte 1962 an einer Leprastation in

Südkorea zu arbeiten beginnen, als sie über die Katholische Frauenbewegung mit Maria Heissenberger und Franziska Lemayr in Kontakt kam. Ihr gefiel die Idee, ein Projekt für Kinder aufzubauen und sie schloss sich den beiden Ende 1962 in Daegu an. Mit der Zustimmung von Hermann Gmeiner im Februar 1963 war das „Südkorea-Team" von SOS-Kinderdorf komplett. Luise Sinnhuber war wie Franziska Lemayr maßgeblich am Aufbau beteiligt und blieb bis Anfang 1972 in Daegu. Nach der Konsolidierung des ersten außereuropäischen SOS-Kinderdorfes suchte sie eine neue Herausforderung. Sie sollte anschließend den Aufbau von SOS-Kinderdorf in Mittelamerika leiten. Aus einem Katastropheneinsatz in Nicaragua wurden knapp 30 Jahre PionierInnenarbeit in Nicaragua, Guatemala, El Salvador und Costa Rica. 1999 ging die Repräsentantin von SOS-Kinderdorf International für Lateinamerika in Pension.

Das Engagement bei SOS-Kinderdorf war sowohl für Franziska Lemayr als auch für Luise Sinnhuber eine Lebensentscheidung. Anders verhielt es sich bei Maria Heissenberger, die auf Grund vorheriger Projekte mit SOS-Kinderdorf in Verbindung kam und nach fünf Jahren Aufbauarbeit die Organisation wieder verließ, um neue Wege zu gehen. In den Portraits von Maria Heissenberger und Luise Sinnhuber wird die Vereinbarkeit von Beruf und Familie thematisiert. Dabei wird deutlich, dass eine Vereinbarkeit für diese Frauen nicht vorstellbar war. Bei einer Arbeit und einem Engagement jenseits der 40-Stunden-Woche war diese Mehrfachbelastung für die Frauen nicht leistbar und auch nicht wünschenswert (im Gegensatz zu vielen Männern in vergleichbaren Positionen, aber mit anderen „Zuständigkeiten" im Familienleben). Bei der daraus resultierenden Frage „entweder Beruf oder Familie" entschieden sich die beiden Pionierinnen für Lebenswege jenseits der Klischees und mit einem erweiterten Wirkungskreis.

Die Voraussetzungen für die Errichtung des SOS-Kinderdorfes in Südkorea wurden nach einer Reise Hermann Gmeiners in den „Fernen Osten" geschaffen. Diese Reise führte ihn auch nach Indien, wo ebenfalls ein SOS-Kinderdorf entstehen sollte.[11] SOS Children's Villages of India wurde am 12. Mai 1964 als Wohltätigkeitsverein registriert.[12]

Mit ihrer Aufbauarbeit in Indien wurde die Niederösterreicherin **Edith Pohl** (1913-1981) zu einer weiteren Wegbereiterin von SOS-Kinderdorf in Asien. Sie kam 1966 im Alter von 53 Jahren zu SOS-Kinderdorf. Im Zuge unserer Recherchen konnten wir zu Edith Pohl keine Quellen eröffnen, die uns eine Annäherung an ihre Lebensgeschichte möglich gemacht hätten. Auf Grund der eindrücklichen Spuren, die sie hinterlassen hat, wollen wir sie dennoch nicht in Vergessenheit geraten lassen. Deshalb dokumentieren wir an dieser Stelle kurz ihre Leistungen für SOS-Kinderdorf.

Edith Pohl leitete als Repräsentantin von SOS-Kinderdorf International den Aufbau des Kinderdorfes Greenfields bei New Delhi in Indien. 1969 wurde ein SOS-Kinderdorf-Verein in Nepal gegründet. Edith Pohl war auch dort für den Aufbau des Kinderdorfes Sanothimi in der Nähe von Kathmandu und für die Suche nach MitarbeiterInnen verantwortlich. Die ersten Kinderdorfmütter mit Kindern und Jugendlichen besiedelten 1973 das nepalesische Kinderdorf.[13] In Nepal betreute Edith Pohl auch das Mitte der 1970er Jahre entstandene SOS-Kinderdorf-

Projekt in Pokhara, in dem tibetische Flüchtlingskinder aufgenommen wurden. In dieser Zeit übernahm sie zudem den Bau des SOS-Kinderdorfes in Lahore in Pakistan.[14] Mehr als zehn Jahre war Edith Pohl für SOS-Kinderdorf in Asien tätig, bis sie nach Wien zurückkehrte.

Anmerkungen

1 Vgl. Schreiber/Vyslozil, 2001, S.194
2 Vgl. ebd., S.198
3 Vgl. ebd., S.194
4 Vgl. Du-Yul Song, 1988, S.17
5 Vgl. Breidenstein et. al., 1988, S.31
6 Das Militärregime erreichte durch effektive 5-Jahres-Pläne und mit ausländischem Kapital ein rasantes Wirtschaftswachstum, welches allerdings durch die Leistung und zugleich auf Kosten der rechtlosen ArbeiterInnen sowie der verarmenden Landbevölkerung erfolgte. Vgl. ebd., S.36f. Der autokratische Stil der Regierung führte immer wieder zu Unruhen, die blutig niedergeschlagen wurden. Letztlich kam es erst 1987 zu einer Verfassungsänderung, nach der der Präsident wieder vom Volk gewählt werden sollte. Vgl. http://de.wikipedia.org/wiki/S%C3%Bcdkorea, Stand: 20.12.2004
7 Vgl. Pammer, S.113-119
8 Vgl. ebd., S.122f
9 Entspricht der heutigen Pastoralassistentin
10 Genaueres zum Seminar für kirchliche Frauenberufe und Hildegard Holzer im Portrait über Maria Heissenberger; vgl. dazu auch Portrait Maria Hofer
11 Vgl. Protokoll 27.11.1963, Ordner Vollversammlung Hauptverein (Protokolle 1959-69)
12 Vgl. http://www.sos-kinderdorf.at, Indien, Stand: 21.7.2003
13 Vgl. SOS-Kinderdorf International, SOS-Kinderdorf-Arbeit in Nepal, Innsbruck Mai 2003
14 Vgl. Gmeiner, 1989, S.79 und S.37

Maria Heissenberger (geb. 1930)

„Ich wollte ich sein“

> *„Die kleine[1] Maria Heissenberger, war Seelsorgehelferin. Die kam eines Tages in den Weihnachtsferien in ihrem zweiten Dienstjahr zu mir und sagte […], sie möchte einen Rat von mir haben: Sie weiß ganz genau, dass ihre Berufung ist und ihr Auftrag von Gott her in eine Missionsarbeit irgendeiner Art zu gehen, aber sie hat keine Ahnung, wo es eine Möglichkeit gibt. Und ich sagte spontan darauf ‚Bei den Missionswerken'. Und sie sagt lachend darauf: ‚Daher komme ich gerade. Aber der Pater […] hat mir rundweg gesagt, dass es da nur einen Weg gibt und zwar den Eintritt in ein Kloster.' Und das ist mir unvergesslich, vor allem ihre Sicherheit, hat gesagt: ‚So sicher ich weiß, dass Gott das von mir will, dass ich außerhalb Europas in der Missionsarbeit bin, ebenso sicher weiß ich, dass er mich nicht in einem Kloster haben will. Kommt überhaupt nicht in Frage!‘“*[2]

Diese Begegnung von Hildegard Holzer[3] mit Maria Heissenberger, eine ihrer bedeutendsten Schülerinnen, beschreibt nicht nur ein Schlüsselereignis in Maria Heissenbergers Leben. Sie verdeutlicht auch eindringlich Maria Heissenbergers Haltung zum Leben: „Ich wollte immer ich sein.“[4]

Ein Lebensentwurf: Jugendliche Wunschvorstellungen und reale Möglichkeiten

Maria Heissenberger kam 1930 als eines von sechs Kindern eines Schuhmachers in Aspang in Niederösterreich zur Welt. Ihr Vater hatte im Ersten Weltkrieg ein Auge verloren und musste daraufhin seine Familie mit dem spärlichen Gehalt eines Hilfsarbeiters ernähren. Mit Kriegsende 1945 stand die damals 15-jährige Maria vor wichtigen Entscheidungen hinsichtlich ihrer unmittelbaren Zukunft. Ihr Lebensentwurf nach Kriegsende könnte heute noch als modern gelten: Sie wollte studieren, einen interessanten, angemessen entlohnten Beruf und eine Familie. Die Realität als Tochter aus einer Familie mit geringen finanziellen Mitteln sah anders aus. Während ihr ältester und ihr jüngster Bruder studierten, wobei der älteste allerdings im Zweiten Weltkrieg fiel, stand ihr dieser Weg damals nicht offen. Maria Heissenberger wäre sehr gerne Lehrerin geworden, eine der wenigen Möglichkeiten für Frauen damals höhere Bildung zu erwerben. Doch ein Studium stand nicht zur Debatte. Maria Heissenberger begründet dies zum einen mit den begrenzten finanziellen Mitteln der Familie, zum anderen mit der Tatsache, dass sie eine Frau war. Als „Option“ wurde ihr der Eintritt in ein Kloster angeboten: „Ich kam aus einer sehr armen Familie und war wahrscheinlich sehr intelligent. Ich war von der ganzen Schule die Beste, hatte aber keine Möglichkeit zu studieren. Mich hatten viele Dinge interessiert und ich konnte das nicht wirklich verstehen, dass man da die Frauen ausschließt. Ich wollte *ich* sein und nicht in irgendein Kloster gegeben werden."[5]

„Ich wollte ich sein" – ein Satz der bei Maria Heissenberger immer wieder fällt. Zum einen, wenn es darum geht, ihr Leben entsprechend ihren Vorstellungen zu gestalten – selbst wenn es möglicherweise eine Abweichung von „normalen" weiblichen Lebensentwürfen bedeutet. Zum anderen, wenn es später um ihr pädagogisches Selbstverständnis in der Arbeit mit Mädchen und Buben geht.

Den Plan zu studieren gab sie nicht endgültig auf, dennoch galt es vorerst eine Möglichkeit zu finden, die zum einen eine Ausbildung und zum anderen ein angemessenes Einkommen mit sich brachte. Maria Heissenberger besuchte die zweijährige Handelsschule in Wiener Neustadt, fand allerdings anschließend keine Arbeit. Die Wirtschaft im Nachkriegs-Österreich war völlig zerstört, und der Arbeitsmarkt speziell für Frauen sehr prekär. Sie sollten zugunsten der heimkehrenden Männer wieder auf die bezahlten Arbeitsstellen verzichten. „Man muss sich das vorstellen, ein junger Mensch mit soviel Energien, der aber keine Möglichkeiten hat."[6]

Gleichzeitig war das Einkommen der Frauen vielfach überlebensnotwendig. In der Zeit, als Maria Heissenberger die Handelsschule besuchte, verlobte sie sich mit einem jungen Grenzgendarmen aus ihrem Heimatort. Die beiden wollten heiraten, doch es fehlte das Geld. Da nützen weder Gefühle, noch Interessen, noch manch gut gemeinte Ratschläge: „Meine Mutter hat dann gesagt, du musst kochen lernen, wenn du heiraten willst. Das hab ich dann auch gemacht und arbeitete als Kindermädchen. Das war allerdings ein 24-Stunden-Job, man hatte das Kind immer bei sich und verdiente fast nichts. Das war natürlich für einen jungen Menschen nicht befriedigend."[7]

„Ich bin als Wirtschaftsflüchtling in die Schweiz gegangen"

Aus dieser Bedingung heraus, Geld verdienen zu wollen und auch zu müssen, fällte die damals 18-Jährige einen nicht alltäglichen Entschluss: 1948 ging sie in die Schweiz um dort zu arbeiten. „Man muss sich ja vorstellen, welches Mädchen hat zu dieser Zeit einfach gesagt, ich fahr ins Ausland? […] Ich hab mich nicht gefürchtet vor dem Neuen, das da auf mich zukommt."[8] Widerstand von Seiten der Familie zu diesem ungewöhnlichen Plan der Tochter gab es nicht. „Das war vielleicht deshalb so, weil ich immer meine Sturheit durchgesetzt habe. […] Meine Familie hatte gar keine Möglichkeit, ‚nein' zu sagen. Das habe ich entschieden. Natürlich habe ich dann auch von der Schweiz aus meinen Geschwistern geholfen. Habe fast Tag und Nacht gestrickt, denn dort gab's gute Wolle."[9]

Heissenberger nimmt Bezug auf die aktuellen Diskussionen um AsylbewerberInnen, wenn sie betont, dass sie damals ein Wirtschaftsflüchtling war: „Das ist sehr wichtig, dass Sie das festhalten, denn heute tut man in Österreich immer so, als ob Wirtschaftsflüchtlinge ganz böse Menschen wären. Aber ich bin als Wirtschaftsflüchtling in die Schweiz gegangen und habe dort vier Jahre gearbeitet, Geld verdient. Es gab keine Arbeit in Österreich, und ich wollte ja Geld verdienen, als junger Mensch."[10] In der Schweiz erfuhr Heissenberger auf eindrückliche Weise die Realität von Flüchtlingen: „Ich hab natürlich auch die untersten Arbeiten gemacht. Denn man hat in der Schweiz auch die Drecksarbeit den Ausländern gelassen – so wie wir es jetzt auch tun. Die Schweizer waren sehr korrekt, aber natürlich waren wir die Ausländer. Man hat kaum den Namen genannt, man hat gesagt ‚Östrichli'. Das war der Sammelbegriff von allen Österreichern, die dort in der Schweiz gearbeitet haben. Aber das war mir so egal, ich hatte viel zu viel Selbstvertrauen."[11]

Vier Jahre arbeitete Maria Heissenberger in der Schweiz. In dieser Zeit löste sich auch die Verlobung. „Ich denke mir jetzt oft noch, dass das nichts gewesen wäre, wenn ich geheiratet hätte. Eingeengt in so einem Klischee drinnen, nur bei den Kindern und so."[12] 1952 kehrte Heissenberger mit dem aufrechten Ziel zu studieren nach Österreich zurück. Sie wusste allerdings noch nicht genau, „was und wie". Sie fand Arbeit als Jungscharführerin in ihrer Heimatgemeinde. Nicht nur sie selbst entdeckte dort ihre Fähigkeiten in der Arbeit mit jungen Menschen, auch der Kaplan war von ihr überzeugt und ermutigte sie, das Seminar für kirchliche Frauenberufe in Wien zu besuchen.

Entscheidende Weichenstellung: Das Seminar für kirchliche Frauenberufe

Das 1945 in Wien gegründete Seminar war Ausbildungsstätte für alle Bereiche der Pastoral[13], unter anderem Kinder- und Jugendarbeit, Erwachsenenbildung und Sakramentenpastoral, sowie für den Religionsunterricht an den Pflichtschulen. Ein Ziel der Ausbildung war die Aufwertung und Anerkennung der Frauenarbeit in den Pfarren. Neben der Ausbildung gelang diese Aufwertung dadurch, dass die Kirchenleitung die Seelsorgehelferin zum geregelten Berufsstand erklärte.[14]

Maria Heissenberger erkannte ihre Chance zu studieren und dachte sich: „Arbeiten für Jugendliche und Kinder: Das wäre etwas für mich! Man konnte natürlich auch in die Caritasarbeit gehen und man konnte unterrichten. Es war wirklich interessant und so hab ich dieses dreijährige Seminar gemacht."[15] Gleichzeitig war sie sich klar, mit dieser Ausbildung auf eine religiöse „Schiene zu gehen"[16], ihr Leben der Kirche zu widmen. Mit dem Abschluss des Seminars versprach sie dem Bischof drei Jahre dort zu arbeiten, wo er sie hinschickte. Zudem verpflichtete sie sich zur Ehelosigkeit, was für Maria Heissenberger Sinn machte: „Wenn man zölibatär lebt, ist man freier, anderen zu helfen."[17]

Die Studienzeit sollte nicht nur durch die inhaltliche Ausbildung, sondern vor allem auch durch das Wirken von Hildegard Holzer, der Gründerin und Leiterin des Seminars für kirchliche Frauenberufe, eine prägende Lebensphase für Maria Heissenberger sein. Hildegard Holzer war die Pionierin für die berufliche Tätigkeit von Frauen in der Seelsorge in Österreich. Sie nimmt sowohl in dieser Funktion als auch als Mensch eine bedeutende Stellung im Leben von Maria Heissenberger, aber auch Franziska Lemayr[18] und Maria Hofer[19] ein. Hildegard Holzer beeinflusste als Frau und in ihrem Wirken diese drei SOS-Pionierinnen und erhält somit als

Bezugspunkt für das Verstehen der Lebensgeschichten Bedeutung. „Frau Dr. Holzer hat uns mit ihrer Idee angesteckt: Die Kirche braucht Frauen, die Gesellschaft braucht Frauen und nicht nur Männer. Sie hatte uns diesen Virus eingeimpft.“[20]

Exkurs: die prägende Mentorin Hildegard Holzer

Hildegard Holzer wurde am 3. April 1904 in Krems geboren, besuchte während des Ersten Weltkrieges als eines von sechs Mädchen mit Sondergenehmigung das Kremser Gymnasium und promovierte 1927 als eine der damals wenigen Frauen an der Uni Wien in Staatswissenschaften. Beruflich zog es sie anschließend allerdings in einen damals modernen Frauenberuf – sie arbeitete bis 1932 als Fürsorgerin. Bereits während des Zweiten Weltkrieges war sie für die Ausbildung der Seelsorgehelferinnen zuständig, die damals noch in Abendkursen organisiert war.[21] Mit Ende des Krieges fasste Hildegard Holzer den Entschluss, ein Seminar für Frauen zu gründen. Ein Vorhaben, das mit unzähligen Hindernissen durch Männer in der kirchlichen Hierarchie gepflastert war, denn: Frauenarbeit war gern gesehen – solange sie nichts kostete und keine Regeln zum Schutz der Arbeitnehmerinnen verlangte. Holzer war eine zähe Verhandlerin, sie wird als wagemutig, ausdauernd, anpassungsfähig und widerständig beschrieben.[22]

Holzer verstand sich nicht primär als Vorkämpferin für die Frauenrechte, sie war vielmehr stark für die Kirche engagiert, die in ihrer Verantwortung nicht an den Frauen, deren Kompetenzen und Leistungen vorbei schauen oder diese geringer schätzen dürfe. Holzer begriff das Frausein als Stärke. In ihrem Frauenbild waren Frauen nicht auf bestimmte Verhaltensweisen, Eigenschaften oder Tätigkeitsfelder eingeschränkt. „Jede Frau sollte sich individuell entwickeln und die ihr von Gott gegebenen Fähigkeiten einsetzen können, ohne in traditionell geschlechtsbedingten Schranken gefangen zu sein.“[23]

Hildegard Holzer verlieh Maria Heissenberger und Franziska Lemayr das Prädikat „Seidenzuckerl“. So nannte sie ihre bedeutenden Schülerinnen: Seelsorgehelferinnen, die ihre „persönlichen Charismen entdeckt haben“, die zu Sonderaufgaben gerufen wurden, und die beeindruckende Karrieren gemacht hatten.[24] In der Würdigung dieser Frauen betonte Holzer auch, dass das Seminar der prägende Anfang für diese Beruf(ung)s-Verläufe war. Holzer vermittelt „das stolze Bewusstsein einer großen und bedeutungsvollen historischen Entwicklung“, an der sie „einen entscheidenden Teil mitwirken konnte und den sie in einigen Nachfolgerinnen weitergehen sah“[25]. Die Sonderaufgabe von Maria Heissenberger und Franziska Lemayr war die Mission in Südkorea.

Die Mission als Lebensaufgabe

Nach Abschluss des Seminars 1956 wurde die 26-Jährige vom Bischof in der Pfarre von Bruck an der Leitha eingesetzt. Ein verregnetes Jungscharlager in Kärnten ein Jahr später sollte den entscheidenden Wendepunkt im Leben von Maria Heissenberger bringen. Auf dem „Schlechtwetterprogramm" stand der Besuch eines Klosters, wo ihnen die Schwestern „Vom kostbaren Blut" begeistert von der Mission in Afrika erzählten. Ein Erlebnis, das Maria Heissenberger in Aufruhr versetzte und der Auslöser dafür war, sich intensiv mit der Frage nach ihrer Lebensaufgabe zu beschäftigen. Auf der Heimreise vom Ferienlager im Nachtzug, als alle Kinder schon schliefen, wollte Maria Heissenberger vom Kaplan Folgendes wissen: „Dass die [Klosterschwester] so sicher sein kann, dass sie bis ans Ende der Welt in die Mission gehen muss?! Ich stell mir jetzt die Frage, wie kann ich sicher sein, dass ich nicht gehen brauch?!"[26] Maria Heissenberger suchte nicht nach Zeichen oder Eingebungen für ihre Sendung. Vielmehr fand sie keinen Grund, der dagegen sprach.

Nach ihrer Rückkehr arbeitete Maria Heissenberger wieder in der Pfarre, aber „es war nichts mehr wie vorher"[27]: Ihre Wahrnehmung hatte sich verändert, ununterbrochen sah sie nun Dinge, die mit dem Thema Mission zu tun hatten. Außerdem besuchte sie Vorträge und Weiterbildungen zu diesem Thema und schon bald stand für sie fest, dass sie in die Mission gehen wollte. Als Laie, als studierte Katechistin, vor allem aber als Jugendleiterin wollte sie gehen. Damals waren allerdings in erster Linie geistliche Schwestern und Brüder in der Mission tätig. Sie wusste nicht, wie sie ihr Ziel verwirklichen konnte, und wandte sich deshalb hilfesuchend an einen Priester von Missio, den päpstlichen Missionswerken: „Kann man einen Menschen wie mich als Laie, nachdem ich dies und das kann, brauchen? Ich wollte sonst gar nichts wissen. Und er hat nicht einmal hingehört, hat natürlich für einen jungen Menschen das Dümmste gesagt, was er konnte: ‚Warum wollen Sie nicht Schwester werden?' Klosterschwester!"[28] Maria Heissenberger wollte niemals in ein Kloster eintreten. Besonders war sie darüber aufgebracht, dass das, was sie als Frau mit ihren Kompetenzen anbot, nicht anerkannt wurde, nicht „genügte". Der Priester begründete den Eintritt in ein Kloster mit dem „Stand der Vollkommenheit"[29], den sie dort erreichen würde. „Das hab ich innerlich nicht annehmen können. Was heißt Vollkommenheit? Jeder, der seinen Weg geht und ordentlich geht, geht für mich auf dem Weg der Vollkommenheit, aber eben auf verschiedenen Wegen. [...] Und so bin ich weg, innerlich ganz böse, aufgebracht, aber zu dieser Zeit hat man sich nicht getraut, gegen Priester aufzumüpfen."[30]

Nach dieser unerfreulichen Begegnung stand Maria Heissenberger am Stephansplatz in Wien und wusste nicht, was sie tun sollte. Da fiel ihr ihre ehemalige Direktorin Hildegard Holzer ein, zu der sie sofort eilte. Und dann kam es zu jener Szene, die am Beginn dieses Portraits steht. Maria Heissenberger formulierte ganz klar, wovon sie überzeugt ist und was sie nicht tun will. Hildegard Holzer konnte weiterhelfen. „Sie hat gelacht, sie hat nur gelacht und gesagt: ‚Maria, weisst du noch immer nicht, dass der liebe Gott auf krummen Wegen gerade schreibt? Ich kenne persönlich drei Missionare in verschiedenen Ländern. Ich beschreib dich und frag dort an, ob sie jemand wie dich brauchen können.' Und so bin ich zurück in meine Pfarre und habe gewartet."[31] In den 1950er Jahren dauerte das etwas länger, statt E-Mails waren Briefe monatelang mit dem Schiff unterwegs.

In dieser Zeit des Wartens schlichen sich bei der inzwischen 27-Jährigen Zweifel ein, ob dieses selbstbewusste Kämpfen um „ihren krummen Weg"[32] wohl sein dürfe. „Ich habe gewartet und da ist mir erst ganz klar geworden: Alles stimmt bei mir auch nicht ganz, wenn ich so unbedingt meinen Schädel durchsetzen will. Eines Tages beim Beten hab ich gesagt: Lieber Gott, wenn's sein muss, zieh ich halt diese schiache Kutte an." Maria Heissenberger sah ihre Bestimmung in der Mission. Dafür war sie zuletzt sogar bereit, ihr doch selbstbestimmteres Leben als Seelsorgerin im Dienste eines Bischofs aufzugeben und in die engeren Strukturen eines Klosters einzutreten. Als Symbol für dieses besondere Leben nennt sie die Kutte, eine „Uniform", die sie von der Normalbevölkerung abhebt und für sie auch ein Stück Leben außerhalb der Gesellschaft darstellt.

Doch es sollte nicht so weit kommen. Eine Woche nach diesem Gebet kam der Brief aus Korea mit der Botschaft: „Jeder ist willkommen. Was sie konkret anbieten, ist unklar, aber sie soll kommen."[33] Der Brief wurde im Auftrag des Bischofs von Korea geschickt, der seinerseits bereits einige Bemühungen unternommen hatte, Laien aus Europa anzuwerben und das Anliegen von Heissenberger deshalb als „Antwort des Heiligen Geistes"[34] bezeichnete. „Für mich war von dem Augenblick an klar: als Laie und nach Korea."[35]

Bei einem Treffen mit Erzbischof Sye aus Daegu[36] in München, bei dem auch Franziska Lemayr dabei war[37], bot der Bischof Maria Heissenberger an, an einer Katholischen Frauenuniversität in Korea Deutsch und Englisch zu unterrichten. Maria Heissenberger sagte zu. Es wurde vereinbart, dass sie sich ein Jahr lang darauf vorbereiten sollte. Sie sollte Koreanisch, Englisch und die koreanische Kirchengeschichte studieren. Sie ging deshalb zuerst für ein halbes Jahr nach Münster in Deutschland und anschließend nach London. In London lernte sie Susi Younger kennen, eine junge Engländerin, die schließlich mit Maria Heissenberger nach Korea ging. Im November 1959 war es dann so weit, die zwei Frauen fuhren mit dem Schiff von Hamburg nach Pusan in Südkorea. Einsatzort sollte schließlich die im Südosten gelegene drittgrößte Stadt des Landes, Daegu, sein.

„Ankommen" in Südkorea

Maria Heissenberger konnte Korea aus unterschiedlichen Perspektiven kennen lernen. Über ihre Arbeit an der Universität und andere Begegnungen knüpfte sie recht bald freundschaftliche Beziehungen zu Südkoreanerinnen und Südkoreanern. Sie und Susie Younger wurden zudem am Beginn ihrer Zeit in Südkorea von den Eltern eines befreundeten Studenten quasi „adoptiert", da diese in der gesamten Großfamilie selbst keine Töchter hatten. Maria Heissenberger empfindet es heute noch als „Wahnsinnsglück", dadurch auch als Ausländerin die koreanische Kultur von „innen" her kennengelernt, die engen Beziehungen innerhalb der Familie erlebt und die Feste mit ihnen gefeiert zu haben. Das Verständnis des Gemeinschaftslebens in Korea faszinierte Maria Heissenberger. Die Familie war das wichtigste, wobei dabei die älteren Menschen, die Großeltern sehr geehrt wurden. Sie hatten die einflussreichste Position in der Familie. Daneben hatte aber auch die Nachbarschaft eine große Bedeutung, man feierte nicht nur die Feste gemeinsam, sondern lebte überhaupt mehr in diesen größeren sozialen Netzen.[38]

Die Möglichkeit in diese koreanische Familie aufgenommen worden zu sein, verdankte sie der Tatsache, dass sie eine Frau war und die Familie keine Töchter hatte. Gleichzeitig erlebte Maria Heissenberger die Situation von Frauen in Korea weniger erfreulich. „Koreaner sind ein höfliches Volk, die auch Respekt voreinander haben, nur die Frau ist halt ein bisschen drunter."[39] Sie war in Österreich selbst mit den Grenzen und eingeschränkten Möglichkeiten von Frauen konfrontiert. Die Handlungsspielräume von Frauen in Korea sah sie noch eingeschränkter. Besonders erschütterte sie der „Wert" der Frauen: „Man hörte es noch von der Geschichte her, dass die Frauen gar nicht als Mensch, sondern ‚zwischen Tier und Mensch' gesehen wurden. Sie musste die Kinder gebären. Waren sie unfruchtbar oder hatten sie keine Kinder, konnten sie verstoßen werden. Viele sind verstoßen worden. Wenn sie nur Mädchen geboren haben, war das ganz schlimm. Da haben sie alle zu weinen angefangen, weil nur der Mann was gegolten hat. Diese Art war sehr schwierig zu akzeptieren. Auch wenn bei uns [in Österreich; L.C.] die Männer ja auch Machos waren, aber doch in einer anderen Form."[40]

Ausdruck davon ist unter anderem das koreanische Familienrecht, welches auch heute noch auf der „Vaterfamilie", dem Patriarchat, basiert. Das bedeutet, dass jede Familie ein offizielles männliches Oberhaupt haben muss. Verbunden mit dem Wert der älteren Menschen ist das meist der Großvater. Das gilt für verheiratete Frauen ebenso wie für unverheiratete. Für Frauen, die alleine leben wollen, hat das die Konsequenz, dass sie sich nicht eigenständig registrieren lassen können. Frauen müssen unter der Obhut eines Mannes stehen, sei es der Großvater oder der Vater, oder sei es nach deren Tod der Bruder oder Neffe.[41]

Soziale Arbeit mit den „Schuhputzerbuben"

Die zwei Europäerinnen unterrichteten bereits ein Jahr lang an der Universität Koreanerinnen aus reichen Familien, denn nur diese hatten die Möglichkeit zu studieren. „Aber für mich war es von allem Anfang an klar und für die Susi Younger auch: Wir wollten etwas für die Armen tun."[42] Daegu war zehn Jahre nach Kriegsende noch durch Hunger und Verarmung gezeichnet. Besonders aufgefallen waren die verwaisten und obdachlosen Buben, die sich als Schuhputzer auf den Straßen ihren kargen Lebensunterhalt verdienten. Maria Heissenberger und Susi Younger wollten diesen Kindern, die sie „Schuhputzerbuben" nannten, helfen. 1960 konnten sie mit Unterstützung ihrer koreanischen FreundInnen und mit ein wenig Geld von der Katholischen Frauenbewegung Österreichs ein kleines Haus, oder vielmehr eine Hütte, kaufen, wo sie einem Teil dieser Straßenkinder ein Zuhause geben wollten. Was die beiden nicht wussten: Die „Schuhputzerbuben" waren in Banden organisiert, in denen die Bandenführer die Kinder „beschützten" und ausnützten. Mit anderen Worten: Die Kinder durften an einem bestimmten Platz die Schuhe putzen, mussten allerdings den Großteil ihres Verdienstes abliefern. Die koreanischen FreundInnen machten einigen Schuhputzerbuben im Namen der Frauen das Angebot, mit diesen in einem Haus zu wohnen, und erhielten begeisterte Resonanz von den Kindern. Als die Schuhputzerbuben nun am nächsten Tag zum vereinbarten Treffpunkt kommen sollten, ließ sich nur einer blicken. Dieser erzählte dann, dass zwar alle gerne gekommen wäre, dass sie deshalb aber von den Bandenführern verprügelt worden waren. Die Kinder waren nicht frei, das Hilfsangebot anzunehmen. Was sollten die Frauen also tun? „Wir in unserer Dummheit und nicht wissend, wie die Gesellschaft wirklich dort funktioniert hat, sind zur Polizei gegangen. Das war das Dümmste, weil die Polizei sich von diesen Gangstern gefürchtet hat. Aber auf der anderen Seite konnten sie in ihrem Stolz nicht sagen: ‚Die Polizei kann nichts machen.' Deshalb haben sie dann zwei organisierte Gruppen am frühen Morgen ausgehoben, auf den Polizeiposten geschleppt und so gegen acht Uhr hat man uns dann rufen lassen und gesagt, wir können uns unsere Kinder aussuchen."[43] Maria Heissenberger resümiert, dass sie nach einem Jahr in Korea die dortige Gesellschaft noch nicht durchschaut hatten, zumal sie vor allem in Kontakt mit den Studentinnen in „dieser besseren Gesellschaft" waren, die selbst wenig von dieser Realität ihres Landes wussten. Sie suchten dann 14 Kinder aus, für mehr reichte das Geld nicht. Diese Schuhputzerbuben gingen allerdings nur deshalb mit, weil darunter auch ein Bandenführer war.

Gegen Ende des Jahres 1960 konnten sich Maria Heissenberger und Susi Younger sprachbedingt nur schwer mit den Schuhputzerbuben verständigen. Es wurde aber vereinbart, dass sie gemeinsam, wie eine Art Familie, in diesem Haus

Maria Heissenberger (2. Reihe, rechts außen) und die Schuhputzerbuben

leben würden, und jeder seinen Teil zur Bestreitung des Lebensunterhaltes beitragen müsste. Heissenberger und Younger unterrichteten weiterhin, die Buben gingen Schuhe putzen und konnten nun die Abendschule besuchen. „Wir hatten eine Hütte mit drei Räumen, wo eine Schiebetür dazwischen war. Die Kinder hatten nichts, also brauchte man auch keinen Kasten. Meine Freundin und ich waren in einem der drei Räume, ein winziges Plätzchen, man konnte nur zwei Matten zum Schlafen auflegen. Man hatte ja im Grunde nichts dort und so haben wir dann angefangen mit ihnen zu leben."[44]

Das erste außereuropäische SOS-Kinderdorf

Das „Schuhputzerheim" lief nun schon seit über einem Jahr und Maria Heissenberger sollte im Auftrag des Bischofs noch ein weiteres Waisenhaus übernehmen. Für die Arbeit in diesem Waisenhaus wollte der Bischof von Deagu zusätzlich Franziska Lemayr engagieren und beauftragte deshalb Maria Heissenberger mit der Anfrage. Inzwischen sollte ihr jüngster Bruder zum Priester geweiht werden. Heissenberger war damals in dem Glauben nach Korea gegangen, ihre Familie nie wieder zu sehen, da die Fahrtkosten damals viel zu hoch waren. 1962 kostete ein Flugticket nach Daegu 38.500.- Schilling. Den damaligen Wert dieser Summe verdeutlicht Maria Heissenberger durch den Preisvergleich mit einem VW „Käfer". Das Auto war damals mit 34.000.- Schilling deutlich billiger als das Ticket. Hildegard Holzer wusste allerdings, wie gerne ihre ehemalige Schülerin bei der Primiz ihres Lieblingsbruders dabei gewesen wäre. Sie startete deshalb eine Sammelaktion unter den Seelsorgehelferinnen und konnte Maria Heissenberger davon ein Flugticket schicken.[45] Heissenberger freute sich ausgesprochen, doch gleichzeitig war sie auch beschämt. Denn sie wusste, wie teuer das Ticket war. „Wie konnte ich das nur für mich aufbrauchen, nur damit ich nach Europa komme. Aber es war nichts möglich, es war das Ticket da, es war nicht das Geld da."[46]

Aber auch in caritativer Hinsicht sollte es ein gut investiertes Geld sein. Im Juni 1962 flog Maria Heissenberger nach Österreich zur Primiz ihres Bruders. Bei der Ankunft am Flughafen in Wien wurde ihr ein großer und lautstarker Empfang durch ihre Studienkolleginnen, FreundInnen und Verwandte bereitet. Ein Reporter, der zufällig ebenfalls dort war, wurde darauf aufmerksam und wollte wissen, wer da wohl käme. Daraus wurde ein Interview über ihre Arbeit in Südkorea. Der Reporter zeigte sich erstaunt, dass sie bei all dem Elend, das über Südkorea bekannt war, nur so wenige Kinder betreute. Heissenberger begründete dies mit den mangelnden finanziellen Mitteln. Auf die Frage, was sie machen würde, wenn sie mehr Geld hätte, antwortete Heissenberger: „Ein SOS-Kinderdorf bauen."[47]

Maria Heissenberger hatte während ihres Studiums das erste Mal von SOS-Kinderdorf gehört. Hermann Gmeiner hielt einen Vortrag in Wien und das gesamte Seminar war bei diesem Vortrag. An SOS-Kinderdorf gefiel ihr vor allem die Vorstellung, dass eine Bezugsperson konstant für ein Kind zuständig ist und das Kind von dieser Bezugsperson Wertschätzung und Anerkennung erhält. Die Konfrontation mit der Situation in den äußerst schlecht ausgestatteten, überfüllten

Waisenhäusern im Nachkriegskorea und den strukturell bedingten wechselnden Bezugspersonen hatte Maria Heissenberger „[…] furchtbar irritiert. Ich konnte mir das nicht vorstellen. Ich wäre zugrunde gegangen als Kind. Ich war sehr sensibel und man sagt jetzt noch, dass man von mir als Kind alles haben konnte, wenn ich nur dafür die Anerkennung erhielt. Ich habe ganze Ferien lang Kühe gehütet für eine Haarmasche und das Lob“[48]. Die Abdeckung der primären Bedürfnisse von Kindern mit z.B. Nahrung, Pflege oder Sicherheit erachtet Heissenberger als wichtige, aber nicht ausschließliche Qualität in der Kindererziehung. „Ich glaube ein Mensch ist so angelegt, dass er wer ist. Ob der jetzt ein Bub ist oder ein Mädchen, das ist ja die andere Frage. Das haben wir dann in unseren Gesellschaften so ungleich gemacht. Ein Kind fühlt wahrscheinlich – ein Bub genauso wie ein Mädchen –, dass es einfach wer sein will. Und dass ihn jemand gern haben soll. Nicht, weil er so brav ist oder so, sondern weil ‚ich bin ich'.“[49]

Das erwähnte Interview mit Maria Heissenberger wurde in einer Zeitung veröffentlicht. Erika Gottlieb[50], die persönliche Sekretärin von Hermann Gmeiner, las diesen Zeitungsartikel, schnitt ihn aus und schickte ihn an Gmeiner. Daraufhin setzte sich dieser mit Maria Heissenberger in Verbindung und die beiden vereinbarten ein Treffen. Bei ihrer ersten Begegnung war Hermann Gmeiner offensichtlich erstaunt über Maria Heissenbergers Körpergröße. „So eine Kleine!“ soll der

Maria Heissenberger, Ludwig Kögl und Hermann Gmeiner (v.r.)

selbst nicht groß gewachsene Gmeiner als Erstes gesagt haben. Und vom Besuch eines „schmächtigen [...] Frauerls“[51] ist die Rede. Doch Heissenberger konnte Gmeiner in ihrer ruhigen, bestimmten Art sowie auf Grund ihrer Erfahrungen und Kenntnisse über das Land gewinnen. „Gmeiner hat mir die Hand gegeben und gesagt: ‚Geld hab ich keins, probieren wir es!‘“[52] Damit war der Startschuss für die Expansion von SOS-Kinderdorf weltweit erfolgt. Bereits am 31. Oktober 1962 bekundete Gmeiner im Vorstand der SOS seine Absicht, in Südkorea, aber auch in Japan ein Kinderdorf zu gründen.[53]

Das „Südkorea-Team“

Maria Heissenberger kehrte im November 1962 nach Korea zurück. Mit ihr flog auch Franziska Lemayr, die Maria Heissenberger im Auftrag des Bischofs von Daegu bei ihrer Arbeit mit Waisenkindern unterstützen sollte.[54] Als Apostolatshelferinnen[55] in Südkorea unterstanden die beiden dem dortigen Bischof, der somit über ihren Aufgabenbereich entschied. Nachdem diese konkreten Überlegungen zu einem SOS-Kinderdorf eigentlich durch ein zufälliges Interview ausgelöst worden waren, musste Maria Heissenberger erst einmal sein Einverständnis einholen. Auf dem Flug nach Korea machten sie Zwischenstopp in Rom, um sich mit dem Bischof von Daegu zu treffen, der gerade am 2. Vatikanischen Konzil teilnahm. „Er war natürlich hell begeistert und ich hab dann gleich eine Nachricht zurück an Gmeiner geschickt und drei Monate später waren sie [Hermann Gmeiner, Hansheinz Reinprecht und Fritz Haider; L.C.] drüben.“[56]

In kurzer Zeit wurde dieses PionierInnen-Projekt geplant und umgesetzt. Ende 1962 war das Frauen-Team für den Aufbau des SOS-Kinderdorfes Daegu komplett: Luise Sinnhuber, die für die Arbeit an einer Leprastation den gleichen Flug wie Heissenberger und Lemayr nach Südkorea genommen hatte, entschied sich für die Arbeit mit Kindern.[57] Bis es zur konkreten Aufbauarbeit des SOS-Kinderdorfs kam, arbeiteten die Frauen unter der Leitung von Maria Heissenberger weiterhin im „Schuhputzerheim" und im neu hinzugekommenen Waisenhaus. Zu diesem Waisenhaus gehörte ein riesiger Grundbesitz, auf dem das SOS-Kinderdorf errichtet werden sollte und der später dem Verein übertragen wurde.

Eine Voraussetzung für das Engagement von SOS in Korea war das Kennenlernen der Situation vor Ort sowie das Aufbringen der finanziellen Mittel. Aus diesem Grund flogen Hermann Gmeiner, Hansheinz Reinprecht und Fritz Haider im Februar 1963 für eine Studienreise nach Südkorea. Gesponsert wurden die drei Tickets von der Österreichischen Sparkasse, die dieses Vorhaben in Asien unterstütze.[58] Finanziert wurde der Aufbau des SOS-Kinderdorfs in Daegu zu Beginn durch Spenden der Katholischen Frauenbewegung (KFB) und der Katholischen Jungschar Österreichs. Die Katholische Frauenbewegung hatte mit den Erlösen aus der Aktion „Familienfasttag“ Maria Heissenbergers erstes Ticket nach Korea bezahlt und bereits das „Schuhputzerheim" unterstützt. Nun wollte die KFB die Errichtung einer an das Kinderdorf angeschlossenen Lehrwerkstätte und Landwirtschaft ermöglichen.[59] Auch die Katholische Jungschar hatte die Erlöse aus ihrer jährlichen Fastenaktion bereits seit 1962 an das „Schuhputzerheim" gespendet.[60] Wirklich ermöglicht wurde die Finanzierung des Kinderdorfs aber vor allem durch die legendäre „Reiskornaktion"[61]. Die „Reiskornaktion" wurde bereits vor der ersten Reise Gmeiners nach Südkorea geplant. Der Vorstand von SOS hielt bereits im Dezember 1962 fest, dass die Aktion originell sein müsste. Es tauchte die Idee „Ein Reiskorn für Korea" auf.[62] Maria Heissenberger über eine intuitive „Inszenierung": „Wir sind Kinder in einem alten, halb verfallenen Waisenhaus besuchen gegangen. Gmeiner sagte: ‚Maria, holen Sie mir eines von diesen Kindern aus dem Waisenhaus.' Ich hab nicht gewusst warum."[63] Gmeiner erbat dann einen Sack Reis. Anschließend musste Heissenberger dem Buben übersetzen, er solle Reis herausnehmen und ihm in die Hand geben. Gmeiner ließ dann ein Foto von dieser Reis-Übergabe zwischen dem Buben und ihm schießen und betonte die Wichtigkeit eines „ordentlichen Fotos". Er sollte Recht behalten. Es war das Foto, das werbewirksam um die Welt ging. „Er hat zu dem Bub gesagt, ich werde nach Österreich zurückgehen und dort viele, viele, viele gute Menschen suchen und jedes Reiskorn soll um einen Dollar umgetauscht werden. Damit werden wir ein Kinderdorf bauen"[64], erzählt Maria Heissenberger. Die SOS-Kinderdorf-Mütter und Kinder in Europa klebten wochenlang mit den Kindern ein Reiskorn auf die kleinen Zettel, auf denen stand: „Reis bedeutet: Leben – Glück – Gesundheit – Friede – Wohlstand. Ein Reiskorn für Korea."[65] Die Spendenaktion „Ein Reiskorn für Korea" war ein voller Erfolg, bis April 1964 wurde eine halbe Million SpenderInnen gezählt.

Aufbauarbeit im SOS-Kinderdorf Daegu

Nach diesem gelungenen Auftakt im Februar 1963 war Maria Heissenberger bis 1968 im SOS-Kinderdorf Daegu tätig. Sie war Dorfleiterin, Geschäftsführerin und Bauverantwortliche. Auf Grund ihrer Sprachkenntnisse und ihrer diözesanen Verbindungen übernahm sie auch die Müttersuche und bildete diese gemeinsam mit Franziska Lemayr und Luise Sinnhuber aus. Bei der Auswahl der Mütter wurden sie von der Koreanerin Lee unterstützt. Frau Lee „fuhr […] im Land herum, um diese Mädchen zu treffen, aber was noch wichtiger ist, deren Familien. Der Grund dafür ist folgender: Wenn ein Mädchen auch noch so sehr etwas zu tun wünscht, aber die Familie dagegen ist, dann kann es sich nicht dagegen wehren. Und dann könnte es uns eines Tages passieren, dass plötzlich eine Kinderdorfmutter weggeheiratet wird. Um dem aber vorzubeugen, muss man die Familie selbst befragen und sich bescheinigen lassen, dass sie später die Tochter nicht wegholen."[66]

Maria Heissenberger sah dieses Kinderdorf als Baby, das, nachdem es „Herr Direktor Gmeiner […] bei seinem Aufenthalt in Korea aus der Taufe gehoben hatte, [ihren] Händen anvertraut wurde […]. Und da dies mein erstes Baby solcher Art war, war mir schon ein wenig unheimlich zu Mute."[67] Heissenberger verwendet in einer Organisation, die zum einen familienorientierte Betreuungsformen anbietet und gleichzeitig die Organisation als große Familie beschreibt, das Bild eines „Babys" für dieses neue Dorf. Allerdings bezeichnet sie Gmeiner nicht, wie

Maria Heissenberger (2. Reihe, 2. v. r.) und SOS-Kinderdorf-Mütter in Daegu

sonst oft üblich, als „Vater", sondern als Taufpaten, und sich selbst auch nicht als „Mutter", sondern als eine, der etwas vertrauensvoll übergeben wurde. Doch das Baby hatte sich noch nicht „materialisiert", das Dorf musste erst gebaut werden. In einem Bericht an die Zentrale von SOS-Kinderdorf in Österreich schrieb sie 1964: „Zuerst mussten alle rechtlichen Dinge geklärt werden. Da muss ich Ihnen wohl sagen, dass ich oft die Geduld verloren habe, da die asiatische ‚Schnelligkeit' Mitteleuropäer manches Mal fast zur Weißglut bringen kann. Daneben muss ich aber sagen, dass mir von allen Seiten sehr zur Hand gegangen war. Aber da gibt es eben einen Amtsweg und der braucht seine Zeit. […] Natürlich hatten wir in der langen Wartezeit schon alle Pläne entworfen, die es zu entwerfen gab. […] Ja, und da war es endlich so weit, dass man mit dem Bau beginnen hätte können, und da gab es auf einmal keinen Zement in Korea zu kaufen."[68] Doch Zement war nicht das einzige, das für einen Hausbau fehlte. In Südkorea gab es zu dieser Zeit schlicht „nichts zu kaufen. Auch keinen Baustahl oder Toiletten, es gab nichts!"[69] Deshalb entschloss sich Maria Heissenberger, nach Japan zu fahren, um dort die notwendigen Baumaterialien zu kaufen. Doch der Erfolg von Heissenbergers Mission war nicht von vorneherein klar. „Ich konnte nur wenige Dollar für die Reise bekommen, und dann kam das Geld in Japan nicht an. Aber ich bin zum Glück nicht verhungert und auch gut wieder nach Korea zurückgekehrt. Auch der Einkauf war erfolgreich. Aber nun dauerte es wieder Wochen bis […] der Zement kam, und wir konnten mit dem Bau nicht beginnen, […]."[70] In Tokio fand Maria Heissenberger Unterstützung bei der österreichischen Botschaft, bis SOS-Kinderdorf Österreich Spenden aus der Reiskornaktion überwies. Mit Hilfe dieser Spenden konnte am 16. August 1963 endlich mit dem Bau des SOS-Kinderdorfs Daegu begonnen werden, der nun zügig voranging. Bis Weihnachten wurden sechs Häuser fertig gestellt und besiedelt.[71] Bei der Eröffnung des ersten außereuropäischen Kinderdorfes 1965 lebten dort bereits 84 Kinder in zehn Familienhäusern. Neben der Leitung des SOS-Kinderdorfes verwaltete Maria Heissenberger weiterhin das „Schuhputzerheim", welches später in ein SOS-Mädchenjugendhaus umgewandelt werden sollte.[72]

Neue Wege

1968 bat der Bischof Maria Heissenberger, in einer neu errichteten Diözese, die Arbeit für Tuberkulosekranke zu übernehmen. Diese berufliche Neuorientierung wurde auch dadurch mitbestimmt, dass mit Franziska Lemayr und Luise Sinnhuber ihre zwei Kolleginnen aus der Aufbauzeit das Projekt weiter leiten würden. Als Seelsorgehelferin war Heissenberger dem Bischof verpflichtet, dagegen konnte auch Gmeiner nichts unternehmen. „Es hat Gmeiner furchtbar aufgeregt, dass ich in diese andere Diözese gehe. Er hat geschimpft und fast nichts geredet mit mir."[73] Schlussendlich trennten sich Heissenberger und Gmeiner im Guten. Gmeiner drückte seine Anerkennung für die Leistung von Heissenberger aus, unter anderem dadurch, dass er ihr Gehalt noch weitere zwei Jahre auszahlte. Gleichzeitig bemerkte er Heissenbergers Selbstbestimmtheit und Unabhängigkeit. „Zum Schluss hat er gesagt: ‚Sie haben sehr viel für das SOS-Kinderdorf getan. Aber wissen Sie, ich sage Ihnen jetzt etwas: Ich hab gewusst, dass ich Sie nicht in der Hand habe.'"[74] Heissenberger interessierte sich auch weiterhin für SOS-Kinderdorf und wurde zu einem Ehrenmitglied von SOS-Kinderdorf International ernannt.

Auch Hildegard Holzer betrachtete es als bezeichnend für Maria Heissenberger, dass sie eine Anstellung bei SOS-Kinderdorf mit monatlichem Gehalt und Pensionsversicherung nach kürzester Zeit gekündigt hatte.[75] Rahmenbedingungen bieten Sicherheit, können aber auch einschränken. Maria Heissenbergers pastoraler und sozialer Weg in Korea sollte allerdings noch ein vielfältiger werden – einer, den in erster Linie sie definierte.

Nach SOS-Kinderdorf war Maria Heissenberger 23 Jahre in der Arbeit mit Tuberkulosekranken tätig, zuerst in einer staatlichen Klinik, später baute sie im Auftrag der Kirche selbst eine kleine TBC-Klinik auf. Des Weiteren gründete sie ein Exerzitienhaus, ebenso wie ein Bildungshaus für Arbeiterinnen. Schließlich unterrichtete sie sogar Deutsch beim südkoreanischen Militär. „Sie ist gewandert von einer Aufgabe zur anderen."[76] Es entspricht Maria Heissenbergers Naturell, immer wieder neue Wege zu gehen. „Ich war jemand, der immer neue Ideen hatte und immer fragte: was braucht jetzt die Zeit."[77]

Auf diesem Weg hatte Maria Heissenberger überall begonnen, Koreanerinnen auszubilden und ihnen die Projekte zu übergeben. Nach ihrer Pensionierung blieb Maria Heissenberger noch zwei Jahre in Südkorea. Da PensionistInnen in Südkorea zu dieser Zeit zwar eine Pension ausbezahlt bekamen, allerdings nicht krankenversichert waren, kehrte Maria Heissenberger auf Grund gesundheitlicher Probleme wieder nach Österreich zurück. Sie lebt heute in der Nähe von Wien, hat aber noch sehr gute persönliche Kontakte nach Südkorea.

Anmerkungen

1 bezogen auf die Körpergröße
2 Interview mit Hildegard Holzer
3 Hildegard Holzer war unter anderem Gründerin und Leiterin des Seminars für kirchliche Frauenberufe und Pionierin auf dem Gebiet der Laienpastoral. Vgl. Abschnitt in diesem Portrait: „Prägende Mentorin Hildegard Holzer“
4 Interview mit Maria Heissenberger, 28. Juni 2003. Die Zitate wurden nach einem Gespräch mit Maria Heissenberger geringfügig ergänzt.
5 Ebd.
6 Ebd.
7 Ebd.
8 Ebd.
9 Ebd.
10 Ebd.
11 Ebd.
12 Ebd.
13 Pastoral wird weitgehend synonym mit „Seelsorge“ verwendet.
14 Vgl. Prüller-Jagenteufel, http://web.chello.at/skb/holzer.htm, Stand: 16.08.2004
15 Interview mit Maria Heissenberger
16 Ebd.
17 Ebd.
18 Vgl. Portrait Franziska Lemayr
19 Vgl. Portrait Maria Hofer
20 Interview mit Maria Heissenberger
21 Vgl. Portrait Maria Hofer
22 Vgl. Prüller-Jagenteufel, http://web.chello.at/skb/holzer.htm, Stand: 16.08.2004
23 Ebd.
24 Vgl. Prüller-Jagenteufel, 2001, S.355
25 Ebd., S.357
26 Interview mit Maria Heissenberger
27 Ebd.
28 Ebd.
29 Ebd.
30 Ebd.
31 Ebd.
32 Ebd.
33 Ebd.
34 Ebd.
35 Ebd.
36 Vgl. Pammer, 1995, S.110
37 Vgl. Portrait Franziska Lemayr
38 Vgl. Interview mit Maria Heissenberger
39 Ebd.
40 Ebd.
41 Vgl. Gilyim Jin, 2003, S.86
42 Interview mit Maria Heissenberger
43 Ebd.
44 Ebd.
45 Vgl. Interview mit Hildegard Holzer
46 Interview mit Maria Heissenberger
47 Ebd.
48 Ebd.
49 Ebd.
50 Vgl. Portrait Erika Gottlieb

51 Vgl. Reinprecht, 1984, S.247
52 Interview mit Maria Heissenberger
53 Vgl. Protokoll über die Arbeitssitzung des Hauptvereines, 5.11.1962, Ordner Vorstandssitzungen HV (Protokolle 1962-1966)
54 Vgl. Portrait Franziska Lemayr
55 Entspricht einer Laienberufung. „Eine Apostolatshelferin bleibt in ihrem jeweiligen Lebensbereich, um ihn mit dem Geist des Evangeliums zu durchdringen. Dort teilt sie die Lebensbedingungen der Menschen, mit denen sie lebt und arbeitet. Der ‚Dienst' der Apostolatshelferin ist weder auf den Beruf noch auf die Freizeit begrenzt. Vielmehr ist sie mit ihrer ganzen Existenz in Dienst genommen für die Liebe, mit der Gott die Welt liebt. Das schließt ein, dass sie um Gottes und seines Reiches willen ehelos bleibt." Eine Apostolatshelferin untersteht dem Bischof einer Diözese und wird von ihm eingesetzt. Vgl. http://www.canisius.at/pages/berufe/apostolatshelferin.php, Stand: 23.05.2006
56 Interview mit Maria Heissenberger
57 Vgl. Portrait Luise Sinnhuber
58 Vgl. Reinprecht, 1984, S.250
59 Vgl. Salzburger Volkszeitung, 10.4.1963; Wiener Kirchenblatt, 5.5.1963; Neue Warte am Inn, April 1963
60 Vgl. Kronen Zeitung, 18.4.1963
61 Vgl. Salzburger Volkszeitung, 10.4.1963; Wiener Kirchenblatt, 5.5.1963; Neue Warte am Inn, April 1963; Wiener Zeitung, 19.4.1963
62 Vgl. Schreiber/Vyslozil, 2001, S.199
63 Interview mit Maria Heissenberger
64 Ebd.
65 Schreiber/Vyslozil, 2001, S.200
66 Heissenberger, 1964, S.42f
67 Ebd., S.41
68 Ebd., S.42
69 Interview mit Maria Heissenberger
70 Heissenberger, 1964, S.42
71 Vgl. Stadelmann, 1970, S.106
72 Vgl. Interview mit Maria Heissenberger
73 Ebd
74 Ebd.
75 Vgl. Hildegard Holzer, Interview Nr. 7
76 Ebd.
77 Interview mit Maria Heissenberger

Franziska Lemayr (geb. 1922)

„Halmoni“

„Einmal beschrieb sie [Franziska Lemayr; L.C.] mir das Bild einer Weide: ‚Die Weide hat weiche Äste, aber wenn es Sturm gibt, ist sie stark.‘“[1]

Kindheit und Jugend in Südtirol

Franziska Lemayr wurde am 20. Februar 1922 als ältestes von sechs Kindern im südtirolerischen Eppan geboren. Ihre Eltern Anton und Maria Lemayr bewirtschafteten einen kleinen Bauernhof mit Obst- und Weinanbau. Ihre Kindheit im Südtirol der 1920er und 1930er Jahre war gekennzeichnet durch die Folgen des Ersten Weltkriegs. Südtirol war im Friedensvertrag von St. Germain vom 10. September 1919 ohne Autonomiebestimmungen und ohne Minderheitenschutz Italien als Kriegsbeute zugeschlagen worden. Bis zu diesem Zeitpunkt hatte es mehr als fünf Jahrhunderte zu Österreich gehört.[2] Südtirol fühlte sich als Opfer dieses diktierten Friedensvertrages und lehnte ihn ab. Verschärft wurde diese Haltung durch die massiven Entnationalisierungsmaßnahmen unter dem Faschismus ab 1922. Die entschlossene Italienisierungspolitik betraf beinahe alle Lebensbereiche.[3] SüdtirolerInnen durften nicht mehr SüdtirolerInnen sein, sondern sollten ItalienerInnen werden. So wurden beispielsweise der Name „Tirol“ inklusive aller Ableitungen und Verbindungen verboten oder die deutschsprachige Presse ausgeschaltet.[4] Das Schulwesen wurde italienisiert, indem deutschsprachige Lehrkräfte systematisch abgebaut und durch italienische Lehrkräfte ersetzt wurden. Diese italienischen LehrerInnen mussten sich strikt an den Lehrplan halten, „mit der Aufgabe, ‚bravi italiani‘[5] aus den Kindern zu machen – ungeachtet der sprachlichen, kulturellen, und gesellschaftlichen Traditionen Südtirols“[6]. Die Familie Lemayr gehörte der deutschsprachigen Volksgruppe an. Als Franziska 1928 einschulte, erlebte sie den daraus resultierenden krassen Gegensatz zwischen dem, was in der Schule vermittelt wurde, und dem, was sie zu Hause hörte. Jungsam Suk, eine langjährige Mitarbeiterin von Franziska Lemayr in Südkorea, erinnert sich: „Franziska Lemayr erzählte sehr viel von ihrer Mutter. Frau Lemayr durfte damals nicht Deutsch sprechen, denn in der Mussolinizeit lernten sie in der Schule Italienisch und man sollte überall Italienisch sprechen. Ihre Mutter sprach mit ihr aber Deutsch, weshalb die Mutter auch von Soldaten geschlagen wurde.“[7] Welche Ausdrucksmöglichkeiten fanden Kinder damals für diese angespannte Situation?

Franziska Lemayr war eine sehr gute Schülerin, sie wollte allerdings ihr Zeugnis zu Hause nicht herzeigen. Zu sehr schämte sie sich für dieses Dokument, welches ihre ausgezeichneten schulischen Leistungen auswies, denn es war ein „walsches“[8] Zeugnis. Ihre Schwester Maria wiederum bekam eines Tages von der Lehrerin den Auftrag, einen bestimmten Geldbetrag in die Schule mitzubringen. Alle Kinder sollten ein faschistisches Abzeichen erstehen. Dieses Abzeichen wiederum war Voraussetzung, um am Appell in der Schule teilnehmen zu können. Lange Zeit brachte Maria das Geld nicht mit. Einerseits, weil die Familie es nicht hatte, aber vor allem weil sie keine faschistischen Symbole tragen und nicht an Ritualen der Faschisten teilnehmen wollte.

1929 verstarb plötzlich die Mutter, eine tiefgläubige Katholikin, deren größter Wunsch es war, dass alle ihre Kinder als Priester und Klosterschwestern in die Mission gehen würden. Ein Wunsch, der Franziska immer in Erinnerung und wichtig bleiben würde. Sie engagierte sich schon recht früh in der Jugendarbeit ihrer Heimatpfarre. Mit sieben Jahren war sie nun Halbwaise. Auch wenn die Schwester des Vaters bei ihnen einzog und sich um die Kinder kümmerte, musste Franziska nicht nur den Verlust der Mutter bewältigen, sondern als Älteste schon sehr früh Verantwortung in der Familie und in der Landwirtschaft übernehmen. Geld war kaum vorhanden, und so schulte die damals 14-Jährige 1936 aus, um fortan zu Hause mitzuarbeiten.[9]

Katholische Jugend und Seminar für kirchliche Frauenberufe

Ihre erste bezahlte Stelle sollte sie in einen Haushalt nach Bozen führen. Dort kam Franziska Lemayr über Bekannte mit der Katholischen Jugend Bozen in Kontakt, wo sie schließlich in der Jugendarbeit eine Anstellung fand. Im Zuge ihrer Tätigkeit erfuhr sie von der neu geschaffenen Möglichkeit für Frauen, in Wien eine Ausbildung für kirchliche Berufe zu absolvieren. Als Südtirolerin war sie die am weitesten Gereiste, als sie von 1950 bis 1953 das Seminar für kirchliche Frauenberufe in Wien besuchte. Die Zeit im Seminar und die Person Hildegard Holzer waren für sie ausgesprochen bedeutend und prägend.[10] Holzer betonte immer, dass „auch Frauen sich zu Sonderaufgaben […] berufen gewusst haben, sich vorbereitet haben“[11] und dass, mit der Betonung auf ein offenes Frauenbild, „sich die Seelsorgehelferinnen […] nicht haben einengen lassen auf ein Schema.“[12]

Während ihrer Ausbildungszeit lernte Franziska Lemayr die Katholische Jungschar Österreichs kennen. „Meine Begeisterung dafür war groß! Mit dem Gedanken, auch in Südtirol eine Katholische Jungschar zu gründen, bin ich zurückgekehrt.“[13] Diesen Gedanken setzte sie auch in die Tat um und gründete 1953 die Katholische Jungschar Südtirols (KJS). Mit der Unterstützung des damaligen Mädchen-Seelsorgers Adolf Werth wurde der erste Jungscharführerinnenkurs geplant und mit Mädchen, die sich in verschiedenen Pfarren engagierten, durchgeführt. „Der Anfang war nicht leicht, da sowohl die Priester in den Pfarreien als auch die Eltern der Kinder überzeugt werden mussten.“[14] Dennoch gelang es „Fanny“ – wie Franziska Lemayr bei der Südtiroler Jungschar heute noch genannt wird –, dass sich innerhalb kürzester Zeit Mädchenjungschargruppen in fast allen Pfarreien gebildet hatten. Sie war sehr viel in den Dörfern unterwegs, hielt Vorträge und Schulungen. So entstand anknüpfend an das Angebot für und mit Mädchen auch bald darauf die Bubenjungschar. Franziska Lemayr leitete die KJS von 1953 bis 1962.

In dieser Zeit blieb Franziska Lemayr in Kontakt mit den Absolventinnen des Seminars. Die Gemeinschaftsbildung unter den Seelsorgehelferinnnen war ein zentrales Anliegen von Hildegard Holzer. Die Frauen sollten einander stärken und gemeinsam ihre Anliegen als Frauen in der Kirche vertreten. Organisch gewachsener Zusammenhalt, wie es Holzer formulierte, setzte sich nach Beendigung der Ausbildung in der Gemeinschaft der Absolventinnen fort. Zwei Säulen dieser aktiven Gemeinschaft waren die Sommerexerzitien und der Rundbrief.[15] Über so einen Rundbrief erfuhr Franziska Lemayr im Jahr 1958, dass Maria Heissenberger in die Laienmission gehen wollte. Der Wunsch ihrer Mutter, in die Mission zu gehen, war bei Franziska Lemayr immer noch präsent und sie konnte ihm einiges abgewinnen, aber: „Ich habe nie daran gedacht, ins Kloster zu gehen."[16] Durch die Initiative von Maria Heissenberger hinsichtlich der Laienmission sah Franziska Lemayr die Chance, diesen „Auftrag" der Mutter zu erfüllen, ohne dabei ihre persönlichen Vorstellungen aufgeben zu müssen.

Der lange Weg nach Südkorea

Als Maria Heissenberger sich 1958 mit dem Erzbischof Sye aus Daegu[17] in München traf, begleitete sie Franziska Lemayr, um ihr Interesse an einem Missions-Einsatz zu bekunden. Da der Bischof selbst der deutschen Sprache nicht mächtig war, musste der spätere Erzbischof von Seoul Stephan Kim, der damals in Deutschland studiert hatte, übersetzen.[18] Er überzeugte den Bischof davon, Franziska Lemayr nicht zu engagieren. Er begründete dies damit, dass Franziska Lemayr aus Altersgründen die koreanische Sprache nicht mehr erlernen würde. Sie war damals 36 Jahre alt. Zu dieser Überlegung kam Stephan Kim, weil er selbst im gleichen Alter große Schwierigkeiten hatte, Deutsch zu lernen. „Ich habe damals einen Korb bekommen. Aber ich dachte mir: Ist auch gut, ich habe hier auch etwas zu tun."[19]

Maria Heissenberger wurde vorerst als einzige Österreicherin vom Bischof engagiert.[20] In der Zeit, als sie an der Frauenuniversität von Daegu unterrichtete und das so genannte „Schuhputzerheim" aufbaute, blieb sie mit Franziska Lemayr in telefonischem und brieflichem Kontakt: „Ende 1961 erhielt ich wieder einen Brief von Maria, in dem stand: ‚Liebe Frau Franziska, bevor du diesen Brief liest, knie nieder und bete zum Heiligen Geist!' Da hab ich mir gedacht, was kommt denn jetzt? Sie schrieb, sie war gerade beim Bischof – eben der Bischof, der mir den Korb gegeben hat – und der hat sie beauftragt, mir zu schreiben, falls ich noch daran denke, nach Korea zu gehen, soll ich kommen."[21] Franziska Lemayr schmunzelt immer wieder, wenn sie davon erzählt: „Ich hab mir gedacht, zuerst hat er mich nicht genommen, weil er gemeint hat, ich erlerne mit meinem Alter nicht mehr Koreanisch. Inzwischen bin ich älter geworden – zwar nur drei Jahre, aber immerhin –, und jetzt soll ich auf einmal kommen!? Ich habe überlegt und bin, wie Maria gesagt hat, niedergekniet und habe gebetet. Dann habe ich zugesagt."[22] Maria Heissenberger hatte vom Bischof den Auftrag erhalten, ein weiteres Waisenhaus zu übernehmen. Dafür wurde Personal benötigt. „Das hat dann den Bischof auf den Gedanken gebracht, wenn sie vielleicht auch nicht so gut Koreanisch lernen kann:

Kinder betreuen kann sie wahrscheinlich doch. […] Die Entscheidung war nicht sehr schwierig – nachdem ich gewusst habe, dass die Mutter das sicher begrüßt hätte und ich auch das Verlangen hatte."[23]

Im November 1962 flog Franziska Lemayr gemeinsam mit Maria Heissenberger nach Südkorea, um im zweiten Waisenhaus zu arbeiten. Heissenberger hatte aber während ihres Urlaubs zu Hause erste Gespräche mit Hermann Gmeiner bezüglich der Errichtung eines Kinderdorfes in Daegu geführt. „Und so ist aus dem Waisenhaus dann SOS-Kinderdorf geworden."[24]

Sie hatte eine klare Entscheidung für Südkorea getroffen, dennoch war die Anfangszeit für Franziska Lemayr nicht einfach. Unter anderem hinterließen die Vorbehalte gegen ihr Alter und die damit verbundenen Vorannahmen ihre Spuren. Sollte Stephan Kim Recht behalten? „Das Behalten der Vokabeln bereitete mir etwas mehr Mühe, aber verstanden hab ich schnell. Wenn ich von einem Satz ein Wort wusste, habe ich das kombiniert und so den Inhalt verstanden."[25] Etwa zur gleichen Zeit wie Franziska Lemayr begann auch die damals 26-jährige Luise Sinnhuber[26] in Südkorea zu arbeiten. „Ich war schon über vierzig und die Luise war jung. Und die Buben vom Schuhputzerhaus, die haben sich natürlich alle um sie geschart"[27], meint sie lachend.

Trotz Vorbehalte bewies Franziska Lemayr große Flexibilität hinsichtlich ihrer neuen Lebenswelt und ihrer Aufgabe. Sie hatte als Kind erfahren müssen, dass ihre Volksgruppe ohne Rücksicht auf Traditionen, Kultur, Geschichte und soziales Zusammenleben entnationalisiert und ihr die Werte und Vorstellungen anderer aufgezwungen worden waren. In ihrer zurückhaltenden, anfangs noch etwas unsicheren Art ging sie ihre Arbeit behutsam an. „Ich dachte mir: Ich bin nach Südkorea gegangen und ich bin die Ausländerin. Das soll ein koreanisches Dorf werden, ich darf kein europäisches Dorf daraus machen. Also: Ich muss von den Koreanern lernen. Das war für mich ganz klar, deshalb bin ich auch von Anfang an mit den Müttern gut ausgekommen. Ich musste dann auch erst Koreanisch lernen und wir haben alles miteinander besprochen. […] Die Mütter haben gemerkt, dass ich anfangs manchmal ein bisschen bedrückt war. Da haben sie gesagt: Mach dir keine Gedanken, wir mögen dich, du bist am ehesten der koreanischen Mentalität nahe."[28]

„Mütterrunde" mit Franziska Lemayr im SOS-Kinderdorf Daegu

Franziska Lemayr hatte in Südkorea zu Beginn im Waisenhaus von Daegu gearbeitet. 1963 hatten die drei österreichischen Korea-Pionierinnen parallel dazu mit dem Aufbau des SOS-Kinderdorfs begonnen. 1964 wurde der nationale SOS-Kinderdorf-Verein gegründet und 1965 das bereits besiedelte erste Kinderdorf außerhalb von Europa in Daegu eröffnet.[29]

In diesen ersten Jahren leitete die Korea-erfahrene Maria Heissenberger das Projekt. Luise Sinnhuber bezeichnet Franziska Lemayrs und ihre Funktion am Anfang als „Mädchen für alles". So übernahmen die Frauen neben der Betreuung der Kinder beispielsweise auch schwere körperliche Tätigkeiten beim Aufbau des SOS-Kinderdorfes. Als die ersten Häuser fertig waren, zogen Franziska Lemayr und Luise Sinnhuber gemeinsam mit Kinderdorfmüttern und deren Kindern in ein Haus. Vor allem durch dieses Zusammenleben mit den koreanischen Müttern entstand eine eindrückliche Lebens- und Lerngemeinschaft.[30]

Im November 1966 schrieb Franziska Lemayr in einem Brief an die Geschäftsführung von SOS-Kinderdorf: „Es sind nun gerade vier Jahre, dass ich hier bin und zurückschauend muß ich sagen, dass sich in dieser Zeit schon vieles gebessert hat und es wird in Zukunft noch schneller vorwärts gehen als bisher. Gott sei Dank! Aber dennoch wird es noch sehr lange Menschen hier geben, die nicht das Notwendigste zum Leben haben. Hier im Kinderdorf geht es uns ja unverdient gut! Es ist mir immer eine Sorge, dass unsere Kinder das nicht als selbstverständlich hinnehmen, daß es ihnen um so vieles besser geht, als den meisten Menschen unserer nächsten Umgebung. Es ist aber auch eine Freude zu sehen, dass unsere Kinder durchaus bereit sind, von dem was sie haben, auch an andere etwas abzugeben."[31]

Leitung und Ausbau von SOS-Kinderdorf Südkorea

1968 verließ Maria Heissenberger SOS-Kinderdorf, um sich auf Wunsch des Bischofs von Daegu in der Tuberkulosearbeit zu engagieren.[32] Franziska Lemayr sollte die Leitung des SOS-Kinderdorfs Daegu übernehmen.[33] Luise Sinnhuber verließ Südkorea 1972 und war nach einer kurzen Zwischenstation für den Aufbau von SOS-Kinderdörfern in Lateinamerika verantwortlich.[34] Franziska Lemayr, die erst im zweiten Anlauf nach Südkorea gekommen war, sollte diejenige aus dem „Korea-Team" werden, die am längsten, nämlich 21 Jahre, blieb. Sie verwurzelte sich stark in Südkorea, baute sich ein tragfähiges soziales Netz auf und fand dort ihre zweite Heimat.[35] Ihre Herangehensweise zu Beginn der Arbeit in Korea prägte auch ihr Leitungsverständnis. Sie hatte als „lernende Ausländerin" begonnen, die ein „koreanisches Dorf mitaufbauen wollte". Zur Erfüllung ihrer Aufgabe hat sie sehr eng mit den Kinderdorfmüttern zusammengearbeitet. Diese Achtung vor den MitarbeiterInnen, deren Unterstützung und die daraus resultierende Beziehungsqualität sollten sich auch in ihrer neuen Funktion bewähren.[36]

Als Dorfleiterin war Franziska Lemayr auch zuständig für die Mütterauswahl, deren Schulung – welche zum Teil in einem Schulungshaus am Meer stattfand und zum Teil Training „on the job"[37] war – und die Begleitung der Mütter in ihrem Erziehungsalltag. Jungsam Suk, eine langjährige Mitarbeiterin von Franziska Lemayr, erlebte diese als sympathische und ernste Frau, die sich ganz ihrer Arbeit widmete. Sie vermutet, dass Franziska Lemayr sich in diesen rund 30 Jahren sehr wenig Zeit für sich selbst nahm und ihre Kraft aus dem Gebet schöpfte.[38] Franziska Lemayr verlangte aber auch sehr viel von den Kinderdorfmüttern. Eine SOS-Kinderdorf-Mutter, die nach einer länger andauernden belastenden Situation mit den Kindern und auf Grund einer Erkrankung das Kinderdorf verlassen wollte, berichtete: „Frau Lemayr schickte eine Frau zu mir, die mir sagte, dass ich unverantwortlich handelte: Eine Erzieherin könne dies tun, nicht aber eine Kinderdorfmutter!"[39] Über die Jahre entstand eine tiefe Verbundenheit zwischen Franziska Lemayr, ihren MitarbeiterInnen und den Kindern, die durchaus der tradierten Vorstellung von SOS-Kinderdorf als Familie entsprach. „Es war mein Beruf. Und es war einfach eine Familie."[40]

Frauen zu finden, die als SOS-Kinderdorf-Mütter arbeiten wollten, gestaltete sich in Südkorea allerdings recht schwierig. Der Grund liegt darin, dass laut koreanischer Sitte Frauen heiraten und männliche Nachkommen gebären sollten.[41] Als alleinstehende Kinderdorfmutter fremde Kinder aufzuziehen, war gesellschaftlich nicht anerkannt. Eltern reagierten deshalb häufig sehr aufgebracht, wenn eine Tochter den Wunsch äußerte, Kinderdorfmutter zu werden. Bei katholischen Familien war das etwas leichter, da z.B. auch Klosterschwestern nicht verheiratet sind und somit eine sozial anerkannte Lebensform für alleinstehende Frauen vorhanden war.[42] Das war einer der Gründe, weshalb zu Beginn ausschließlich Mütter mit katholischem Glauben angestellt wurden. Ein weiterer war jener, dass Maria Heissenberger und Franziska Lemayr als Seelsorgehelferinnen dem Bischof von Daegu unterstellt waren und somit bei der Müttersuche ihre Beziehungen in katholischen Kreisen nutzten.

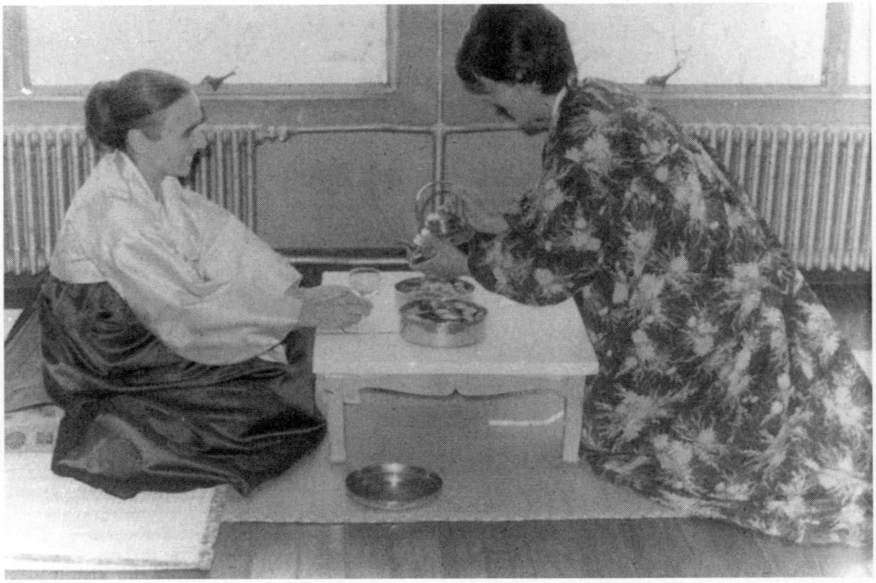

Franziska Lemayr mit einer südkoreanischen SOS-Kinderdorf-Mutter

In ihrer Zeit als Leiterin des SOS-Kinderdorfes Daegu von 1968 bis zu ihrer Pensionierung 1989 konsolidierte Franziska Lemayr SOS-Kinderdorf in Südkorea und erweiterte das Angebot. 1972 wurde die erste SOS-Jugendeinrichtung Südkoreas in Daegu eröffnet. 1980 wurden beinahe zeitgleich SOS-Kinderdörfer in Suncheon im Süden des Landes und in der im Nordwesten gelegenen Hauptstadt Seoul errichtet. 1982 wurde zur Unterstützung der Bevölkerung in der näheren Umgebung des SOS-Kinderdorfes Seoul ein SOS-Sozialzentrum in Form einer Kindertagesstätte eingerichtet.[43] Franziska Lemayr war nicht nur Dorfleiterin in Daegu, sondern auch Projektleiterin für ganz Südkorea. In dieser Funktion fuhr sie häufig in die SOS-Kinderdörfer Suncheon und Seoul, wo Dorfleiter eingesetzt worden waren. Neben Besprechungen mit diesen hielt sie in den Dörfern so genannte „Mütterrunden“[44], veranstaltete aber auch Tagungen für Dorfleiter, pädagogische MitarbeiterInnen, Sekretärinnen und JugendeinrichtungsleiterInnen. Zudem war sie für die Behördenkontakte und die Kinderaufnahme zuständig.

1983 wurde Franziska Lemayrs sechzigster Geburtstag gefeiert. „Das ist in Korea etwas Besonderes. Da rückt man auf zu jenen, die absolute Autorität innerhalb ihrer Sippe genießen. [...] Und so stand auch [...] Franziska Lemayr tagelang im Mittelpunkt der kinderdörflichen Großfamilie. Alle kamen: Mütter und Kinder, Lehrer und Handwerker, Nachbarn und Autoritäten und einfache Leute. Sie brachten Blumen und Geschenke. Sie verneigten sich bis zur Erde.“[45] Franziska Lemayr war zu „Halmoni“, zur koreanischen Großmutter, geworden. Diese Sonderstellung der alten Menschen hängt engstens mit dem konfuzianischen Ahnenkult zusammen. Ahnen bis zur dritten Generation werden durch Kulthandlungen verehrt, sodass man sogar von den Ahnengöttern spricht.[46] Diese kulturell bedingte Verehrung alter Menschen dürfte auch bei christlichen KoreanerInnen gelten. Zudem verstand und versteht sich SOS-Kinderdorf als „Familie“ und vermittelte dies auch seinen MitarbeiterInnen. Für die pensionierten Mütter wurden Altersheime in den SOS-Kinderdörfern errichtet, damit sie weiterhin Teil dieser Familie bleiben konnten.[47] Auch in Daegu gab es solch ein Mütterhaus.

Ruhestand

1988 bereitete sich Franziska Lemayr auf ihre Pensionierung vor. Nach 25 Jahren in Südkorea war für sie klar, dass sie in ihrer zweiten Heimat auch ihren Lebensabend verbringen wollte. Innerhalb „ihrer SOS-Kinderdorf-Familie“ wollte Franziska Lemayr endgültig in die Rolle der „Halmoni“ wechseln. Wissend um diese organisations- und kulturspezifischen Werte hatte Franziska Lemayr vor, nach ihrer Pensionierung ins Mütterhaus des SOS-Kinderdorfs Daegu zu ziehen. Diesen Plan sollte sie allerdings nicht verwirklichen können.[48] Als sie im Dezember 1988 in den Ruhestand ging, stellte der Bischof von Daegu einen koreanischen Priester als neuen Dorfleiter ein.[49] Der Nachfolger von Franziska Lemayr wollte nicht, dass diese im SOS-Kinderdorf blieb.[50] Eine Ursache liegt vermutlich in der grundsätzlichen Herausforderung von „Betriebsübergaben“ oder Übergängen von einer Generation zur nächsten – vor allem in Leitungspositionen. Das Wort „Betriebsübergabe“

soll vermitteln, dass es sich um eine Arbeitsstelle handelt, die neu besetzt wird. Die Vorstellung von SOS-Kinderdorf und vieler ihrer langjährigen engagierten MitarbeiterInnen beinhaltete allerdings keine klare Trennung zwischen Berufs- und Privatleben. Das kann zu einem Konflikt führen, speziell wenn die NachfolgerInnen andere Vorstellungen haben. Nach jahrzehntelanger Aufbauarbeit fühlte sich Franziska Lemayr weiterhin ein Stück verantwortlich. Gleichzeitig hat sie Verständnis für die schwierige Situation des neuen Leiters. „Es war nicht leicht für den Leiter, der dann gekommen ist, nachdem ich in Pension gegangen bin. Ein Mann in Korea nach einer Frau, die schon 30 Jahre da war. Ich war ja schon so viele Jahre dort und wir haben uns gut verstanden. Dann kommt ein Mann, der gewohnt ist, dass der Mann ‚oben' ist und die Frau zu gehorchen hat. Ich habe lernen müssen, aber er hat nicht daran gedacht, zu lernen. [...] Der Mann in Korea ist eben der, der ‚oben' ist und Frauen sind ‚unten'. Er befiehlt, er ist der, der das Sagen hat."[51] Zusätzliche Dynamik erhielt diese schwierige Umbruchssituation durch einen geschlechterhierarchischen Aspekt. Franziska Lemayr wurde von ihren Mitarbeiterinnen unter anderem deshalb so geschätzt, weil sie einen sehr kooperativen Führungsstil pflegte. Sie ging zu den Frauen, hörte ihnen zu und unterstützte sie. „Die Mütter und die Kinder haben sich gut verstanden mit Frau Lemayr und sie mögen Frau Lemayr bis heute sehr gern. Sie ist die Familiengroßmutter."[52]

Der Priester als neuer Leiter pflegte laut Jungsam Suk einen hierarchischen Führungsstil. „Er verstand SOS-Kinderdorf noch nicht so gut. Er stand nur vorne und war der ‚starke Mann'. Wenn er die Frauen unterdrückt und vorgibt, was sie tun müssen, haben die Mütter keine Kraft und keine Lust mehr."[53] Die Mütter zeigten deutlich ihre Parteilichkeit, indem sie und die Kinder zu Frau Lemayr kamen oder eine Unterschriftenliste für deren Verbleib im Dorf unterzeichneten. In dieser konfliktreichen Situation entschloss sich Franziska Lemayr schweren Herzens, das Dorf zu verlassen und sich eine Wohnung am Stadtrand von Daegu zu nehmen. „Der Mann hat seine Art und ich als Frau habe meine Art. Der neue Leiter muss frei arbeiten können und Verschiedenes wird anders werden. Deswegen musste ich auch gehen. Denn das geht nicht, wenn die alte Leiterin noch da ist. Mich waren die Mütter gewöhnt, wir waren einfach eine Familie. [...] Wir haben gewusst, worum es geht. [Ich dachte mir:] Die Mütter wissen sich zu wehren. Es ist richtig, dass ich jetzt geh."[54] Bei der Übersiedlung deponierte Franziska Lemayr bei ihrem Nachfolger den Wunsch, ins Mütterhaus zurückzukehren, sollte es ihr eines Tages gesundheitlich schlechter gehen. „Da hat er eine Weile nichts gesagt. Dann hat er gesagt: ‚Ja, aber dann mischen Sie sich nicht ein!'"[55]

Mit Franziska Lemayr ging die letzte Frau in der Position einer Dorf- oder Projektleiterin in Südkorea in Pension. SOS-Kinderdorf Südkorea kam durch die Initiative einer Frau zustande, drei Frauen leisteten die maßgebliche Aufbauarbeit in den ersten Jahren und eine Frau war bis 1988 für die Konsolidierung und den Projektausbau verantwortlich. Doch nach den Pionierinnen wurden keine Frauen mehr als Dorfleiterinnen eingesetzt. Eine Tatsache, die auch für Lemayrs langjährige Mitarbeiterin Jungsam Suk nach knapp 25 Jahren bei SOS nicht nachvollziehbar ist. „Ich frage, warum die Frauen nicht SOS-Kinderdorf-Leiter sein können. Die Dorfleiter sollen alles Männer sein, warum denn?"[56]

„Halmoni“ Franziska Lemayr und Maria Heissenberger 1993

Nach ihrer Pensionierung blieb Franziska Lemayr noch einige Jahre in Südkorea. Sie pflegte weiterhin die Kontakte zu den SOS-Kinderdorf-Müttern und -Kindern, die bereits aus der Betreuung entwachsen waren. In ihrer Wohnung stand jederzeit ein Gästebett bereit. Aus gesundheitlichen Gründen entschloss sie sich 2001, wieder nach Europa zurückzukehren. Franziska Lemayr lebt heute bei ihren zwei Schwestern in Südtirol. Auch heute noch steht sie in Kontakt mit „ihren“ Müttern und Kindern. Und so kann es immer wieder passieren, dass bei Telefonanrufen im Hause Lemayr nach „Halmoni“ verlangt wird. „Unsere Halmoni. Wenn sie als Großmutter dahintersteht, kann das schon Kraft geben.“[57]

Epilog

2003 war für Franziska Lemayr das Jahr der Jubiläen ihrer beruflichen Werke: Am 8. Juni 2003 feierte die Katholische Jungschar Südtirols ihr 50-jähriges Bestehen auf der Haselburg in Bozen. Franziska Lemayr erzählte von den Gründungsjahren der KJS und löste damit bei den mehr als 500 Gästen und vor allem bei den Jugendlichen Begeisterung aus.[58] Am 12. Oktober 2003 feierte SOS-Kinderdorf Südkorea sein 40-jähriges Bestehen. Auf Grund dieses Anlasses wurde Franziska Lemayr vom derzeitigen Projektleiter zu den Feierlichkeiten nach Südkorea eingeladen. Die inzwischen 81-Jährige wurde von ehemaligen Mitarbeiterinnen auf der für sie nicht unbeschwerlichen Reise begleitet. Zwei Monate verbrachte sie in Seoul, Suncheon und vor allem in Daegu, um FreundInnen und Bekannte innerhalb und außerhalb von SOS-Kinderdorf zu treffen. „Alle unsere Mütter und

Kinder haben sich gefreut. Auch der jetzige Projektleiter hat Frau Lemayr höflich eingeladen und war am Flughafen. [...] Es war schön und sie hat sich gefreut. Alle ehemaligen SOS-Kinderdorf-Kinder, die schon erwachsen sind und selbst Familie haben, haben Frau Lemayr eingeladen und erzählt."[59]

Anmerkungen

1 Helena Gilyim Jin, 2003, S.78
2 Brockhaus; 2001, S.491
3 Vgl. Steininger, 1999, S.7 + S.10
4 Vgl. Steininger, 1999, S.22ff
5 „gute ItalienerInnen"
6 Steininger, 1999, S.26
7 Interview mit Jungsam Suk, 10. Dezember 2003
8 Walsche = abwertende Südtiroler Bezeichnung für Italiener
9 Interview mit Franziska Lemayr, 16. Juli 2003
10 Auch Franziska Lemayr erhielt von Hildegard Holzer in deren Rückblick das Prädikat „Seidenzuckerl" als bedeutende Schülerin mit einer besonderen Berufung verliehen. Vgl. Prüller-Jagenteufel, 2001, S.355; Portrait Maria Heissenberger
11 Prüller-Jagenteufel, 2001, S.355
12 Ebd., Fußnote 307
13 Franziska Lemayr, 2003
14 Ebd.
15 Vgl. Prüller-Jagenteufel, 2001, S.339
16 Interview mit Franziska Lemayr
17 Vgl. Pammer, 1995, S.110
18 Vgl. ebd.
19 Interview mit Franziska Lemayr
20 Vgl. Portrait Maria Heissenberger
21 Interview mit Franziska Lemayr
22 Ebd.
23 Ebd.
24 Ebd.
25 Ebd.
26 Vgl. Portrait Luise Sinnhuber
27 Interview mit Franziska Lemayr
28 Ebd.
29 Vgl. http://www.sos-kinderdorf.at, Stand: 27.02.2006
30 Vgl. Portrait Luise Sinnhuber
31 Brief von Franziska Lemayr an die Geschäftsführung von SOS-Kinderdorf, November 1966, Personalabteilung SOS-Kinderdorf Österreich
32 Vgl. Portrait Maria Heissenberger
33 Vgl. Interview mit Franziska Lemayr; Interview mit Luise Sinnhuber
34 Vgl. Portrait Luise Sinnhuber
35 Vgl. Interview mit Franziska Lemayr
36 Vgl. ebd; Interview mit Jungsam Suk
37 Helena Gilyim Jin, 2003, S.78
38 Vgl. Interview mit Jungsam Suk
39 Helena Gilyim Jin, 2003, S.78
40 Interview mit Franziska Lemayr
41 Vgl. Helena Gilyim Jin, 2003, S.86

42 Vgl. Interview mit Jungsam Suk
43 Vgl. http://www.sos-kinderdorf.at, Stand: 27.02.2006
44 Besprechungen, Austausch mit und zwischen den Müttern
45 Reinprecht, 1984, S.258
46 Vgl. Seelmann Hoo Nam, http://www.nzz.ch/2003/04/25/fe/page-article8K04O.html; Stand: 25.04.2003
47 Vgl. Portrait von Maria Heritzer
48 Vgl. Interview mit Franziska Lemayr; Interview mit Jungsam Suk
49 Der Bischof von Daegu war für die Bestellung der Dorfleiter zuständig, da Franziska Lemayr und Maria Heissenberger als Laienmissionarinnen dem Erzbischof von Daegu unterstellt waren und SOS-Kinderdorf Südkorea sich so als Kooperation von SOS-Kinderdorf und der Erzdiözese Daegu konstituiert hatte. Vgl. ebd.
50 Vgl. ebd.
51 Interview mit Franziska Lemayr
52 Interview mit Jungsam Suk
53 Ebd.
54 Interview mit Franziska Lemayr
55 Ebd.
56 Interview mit Jungsam Suk
57 Ebd.
58 Südtiroler Jugendring, 2003
59 Interview mit Jungsam Suk

Luise Sinnhuber (geb. 1937)

Inmitten von Bürgerkriegen und Naturkatastrophen

„Das war und ist eigentlich das Interessante in meinem Leben, dass die Entscheidungen immer langsam gereift sind. Irgendwann habe ich dann ganz sicher gewusst: Das ist es!“ [1]

„Mich zog es immer weg“

Luise Sinnhuber wurde am 24. August 1937 in Mittersill[2] als drittes von sechs Kindern und als jüngere eines Zwillingspaares geboren. Ihr Vater hatte ein Elektrofachgeschäft, in dem auch ihre Mutter mitarbeitete. Sieben Jahre war Luise Sinnhuber alt, als zu Kriegsende, Anfang Mai 1945, amerikanische Truppen in Mittersill einmarschierten. „Ich bin da am Küchenfenster gesessen und habe zugeschaut, wie die Lastwagenkolonne über den Pass Thurn herunter gefahren ist. Plötzlich war ich ganz allein. Der Vater war nicht da, der war im Krieg. Die Mutter damit beschäftigt, Sachen vor den Amerikanern in Sicherheit zu bringen. Und ich war plötzlich ganz allein. Ich kann mich erinnern, dass ich einfach angefangen habe zu weinen, weil ich nicht wusste: Was wollen die? Was kommt da jetzt auf uns zu? Sie haben dann unser Haus besetzt.“[3]

Die Besatzungstruppen benötigten Räumlichkeiten und quartierten sich unter anderem in Privathäusern ein, so auch bei der Familie Sinnhuber. Der achtköpfigen Familie und einer Haushaltshilfe blieben die Küche und ein angrenzender Raum, der Rest des Hauses wurde etwa ein Jahr lang von amerikanischen Soldaten besetzt, das elterliche Geschäft zu einer Poststelle umfunktioniert. „Das Verhältnis zu den Amerikanern war zwischen Angst und Neugierde. Da war die Sprachbarriere, weil ja niemand Englisch gekonnt hat und sie auch nicht Deutsch konnten. [...] Wir haben dann ab und zu etwas bekommen, einen Kaugummi, eine Banane oder einen Keks. In der Zeit war es schon so, dass wir wenig zu essen hatten. Hinter dem Haus hatten wir eine große Kiste, wo sie immer den Papierkorb ausgeleert haben. Dort haben wir den Papierkorb durchgesucht, ob wir nicht etwas Essbares finden. [...] Ich kann mich erinnern, dass sie uns einmal im Jeep mitgenommen haben – zum Schloss[4] hinauf.“[5]

Luise Sinnhuber besuchte in Mittersill Kindergarten, Volksschule und Hauptschule. Was die anschließende Berufswahl betraf, so waren die Möglichkeiten am Beginn der 1950er Jahre in einer kleinen Marktgemeinde sehr begrenzt. Das Angebot beschränkte sich auf das, was im Ort möglich war. Ein weiterer Orientierungspunkt war der Beruf der Eltern. Die meisten Mädchen, so erzählt Luise Sinnhuber, erlernten einen handwerklichen Beruf und blieben in Mittersill. Bei Luise Sinnhuber war es vor allem die Mutter, die recht klare Vorstellungen über die Zukunft ihrer Tochter hatte. Sie sollte Schneiderin werden. Auch wenn Luise selbst darüber nicht glücklich war, absolvierte sie die Lehre und die Gesellinnenprüfung. Doch dann hatte die Mutter die Idee, dass Luise sich als Schneiderin selbstständig machen sollte. „Die Frau als selbstständige Frau war damals nicht selbstverständlich. Der Bub hatte eher die Möglichkeit dazu. Mädchen hatten weniger Möglichkeiten, die Frau ist eher zurückgestellt worden. [...] Ich glaub, dass sie mich damit in Mittersill halten wollte. Ich glaube, dass das eigentlich der Hintergedanke war.“[6] Denn Luise Sinnhuber hielt es bereits als Jugendliche nicht in der ländlichen Gemeinde Mittersill. Sie hatte andere Pläne: „Mich zog es immer hinaus in die Welt.“[7]

Der erste Schritt in diese Richtung war der Besuch der Krankenpflegeschule in der Stadt Salzburg. Nach der Lehre hatte Luise Sinnhuber von dieser Ausbildung erfahren und entschied sich dafür – auch wenn ihre Mutter darüber nicht begeistert war. Denn wegen der Distanz von etwa 110 Kilometern zwischen Mittersill und Salzburg zog Luise Sinnhuber mit 19 Jahren bereits ein Stück weg. Sie wohnte in einem Internat in Salzburg. „Die Mutter war nicht einverstanden damit, dass ich weggehe und etwas tu, was sie nicht wollte. Das war ein ganz wichtiger Schritt für mich, dieses Weggehen von daheim nach Salzburg. [...] Mir ist vorgekommen, ich habe mir immer alles erkämpfen müssen. Ich glaube, das hat mich motiviert.“[8]

Mitte bis Ende der 1950er Jahre absolvierte Luise Sinnhuber in Salzburg die Krankenpflegeschule und die daran anschließende Ausbildung zur Kinderkrankenschwester. Als sie mit 18 Jahren den Führerschein machen wollte, stieß sie bei ihrer Mutter auf Unverständnis. Denn im Gegensatz zu heute waren 1955 die Fahrerlaubnis und die damit verbundenen Möglichkeiten in erster Linie Männern vorbehalten. „Es war ganz selbstverständlich, dass der Bub den Führerschein macht. Wie ich dann mit 18 den Führerschein machen wollte, haben damals in Mittersill zwei Frauen den Führerschein gehabt.“[9] Wäre es nach ihrer Mutter gegangen, Luise Sinnhuber wäre nicht die dritte gewesen: „‚Nein, du brauchst das nicht!‘ Oder sie hat Angst gehabt, ich weiß es nicht. Jedenfalls hat sie gesagt: ‚Du brauchst das nicht.‘ Ich habe dann erst in Salzburg nach Beendigung des ersten Diploms den Führerschein gemacht, ohne daheim etwas zu sagen. Das waren Sachen, die waren für mich so unverständlich. [...] Auf ihre Art wollte meine Mutter immer das Beste für mich. Ihre Vorstellungen entsprachen allerdings nicht den meinen. Zurückblickend kann ich sagen, dass gerade diese Konfrontationen mich gestärkt haben. Dafür bin ich ihr heute dankbar.“[10]

Luise Sinnhuber war Anfang 20, als sie nach ihrer Diplomierung an der Säuglingsstation der Kinderklinik Salzburg arbeitete. Doch dort sollte es sie nicht allzu lange halten. Sie spielte mit dem Gedanken, in die Entwicklungshilfe zu gehen. Doch wie Maria Heissenberger wusste sie, dass man/frau für einen Missionseinsatz in einen geistlichen Orden eintreten musste.[11] Diese Vorstellung gefiel auch Luise Sinnhuber nicht, selbst wenn ihr soziales Engagement auf dem christlichen Glauben gründet. „Ich bin praktizierende Katholikin oder Christin. Ich glaube, das Wichtigste ist, dass ich meinen christlichen Glauben lebe, dass ich ihn in dem zeige, was ich tue.“[12]

1961 erzählte ihr ihre Kollegin Emma Freisinger, dass sie für die Katholische Frauenbewegung (KFB) nach Südkorea gehen würde, um dort an einer Leprastation zu arbeiten.[13] Die KFB hatte 1957 den „Familienfasttag" ins Leben gerufen, um mit den Spenden konkrete Hilfe in den von Hunger betroffenen Ländern zu leisten. Begonnen wurde damit im kriegsgezeichneten Südkorea.[14] Neben Projekten für Waisenkinder, Hungerinitiativen oder Wohnungsbeschaffungsmaßnahmen für Flüchtlinge sollte im Zuge von Gesundheitsmaßnahmen eine Leprastation aufgebaut werden. Für diese Projekte suchte die KFB Krankenschwestern und Sozialarbeiterinnen.[15]

Mit 24 Jahren sah Luise Sinnhuber ihre Chance gekommen, in die Entwicklungshilfe zu gehen. Sie wollte sich Emma Freisinger anschließen und beim Lepraprojekt mitarbeiten. Nun stieß aber schon Sinnhubers Umzug nach Salzburg bei ihrer Familie auf keine positive Resonanz. Wie würde sie auf ihren Plan, nach Südkorea zu gehen, reagieren? Ihre Eltern waren damit absolut nicht einverstanden. Luise Sinnhuber beschloss vorerst einmal abzuwarten. Sie vertraute darauf, dass sie ihre Familie im Laufe der Zeit überreden würde. Doch auch eineinhalb Jahre später hatte sich die ablehnende Haltung nicht verändert, sie stieß vielfach auf Unverständnis. So setzte sich Luise Sinnhuber ein weiteres Mal über die Vorgaben ihrer Eltern hinweg. Das war eine sehr schwierige Entscheidung für die damals 25-Jährige. „Ich habe gesagt: Jetzt geh ich! Ich frag mich heut noch, wie ich die Entscheidung überhaupt treffen konnte."[16] Unterstützung erfuhr Luise Sinnhuber durch ihre Zwillingsschwester und deren Mann. „Die anderen Geschwister haben gesagt: ‚Ja bist du deppert!' […] Das war damals so ungewöhnlich, dass man so weit weg geht. Noch dazu in einer Leprastation arbeitet oder Sozialarbeit macht."[17]

Pionierinnenarbeit in Südkorea von 1962 bis 1972

Auch Maria Heissenberger und Franziska Lemayr waren über die KFB nach Südkorea gekommen. Maria Heissenberger, die schon in Südkorea arbeitete, machte 1962 gerade in Österreich Urlaub und hatte mit Hermann Gmeiner die Errichtung eines SOS-Kinderdorfes in Südkorea besprochen.[18] Franziska Lemayr sollte 1962 erstmals mit Maria Heissenberger nach Südkorea fliegen, um sie dort bei der Arbeit im Waisenheim zu unterstützen.[19] Über die KFB kam Luise Sinnhuber bereits in Österreich mit den beiden in Kontakt. Die drei Frauen beschlossen im November 1962 denselben Flug nach Südkorea zu nehmen. Luise Sinnhuber verließ Österreich nur mit einem Koffer und einer Wolldecke. „Das war ja damals, als ob man heute auf den Mond fliegt. Als ich fortging, hat meine Mutter gedacht, sie sieht mich nie mehr wieder. Ich bin nach viereinhalb Jahren das erste Mal wieder zurückgekommen."[20]

Als Luise Sinnhuber nach Südkorea kam, stellte sich heraus, dass es noch einige Unsicherheiten bezüglich des Lepraprojektes von Emma Freisinger gab. In dieser Situation überlegte sie einen Wechsel an das bereits bestehende Projekt von Maria Heissenberger, das „Schuhputzerheim". Zudem hatte sie von Maria Heissenberger und Franziska Lemayr erfahren, dass sie vorhatten, in Südkorea ein SOS-Kinderdorf zu errichten.[21] Sinnhuber dachte, dass sie möglicherweise als ausgebildete Kinderkrankenschwester in der Arbeit mit Kindern gebraucht werden würde. In

Luise Sinnhuber (im Vordergrund) mit den „Schuhputzerbuben" zu Besuch bei Emma Freisinger im Leprakrankenhaus

der unklaren Situation bezüglich der Leprastation verschaffte sich Luise Sinnhuber Klarheit, indem sie nach wenigen Wochen kurzerhand zu Maria Heissenberger und Franziska Lemayr ins „Schuhputzerheim" zog, um dort mitzuarbeiten.[22] Neben der 32-jährigen Maria Heissenberger und der 40-jährigen Franziska Lemayr war Luise Sinnhuber mit ihren damals 25 Jahren die Jüngste in diesem „Südkorea-Team".

Luise Sinnhuber schildert die Anfangszeit in Daegu als große Herausforderung: „Es war Nachkriegszeit in Korea und das Land war sehr arm. Wir haben damals wirklich oft Hunger gelitten, weil wir nicht genug zum Essen hatten. Wir waren das Essen auch nicht gewöhnt. Manche Gerichte hat man nicht einmal riechen können. Mit der Zeit hat es einem schon geschmeckt, man hat das eben gegessen. Da ist auch kein Unterschied gemacht worden, wir haben mit den Schuhputzerbuben mitgegessen. Nur zum Frühstück haben wir Brot gegessen und das war auch nur das amerikanische weiße Kastenbrot. Die Wohnverhältnisse waren äußerst einfach und bescheiden. Franziska und ich haben miteinander ein Zimmer gehabt. In dem einen Trakt haben die Schuhputzer gewohnt und im anderen Trakt wir drei Frauen. Korea hat vier Jahreszeiten. Die Sommer sind sehr heiß und schwül, die Winter sind sehr kalt. Im Winter haben wir immer sehr gefroren, da die Bauweise sehr einfach war und wir keine dichten Fenster hatten. […] Die ganze Kultur war schon ungewohnt."[23]

Im Gegensatz zu Maria Heissenberger waren Luise Sinnhuber und Franziska Lemayr ohne Vorbereitung, vor allem aber ohne Sprachkenntnisse nach Südkorea gekommen. „Man hat ein Jahr gebraucht, bis man überhaupt ein einfaches Gespräch führen konnte. Es war wirklich ein freudiges Erlebnis, wenn man sich so halbwegs auf Koreanisch verständigen konnte."[24] Die Verständigung blieb aber dennoch schwierig: „Es war bei den Koreanern so, dass man oft nicht gewusst hat, ob er jetzt versteht, was ich meine, oder ob er es akzeptiert. Er sagt zwar ‚ja, ja', aber das heißt noch lange nicht, dass er jetzt das verstanden oder akzeptiert hat. Das ist schwierig. Man glaubt dann manches Mal, man hat was besprochen, man hat was geklärt, und merkt dann erst später, dass das überhaupt nicht geklärt war."[25]

Die Arbeit im „Schuhputzerheim" war für Luise Sinnhuber von Anfang an als Übergangslösung gedacht. Ihr Ziel war die Mitarbeit beim Aufbau des von Maria Heissenberger initiierten SOS-Kinderdorfs in Daegu. Über ihr definitives Engagement bei SOS musste allerdings erst Hermann Gmeiner entscheiden, der im Februar 1963 zum ersten Mal nach Daegu kam.[26] Luise Sinnhuber wurde schließlich mit Mai 1963 von SOS-Kinderdorf angestellt. Diese doch kurzfristige Umorientierung in Südkorea von der Arbeit mit Leprakranken zur Arbeit mit Waisenkindern war für Luise Sinnhuber eine richtungsweisende Entscheidung. „Ich hab mir gedacht, die Arbeit an der Leprastation wäre sicher auch schön gewesen, aber vielleicht wäre ich dann früher zurückgekommen. Ich weiß nicht, wie sich das ergeben hätte. Für mich war es dann klar, dass das SOS-Kinderdorf das Richtige ist."[27]

1963 war das „Südkorea-Team" damit beschäftigt, die Kinder in den zwei Waisenhäusern zu betreuen und parallel dazu das erste Kinderdorf aufzubauen.[28] „Zu der Zeit, als ich in Korea war, wurden sehr viele Kinder abgelegt. Entweder sind sie in einem Krankenhaus zurückgeblieben oder vor einer Kirche abgelegt worden. Einfach verlassene Kinder, Waisenkinder."[29] Eines dieser abgelegten Kinder war Miong Hi. Das etwa sechs Monate alte Mädchen war in einem Krankenhaus zurückgelassen worden. Miong Hi sollte im SOS-Kinderdorf aufgenommen werden. Dieses war jedoch erst im Bau, es gab noch keine Kinderdorfmütter, und so wurde Luise Sinnhuber zunächst zur „Ersatzmutter" für Miong Hi. Sie kümmerte sich um das Baby, das auch bei ihr im „Schuhputzerheim" wohnte. Sobald das SOS-Kinderdorf besiedelt werden würde, sollte Miong Hi in eine Kinderdorffamilie kommen. Für Luise Sinnhuber waren andere Aufgaben vorgesehen, das wusste sie von Anfang an. Als es aber dann nach einem halben Jahr so weit war, fiel ihr die Trennung von dem Baby sehr schwer. Damals wie heute zweifelt sie daran, ob die richtige Entscheidung getroffen wurde. „Das war dann schwierig, denn sie war so an mich gebunden und ich musste sie an eine Kinderdorfmutter übergeben. […] Ich fragte mich damals und ich frag mich jetzt oft, was hätten wir da anders machen können."[30] Luise Sinnhubers Umgang mit der für sie schwierigen Situation war jene, sich weiterhin um Miong Hi zu kümmern und eine besondere Beziehung zu dem Mädchen zu pflegen. „Und mit ihr hab ich immer noch Kontakt. Sie ist jetzt 40."[31]

Als gegen Ende des Jahres 1963 vier Häuser des SOS-Kinderdorfs fertig waren, zogen die Frauen dort mit 20 Kindern aus dem Waisenhaus ein. Für mehr reichte das Geld nicht. „Das Dorf war mindestens zwei Jahre lang eine Baustelle. Das war nicht nur in Korea so, sondern dann auch in Lateinamerika. Einerseits waren die Mittel nicht da, andererseits war es, glaube ich, eine Strategie von Hermann Gmeiner. Er hat immer gesagt, ein Dorf soll langsam wachsen, damit es gefestigter ist."[32] Das „Südkorea-Team" arbeitete in einer klaren Hierarchie. Von 1963 bis 1968 hatte die Korea-erfahrene Maria Heissenberger die Leitung inne. Luise Sinnhuber und

Franziska Lemayr arbeiteten überall dort, wo sie gebraucht wurden – seien es handwerkliche oder administrative Tätigkeiten, die Betreuung von Kindern und Jugendlichen, die Schulung und Unterstützung der Kinderdorfmütter. „Frau Heissenberger hat das Regiment geführt und wir haben getan, was sie angeordnet hat. In der Anfangszeit des Kinderdorfs haben wir alles getan. Wir haben auch schwer körperlich gearbeitet und die fertig gestellten Häuser geputzt. Anschließend haben sowohl Frau Lemayr als auch ich mit einer Kinderdorfmutter in deren Haus mitgelebt. Wir haben sowohl von den Müttern gelernt als auch die Mütter von uns."[33] Ziel dieses Miteinander-Lebens war es, voneinander anhand der unterschiedlichen Fähigkeiten und Kulturen zu lernen. Luise Sinnhuber führte teilweise die SOS-Kinderdorf-Mütter ein und übernahm häufig deren Kranken- und Urlaubsvertretung. Zudem absolvierten die Mütter bereits einen „Schnellkurs", den Maria Heissenberger organisiert hatte. Von den koreanischen Müttern wiederum lernten die Europäerinnen vor allem die Sprache, koreanisches Kochen und die koreanische Lebensweise.

„Für mich war immer der menschliche Kontakt vorrangig, der Kontakt zu den Kindern, zu den Müttern, zu den Jugendlichen. Das war für mich das Wichtigste. Ich glaube, das ist auch der Grund, warum ich jetzt noch so viel Kontakt habe. […] Der ganze Bürokram war eher beschwerlich."[34] Dennoch war Luise Sinnhuber auch für diesen administrativen Teil verantwortlich. Sie verwaltete das Lager

Luise Sinnhuber in koreanischer Tracht

mit den Kleiderspenden und übernahm die für die Mittelaufbringung wichtige PatInnenkorrespondenz inklusive deren Übersetzung. Als Krankenschwester war Luise Sinnhuber zudem für die Krankenstation im Kinderdorf zuständig.

Luise Sinnhuber zog es von zu Hause weg, und sie wollte mit und für Menschen arbeiten. In Südkorea erlebte Luise Sinnhuber unter anderem auch das Gefühl des „Fremd-Seins" und die Schwierigkeiten, die mit einem Engagement im Bereich der Entwicklungshilfe verbunden sein können: „Ich kann nicht sagen, wir hätten darunter gelitten. Aber es war unangenehm, weil man immer der Ausländer war, einfach durch das andere Aussehen. Wenn wir aufs Land gefahren sind, waren wir sofort von einem Schwarm von Kindern umringt, die schrien: ‚mikuk saram, mikuk saram!' Das sind die Amerikaner. […] Man hat halt nicht dazugehört. Außer im engsten Familienkreis, wenn man so sagen kann, im Kinderdorf. Es wird auch oft gesagt, ihr versteht das nicht, weil ihr Ausländer seid. Ich meine, wir waren im Kinderdorf schon anerkannt und haben dazugehört zur Familie, aber sonst ist man halt Ausländer. Die Koreaner sind sehr nationalistisch. Als Ausländer wird man, ich will jetzt nicht gerade sagen abgelehnt, aber nicht so akzeptiert. So hab es ich zumindestens empfunden."[35] Einen Unterschied in der Wahrnehmung als Ausländerin und den daraus resultierenden Bewertungen stellte Luise Sinnhuber bei jenen Kindern fest, die als Babys oder Kleinkinder ins Kinderdorf gekommen waren und die sie seit dieser Zeit kannten: „Wir Europäerinnen wurden als ‚Großnasige' bezeichnet, weil die Koreaner im Vergleich zu uns sehr kleine Nasen haben. Eines Tages besuchte ein Gast aus Amerika unser Kinderdorf. Da schaute ein kleiner Bub zuerst den Gast an, dann mich und dann wieder den Gast. Schließlich flüsterte er seiner Kinderdorfmutter zu: ‚Mama, die Tante Luise sieht aus wie ein Ausländer!' Bis zu diesem Zeitpunkt war es ihm noch nicht aufgefallen. Er hat mein Aussehen als nichts Besonderes erlebt."[36]

„Ich kann mehr" – Berufliche Neuorientierung

1968 war die erste Aufbauphase abgeschlossen und für die Frauen begann eine berufliche Neuorientierung. Damit einher ging die Auflösung des „Südkorea-Teams". Als Erste verließ Maria Heissenberger SOS-Kinderdorf und übernahm auf Bitte des Bischofs von Daegu in einer neu errichteten Diözese eine Arbeit mit Tuberkulosekranken.[37] Franziska Lemayr wurde ihre Nachfolgerin als Leiterin des SOS-Kinderdorfs Daegu.[38] Ende der 1960er/Anfang der 1970er Jahre war auch für Luise Sinnhuber die Pionierinnenzeit in Südkorea abgeschlossen. Sie übergab immer mehr von ihrer Arbeit an koreanische Mitarbeiterinnen. Sinnhuber hatte den Eindruck, dass ihre Mitarbeit im SOS-Kinderdorf Daegu nicht mehr benötigt wurde, und überlegte deshalb verstärkt, ob sie nach neuen Herausforderungen suchen sollte. „Mir ist vorgekommen, ich könnte mehr tun."[39]

Es hatte eineinalb Jahre gedauert, bis Luise Sinnhuber sich entschloss, in die Entwicklungshilfe nach Südkorea zu gehen. Nun brauchte sie wieder einige Zeit für die Entscheidung, das asiatische Land zu verlassen. Die Perspektiven waren 1962 wie 1972 ungewiss. „Das war auch ein Prozess über einige Jahre, bis ich mich zu der Entscheidung durchgerungen habe. Ich habe mir gedacht: Was tust du, wenn du zurück nach Österreich gehst? Arbeitest du wieder im Krankenhaus oder was machst du sonst?"[40] Luise Sinnhuber sah ihre berufliche Zukunft nicht nur innerhalb von SOS-Kinderdorf. Sollte sie aber bei SOS bleiben, so wollte sie Kinderdorfmutter werden. Mit diesem Anliegen wandte sie sich an Hermann Gmeiner. In Anbetracht ihrer Auslandserfahrung und ihrer Kenntnisse über Kinderdorf bat Hermann Gmeiner sie in einer Zeit, in der SOS-Kinderdorf weltweit neue Einrichtungen errichtete, einen weiteren „Auslandseinsatz" zu übernehmen. „Er hat zuerst nicht gewusst, wo er mich einsetzen sollte. [...] Er hat gewusst, er wird mich irgendwo brauchen, aber es war noch nicht konkret."[41]

Die damals 35-jährige Luise Sinnhuber war zwar an einem weiteren Auftrag interessiert, dies war für sie jedoch mit einer Lebensentscheidung verbunden. Sie wollte nur einen Auftrag mit einer langfristigen Perspektive annehmen, die sich über ihr gesamtes weiteres Berufsleben erstreckte. Dieses Mal konnte sie es sich nicht vorstellen, nach einigen Jahren wieder nach Österreich zurückzukehren. Im April 1972 verließ Luise Sinnhuber Südkorea. Das Ziel ihres zukünftigen Auslandseinsatzes war noch immer nicht klar, weshalb sie erst einmal zu ihrer Familie nach Mittersill fuhr. Wie bei jedem Urlaub hoffte ihre Mutter auch dieses Mal, dass sie nun zu Hause bliebe. Nach einem Anruf in der Zentrale von SOS-Kinderdorf in Innsbruck wurde sie allerdings im Sommer 1972 zur Unterstützung von Imma Unterrichter in das Ferienlager am Caldonazzo-See nach Italien geschickt.[42]

Schließlich stand der Einsatzort fest: Costa Rica. Dort gab es bereits einen Vorstand des SOS-Kinderdorf-Vereins, der sich um die Errichtung eines SOS-Kinderdorfes bemühte. Manuela Thun, Enkelin des ehemaligen costaricanischen Präsidenten Rafael Iglesias y Castro[43], und ihr in Österreich geborener Mann Roderich Thun waren die treibenden Kräfte. Sie hatten Hermann Gmeiner und das SOS-Kinderdorf-Konzept in Österreich kennen gelernt. Luise Sinnhuber konnte sich vorstellen, nach Costa Rica zu gehen. Anders als in Südkorea wollte sie sich dieses Mal zumindest ein wenig vorbereiten. Sie wusste, dass sie dies bei SOS-Kinderdorf ausdrücklich einfordern musste. Die Vorbereitung bestand auch bei Luise Sinnhuber nur aus einem zweimonatigen Spanischkurs in Barcelona, den sie direkt nach der Arbeit im Ferienlager Caldonazzo absolvierte.

Aufbau von SOS-Kinderdorf in Mittelamerika

Im Jänner 1973 hätte Luise Sinnhuber nach Costa Rica fliegen sollen. Bei aller Ungewissheit galt Costa Rica als „sicheres Terrain" im Vergleich zu anderen mittelamerikanischen Staaten. Costa Rica wird auch die „Schweiz Mittelamerikas" genannt. Das bezieht sich einerseits auf die gebirgige Landschaft, andererseits aber vor allem auf den relativen Wohlstand. Zudem gilt es als demokratischstes Land Mittelamerikas.[44]

In der Nacht vom 23. auf 24. Dezember 1972 kam es allerdings in Nicaragua, einem Nachbarland von Costa Rica, zu einem schweren Erdbeben. Managua, die Hauptstadt Nicaraguas, wurde zerstört und ca. 10.000 Menschen starben.[45] Der

Vorstand von SOS-Kinderdorf Costa Rica befand, dass es unverantwortlich wäre, zu dieser Zeit in ihrem Land ein SOS-Kinderdorf zu errichten, wenn im Nachbarland eine derartige Not herrschte. Es wurde kurzfristig beschlossen, das SOS-Kinderdorf nicht in Costa Rica, sondern in Nicaragua zu bauen. Luise Sinnhuber erfuhr von ihrem veränderten „Dienstort" zwischen Weihnachten und Jahresende 1972 in einem Anruf von Michael Gschliesser, dem Geschäftsführer des Hermann-Gmeiner-Fonds Deutschland[46]: „Frau Sinnhuber, Sie gehen nicht nach Costa Rica, sondern nach Nicaragua!"[47]

Knapp zwei Wochen später, am 12. Jänner 1973 flog sie vorerst nach Costa Rica. Da Nicaragua noch keinen SOS-Vereinsvorstand hatte, betreute der Vorstand von Costa Rica im ersten Jahr die Aufbauarbeit von SOS-Kinderdorf in Nicaragua. Das Ehepaar Thun hatte bereits Vorarbeiten geleistet: Der Bürgermeister der nicaraguanischen Stadt Esteli hatte ein Grundstück zur Verfügung gestellt. Menschen, die sich für die Kinderdorfarbeit engagieren wollten, waren bereits gefunden. Nach zwei bis drei Wochen in Costa Rica fuhr Luise Sinnhuber nach Esteli. Esteli zählt zu den größten Städten Nicaraguas, ist die Hauptstadt des Departamentos Esteli und liegt im Nordwesten von Nicaragua.[48]

Nicaragua

Der Auslöser dafür, dass Luise Sinnhuber nach Nicaragua kam, war das verheerende Erdbeben. Doch dort angekommen war sie zudem mit einer seit Jahrzehnten andauernden Diktatur und deren Folgen für die Bevölkerung konfrontiert. Nicaragua war 1973 noch in der Hand der Familie Somoza, die das Land von 1934 bis 1979 mit diktatorischen Mitteln regierte. Trotz Beibehaltung des formellen Mehrparteiensystems wurde jede echte Opposition durch die Nationalgarde rücksichtslos unterdrückt. Unter der Somoza-Diktatur lebte der Großteil der Bevölkerung in extremer Armut. Als Reaktion darauf war 1961 die linksgerichtete Sandinistische Nationale Befreiungsfront gegründet worden.[49]

Luise Sinnhuber war hauptverantwortlich für den Aufbau des SOS-Kinderdorfes Esteli im Nordwesten Nicaraguas, hatte aber von Anfang an viel Unterstützung vor Ort. Es hatte sich eine Gruppe von HelferInnen gefunden, die später den Vorstand bilden sollte. Schon auf ihrer Fahrt von Costa Rica nach Esteli hörte Luise Sinnhuber im Radio eine Werbeeinschaltung zur Müttersuche, und als sie in Esteli ankam, wusste die Bevölkerung bereits, was sie vorhatte. So bewarben sich die ersten Frauen am Tag ihrer Ankunft. Bis die ersten Häuser des Dorfes standen, konnte Luise Sinnhuber bei Alicia Barantes, einer Bekannten von Manuela Thun, wohnen. Alicia Barantes wurde ihr damals beschrieben als „eine Frau, die Familie hat – damals hatte sie drei Töchter –, lustig ist und die mit dem ganzen Dorf Schlitten fährt. Da hab ich gesagt, bei der bleib ich."[50] Alicia Barantes wurde schließlich auch Gründungsmitglied, war lange Zeit Vorstandsvorsitzende von SOS-Kinderdorf Nicaragua und wurde zu einer engen Freundin von Luise Sinnhuber. „Es war schwierig am Anfang, weil ich so spärliche Spanischkenntnisse hatte und praktisch für alles zuständig war. Ich hatte auch kein Fahrzeug gehabt. Ich hab mit einem

Fahrrad angefangen. Mit dem bin ich immer zwischen dem Kinderdorf und dem zwei Kilometer entfernten Stadtzentrum von Esteli hin und her gefahren. Esteli ist die Landeshauptstadt und war zu der Zeit ein großes Dorf. Ich war schließlich bekannt als ‚la gringa con la bicicleta', als die Ausländerin mit dem Fahrrad. Später kaufte ich mir mit meinem Geld ein Auto, denn Dienstfahrzeuge waren nicht üblich."[51]

Das SOS-Kinderdorf Esteli konnte bereits 1973 eröffnet werden. Insgesamt wurden 14 Häuser in der Anfangszeit gebaut. In den Jahren 1976/1977 errichtete Luise Sinnhuber ein Jugendhaus und eine Einrichtung für Mädchen. 1978 war Luise Sinnhuber immer häufiger damit konfrontiert, dass alleinerziehende Mütter ins Kinderdorf kamen und ihre Kinder dort unterbringen wollten. „Diese alleinerziehenden Mütter mussten arbeiten, und so waren die Kinder den ganzen Tag auf sich allein gestellt oder eingesperrt. Aus dieser Not heraus wandten sie sich an uns. Ich habe mir gedacht, man kann doch ein Kind deshalb nicht von seiner Mutter trennen. Also habe ich aus Eigeninitiative heraus – mit meinem eigenen Geld und dem, was ich im Freundes- und Bekanntenkreis auftreiben konnte – eine Kindertagesstätte für die Kinder dieser berufstätigen Mütter gegründet. Ich habe den Bauvertrag unterschrieben und hatte erst 10% der notwendigen Summe. Auf Anraten von Imma Unterrichter wandte ich mich schließlich an den Hermann-Gmeiner-Fonds, der das Projekt dann weiter finanzierte. Ich glaube, das war die erste Kindertagesstätte bei Kinderdorf."[52] Ohne es zu wissen, verwirklichte Luise Sinnhuber mit dieser Initiative eines jener Ziele, die das Gründungsteam der Societas Socialis 1949 in seine Statuten aufnahm, bevor die Entscheidung zur Gründung eines Kinderdorfes getroffen wurde. Denn ursprünglich wurde auch an die Errichtung einer sozialen Einrichtung „Mutter und Kind" zum Schutze unverheirateter Mütter gedacht. Dort sollten berufstätige ledige Mütter jene Unterstützungen finden, damit sie ihre Kinder so weit wie möglich selbst erziehen konnten.[53]

Insgesamt war sie drei Jahre in Nicaragua, davon hatte sie im ersten Jahr die Dorfleitung inne. Als Frau musste Luise Sinnhuber sich auch in Nicaragua zusätzlich beweisen, denn Frauen in führenden Positionen waren die Ausnahme. „Der Bürgermeister, von dem wir das Grundstück bekommen haben, und der dann der erste Kinderdorfpräsident [in Nicaragua; L.C.] war, hat später gesagt: ‚Luise, weißt du, warum ich SOS das Grundstück gegeben habe? Ich habe nie gedacht, dass daraus etwas wird.' Wie mich der Bürgermeister am Anfang gesehen hat, hat er gesagt: ‚Also mit dem Mädchen [Luise Sinnhuber war damals bereits 35 Jahre alt; L.C.] werden wir nicht viel machen.' Man hat mir nichts zugetraut. Aber dann haben sie doch gesehen, dass ich etwas geleistet habe."[54] Im zweiten Jahr ihrer Tätigkeit in Nicaragua setzte Luise Sinnhuber einen Dorfleiter ein, wohnte allerdings weiterhin im SOS-Kinderdorf. Möglicherweise ein Fehler, wie sie im Nachhinein feststellt. Denn wie auch bei Franziska Lemayr wandten die Angestellten sich lange Zeit auch hier an Luise Sinnhuber anstatt an den neuen Leiter. „Die Frauen haben sich doch mit einer Frau leichter getan. [...] Gmeiner war nur einmal dort und hat dann gesagt: ‚Sie müssen da weg, weil die müssen sich selber entfalten.'"[55]

Der „Neubeginn" in Mittelamerika hatte für Luise Sinnhuber die erwünschten neuen Herausforderungen gebracht. Sie konnte an viele Erfahrungswerte aus Südkorea anknüpfen und erlebte gleichzeitig die soziokulturellen Unterschiede. „Es ist eine ganz andere Kultur. Trotzdem war Korea für mich eine gute Schule für die Arbeit in Lateinamerika. Ich lernte etwas durchzuhalten, etwas aushalten und mich auf eine andere Mentalität einzustellen." In diesem Zusammenhang erzählt sie aber auch, dass ihr das südamerikanische Verständnis von Pünktlichkeit zu schaffen machte und dass sie erlebte, wie den Menschen häufig etwas versprochen, dann aber nicht gehalten wurde. „Das ist mir ganz markant in Erinnerung. Im ersten Jahr haben wir mit den Kindern von Esteli einen Ausflug gemacht. Wir haben schon alles vorbereitet gehabt und sind am Abend dann noch auf dem Dorfplatz beisammen gesessen. Da hab ich gefragt: ‚Freut ihr euch schon auf den Ausflug morgen?' Und da sagt einer von den Buben, der vielleicht zehn Jahre alt war: ‚Du lügst, wir machen keinen Ausflug!' Ich sagte: ‚Ja wieso? Wir machen morgen einen Ausflug, du wirst schon sehen.' Ich habe einen Bus für acht Uhr bestellt. Um zehn vor acht kommt einer auf dem Rad und sagt, der Bus hat leider einen Defekt, er kann nicht kommen. Wenn nicht der Bub gewesen wäre, hätte ich gesagt, da kann man nichts machen. So hab ich mir gesagt, ich muss dem beweisen, dass nicht jeder unzuverlässig ist. Dass, wenn man etwas verspricht, man das auch hält."[56] Luise Sinnhuber fand schließlich einen Ersatzbus, „und dann sind wir statt um acht um halb elf Uhr weggefahren. Ja, Verlässlichkeit und Vertrauen. Das habe ich auch gemerkt bei den Müttern und bei den Mitarbeiterinnen. Es hat so lange gebraucht, bis man eine Vertrauensbasis aufbaut. Aber wenn die einmal da ist, dann hält sie, solange man das Vertrauen nicht bricht"[57].

Guatemala

Nicaragua sollte nicht das einzige mittelamerikanische Land bleiben, in dem Luise Sinnhuber Aufbauarbeit leistete. Ihr Know-how und ihr Einsatz wurden noch in einem weiteren Krisengebiet benötigt: Am 4. Februar 1976 bebte die Erde in Guatemala und hinterließ über 20.000 Tote und über eine Million Obdachlose.[58] Luise Sinnhuber wurde nach Guatemala geschickt, um dort vorerst zwei Notlager aufzubauen. Guatemala unterschied sich stark von Nicaragua, wie Luise Sinnhuber feststellte: „In Guatemala gibt es 60% indianische Bevölkerung, in Nicaragua hingegen sehr wenig, hauptsächlich im Küstengebiet. Und Guatemala ist geprägt von der indianischen Bevölkerung. Die Frauen tragen noch ihre typischen Kleider, die Männer zum Teil auch. Die Mentalität ist eine andere, wieder von den Indianern her. Leider werden die Indianer immer noch diskriminiert und der Großteil lebt in Armut. Aber ich sag, eines Tages werden sie wieder mehr vorne dran sein."[59]

Durch das Erdbeben 1976 wurde die hauptsächlich von Mayas [indígenas; L.C.] bewohnte Stadt San Juan Sacatepéquez [rund 30 Kilometer von Guatemala City entfernt; L.C.] zum Großteil zerstört. In San Juan stellte Schwester Maria Rosa, die bereits in Honduras PionierInnenarbeit für SOS-Kinderdorf geleistet hatte, ein Notlager auf. Luise Sinnhuber und Schwester Maria Rosa bauten nun mit Hilfe einer Gruppe engagierter Menschen innerhalb von vier Monaten aus Fertigteilhäusern das erste SOS-Kinderdorf in Guatemala auf. Luise Sinnhuber errichtete

Luise Sinnhuber im guatemaltekischen San Juan, Dezember 1977

parallel zur Aufbauarbeit in San Juan noch in einer anderen indigenen[60] Provinzhauptstadt ein Notlager. Doch dort sollte die Herangehensweise von Luise Sinnhuber und SOS-Kinderdorf, nämlich das vorübergehende Aufnehmen von Kindern, nicht die passende sein. „Wir hätten da also jegliche Art von Kindern aufgenommen, die dort Hilfe gebraucht haben, vorübergehend. Und die Leute dort, die haben geglaubt, wir entführen die Kinder. Das waren Indianer und die haben einfach den Ausländern nicht getraut. Obwohl wir in ihrer Sprache mit Lautsprecher Durchsagen gemacht haben, also dass wir die Kinder vorübergehend aufnehmen und betreuen. Nach einer Zeit haben wir dann das Notlager zugemacht.“[61]

Hermann Gmeiner hatte bereits ein Jahr vor diesem Kriseneinsatz an die Errichtung eines SOS-Kinderdorfes in Guatemala gedacht. Zum damaligen Zeitpunkt herrschte in Guatemala bereits seit 21 Jahren eine Militärdiktatur, infolgedessen tobte seit 1961 ein blutiger Bürgerkrieg zwischen den Militärs und linken Guerillatruppen.[62] 1975 hatten Gmeiner und Sinnhuber die ersten Schritte zur Errichtung eines SOS-Kinderdorfes in Quetzaltenango gesetzt. Quetzaltenango ist die zweitgrößte Stadt Guatemalas und liegt ca. 200 Kilometer westlich von Guatemala City auf 2.400 Meter Seehöhe.[63] Nachdem die einheimische Bevölkerung 1976 das zweite Notlager in dieser Form nicht annahm, ging Luise Sinnhuber nach Quetzaltenango, um dieses bereits 1975 geplante Projekt zu realisieren und das zweite guatemaltekische SOS-Kinderdorf aufzubauen. Da sie aber weiterhin für das SOS-Kinderdorf in San Juan zuständig war, pendelte sie die 200 Kilometer zwischen den Dörfern. Dies sollte allerdings nicht ihre einzige „Pendlerstrecke“ bleiben.[64]

Repräsentantin von SOS-Kinderdorf International

In den kommenden Jahren sollte Luise Sinnhuber noch diverse Projekte in Mittelamerika aufbauen. „Es sind dann die SOS-Kinderdörfer wie die Pilze nach dem Regen aus dem Boden geschossen und ich war ja da schon voll, also mehr als ausgelastet.“[65] Als Repräsentantin von SOS-Kinderdorf International in Nicaragua, Guatemala und später auch El Salvador war Luise Sinnhuber das Bindeglied zwischen der Organisation mit Sitz in Österreich und den lokalen Behörden, Vereinen und MitarbeiterInnen. Sie war zuständig für die Initiierung neuer Projekte, die Finanzierung und den Bau von SOS-Kinderdorf-Einrichtungen ebenso wie für die Personalauswahl der DorfleiterInnen. Gerade Männer für die Position des Dorfleiters zu finden oder zu halten, stellte sich immer wieder als schwieriges Unterfangen heraus. „Es war dort eigentlich gar nicht so leicht, einen Mann zu finden als Dorfleiter. Das lag einerseits an der Bezahlung, und andererseits, ja da im Dorf zu wohnen. Obwohl das auch ein Vorteil sein kann, aber für manche war es halt dann doch irgendwie hinderlich. Und ich glaube auch die Aufgabe für einen Dorfleiter, das war für manche einfach eine zu große Herausforderung, dass sie das einfach nicht gepackt haben, so wie wir sagen.“[66] So kam es, dass Luise Sinnhuber bereits in den 1970er Jahren beispielsweise im guatemaltekischen San Juan eine qualifizierte Frau als Dorfleiterin einstellte. Wobei sie betont, dass diese Frau alleinstehend war. Als Mitglied des Dorfkomitees war Luise Sinnhuber zudem mitverantwortlich für die Auswahl der SOS-Kinderdorf-Mütter und die Kinderaufnahme. Sie fand vor Ort immer viel Unterstützung, dennoch war sie bei ihrer Aufbauarbeit in Lateinamerika vielfach auf sich allein gestellt. „Die Kommunikation mit SOS-Kinderdorf International war sehr schwierig. Natürlich gab es keine E-Mails, und Briefe waren wochenlang unterwegs. Wir haben ganz selten telefoniert, da wir lange keine eigenen Anschlüsse hatten und in der Telefonzentrale hat das auch nicht immer geklappt.“[67] Durch diese begrenzten Rücksprachemöglichkeiten mit der Organisation musste sie vor Ort viele Entscheidungen allein treffen. Es waren die richtigen Entscheidungen, wie sich gezeigt hat.

Ihr Büro befand sich in Guatemala City, sie pendelte aber den Großteil der Zeit zwischen den Einrichtungen dieser drei Länder. Bis zu ihrer Pensionierung 1993 waren das ca. 30 Einrichtungen mit unterschiedlichen Angeboten für Kinder, Jugendliche und Familien in Form von Kinderdörfern, Jugendeinrichtungen, Kindergärten, Schulen, Sozialzentren und Berufsbildungszentren. „So ein typischer Arbeitstag: angenommen ich war jetzt im Kinderdorf in Quetzaltenango, dann hatte ich schon in der Früh eine Besprechung mit dem Dorfleiter und anschließend eine Besprechung mit dem Dorfkomitee. Dann habe ich verschiedene Familien besucht und habe bei irgendeiner Familie zu Mittag gegessen. Am Nachmittag hat man vielleicht ein Kind besucht, das aufgenommen hätte werden sollen, oder man ist zu irgendeinem Amt. Am Abend hat man dann eine Vorstandssitzung gehabt, die bis um zehn oder elf Uhr gedauert hat. Am nächsten Tag bin ich um sechs Uhr in der Früh losgefahren, damit ich um halb neun in Guatemala im Büro war. Und dort war dann schon wieder Büroarbeit. […] Oder ich habe auch in der Zeit, wo es noch möglich war, Mütterbewerberinnen besucht. Es war mir dann zu viel. Aber am Anfang hab ich die Mütterbewerberinnen immer an ihrem Wohnort besucht, um mir einfach ein Bild zu machen, wie sie leben, wo sie wohnen, um die Familie kennen zu lernen. Ich war wirklich viel unterwegs und einen Acht-Stunden-Tag gab es nicht."[68] Dieser Einsatz hatte auch Auswirkungen auf ihr Privatleben, denn für sie war klar, dass sich ihr berufliches Engagement nicht mit einer Familie vereinbaren ließe. „In Lateinamerika ist es nicht üblich, dass man als Frau kein Kind hat, auch wenn man nicht verheiratet ist. Aber ich hab mir dann gesagt, nein, ich möchte das einem Kind nicht antun. Denn wenn ich schon ein Kind in das Leben setze, dann will ich die Geborgenheit einer Familie bieten können. [...] Wenn ich als verheiratete Frau weiter bei SOS geblieben wäre, dann hätte entweder die Familie oder die Arbeit darunter gelitten, weil ich für Beruf und Familie nicht genügend Zeit gehabt hätte. [...] Ich glaube, dass mein Wirkungskreis viel weiter war, als wenn ich eine eigene Familie gehabt hätte. Dann wäre der begrenzter gewesen."[69]

Bürgerkriege, die anderen „Naturkatastrophen"

Als Luise Sinnhuber als Repräsentantin von SOS-Kinderdorf in Lateinamerika war, galt es nicht nur die Folgen von Naturkatastrophen zu bewältigen, vielfach war sie auch mit Bürgerkriegen konfrontiert: „Ohne es beabsichtigt zu haben [...], sind wir mit unserer zentralamerikanischen SOS-Arbeit in einem Kriegsgebiet gelandet."[70]

In Nicaragua kam es ab 1977 zu gewaltsamen Auseinandersetzungen aufgrund von Korruption und staatlichem Machtmissbrauch des Diktators Anastasio Somoza Debayle, die in einen blutigen Bürgerkrieg zwischen der linksgerichteten Sandinistischen Befreiungsfront und den Truppen Somozas mündeten. Auch Esteli wurde zum Kampfgebiet. Der Süden der Stadt, eine Hochburg der Sandinisten, wurde von Somozas Guardia Nacional bombardiert, welche im nördlichen Teil der Stadt ihren Stützpunkt hatte. Im Norden lag auch das SOS-Kinderdorf, das von der Bombardierung nicht betroffen war. Für Luise Sinnhuber war dies die „Zeit des Überlebenskampfes. Nicht in dem Sinne, dass wir im Kinderdorf direkt um unser Leben fürchteten, sondern im existenziellen Sinne. Es gab kaum Lebensmittel und wenn, dann nur über rationierte Lebensmittelkarten. Der Schulbesuch wurde zu einem Problem, weil alles politisiert war. Unsere männlichen Jugendlichen wurden sofort nach der Schule eingezogen und in den Krieg geschickt. Das hatte auch massive Auswirkungen auf die schulischen Leistungen der Buben. Warum sollten sie lernen, wenn sie in den Kampf geschickt werden sollten. Sehr viele kamen aus dem Krieg nicht mehr zurück."[71] Im Juni und Juli 1979, den letzten Wochen und Tagen vor dem Sturz Somozas, kam aber auch das SOS-Kinderdorf ins Kreuzfeuer der Guardia Nacional und der sandinistischen Truppen. „Die Mütter lagen mit den Kindern zeitweise am Boden der Häuser, um sich zu schützen. Die billigen und einfachen Fertigteilhäuser hatten an allen Wänden Einschusslöcher."[72] Im Zuge der Gefechte wurde das SOS-Kinderdorf Esteli beinahe vollkommen zerstört. Dennoch wurden im Bereich des Kindergartens und der Werkstätten Flüchtlinge aufgenommen.[73] Am 19. Juli 1979 endete der Bürgerkrieg mit dem Sturz Somozas. Die Sandinistische Befreiungsfront leitete einen tiefgreifenden Wandel in allen gesellschaftlichen Bereichen ein: Der Besitz der Familie Somoza wurde enteignet und eine Agrarreform durchgeführt. Vor allem die Gesundheitsversorgung und das Bildungswesen konnten verbessert werden. Das SOS-Kinderdorf Esteli wurde inklusive einer Schule neu aufgebaut. Doch der Bürgerkrieg brach erneut aus. Ab 1981 organisierten sich mit Unterstützung der USA von Honduras aus die „Contras", eine bewaffnete, rechtsgerichtete, paramilitärische Gruppe. Von 1981 bis 1990 war Nicaragua Schauplatz des so genannten „Contra-Krieges", der ca. 70.000 Menschenleben forderte.[74]

In Guatemala sollte sich die Militärdiktatur noch bis 1986 halten, der 1961 begonnene Bürgerkrieg dauerte noch bis 1996. Der Krieg hatte bis zu diesem Zeitpunkt mehr als 100.000 Todesopfer gefordert und über 1 Million Menschen waren auf der Flucht. Unter General Efrain Rios Montt wurden allein im September 1982 9.000 Maya ermordet, ganze Landstriche wurden flächendeckend bombardiert.[75] Und in El Salvador kostete der Bürgerkrieg von 1979 bis 1992 75.000 Menschen das Leben.[76]

Loslassen und Halten

Nach 30 Jahren bei SOS-Kinderdorf ging Luise Sinnhuber 1993 wie schon seit geraumer Zeit geplant in Frühpension. Nach dieser intensiven Zeit wählte sie allerdings eine längere Übergangsphase. Ihre ursprüngliche Idee „Halbzeit bei SOS zu arbeiten" – ein halbes Jahr in Österreich zu verbringen und ein halbes Jahr für SOS in Mittelamerika zu arbeiten – ließ sich nicht wie geplant verwirklichen. Bis 1999 übernahm sie die Nachbetreuung von Erwachsenen, die als Kinder die „erste Generation" im SOS-Kinderdorf in Guatemala waren.[77]

Luise Sinnhuber sollte allerdings ihr Vorhaben von 1972 umsetzen: Die berufliche Neuorientierung nach Südkorea sollte sie dorthin führen, wo sie den Rest ihres Lebens verbringen wollte. Heute lebt sie in etwa die Hälfte des Jahres in Guatemala und die andere Hälfte in Mittersill.[78] Sie resümiert heute über die Arbeit im Sozialbereich im Allgemeinen und bei SOS-Kinderdorf im Speziellen: „Ich würde vor allem wieder den Kontakt zu den Menschen suchen. Ich glaube, vor allem das würde ich gleich machen: den Kontakt zu den Menschen und das gute Miteinander suchen. Und bei der Arbeitszeit nicht auf die Uhr schauen. [...] Ich würde mich besser vorbereiten auf die Einsätze. Aber das war damals einfach eine andere Zeit, da hat man die Leute losgeschickt, vielleicht mit einer ganz kurzen Vorbereitungszeit, ohne genügend Sprachkenntnisse. Ich würde mich vor allem besser vorbereiten, um die Mentalität der Menschen in den betreffenden Ländern besser kennen zu lernen. Obwohl man das erst vor Ort erfahren kann. Und ich glaube, ich würde schon von vorneherein mehr Arbeit an meine Mitarbeiter delegieren. Ich habe das damals nicht besser gekonnt. Ich habe zu viel selber gemacht und überall zugepackt. Heute würde ich auch von SOS-Kinderdorf International mehr fordern: mehr Ausbildung, aber auch mehr Unterstützung. [...] Das Kinderdorf ist meine Lebenserfüllung. Ich habe sehr viel gewonnen. Es ist sehr schön für mich, weil dieses erfüllte Leben immer noch nachklingt. Ich bin dankbar, dass Gmeiner mich zu SOS geholt hat. Ich glaube, bis zu meinem Lebensende werde ich durch die ehemaligen SOS-Kinderdorf-Kinder die Verbindung zu SOS-Kinderdorf haben. Ich hab zwar keine eigenen Kinder. Ich habe sehr viele Kinder, die ich meine Nichten und Neffen nenne, weil ich mir nicht das Recht herausnehme, zu sagen: Das sind meine Kinder. Ich bin noch öfters moralischer Beistand oder unterstütze finanziell. Das ist einfach nur schön, denn das, was sonst eine Großmutter tut, das tue ich halt jetzt für diese Kinder. Ich hab auch mit Kinderdorfmüttern noch Verbindung. Es war so schön, dass mich letztes Jahr zu Ostern alle pensionierten SOS-Kinderdorf-Mütter aus Korea angerufen haben. Ob ich jetzt in Nicaragua oder in Guatemala bin: es spricht sich so schnell herum, dass ich wieder im Lande bin und dann kommen Anrufe und Besuche. Für mich ist das SOS-Kinderdorf meine Familie."[79]

Anmerkungen

1 Interview mit Luise Sinnhuber, 28. August 2003. Die Zitate wurden nach einem Gespräch mit Luise Sinnhuber zum Teil ergänzt und der Schriftsprache angepasst.
2 Marktgemeinde im Bezirk Zell am See/Land Salzburg
3 Interview mit Luise Sinnhuber
4 Schloss Mittersill
5 Interview mit Luise Sinnhuber
6 Ebd.
7 Ebd.
8 Ebd.
9 Ebd.
10 Ebd.
11 Vgl. Portrait Maria Heissenberger
12 Interview mit Luise Sinnhuber
13 Vgl. Pammer, 1995, S.123
14 Vgl. Einleitung dieses Kapitels „Frauen erkunden die Welt. Internationalisierung von SOS-Kinderdorf Anfang der 1960er Jahre"
15 Vgl. Pammer, 1995, S.112-123
16 Interview mit Luise Sinnhuber
17 Ebd.
18 Ebd.
19 Vgl. Portrait von Franziska Lemayr
20 Interview mit Luise Sinnhuber
21 Vgl. Portrait Maria Heissenberger
22 Emma Freisinger blieb in der Lepraarbeit. Sie betreute die Lepradörfer Kuchi und Ihnsung, leitete das Lepraspital Chilgog und arbeitete mit dem koreanischen Gesundheitsministerium ein Leprabekämpfungsprogramm aus. Vgl. Pammer, 1995, S.120 + S.123
23 Interview mit Luise Sinnhuber
24 Ebd.
25 Ebd.
26 Vgl. Portrait Maria Heissenberger
27 Interview mit Luise Sinnhuber
28 Vgl. Portrait Maria Heissenberger
29 Interview mit Luise Sinnhuber
30 Ebd.
31 Ebd.
32 Ebd.

33 Ebd.
34 Ebd.
35 Ebd.
36 Ebd.
37 Vgl. Portrait Maria Heissenberger
38 Vgl. Portrait Franziska Lemayr
39 Interview mit Luise Sinnhuber
40 Ebd.
41 Ebd.
42 Vgl. Portrait Imma von Unterrichter
43 Amtszeit von 1894-1902; vgl. http://de.wikipedia.org/wiki/Liste_der_Pr%C3%A4sidenten_von_Costa_Rica, Stand: 27.02.2006
44 Vgl. http://de.wikipedia.org/wiki/Costa_Rica#Geschichte, Stand: 27.02.2006
45 Vgl. http://de.wikipedia.org/wiki/Nicaragua#Geschichte, Stand: 27.02.2006
46 Der Hermann-Gmeiner-Fonds Deutschland e.V. ist ein Verein zur Förderung der SOS-Kinderdörfer in aller Welt.
47 Interview mit Luise Sinnhuber
48 Vgl. Interview mit Luise Sinnhuber; http://de.wikipedia.org/wiki/Estel%C3%AD, Stand: 27.02.2006
49 Vgl. Brockhaus Geschichte, 2001363f; http://www.bmaa.gv.at/up-media/966_nicaragua_landtext.pdf, Stand: 27.02.2006; http://de.wikipedia.org/wiki/Nicaragua#Geschichte, Stand: 27.02.2006
50 Ebd.
51 Interview mit Luise Sinnhuber
52 Ebd.
53 Vgl. Statuten der Societas Socialis, 6. März 1949, Ordner ZV SOS-KD Imst, Vorstandssitzungen (Protokolle 1950-56)
54 Ebd.
55 Ebd.
56 Ebd.
57 Ebd.
58 Vgl. http://www.sos-kinderdorf.at, Stand: 27.02.2006
59 Interview mit Luise Sinnhuber
60 von Mayas bewohnte Stadt
61 Interview mit Luise Sinnhuber
62 Vgl. Brockhaus Geschichte, 2001, 198f; http://de.wikipedia.org/wiki/Guatemala#Geschichte, Stand: 27.02.2006
63 Vgl. http://www.sos-kinderdorf.at, Stand: 27.02.2006
64 Vgl. Interview mit Luise Sinnhuber
65 Ebd.
66 Ebd.
67 Ebd.
68 Ebd.
69 Ebd.
70 Reinprecht, 1984, S.373
71 Interview mit Luise Sinnhuber
72 E-Mail von Luise Sinnhuber, 3. Juni 2006
73 Vgl. ebd.
74 Vgl. Brockhaus Geschichte, 2001, S.363f; http://www.bmaa.gv.at/up-media/966_nicaragua_landtext.pdf, Stand: 27.02.2006; http://de.wikipedia.org/wiki/Nicaragua#Geschichte, Stand: 27.02.2006
75 Vgl. Brockhaus Geschichte, 2001, S.198f; http://de.wikipedia.org/wiki/Guatemala#Geschichte, Stand: 27.02.2006
76 Vgl. http://de.wikipedia.org/wiki/El_Salvador#Geschichte, Stand: 27.02.2006
77 Vgl. Interview mit Luise Sinnhuber
78 Vgl. ebd.
79 Ebd.

Wegbereiterinnen der zweiten Generation in Österreich

Drei Frauen mit innovatorischen Ansätzen

Wie die Ausführungen im vorangehenden Kapitel verdeutlichen, waren die 1960er Jahre im SOS-Kinderdorf von einer Internationalisierung geprägt. Der sukzessive Aufbau von SOS-Kinderdörfern in Europa, Asien und Lateinamerika erforderte, die dafür notwendigen Mittel zu lukrieren. Um die Finanzierung weiterhin zu sichern, wurden neue Wege in der Mittelbeschaffung beschritten. So warb SOS-Kinderdorf nun beispielsweise vermehrt um PatInnen für SOS-Kinderdorf-Kinder.

Mit dem Ziel, die Arbeit von SOS-Kinderdorf wissenschaftlich abzusichern, gründete der Psychologieprofessor Vinzenz Neubauer 1964 im Auftrag von Hermann Gmeiner das „Wissenschaftliche Institut" von SOS-Kinderdorf International. 1970 wurde es in das „Sozialpädagogische Institut" umgewandelt. Es sollte fortan die pädagogische Arbeit mit Fortbildungen, Erziehungs- und Berufsberatung sowie Statistik und Veröffentlichungen unterstützen.

In einer Zeit des gesellschaftlichen Umbruchs Ende der 1960er und in den frühen 1970er Jahren fand mit der Frauenbewegung auch eine Politisierung der Lebensverhältnisse von Mädchen und Frauen statt. Die Fürsorgeerziehung von Mädchen geriet zunehmend in die Kritik. Menschenverachtende Zustände in Heimen, in denen Mädchen als Arbeitskräfte missbraucht wurden, keine Ausbildung erhielten und Gewalt erfuhren, wurden vermehrt öffentlich. Mit seiner ersten Mädchenwohngemeinschaft im Zentrum von Innsbruck setzte SOS-Kinderdorf 1966 ein innovatives Angebot in der Fremdunterbringung von Mädchen und jungen Frauen in Tirol.

Die hier portraitierten Frauen bestimmten die Professionalisierung der Patenarbeit wie der Pädagogik im SOS-Kinderdorf entscheidend mit.

Birgitta Seifner (geb. 1943), aufgewachsen in Südschweden, zog es 1964 nach Abschluss der Handelsakademie nach Wien. Sie fand eine Anstellung bei SOS-Kinderdorf International und organisierte die Patenarbeit für Skandinavien. Mit der weltweiten Entwicklung von SOS-Kinderdorf setzte sie sich für eine Modernisierung des Patenbüros und für Neuerungen in der Arbeit mit PatInnen ein. Als Elise Thier, die Leiterin des Patenbüros, 1980 in Pension ging, übernahm Birgitta Seifner die Leitung für die folgenden 18 Jahre. Sie lebt heute mit ihrem Mann im Burgenland.

Henriette Rieder (geb. 1935) wuchs in einer Kärntner Eisenbahnerfamilie auf, besuchte die Handelsschule und begann 1962 die Ausbildung zur Sozialarbeiterin in Innsbruck. 1966 eröffnete Henriette Rieder die erste Mädchenwohngemeinschaft von SOS-Kinderdorf, die sie 17 Jahre lang leitete. Ihre sozialpädagogische Arbeit verband eine traditionelle Mädchenerziehung mit innovatorischen Ansprüchen. In den 1980er Jahren folgte sie als Ehefrau und Mutter ihrem Mann, der die Leitung des SOS-Kinderdorfes in Dornbirn übernommen hatte, nach Vorarlberg. Ihre Berufstätigkeit setzte Henriette Rieder zuerst in der Fachaufsicht der SOS-Jugendeinrichtungen und für weitere zehn Jahre in der Auswahl und Begleitung von SOS-Kinderdorf-Müttern fort.

Renate Wetjen (geb. 1941) nahm eine zentrale Rolle in der pädagogischen Professionalisierung von SOS-Kinderdorf ein. Als Tochter einer Holländerin und eines Wieners wurde sie in Bozen geboren, absolvierte die Ausbildung zur Lehrerin und studierte Pädagogik und Psychologie in Innsbruck. Während ihres Studiums fand sie eine stundenweise Anstellung im Wissenschaftlichen Institut von SOS-Kinderdorf International. 1968 wurde sie dort die erste Mitarbeiterin von Vinzenz Neubauer und übernahm mit 29 Jahren die Neukonzeption und Leitung des daraus hervorgegangenen Sozialpädagogischen Instituts. Auf der Suche nach neuen Herausforderungen wechselte sie 1990 an die Hermann-Gmeiner-Akademie in Innsbruck, wo sie die pädagogischen Fachbereiche leitete und für die letzten drei Jahre vor ihrer Pensionierung die Geschäftsführung übernahm.

Die drei Frauen gingen für die damalige Zeit, in der höhere Frauenbildung noch keine Selbstverständlichkeit war, ungewöhnliche Wege. Renate Wetjen und Henriette Rieder gaben ihren Quellenberuf auf, um weiter zu studieren. Alle drei Frauen eigneten sich fundierte Ausbildungen an und setzten ihre Qualifikationen in der pädagogischen Weiterentwicklung von SOS-Kinderdorf ebenso ein wie in Neuerungen der Patenarbeit. Henriette Rieder und Renate Wetjen waren damals die einzigen Frauen, die eine Leitungsposition im pädagogischen Bereich innehatten. Beide sind für SOS-Kinderdorf-Mütter zu zentralen Bezugspersonen geworden.

Birgitta Seifner (geb. 1943)

„Wenn etwas anstand, dann hat man einfach zugepackt und das hat jeder gemacht."[1]

Eine gebürtige Schwedin …

Birgitta Seifner wuchs in der im äußersten Süden Schwedens gelegenen Stadt Malmö auf. Ihre 1912 geborene Mutter Elsa Welander absolvierte eine Modeschule und heiratete den um vier Jahre älteren Tapezierermeister Elof Svensson. Am 3. Februar 1943 wurden die Zwillinge Birgitta und Elsmarie geboren. Als die Zwillingsschwestern drei Jahre alt waren, gründete die Mutter 1946 einen eigenen Betrieb mit zwei Mitarbeiterinnen, in dem sie Maßhemden anfertigte.[2]

Elsa und Elof Svensson förderten ihre Töchter auf deren Ausbildungsweg, wie Birgitta Seifner erzählt. Sie kam 1950 in die Volksschule in Malmö. Nach vier Jahren Volksschule besuchte sie fünf Jahre die Realschule und wechselte anschließend an die Handelsakademie, die sie 1962 mit Matura abschloss. Nach der Matura absolvierte die damals 19-Jährige noch eine zweijährige Bankausbildung.[3]

Schweden hatte nach dem Zweiten Weltkrieg die Reformpolitik der 1930er Jahre mit dem Ausbau des Sozialsystems wieder aufgenommen. In den Jahren des Zweiten Weltkriegs war die schwedische Regierung mit ihrer Neutralitätspolitik vor harte Proben gestellt worden. 1939 hatte Schweden zwar seine Neutralität erklärt und vermochte sie auch „mithilfe einer relativ starken mobilisierten ‚Neutralitätswacht' aufrecht zu erhalten"[4]. Eine „‚pragmatische, nicht-doktrinäre' Politik"[5] ermöglichte aber in den ersten Kriegsjahren „die Unterstützung Finnlands durch Waffenlieferungen und Freiwilligenkorps sowie die Nachgiebigkeit gegenüber deutschen Forderungen, Truppen über schwedisches Gebiet transportieren zu dürfen, […]. Erst als sich das Kriegsglück der Deutschen 1942-43 wendete, kam es zu einem Kurswechsel in der schwedischen Neutralitätspolitik, die sich nun mehr und mehr den alliierten Forderungen anpasste."[6] In den Jahren nach dem Zweiten Weltkrieg entwickelte sich das Land zu einem modernen Wohlfahrtsstaat.[7]

… kommt nach Österreich

„Wir haben ja relativen Wohlstand gehabt. […] Wo ich nach Österreich kam, war der Lebensstandard in Schweden ein weit höherer als hier in Österreich. […] Bevor ich angefangen habe, bei Kinderdorf zu arbeiten, hatte ich in Schweden fünf Mal so viel verdient. Aber das war für mich eigentlich eine Zeit, wo ich mir gedacht habe, das ist begrenzt."[8]

Anlässlich ihrer Maturareise im Jahr 1962 kam Birgitta Seifner das erste Mal nach Österreich.[9] Im Jahr darauf besuchte sie mit ihrer Schwester Elsmarie die Sommeruniversität in Salzburg, wo sie einen Studenten kennen lernte, den sie

Birgitta Seifner im SOS-Kinderdorf Wienerwald, 1964

Ostern 1964 in Wien besuchte. Birgitta Seifner hatte damals die Absicht, ein halbes Jahr in Österreich zu bleiben. „Ich hatte gerade meine Ausbildung in der Bank beendet und wollte hier mein Deutsch verbessern. […] und natürlich hat diese ‚Studentenliebe' zu meinem Entschluss, für ein halbes Jahr nach Wien zu gehen, beigetragen." Die junge Frau bekam eine Halbjahresanstellung bei der „Wiener Internationalen Gartenschau" (WIG). Ihre Arbeit als Hostess bei der „WIG 64" beendete sie noch vor Ablauf des halben Jahres, nachdem ihre Bewerbung auf eine Annonce von SOS-Kinderdorf erfolgreich gewesen war. Im Sommer 1964 begann Birgitta Seifner als Sachbearbeiterin im Patenbüro.

Aufbauarbeit im Patenbüro Wien

Die „Patenarbeit" in Wien hatte bereits Ende der 1950er Jahre begonnen.[12] Die für den Betrieb und die Entwicklung von SOS-Kinderdorf notwendigen Mittel wurden bis dahin vor allem durch Spenden, Aktionen und Stifter aufgebracht.[13] „[Der ‚Kinderdorfbote'] erschien als vierteljährlicher Bericht an die SpenderInnen und […] die Mitgliedsbeiträge wurden […] mit Erlagschein über den ‚Kinderdorfboten' eingehoben, der damit zur beständigsten Finanzquelle wurde."[14] Für die Finanzierung von SOS-Kinderdorf-Häusern wurden private StifterInnen ebenso gewonnen wie Unternehmen oder Wohltätigkeitsvereine.[15] Seit seinen Anfängen war SOS-Kinderdorf auch erfolgreich bei Mittelaufbringungsaktionen wie der Weihnachts- oder Osterkartenaktion.

Die Patenschaften für SOS-Kinderdorf-Kinder stellten in der Mittelbeschaffung für die SOS-Kinderdörfer eine weitere Säule dar.[16] Hansheinz Reinprecht, der damals die Dorfleitung des SOS-Kinderdorfes Wienerwald inne hatte und das Patenbüro in Wien für die Werbung von PatInnen gründete[17], fasste in den 1980er Jahren diese individuelle Unterstützungsform für SOS-Kinderdorf-Kinder so zusammen: „Ein neues Finanzierungsprogramm wurde ins Leben gerufen: die Patenschaften. Jeder hatte nun die Möglichkeit, für ein SOS-Kinderdorfkind irgendwo in der Welt eine Patenschaft zu übernehmen. Er zahlt dafür monatlich einen bestimmten Betrag und kann mit seinem Patenkind auch in direkten Kontakt treten. Brücken der Nächstenliebe wurden über diese Patenschaften gebaut. Heute werden im Patenbüro von SOS-Kinderdorf International in Wien mehr als 55.000 Patenschaften bearbeitet."[18]

Hansheinz Reinprecht zitierte in diesem Zusammenhang Hermann Gmeiner aus einer Beilage zum Internationalen Kinderdorfboten für PatInnen aus dem Jahr 1983: „Unsere Patenschaften sind aber mehr als eine finanzielle Hilfe. Sie bedeuten ein menschliches Engagement, das für die in unseren SOS-Kinderdörfern in aller Welt beheimateten Kinder so segensreich geworden ist. [...] In unseren Massenmedien sind in den letzten Jahren die Patenschaften als eine Form des sozialen Engagements ins Kreuzfeuer der Kritik gekommen. Nicht ganz zu Unrecht. Denn Nächstenliebe darf nie zum Geschäft werden. An den SOS-Kinderdorfpatenschaften geht all diese Kritik total vorbei. Denn wir versorgen über Patenschaften nur Kinder in unseren eigenen SOS-Kinderdörfern. Es sind unsere Kinder, denen wir einen verständnisvollen Paten vermitteln. Und das hat sich über die so notwendige materielle Hilfe hinweg auch menschlich und pädagogisch bestens bewährt."[19]

Die Organisation des Patenbüros in Wien orientierte sich in ihren Anfängen am amerikanischen „Christian Children's Fund", dem CCF. Hansheinz Reinprecht holte sich vor Ort Anregungen für die Konzeption der Patenarbeit von SOS-Kinderdorf.[20] Der Ende der 1930er Jahre gegründete CCF entwickelte unter anderem das Konzept der Kindpatenschaften. Es ermöglichte vor allem jenen Menschen zu helfen, die bereit waren, einen kleineren aber regelmäßigen Geldbetrag zu spenden, um damit ein individuelles Kind zu unterstützen. Ähnlich anderen Förderorganisationen engagierte sich auch der CCF in den Jahren nach dem Zweiten Weltkrieg in Europa.[21] So bekam auch SOS-Kinderdorf Unterstützung von PatInnen, die der CCF gewonnen hatte. Hansheinz Reinprecht erinnert sich: „Wir haben damals für die ersten Kinder in Imst und Altmünster von [...] der Christian Children's Fondation Hilfe bekommen. [...] Das heißt, diese Gesellschaft hat Paten in Amerika gesucht, und wir haben die Kinder ausgesucht. Und so haben wir für jedes Kind damals vier Dollar bekommen. Das war immerhin eine Hilfe."[22] Reinprecht kam bald zur Überzeugung, dass SOS-Kinderdorf selbst PatInnen finden konnte. Es wurden Unterlagen ausgearbeitet, Rundbriefe verschickt und erste PatInnen über Wohltätigkeitsvereine gewonnen.

Eine, „die immer voran gegangen ist" – 35 Jahre im Patenbüro

Birgitta Seifner kam in einer Zeit zu SOS-Kinderdorf, als die Gründung der neun österreichischen Kinderdörfer bereits abgeschlossen war. 1960 war von Vertretern der SOS-Kinderdorf-Vereine aus Österreich, der Bundesrepublik Deutschland,

Frankreich und Italien der „Europäische Verband der SOS-Kinderdörfer" mit Sitz in Wien gegründet worden.[23] Die über Europa hinausgehende Ausbreitung von SOS-Kinderdorf hatte 1963 mit dem Aufbau eines Kinderdorfes in Daegu in Südkorea angefangen.[24] Im Jahr 1964, als Birgitta Seifner bei SOS-Kinderdorf International begann, wurde der „Europäische Verband der SOS-Kinderdörfer" in den Dachverband „SOS-Kinderdorf International" mit Hansheinz Reinprecht als Generalsekretär und Hermann Gmeiner als Präsidenten umgewandelt.[25]

Da ein großer Teil an PatInnen in Skandinavien gewonnen wurde, suchte SOS-Kinderdorf im Sommer 1964 eine Mitarbeiterin für die Korrespondenz in Schwedisch und für Übersetzungen vom Schwedischen ins Deutsche. Birgitta Seifner erinnert sich: „Im Juli habe ich erfahren, dass SOS-Kinderdorf International eine Mitarbeiterin für Skandinavien sucht. Am 13. Juli 1964 habe ich meine Stelle als zweite Mitarbeiterin[26] im neu gegründeten Patenbüro angetreten. Damals ist Hermann Gmeiner nach Skandinavien gefahren mit der Absicht, dort Fördervereine (Komitees) zu gründen. Ich hatte das Vergnügen, die Arbeit in Skandinavien zusammen mit DDr. Egon Hofreiter mit aufzubauen."[27] Im Alter von 21 Jahren übernahm Birgitta Seifner die Organisation der skandinavischen PatInnen und engagierte sich für die Patenarbeit bis zu ihrer Pensionierung am 1. Jänner 1999.[28]

Aus der Zeit im Büro in den Tuchlauben im Ersten Wiener Gemeindebezirk erzählt sie: „Es war einfach primitiv, kann man sagen, gegen heute. Und dann zur Weihnachtszeit kamen alle Pakete von den CCF-Paten in Amerika oder auch von den anderen Paten zu uns ins Büro. Und dann haben wir auch zusammengearbeitet mit einer Organisation, die heißt Oxfam, von der haben wir auch ein bisschen Geld gekriegt."[29] Das Patenbüro in Wien koordinierte in den Anfangsjahren, wie Birgitta Seifner beschreibt, auch Geld- und Sachspenden von PatInnen anderer Organisationen. Neben dem CCF wurde SOS-Kinderdorf auch von „Oxfam" unterstützt. Das „Oxforder Komitee zur Linderung der Hungersnot" (Oxford Committee for FAMine Relief) war 1942 im englischen Oxford gegründet worden. In den 1950er Jahren bestand seine Arbeit hauptsächlich in humanitärer Hilfe für die Flüchtlinge des Zweiten Weltkriegs. Schon 1946 wurden Nahrungsmittel und Kleidung von Oxfam nach Deutschland gesendet. In den 1960er Jahren verlagerte sich die Hilfstätigkeit von Oxfam zunehmend auf außereuropäische Länder.[30]

In dem kleinen Büro in Wien mit Generalsekretariat von SOS-Kinderdorf International und Patenbüro, in dem Birgitta Seifner mit ihrer Kollegin Frau Michl und unter der Leitung von Hansheinz Reinprecht arbeitete, lernte sie „die ganze Gründergeneration"[31] von SOS-Kinderdorf kennen. Aus Südkorea kam Maria Heissenberger[32], eine Pastoralassistentin aus Niederösterreich, die seit 1963 das SOS-Kinderdorf in Daegu aufbaute, zum Arbeitsbesuch nach Wien. Aus Uruguay war es Ilse Kasdorf de Lista[33], die sich für die Errichtung eines SOS-Kinderdorfes nahe der Hauptstadt Montevideo engagierte. Aus Ecuador reiste Gerhard Engel[34] an, ein Porzellankaufmann, der dort die Initiative für ein erstes SOS-Kinderdorf ergriffen hatte. An ihre Besuche erinnert sich Birgitta Seifner noch heute: „Wenn die Leute von draußen kamen, haben sie über ihre Arbeit viel erzählt und wir konnten Fragen stellen, also das war nicht so beschränkt – in diesem Gebiet arbeiten wir und alles andere geht uns nichts an sozusagen."[35]

Immer wieder begleitete sie auch BesucherInnen in das SOS-Kinderdorf Wienerwald in die Hinterbrühl. Als Mitarbeiterin eines damals noch sehr kleinen Teams war Birgitta Seifner „viel mehr eingebunden, als heute die Mitarbeiter in dem Bürobereich je sein können"[36]. Zudem entwickelte sich das 1956 als viertes Kinderdorf ins Leben gerufene SOS-Kinderdorf Wienerwald neben dem ersten Kinderdorf in Imst zu einem Zentrum für Staatsbesuche. „Da durften wir alle mit dabei sein, ist klar, wir haben das viel mehr miterlebt"[37], vergleicht Birgitta Seifner mit den Patenbüro-MitarbeiterInnen von heute.

Elise Thier – Eine „Chefin" für das Patenbüro

Im Jahr 1965 entschied Hansheinz Reinprecht: „Wir brauchen unbedingt jemanden, der perfekt Englisch kann, und da hat sich die Frau Thier beworben. Frau Thier ist [...] aus Estland, und nachdem sie eine sehr rührige Person war und sehr gut Englisch konnte, hab ich sie damals angestellt."[38] Zudem wurde für das Patenbüro „eine Chefin" gesucht, die die Organisation der Patenarbeit koordinieren sollte.[39] Birgitta Seifner war mit ihren 22 Jahren noch zu jung und ohne ausreichende Berufserfahrung für diese Position.

Von 1965 bis 1980 leitete Elise Thier das Patenbüro.[40] Die am 10. April 1914 in Estland geborene Elise Thier lebte einige Zeit in den Vereinigten Staaten und arbeitete bei UNHCR[41], der Flüchtlingshilfeorganisation der Vereinten Nationen. In New York heiratete sie einen Österreicher und kam zusammen mit ihrem Mann nach Wien.[42] Mit 51 Jahren brachte Elise Thier Lebens- und Berufserfahrung mit und konnte ihre Kompetenzen aus der Flüchtlingshilfearbeit professionell bei SOS-Kinderdorf einsetzen.

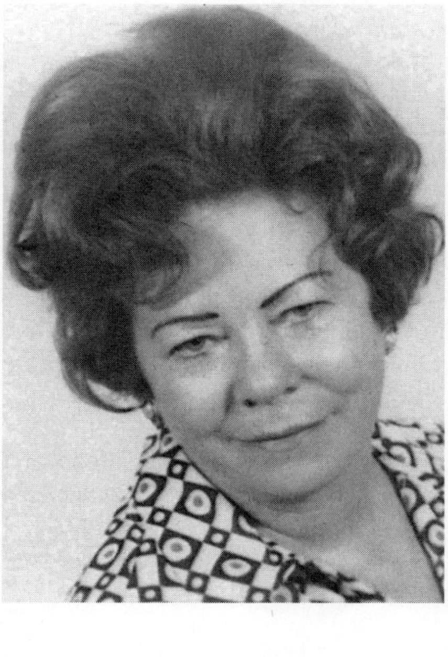

Elise Thier

Mit der Entwicklung der internationalen SOS-Kinderdorf-Arbeit in Asien[43] und Lateinamerika[44] wuchsen auch die Anforderungen an das Patenbüro. Birgitta Seifner erinnert sich an ein Beispiel aus dem Büroalltag: „Wir haben verschiedene Farben für die Länder gehabt und dann gab's keine Farben mehr. [...] Es waren kleine Sachen, die aber eigentlich gezeigt haben, wie schnell das gewachsen ist."[45] Birgitta Seifner und Elise Thier überlegten, wie die Informationen der PatInnen und SOS-Kinderdorf-Kinder zu systematisieren waren, und entwickelten Konzepte, wie mit den SOS-Kinderdörfern zusammengearbeitet werden sollte. Nachdem auch die zu erfassende Datenmenge, die bisher auf Karteikarten angelegt worden war, anwuchs, wurde Mitte der 1970er Jahre die elektronische Datenverarbeitung eingeführt.[46] Die Patenarbeit wurde mithilfe der EDV neu organisiert und strukturiert. Nun konnten die Daten von SOS-Kinderdorf-Kindern weltweit erfasst werden.

„Die Mädchen mit dem Bleistift"

Birgitta Seifner begann 1964 als Sachbearbeiterin im Patenbüro. Elise Thier wurde 1965 als Leiterin des Patenbüros eingestellt. Zwölf Jahre später – 1977 – kam die damals 40-jährige Elisabeth Pean[47] als Sachbearbeiterin für Französisch ins Generalsekretariat von SOS-Kinderdorf International nach Wien. Wenige Jahre später wurde sie zur Assistentin des Generalsekretärs Hansheinz Reinprecht.

Durch die räumliche Nähe der drei Frauen im Patenbüro und Generalsekretariat ergab sich eine intensivere Zusammenarbeit. Aus den Gesprächen mit Birgitta Seifner, Elisabeth Pean und ihrem Chef Hansheinz Reinprecht lässt sich herausfiltern, dass die drei Frauen, alle in höheren Positionen, von Hermann Gmeiner bei manchen Gelegenheiten als „Mädchen mit dem Bleistift"[48] wahrgenommen wurden. Hansheinz Reinprecht erzählt: „Und wenn ich mit der Frau Thier nach Innsbruck gefahren bin, hat er [Hermann Gmeiner, H.B.] gesagt: ‚Aha, jetzt kommt der Reinprecht mit seiner Sekretärin.' Sie war alles, nur keine Sekretärin. Sie war die Chefin des Patenbüros."[49] Auch als Reinprecht in späteren Jahren mit seiner Assistentin Elisabeth Pean und Birgitta Seifner als Leiterin des Patenbüros zu Sitzungen nach Innsbruck kam, „hat der Gmeiner gesagt: ‚Ah, da kommt der Reinprecht mit den zwei Mädchen, mit den zwei Sekretärinnen.'"[50]

Die Bezeichnung als „Mädchen mit dem Bleistift" beschreibt Birgitta Seifner als „Mentalität gegenüber den Frauen"[51] im SOS-Kinderdorf. In diesem Zusammenhang erinnert sie sich an eine Diskussion zum Thema Patenschaften, in der die Beiträge von Patenbüro-Mitarbeiterinnen damit abgetan wurden. Eine Wertschätzung ihrer Arbeit und Kompetenzen erfuhr Birgitta Seifner insbesondere bei Tagungen, auf denen sie nicht für die „Betreuung" der Teilnehmenden zuständig war, sondern selbst teilnehmen konnte. Immerhin wurde sie auch als Mitglied in Gremien von SOS-Kinderdorf eingesetzt, die überwiegend mit Männern besetzt waren. Kritisch fasst Birgitta Seifner zusammen: „Da denkt man sich, es ist eine Arbeit, die eigentlich hauptsächlich mit und für Frauen und Kinder gemacht wird, und in den Gremien, wo sehr viel beschlossen wird, da sitzen lauter Männer."[52]

Von der Stellvertreterin zur Leiterin des Patenbüros

Birgitta Seifner arbeitete bis 1980 als Stellvertreterin an der Seite von Elise Thier. „Das haben wir ja zu zweit gemacht damals, keine Frage. Und wir haben sehr gut zusammengearbeitet.“[53] Von Anfang an war Birgitta Seifner eine Mitarbeiterin, die sich unentwegt für Neuerungen in der Patenarbeit eingesetzt hatte, erinnert sich Hansheinz Reinprecht: „Und da haben wir diesen Computer angeschafft. Für mich war das ein spanisches Dorf, ich hab aber alles eingeleitet, auch unterschrieben, verantwortet. Aber dass es gut gegangen ist, war die Frau Peer[54], die hat das ganze am Hals gehabt. [...] Und die hat sich da nicht einschüchtern lassen, die hat das durchgezogen, und mit ihren Damen [...] Kurse gemacht und so weiter. Sie war eigentlich jene, die immer voran gegangen ist und der wir zu verdanken haben, dass heute das so gut funktioniert.“[55]

In den ersten Jahren baute Birgitta Seifner die Patenarbeit mit auf und trieb Entwicklungen voran. Als Elise Thier in Pension ging, übernahm sie die Leitung des Patenbüros, die sie von 1980 bis 1998 innehatte. In dieser Zeit wurde die Organisation der Patenarbeit zunehmend systematisiert und Birgitta Seifner konsolidierte den Aufgabenbereich.[56] 1988 leitete sie ein Team von 22 MitarbeiterInnen[57], zu dem inzwischen auch ihre Zwillingsschwester Elsmarie als Korrespondentin für Schwedisch gehörte.[58]

Mit der über die Jahre wachsenden Anzahl an PatInnen erforderte die Arbeit im Patenbüro zunehmend Routine und gleichzeitig eine sensible Herangehensweise. Birgitta Seifner erstellte ein Konzept darüber, welche Informationen über SOS-Kinderdorf-Kinder an PatInnen weitervermittelt werden. „Die Geschichten von den Kindern haben wir ja alle im Patenbüro gehabt. Von jedem einzelnen Kind in der Welt haben wir die Lebensgeschichte gehabt und unsere Aufgabe war, das weiterzugeben, ohne allzu viel Persönliches von dem Kind preiszugeben. Ich meine, man darf nicht schreiben, was man will. Das ist ja auch etwas, was wir ausgearbeitet haben im Patenbüro zu der Zeit. Was ist Schutzzone für das Kind und was darf man weitergeben. Aber andererseits, wie viel braucht man, um das Interesse zu wecken bei den Menschen und eine Bindung herzustellen, und was darf man absolut nicht machen.“[59]

1988 beschrieb Birgitta Seifner die Arbeit des Patenbüros in einer Zeitschrift von SOS-Kinderdorf: „Unsere Arbeit ist eine Koordinierungsarbeit zwischen den 14 SOS-Kinderdorf-Fördervereinen, die in den Industriestaaten zu Hause sind, und den vielen SOS-Kinderdorf-Einrichtungen in aller Welt. [...] Von den Fördervereinen werden Paten gesucht und an das Patenbüro in Wien weitervermittelt. Im Patenbüro sind alle in den SOS-Kinderdörfern lebenden Kinder registriert. Wir haben von jedem Kind eine kurze Beschreibung und seine Lebensgeschichte sowie das nötige Fotomaterial. So können wir die Arbeit weltweit koordinieren und jedem Paten ‚sein Patenkind‘ aussuchen.“[60]

Nach wie vor sind Patenschaften eine wirksame und langfristige Hilfe für SOS-Kinderdorf-Kinder. „Patenschaft bedeutet, offen zu sein für in Not geratene Kinder, einen Beitrag zu leisten, um diesen Kindern in einem SOS-Kinderdorf wieder die Geborgenheit einer Familie zu schenken, ihnen eine gute Ausbildung zu ermöglichen und sie auf ein selbständiges Leben vorzubereiten."[61] Die Einnahmen aus den Patenschaften sind zweckgebundene Gelder, die wesentlich zum Unterhalt der im betreffenden SOS-Kinderdorf lebenden Kinder und zum Unterhalt des SOS-Kinderdorfes beitragen.

Eine wichtige Exponentin der SOS-Kinderdorf-Idee[62]

„Gmeiner hat immer gesagt: ‚Lass viele Blumen blühn.'"[63] Diese Offenheit und Vielfalt begeisterte Birgitta Seifner an SOS-Kinderdorf. Sie erinnert sich dabei auch an die große Zahl verschiedener Religionszugehörigkeiten, die ihr bei den SOS-Kinderdorf-Kindern während der Administration von Daten auffiel. Zu Hermann Gmeiner fällt ihr dabei ein: „Das war für ihn kein Problem, obwohl er ja wirklich sehr katholisch war, aber er war kein Missionar und das gefällt mir."[64]

Birgitta Seifner brachte für ihre Arbeit bei SOS-Kinderdorf zwei entscheidende Kompetenzen mit: eine humanitäre Einstellung und ihr Organisationstalent. „Sie war das Herz der Patenschaftsorganisation. Sie war wirklich eine Kinderdörflerin – zielorientiert, herzlich, mit einem partnerschaftlichen Verhältnis zu ihren MitarbeiterInnen"[65], resümiert Karl Moser[66], ein langjähriger Mitarbeiter von SOS-Kinderdorf. Die humanitäre Einstellung, „die menschliche Seite", hebt Birgitta Seifner selbst hervor als „eine der wichtigsten Kompetenzen, die wir im Kinderdorf haben sollten. Als humanitäre Organisation braucht es auch Humanität innerhalb der Organisation bei den Mitarbeitern. Ich meine, untereinander muss eine humanitäre Einstellung herrschen. […] dass man miteinander gut umgehen kann, dass man auch andere Mentalitäten verstehen kann. Das ist nicht unwichtig, wenn man international arbeitet, finde ich. Dass man einfach auch viele Interessen mitbringt. Das Gehalt war es sicher nicht, was uns bei Kinderdorf gehalten hat."[67]
Nach Birgitta Seifners Erfahrung sollten insbesondere Frauen bei SOS-Kinderdorf darauf achten, ein Kinderdorf-Netzwerk aufzubauen. Sie empfiehlt, innerhalb von

„Ich, in meinem ‚Pensionistenbüro'"[75]

Kinderdorf Verbindungen zu knüpfen und Kontakte zu MitarbeiterInnen zu pflegen, die aus den Einrichtungen kommen. Und um in Leitungspositionen zu gelangen, „braucht man vielleicht Ellbogen“[68], resümiert Birgitta Seifner. „Aber ich meine, die allerhöchsten Posten, ja die sind wirklich eine Männerwelt.“[69]

Bei SOS-Kinderdorf zu arbeiten, war für Birgitta Seifner etwas Besonderes.[70] Ein Mal hatte sie überlegt, aus Österreich wieder wegzugehen. „Aber dann hab ich mir gedacht, nein, ich bleib doch. Die Arbeit hat mich schon fasziniert, das ist schon ein Teil von meinem Leben geworden, ziemlich ein großer Teil von meinem Leben, diese Kinderdorfarbeit. [...] Und es sind auch wirklich gute Freundschaften entstanden innerhalb der Organisation, und das muss ich sagen, es war schon sehr persönlich am Anfang.“[71] Ihr wurde vermittelt, dass alle MitarbeiterInnen Rädchen gleichen, die ineinander greifen, und dabei auch das kleinste Rädchen eine wichtige Funktion hat.[72]

Anlässlich ihres Abschieds wurde in einem Artikel festgehalten: „Ihre positive Lebenseinstellung und ihr starkes Engagement für Kinder halfen ihr bei der Bewältigung aller Probleme. Unter ihrer aktiven Führung machte das Büro mehrere Modernisierungsschübe mit. Die Zahl der weltweiten SOS-Kinderdorf-Patenschaften hat sich in diesen 18 Jahren vervierfacht. Besonders lag ihr aber auch die Qualität der SOS-Kinderdorf-Patenschaften am Herzen.“[73]

Am 1. Jänner 1999 begann für Birgitta Seifner die Pension. Dazu resümiert sie: „Ich finde, das Leben hat so Phasen. Und jetzt bin ich in einer anderen und jetzt habe ich auch andere Interessen.“[74] Ihren „Ruhestand“ genießt Birgitta Seifner in ihrem Häuschen im Burgenland gemeinsam mit ihrem Mann Herbert, den sie 1997 geheiratet hat.

Anmerkungen

1 Interview mit Birgitta Seifner, 21. Juli 2003
2 Vgl. E-Mail Birgitta Seifner an Bettina Hofer, 23. April 2006
3 Vgl. ebd.
4 Brockhaus Geschichte, 2001, Schlagwort „Schweden“, S.455
5 http://de.wikipedia.org/wiki/Geschichte_Schwedens#Der_zweite_Weltkrieg_.281939.E2.80.931945.29, Stand: 4.4.2006
6 Ebd.
7 Vgl. ebd.
8 Interview mit Birgitta Seifner
9 Vgl. ebd.
10 E-Mail von Birgitta Seifner
11 Vgl. Intranet von SOS-Kinderdorf International, http://intra.sos-kd.org/kdi/, „Zwei große Frauen nehmen Abschied“, Artikel anlässlich der Beendigung der Berufslaufbahn von Renate Wetjen und Birgitta Seifner mit Jahresende 1998
12 Vgl. Gespräch mit Astrid Schindelwig, SOS-Kinderdorf, Verlag, Paten, 9. Juli 2003; Reinprecht, 1984, S.383
13 Vgl. Schreiber/Vyslozil, 2001, S.114 bzw. das gesamte Kapitel „Finanzen und Mittelaufbringung“, S.114-133
14 Ebd. S.118
15 Vgl. ebd., S.121f; Portrait Erika Gottlieb

16 Vgl. Reinprecht, 1984, S.384
17 Vgl. Interview mit Hansheinz Reinprecht, 1. Dezember 2003
18 Reinprecht, 1984, S.383
19 Ebd., S.383f
20 Vgl. Interview mit Hansheinz Reinprecht
21 Vgl. http://www.christianchildrensfund.org/content.aspx?id=726, Stand: 13.7.2005
22 Interview mit Hansheinz Reinprecht
23 Vgl. Schreiber/Vyslozil, 2001, S.194
24 Vgl. das Kapitel „Frauen erkunden die Welt, Internationalisierung von SOS-Kinderdorf Anfang der 1960er Jahre" mit den Portraits Maria Heissenberger, Franziska Lemayr und Luise Sinnhuber in diesem Buch.
25 Vgl. Schreiber/Vyslozil, 2001, S.194
26 Anfang der 1960er Jahre war Frau Michl als erste Mitarbeiterin des Patenbüros für die Organisation der Patenarbeit angestellt worden.
27 E-Mail von Birgitta Seifner
28 Vgl. Interview mit Hansheinz Reinprecht; Interview mit Birgitta Seifner
29 Interview mit Birgitta Seifner
30 Vgl. http://www.oxfam.de, Stand: 4.4.2006
31 Interview mit Birgitta Seifner
32 Vgl. Portrait Maria Heissenberger
33 Vgl. Reinprecht, 1984, S.330
34 Vgl. ebd., S.331
35 Interview mit Birgitta Seifner
36 Ebd.
37 Ebd.
38 Interview mit Hansheinz Reinprecht
39 Vgl. ebd.
40 Vgl. Gespräch mit Anton Moser, SOS-Kinderdorf, Personalabteilung, 8. Juli 2003
41 Das „Amt des Hohen Flüchtlingskommissars der Vereinten Nationen" nahm seine Arbeit am 1. Jänner 1951 als Unterorgan der UN-Vollversammlung auf. Aufgabe von UNHCR war, „den Millionen von Flüchtlingen und Vertriebenen in Europa zu helfen, die während oder nach dem Zweiten Weltkrieg ihr Heimatland verlassen mussten". Heute soll UNHCR mit Hauptsitz in Genf zwei Hauptfunktionen erfüllen: „Flüchtlingen ‚internationalen Rechtsschutz' zu gewähren und für ihre Probleme ‚dauerhafte Lösungen' zu suchen.", in: http://www.unhcr.de/unhcr.php/aid/164, Stand: 7.4.2006
42 Vgl. Interview mit Birgitta Seifner
43 Vgl. das Kapitel „Frauen erkunden die Welt, Internationalisierung von SOS-Kinderdorf Anfang der 1960er Jahre" in diesem Buch.
44 Vgl. Reinprecht, 1984, S.327ff
45 Interview mit Birgitta Seifner
46 Vgl. Gespräch mit Karl Moser, 25. Juli 2003; Mit der Einführung der EDV begann die Zusammenarbeit zwischen dem Patenbüro in Wien und dem „Organisationsbüro" in Innsbruck, das Teil des für die Mittelbeschaffung zuständigen „Verlages" von SOS-Kinderdorf war. Karl Moser organisierte und strukturierte mit seinen MitarbeiterInnen die Mittelbeschaffung mit elektronischer Datenverarbeitung.
47 Die gebürtige Berlinerin studierte Bühnenbild, Englisch und Französisch und war zwanzig Jahre bei SOS-Kinderdorf International beschäftigt. In den 1990er Jahren übernahm Elisabeth Pean als erste und lange Jahre einzige Frau die Regionalleitung für Länder in Osteuropa und wurde zur stellvertretenden Generalsekretärin ernannt. Vgl. Interview mit Elisabeth Pean, 22. Juli 2003; SOS-Kinderdorf International ist heute mit fünf Gebieten, die in 17 Regionen aufgeteilt sind, strukturiert. Für diese Regionen sind „Regional Directors" zuständig. Unter den „regionalen DirektorInnen" finden sich zwei Frauen. Vgl. Intranet von SOS-Kinderdorf International, http://intra.sos-kd.org/kdi/, Stand: 12.4.2006
48 Interview mit Birgitta Seifner
49 Interview mit Hansheinz Reinprecht

50 Ebd.
51 Interview mit Birgitta Seifner
52 Ebd.
53 Ebd.
54 Der Name Peer stammt aus der ersten Ehe von Birgitta Seifner. Vgl. E-mail von Birgitta Seifner
55 Interview mit Hansheinz Reinprecht
56 Vgl. Gespräch mit Rudolf Maurhard, 28. Juli 2003; Gespräch mit Karl Moser
57 Vgl. Peer, 1988, S.27
58 Elsmarie Starek kam im November 1965 durch ihren Mann nach Wien. Sie half anfangs im Patenbüro aus, wenn größere Aktionen in Skandinavien gemacht wurden. Von 1980 bis 1999 arbeitete sie halbtags als Korrespondentin für Schwedisch im Patenbüro. Vgl. E-Mail von Birgitta Seifner
59 Interview mit Birgitta Seifner
60 Peer, 1988, S.26; zu SOS-Patenschaften vgl. http://www.sos-kinderdorf.at
61 Intranet von SOS-Kinderdorf International, http://intra.sos-kd.org/kdi/fieldsofwork/sponsorships/psa/default.asp#Manuals, Handbuch für Kindpatenschaften, Wien Mai 2005, S.2, Stand: 9.6.2006
62 Vgl. Intranet von SOS-Kinderdorf International, http://intra.sos-kd.org/kdi/, „Zwei große Frauen nehmen Abschied", Artikel anlässlich der Beendigung der Berufslaufbahn von Renate Wetjen und Birgitta Seifner mit Jahresende 1998
63 Interview mit Birgitta Seifner
64 Ebd.
65 Gespräch mit Karl Moser
66 Karl Moser ist aufgewachsen im SOS-Kinderdorf Imst, war Mitarbeiter und Leiter im Bereich „SOS-Kinderdorf-Verlag" und ist heute Geschäftsführer von „Joint Systems Fundraising und IT-Services GmbH", ein Dienstleistungszentrum mit den Bereichen Marketing und Informationstechnologien, gegründet von den Vereinen SOS-Kinderdorf (Österreich), Hermann-Gmeiner-Fonds Deutschland e.V., SOS-Kinderdorf e.V. (Deutschland) und SOS-Kinderdorf International. Vgl. Intranet von SOS-Kinderdorf International, http://intra.sos-kd.org/kdi/, Artikel „Kooperationsmodell Fundraising & IT-Services", Karl Moser, 26.9.2001, Stand: 12.4.2006
67 Interview mit Birgitta Seifner
68 Ebd.
69 Ebd.
70 Vgl. ebd.
71 Ebd.
72 Vgl. ebd.
73 Intranet von SOS-Kinderdorf International, http://intra.sos-kd.org/kdi/, „Zwei große Frauen nehmen Abschied", Artikel anlässlich der Beendigung der Berufslaufbahn von Renate Wetjen und Birgitta Seifner mit Jahresende 1998
74 Interview mit Birgitta Seifner
75 E-Mail von Birgitta Seifner

Henriette Rieder (geb. 1935)

Eine Begleiterin von Frauen aller Generationen

„[…] Ihr Mädchen, wie reich, lebendig, atemberaubend, aufregend, von Überraschungen überhäuft, war doch das Leben mit Euch! Dadurch, dass es Euch gab, hatte ich nie Zweifel, daß es sich lohnt, am Morgen aufzustehen, und dadurch gab es auch kaum einen Abend, wo ich nicht todmüde war. Wie oft war ich fasziniert, wenn ihr – fünfzehnjährig – vor mir gestanden seid: neugierig, offen, verschlossen, oft hungrig nach dem Leben. Jedesmal stellte ich mir die Frage: Können wir für Euch die Atmosphäre schaffen, in der Ihr Euch entwickeln könnt? […] Durch Euch ist es mir möglich, auf 17 Jahre Jugendarbeit mit guten Gefühlen zurückschauen zu können. Eure Jugend, Euer Lebensstil, Eure Bedürfnisse und Ansprüche haben mir die Frage nach dem Sinn des Lebens nie zum Problem werden lassen. Könnte ich meinen Berufsweg noch einmal wählen – ich würde ganz genau das Gleiche tun – na ja – das spricht doch f ü r E u c h! Ich danke Euch dafür!“[1]

Diese Sätze schrieb Henriette Rieder an jene Frauen, mit denen sie viele Jahre im ersten Mädchenheim von SOS-Kinderdorf zusammengelebt und -gearbeitet hatte. Bereichert durch die Arbeit mit den jungen Frauen wollte sie „Danke“ sagen. Henriette Rieders Berufslaufbahn erzählt die Geschichte einer Frau, die vor allem mit Frauen aller Generationen arbeitete. Begonnen hatte diese Geschichte mit der Entwicklung und Leitung einer über SOS-Kinderdorf hinaus innovativen Einrichtung für junge Frauen. Für Henriette Rieder ist die Zeit bei SOS-Kinderdorf aber auch ein großer Teil der Geschichte ihres Lebens und der Geschichte ihrer Familie.

Kind einer sozialdemokratischen Eisenbahnerfamilie

Als erstes Kind der Kärntner Eisenbahnerfamilie Penker, die, „wie alle Villacher, der SPÖ zugehörig war“, wurde Henriette am 6. April 1935 geboren und so von klein auf „sozialistisch geprägt. Das war einfach bei den Eisenbahnern so“[2]. Die Sozialdemokratische Partei und namentlich Johanna Dohnal sollten Jahre später für Henriette Rieder vor allem hinsichtlich deren Frauenpolitik bedeutsam werden.

Sieben Jahre wuchs sie als Einzelkind in Villach auf, 1942 kam ihr Bruder zur Welt. Henriette Rieder erlebte eine sehr schöne, behütete Kindheit, in der sie gleichzeitig zur Eigenständigkeit erzogen wurde. „Ich war eigentlich ein sehr selbstständiges Kind. Hab mir selber immer wieder etwas ausgesucht, was ich tun wollte.“[3] Dabei trieb sie vor allem ihr Bildungshunger. Von Seiten ihrer Eltern wurden ihr diesbezüglich keine Steine in den Weg gelegt, vielmehr galt der Satz: „Wenn du

Henriette Rieder um 1939

etwas willst, musst du es tun. Wenn du in die Schule gehen willst, musst du lernen.“[4] Henriette Rieder hatte die Freiheit zu entscheiden. Das bedeutete für sie aber auch, früh Verantwortung zu übernehmen. „Ich hätte es manchmal gerne anders gehabt, dass meine Eltern beispielsweise mit mir lernen. Da haben sie mir aber freie Hand gelassen. [...] Ich hatte eine sehr liebevolle Mutter, aber spezielle Förderung – wie beispielsweise Lesen und Theater – habe ich mir woanders suchen müssen. Das habe ich dann von anderen Bezugspersonen bekommen.“[5] Einer dieser wichtigen Bezugspersonen auf ihrem Bildungsweg war ihr Religionslehrer, der interessierte SchülerInnen förderte. „Er hatte eine große Bibliothek und brachte mir das Lesen nahe. Da hab ich gespürt, dass man auch außerhalb der Familie jemanden haben kann, der weiterhilft, wenn dich die Familie nicht unterstützen kann.“[6] Auch die Katholische Jugend wurde zu einem wichtigen Bezugssystem, in dem sich die Tochter aus sozialistischem Hause engagierte. „Meine Familie war nicht besonders religiös. Ich aber habe in der Katholischen Jugend Stütze, Halt und Gemeinschaft gefunden. Meine Mama hat oft gesagt: ‚Na, was haben wir denn für ein spinnertes Mädchen, geht da um sechs Uhr in der Früh in die Kirche!‘“[7]

Ursprünglich wollte sie Lehrerin werden, dabei wurde sie von ihrer Hauptschullehrerin unterstützt. Allein ihr zuliebe wäre sie Lehrerin geworden, so Henriette Rieder: „Weil ich einfach gedacht habe, sie kennt mich gut, sie traut es mir zu. Und wenn sie das tut, die sonst eine strenge Lehrerin war, dann würde ich es wahrscheinlich auch schaffen.“[8] Sie war eine gute Schülerin. Dass sie dennoch nicht Lehrerin wurde, führt sie auf ihre mangelnde Musikalität zurück. Sie hätte als Lehrerin ein Instrument spielen müssen. Um eine Geige erstehen zu können, hatte ihr Vater sogar sein Fahrrad verkauft. Aber „es hat musikalisch einfach nicht ausgereicht“[9]. Sie bezeichnet es als Kompromiss, dass sie deshalb nach der Hauptschule die zweijährige Handelsschule besuchte. Auch wenn Klassenkameradinnen ebenfalls weiterführende Schulen besuchten, so musste sie Jahre später feststellen, dass dies für Frauen 1950 keine Selbstverständlichkeit war. „Ich bin oft überrascht, wenn ich in einer Frauengruppe bin und die Frauen sagen: ‚Du bist damals Handelsschule gegangen, du hast damals einen Beruf gehabt?‘ Man hat sich schon bemühen müssen, um das machen zu können. Ich hätte auch sehr früh heiraten können, ich war ganz ein nettes Mädchen, habe schon mit 18 den ersten Heiratsantrag bekommen. Aber da hab ich gedacht, um Gottes willen, ich kann mich ja gar nicht weiterentwickeln, wenn ich jetzt heirate.“[10] Wie wenig selbstverständlich Henriette Rieders Schullaufbahn war, wird auch dadurch deutlich, dass sie als Einzige in ihrer Handelsschulklasse aus einer Arbeiterfamilie stammte. Alle anderen waren Töchter von Geschäftsleuten.

Im Zusammenhang mit Bildungs- und Berufsmöglichkeiten von Frauen verweist Henriette Rieder auf die frauenpolitischen Reformen der SPÖ und auf Johanna Dohnal, die erste österreichische Staatsekretärin für Frauenfragen und spätere Frauenministerin. „Ich hab als Frau so viel profitiert durch die sozialistische Partei, z.B. dass man einfach Ausbildungen machen konnte, oder auch, dass man Karenzgeld bekommen hat. Da kam so viel, was heute ganz vergessen ist. Das war das erste Mal für die Frauen. Das rechne ich ihnen einfach hoch an.“[11] Es war unter anderem Johanna Dohnal zu verdanken, dass die SPÖ zu einer Partei wurde, die sich für Fraueninteressen einsetzte. Sie vertrat mit Weitblick und Durchsetzungskraft eine emanzipatorische Frauenpolitik. Dabei arrangierte sie sich nicht mit den Verhältnissen. Ihr zentrales Anliegen war die eigenständige Existenzsicherung für Frauen. „Nur wer im Stande ist, selbst für seinen Lebensunterhalt zu sorgen, so betonte sie immer wieder, ist unabhängig und kann seine Lebensform frei wählen.“[12] Johanna Dohnal war in der SPÖ nicht unumstritten, denn auch in ihrer eigenen Partei war sie unbequem – eine, die „100 verlangen [musste], um 10 zu bekommen“.[13] „Auch sozialistische Männer sind Männer. Sie lieben die Ordnung, die ihnen jemand anderer schafft“[14], so Johanna Dohnal 1994. Für Henriette Rieder ist Johanna Dohnal „eine ganz tolle Frau. Also die hat wirklich viel auf die Füße gestellt für Frauen.“[15]

Henriette Rieder selbst verdiente sich ihren ersten Lebensunterhalt im Kolpingheim in Villach, wo sie 1955 mit Büroarbeit begonnen hatte, aber auch für pädagogische Aufgaben eingesetzt wurde. Dabei kristallisierte sich der Wunsch heraus, eine Ausbildung im Sozialbereich zu absolvieren.

Soziale Arbeit mit Jugendlichen als „Eintrittskarte“ ins SOS-Kinderdorf

Gemeinsam mit ihrer Freundin Viktoria Dörfler machte sie sich auf die Suche nach einer Ausbildung für Sozialberufe. Da es in Kärnten kein Angebot gab, entschieden sich die beiden für die „Soziale Frauenschule der Caritas“[16] in Innsbruck. Bevor sie 1962 in diese Schule eintraten, arbeitete Henriette Rieder jedoch noch knapp zweieinhalb Jahre als kaufmännische Angestellte.

Als 27-Jährige zog sie schließlich nach Innsbruck. Nach Beendigung der Ausbildung hatte sie vor, wieder nach Kärnten zurückzukehren. Grund dafür war unter anderem ein Stipendium vom Land Kärnten, das mit der Auflage verbunden war, nach Abschluss der Ausbildung fünf Jahre als Fürsorgerin an einem Kärntner Bezirksjugendamt zu arbeiten.[17] Parallel zu ihrer Ausbildung in Innsbruck verdiente sie sich zusätzliches Geld als Erzieherin im Caritasheim der Scheuchenstuel'schen Stiftung[18]. In dem Mädchenhaus für ungefähr 50 Schülerinnen war sie für eine Gruppe von 30 Mädchen zuständig. „Das war eine Zeit, wo ich sehr viel lernen konnte, besonders von der wunderbaren Heimleiterin Paula Jungmann."[19]

In dieser Zeit stellte Helga Jarnig, eine ehemalige Schulassistentin der Sozialen Frauenschule und erste Leiterin der Heilpädagogischen Station von SOS-Kinderdorf in der Hinterbrühl, den Kontakt zwischen ihr und Hermann Gmeiner her: „Gmeiner hat zu ihr gesagt, er träumt davon, einmal ein Mädchenheim zu eröffnen. Er hat gesehen, dass es für eine SOS-Kinderdorf-Mutter bei acht bis neun Kindern nicht leicht war, den Bedürfnissen von pubertierenden Mädchen gerecht zu werden. Außerdem hat es in Imst noch nicht alle Ausbildungen [für Mädchen] gegeben. Deshalb wollte er ein Mädchenheim haben. Da hat Helga Jarnig zu ihm gesagt, sie weiß jemanden."[20] Auf Grund dieser Empfehlung wurde Henriette Rieder von Hermann Gmeiner zu einem Vorstellungstermin eingeladen. Sie erinnert sich an diese erste Begegnung mit ihm am 3. Jänner 1964: „Das war um halb acht in der Früh, in der Stafflerstraße. Dort hatten wir unser erstes Gespräch. Hermann Gmeiner sagte, er könne sich vorstellen, dass ich die Aufgabe übernehme. Ich soll gleich mit der Schule aufhören und ins Kinderdorf kommen. [...] Ich erlebte Hermann Gmeiner als einen Menschen mit einer hohen charismatischen Ausstrahlung. Eine ganz besondere Wirkung ging von seinen Augen, seinen Händen und von seiner Stimme aus."[21]

Koedukation bei SOS-Kinderdorf: aber nicht „bis zum Exzess"[22]

Henriette Rieder wurde angeboten, eine innovative Mädcheneinrichtung mitzukonzipieren und zu leiten. Hinsichtlich der gemeinsamen Erziehung von Burschen und Mädchen ging SOS-Kinderdorf Ende der 1940er Jahre für die damaligen Verhältnisse in Tirol und speziell in der Fremdunterbringung überaus moderne und fortschrittliche Wege. Denn mit dem Prinzip der Geschwisterlichkeit wurden entgegen der Praktiken in der staatlichen Fürsorge leibliche Geschwister nicht getrennt und keine geschlechtshomogenen Gruppen gebildet. Mädchen und Buben wuchsen in koedukativ geführten großfamilienähnlichen Gruppen auf.[23]

Die Koedukation hatte aber auch bei Hermann Gmeiner Grenzen.[24] Diese kristallisierten sich spätestens dann heraus, als das ursprüngliche Konzept, Kinder nur bis zum 14. Lebensjahr zu betreuen, bereits nach wenigen Jahren erweitert wurde.[25] Mit dieser Erweiterung des Konzeptes auf das Jugendalter verwies Hermann Gmeiner auf die, seiner Ansicht nach, notwendige Grenzziehung zwischen den Geschlechtern im SOS-Kinderdorf.[26] Das „Zusammenleben von Jugendlichen beiderlei Geschlechts unter einem Dach nach Eintritt in die Pubertät [ist] nicht mehr zu verantworten“, denn dies zöge mannigfache Gefahren nach sich.[27] Eine Auseinandersetzung mit Geschlechtlichkeit und Sexualität fand im SOS-Kinderdorf lange Zeit nicht statt. Vielmehr wurden diese Themen wie in den meisten Tiroler Familien ausgespart und tabuisiert.[28]

Um nun diesen „mannigfachen Gefahren“ zu begegnen und die Jugendlichen im Übergang zum Erwachsenenleben zu unterstützen, wurden vorerst organisatorische Lösungen gefunden. Diese orientierten sich an den traditionellen Rollenmustern. So wurden die männlichen Jugendlichen in Jugendhäusern in der Nähe einer großen Stadt betreut, wo sie ein breiteres Spektrum an Ausbildungsmöglichkeiten vorfanden. Das erste Jugendhaus wurde 1955 in Egerdach in Innsbruck eröffnet. Mädchen hingegen sollten nach Abschluss der Pflichtschulzeit in der Kinderdorffamilie bleiben. Sie sollten unter anderem die Kinderdorfmutter unterstützen und so entsprechend der traditionellen Rollenverteilung auch auf ihre Rolle als (Haus-) Frau und Mutter vorbereitet werden.[29] Gleichzeitig waren für sie Aktivitäten außerhalb des Dorfes sehr rar, im Gegensatz zu den Burschen. Henriette Rieder erinnert sich, dass Mädchen „wenig Gewicht“[30] im SOS-Kinderdorf hatten. „Mädchen bekamen kaum Sportgeräte. In die Buben hat man mehr investiert. Das war einfach noch so das Bild damals. Das Mädchen hat stopfen und nähen müssen, aber wenig andere Dinge tun dürfen.“[31]

Henriette Rieder, der (Frauen-)Bildung ein großer Wert ist, erzählt, dass bei ihrem Beginn bei SOS-Kinderdorf die beruflichen Perspektiven für die Mädchen eher trist waren.[32] Nur besonders Begabte durften eine weiterführende schulische Ausbildung absolvieren, der Großteil musste allerdings nach der Pflichtschule in Imster Haushalten arbeiten. Zweifelsohne war die Auswahl an Schulen und Lehrstellen in der kleinen Bezirkshauptstadt Imst begrenzt. Deshalb stellte der Vorstand von SOS-Kinderdorf bereits 1956 fest, dass die Errichtung eines Mädchenheimes dringend notwendig wäre. Da in Imst aber eine Fachschule errichtet wurde, die den Mädchen ermöglichte, weiterhin im Dorf zu wohnen, stellte Gmeiner dieses Vorhaben zurück. Erst in den 1960er Jahren griff er die Idee wieder auf. Ein Grund dafür war das steigende weibliche Bildungsbewusstsein, ein anderer, dass auch Mädchen in der Pubertät eine Herausforderung für ihre SOS-Kinderdorf-Mütter wurden.[33]

Beendigung der Ausbildung und Übergangszeit

Henriette Rieder sollte für diese Mädchen ein passendes Angebot entwickeln, und das am besten sofort, so Gmeiners Vorschlag. So verlockend dieses Angebot war, die 28-Jährige wollte es in dieser Form nicht annehmen. Nur noch ein halbes Jahr trennte sie von ihrer Diplomierung, und so dachte sie nicht an einen Abbruch. Außerdem hatte sie nach Abschluss der Ausbildung jene Dienstverpflichtung zu erfüllen, die mit dem Stipendium der Kärntner Landesregierung verbunden war.

Doch Hermann Gmeiner wollte Henriette Rieder unbedingt als Leiterin des Mädchenheims gewinnen und auch Henriette Rieder selbst war sehr interessiert. Das hatte vor allem mit dem Arbeitsfeld zu tun, denn sie wollte sich nach ihrer

Ausbildung auf jeden Fall eine Stelle im Jugendbereich suchen. SOS-Kinderdorf war ihr seit ihrer Arbeit im Caritasheim der Scheuchenstuel'schen Stiftung ein Begriff, denn in diesem Heim wohnten auch fünf Mädchen aus dem Kinderdorf Imst. „Für diese Mädchen und ihre Bedürfnisse bot dieses Haus zu wenig. Das habe ich erkannt. Die hätten mehr gebraucht. [...] Als ich das Angebot bekam, hab ich mir gedacht, dieses Stück ‚mehr', das sie brauchen, könnte man in einem eigenen Mädchenhaus verwirklichen."[34] So vereinbarte sie mit Gmeiner am 13. Jänner 1964, dass sie mit März 1965 vom SOS-Kinderdorf Hauptverein als Leiterin des Mädchenheimes angestellt werden sollte.[35]

In der Zeit zwischen Jänner 1964 und März 1965 diplomierte Henriette Rieder und arbeitete bis Oktober 1964 weiterhin als Erzieherin im Mädchenheim der Scheuchenstuel'schen Stiftung. Von November 1964 bis März 1965 erfüllte sie als Karenzvertretung am Bezirksjugendamt Völkermarkt einen Teil ihrer Verpflichtung gegenüber der Kärntner Landesregierung. Für die restliche Zeit „kaufte" SOS-Kinderdorf sie „frei", indem der Verein die Rückzahlung des Stipendiums übernahm.[36]

Mit 1. April 1965 wurde die Sozialarbeiterin als Mädchenheimleiterin angestellt. Es war vorhersehbar, dass das Haus, in welches das Mädchenheim „einziehen" sollte, zu diesem Zeitpunkt noch nicht fertig gestellt sein würde. Deshalb vereinbarte man bereits 1964, dass sie vorerst andernorts bei SOS-Kinderdorf eingesetzt werden sollte. So arbeitete sie sechs Wochen als Erzieherin an der Heilpädagogischen Station bei Helga Jarnig. Anschließend war sie als Erzieherin im Ferienlager Caldonazzo[37] inklusive der dortigen Vor- und Nacharbeiten beschäftigt. Von September 1965 bis März 1966 besuchte Henriette Rieder in Wien den Fachkurs für „Vertiefte Einzelhilfe". Mit dabei war auch ihre Freundin Viktoria Dörfler, die nach Absolvierung der Sozialen Frauenschule wieder nach Kärnten zurückgekehrt und dort „Oberfürsorgerin" war. „Wir waren sieben Monate in Wien und haben eine fantastische tiefenpsychologische Ausbildung bekommen."[38] Anschließend absolvierte Henriette Rieder noch ein Praktikum im SOS-Jugendhaus Egerdach, wo sie eine Gruppe mit 20 Burschen leitete. Parallel dazu galt es nun, das Mädchenheim fertig zu stellen. „Ich hatte wirklich freie Hand zum Einrichten. Ich bin dann in die Kinderdörfer gefahren. Dort habe ich geschaut, welche Mädchen für das Mädchenheim vorgesehen waren, und habe Kontakt aufgenommen. Die Mädchen sind bereits vor ihrem Umzug immer wieder ins Mädchenheim gekommen und haben es entsprechend ihren Wünschen mitgestaltet."[39]

Das Mädchenheim: „Der schönste Teil in meiner Berufstätigkeit"

Das Mädchenheim in Innsbruck sollte nicht nur die erste Wohngemeinschaft für Mädchen innerhalb von SOS-Kinderdorf werden, auch außerhalb gab es nichts Vergleichbares. In Tirol gab es für Mädchen beispielsweise das Landeserziehungsheim St. Martin in Schwaz. Dieses war durchwegs überfüllt, auf eine Erzieherin kamen mindestens 50 Mädchen. Karzerstrafen und die Ausbeutung der Mädchen als Arbeitskräfte waren nur einige der Praktiken dort.[40] Henriette Rieder erinnert sich: „Ich bin gut eingeschult worden. Sie haben mich überall hin geschickt, wo es damals Heimerziehung gegeben hat."[41] Auch wenn sie das Mädchenheim anders aufziehen würde, so war es doch „ganz interessant gewesen, verschiedene Einrichtungen auch kennen zu lernen."[42]

Wohnen „bei Frau Penker"[43]

Im Juli 1966 kamen schließlich die ersten 15 Mädchen aus den verschiedensten SOS-Kinderdörfern ins Mädchenheim in der Innsbrucker Blasius-Hueber-Straße. Aber nicht nur die Mädchen, sondern auch Henriette Rieder zog dort ein. Sie hatte hinter ihrem Büro ein kleines Zimmer und war so beinahe rund um die Uhr „hautnah" am Alltagsgeschehen im Mädchenheim beteiligt: „Auch wenn ich frei hatte, habe ich in meinem Zimmer das Kichern und Lachen der Mädchen gehört. [...] Diese Nähe hatte eine besondere Qualität. Denn dort, wo man selber wohnt, da schaut man wirklich auf Wohnqualität. Man möchte ja nicht irgendwo wohnen, wo es verwahrlost ist. Also ich hab' das gleiche Interesse gehabt wie die Mädchen, dass das Wohnen im Haus schön sein soll, weil es ihr und mein Daheim war."[44] Wie es Hermann Gmeiners Anliegen war, war es kaum ersichtlich, dass die Mädchen in einer „Institution" lebten. Vielmehr wohnten sie „einfach" „bei Frau Penker": „Sie haben sich auch am Telefon ‚bei Penker' gemeldet."[45]

Allein von der Lage und den Räumlichkeiten her wies es zu den übrigen Heimen und zum SOS-Jugendhaus bereits eine Besonderheit auf. Es wurde dafür kein Haus abgeschieden und außerhalb von Wohngebieten gebaut oder gekauft. Vielmehr bestand das Mädchenheim aus zwei adaptierten Stockwerken in einem privaten Wohnhaus mitten in Innsbruck. „Wir waren damals wirklich sensationell. Wir hatten zwei Stockwerke in einem Wohnhaus, mit Nachbarn, mit einem Kino gleich vis-a-vis und mit einem Caféhaus im Parterre. Sehr viele interessante Besucher aus der österreichischen Soziallandschaft und auch aus vielen SOS-Kinderdörfern der Welt sind zu uns gekommen."[46] Statt einem Speisesaal wie in Erziehungsheimen gab es ein Wohnzimmer, statt Schlafsälen persönlich eingerichtete Zweibettzimmer. Auch ein Telefon durften die Mädchen frei benutzen. Entgegen den Belegszahlen in staatlichen Heimen war das Mädchenheim für 25 Jugendliche konzipiert. Dementsprechend angemessener war der Betreuungsschlüssel, auch wenn dieser für heutige Verhältnisse sehr hoch war. So hatte Henriette Rieder zu Beginn nur eine Mitarbeiterin, später kam eine weitere dazu. Die Frauen waren beinahe rund um die Uhr im Dienst.

WG-Alltag im „Mädchenpensionat"

Henriette Rieder definierte ihre Rolle in dieser Lebens- und Wohngemeinschaft als „sehr vertrauter Erwachsener, der mit den Mädchen einfach so lebt, dass sie das Leben lernen. Es lag dann an ihnen, ob sie das annehmen oder nicht. Der Platz und die Rolle der SOS-Kinderdorf-Mutter sollten unangetastet bleiben."[47] „Annehmen" sollten nicht nur die jungen Frauen, sondern auch die Erzieherinnen, denn das war ein wichtiger Aspekt in Henriette Rieders pädagogischer Haltung und dem daraus abgeleiteten Konzept. Die Erzieherinnen sollten die Mädchen grundsätzlich so annehmen, „wie sie waren" – unter anderem mit ihren Stärken und Schwächen, mit ihrer Geschichte und ihren Herkunftsfamilien. Erst wenn ein Mädchen sich in dieser wertschätzenden Atmosphäre durch die Erzieherinnen angenommen fühlt, kann es „seine manchmal vorhandene Scheinanpassung [ablegen und] sein wie es ist"[48]. Das war die Voraussetzung für eines der zentralen Ziele von Henriette Rieder: Die Mädchen sollten „erkennen, wer sie sind. Wenn die Mädchen mit 15 Jahren gekommen sind, war es sehr wichtig für uns, sie zu ‚entdecken'. Nicht die Äußerlichkeiten und das, was sie gezeigt haben, sondern das, was sie wirklich sind. Wenn das gelungen ist, konnte es ein gutes Miteinander geben"[49].

Ein weiteres zentrales Thema des Alltags im Mädchenheim war das Finden einer passenden Berufsperspektive und der gelingende Übergang in die Arbeitswelt. Dabei wurden im Mädchenheim unterschiedlichste Hilfestellungen angeboten. So galt es beispielsweise, das Durchhaltevermögen und die Frustrationstoleranz zu stärken. „Beim Mittagstisch wurde so manche Lehrstelle gerettet. Wenn sie zum Mittagessen heimkommen sind, haben sie sich ausschimpfen können: ‚Da geh ich nicht mehr hin!' Dann haben wir sie eben am Nachmittag ein Stück des Weges zur Lehrstelle begleitet oder sind ganz mitgegangen. Wäre da niemand da gewesen, wären sie sicher nicht mehr hingegangen. Der Mittagstisch hatte somit hohe pädagogische Qualität. [Letztlich war bei] der größten Zahl der Mädchen [...] ein Abschluss einer Berufsausbildung möglich."[50]

Henriette Rieder legte auch Wert auf eine „klassische, bürgerliche" Mädchenerziehung. „Die Mädchen haben immer gesagt, wenn wir zur Frau Penker kommen, werden wir schön. Das heißt, wir achteten sehr sorgfältig auf die Kleidung, Frisur und was sonst noch notwendig war an Pflege. [...] Es waren wirklich schöne und charmante Mädchen. [...] Wir haben Jazz getanzt, wir haben Ballet getanzt. Wir haben jedes Jahr ein großes Theaterstück aufgeführt, zu dem alle Lehrherren, Lehrer, Mitarbeiter der Bezirkshauptmannschaften und von SOS-Kinderdorf eingeladen waren. Wir hatten einen wunderbaren Chor [...]. Wir sind nach Wien und nach Salzburg ins Theater gefahren. Wir waren reiten und sind jedes Jahr auf Urlaub gefahren. Diese ‚Extras' haben wir uns im Laufe des Jahres mit ‚Heimarbeit' miteinander verdient."[51] Es waren Henriette Rieders eigene Erfahrungen aus Kindheit und Jugend, welche auch die Ausgestaltung des Alltags im Mädchenheim beeinflussten: „Ich wollte den Mädchen all das ermöglichen, was mir wichtig war oder was ich in meiner Jugend gerne gehabt hätte."[52] Es wird deutlich, dass die jungen Frauen im SOS-Mädchenheim von „Frau Penker" wesentlich mehr Angebote an kulturellen, sportlichen oder gesellschaftlichen (Außen-)Aktivitäten hatten als im SOS-Kinderdorf.

Wichtig war der Sozialarbeiterin auch, dass „die Mädchen im Mädchenheim Gastfreundschaft gelernt haben. Wir hatten immer sehr viele Besuche. Ich konnte mir sicher sein, dass die Mädchen Besucher auch dann gut bewirteten und unterhielten, wenn ich einmal nicht im Haus war. Das hat auch das Selbstwertgefühl der

Henriette Rieder (4. v. r.) mit Bewohnerinnen des Mädchenheims und Hermann Gmeiner beim DebütantInnenball 1968

Mädchen gesteigert."[53] Einer der gern gesehenen Gäste war Hermann Gmeiner: „Direktor Gmeiner war viel bei uns und ist mit uns tanzen, auf Bälle oder ins Theater gegangen. Ich weiß noch gut, wie er gekommen ist und gesagt hat: ‚Hoffentlich ist es keine Oper!' Er hat immer eine ganz große Freude mit dieser Einrichtung gehabt und daran, wie wir mit den Mädchen umgegangen sind. […] Hermann Gmeiner hat sich immer gewünscht, mit einer Jugendgruppe auf Urlaub zu fahren. Und so war er einmal drei Wochen mit uns unterwegs."[54]

Das Mädchenheim war auch bekannt für seine kreativen Feste sowie für die Gestaltung von Hochzeits- und Tauffeiern für jene Frauen, die im Mädchenheim gewohnt hatten.[55] In diesem Zusammenhang betont Henriette Rieder auch den Wert der religiösen Erziehung im Mädchenheim. Unterstützt wurden sie und ihre Mitarbeiterinnen dabei vom Pfarrer jener Pfarre, zu der das Mädchenheim gehörte. Josef Wieser „war ein Freund des Hauses"[56].

Vor diesem Hintergrund mag es nicht verwunderlich erscheinen, dass in einem Artikel des Wochenmagazins „profil" aus dem Jahr 1970, in dem Hermann Gmeiner und die SOS-Kinderdörfer kritisch gewürdigt wurden, das Mädchenheim als „eine Art Schweizer Nobelpensionat mit lockerer Heimordnung" bezeichnet wurde. Dieses Heim für Mädchen aus SOS-Kinderdörfern suche „in Europa seinesgleichen. […] Und all dies […] erfolgreich, ohne aufsehenerregende Zwischenfälle und ohne Aufstand der übrigen Mieter."[57] Die Direktorin der Sozialakademie Innsbruck Maria Oberhauser führte 1979 aus, dass das „Experiment" Mädchenheim, das Henriette Rieder konzipiert und verwirklicht hatte, zum Vorbild wurde.[58]

Als Leiterin der Mädchenwohngemeinschaft wurde Henriette Rieder schon bald Mitglied der Dorfkommission[59] von SOS-Kinderdorf. Zu Beginn war sie die einzige Frau in dem Gremium. „Am Anfang war ich noch sehr zurückhaltend und ruhig. Ich wollte zuerst zuhören und lernen. Das war fein für die Männer in der Kommission und sie haben sich gefreut: ‚Schön, dass jetzt auch eine Frau in der Dorfkommission ist!' Später habe ich meine eigenen Standpunkte vertreten. Ich war dann nicht mehr so bequem und das hat die Männer weniger gefreut."[60]

Arbeit mit Angehörigen

„Mir scheint, daß alles, von dem man angenommen hat, daß es schon verarbeitet und geheilt war, wieder aufbricht. Sie sind in diesem Alter von den Fragen beherrscht: Wo komme ich her? Wer bin ich? [...] Sie setzen sich mit der Tatsache auseinander, dass sie Kinder sind, die man verlassen hat, Kinder, über die es einen Akt gibt (der unbedingt entzaubert werden muß)."[61] Bei der Beantwortung dieser Fragen sollten die Mädchen von den BetreuerInnen der Jugendhäuser unterstützt werden. Eine Form der Unterstützung war die Zusammenarbeit mit den Eltern der Mädchen. „Ich hab immer gedacht, der Mensch hat Vergangenheit, Gegenwart und Zukunft. [...] Ich gehör mit Renate Wetjen auch zu den Menschen, die im Kinderdorf sehr stark für die Zusammenarbeit mit den Eltern eingetreten sind."[62] SOS-Kinderdorf war den leiblichen Eltern gegenüber lange Zeit skeptisch eingestellt. In der ersten Hälfte der 1960er Jahre finden sich „Hinweise darauf, dass der Kontakt zwischen SOS-Kinderdorf-Kindern und deren Eltern schon sehr früh in der Geschichte des SOS-Kinderdorfes als problematisch erlebt wurde"[63]: „Ausgehend von der Tatsache, dass ein großer Teil der Eltern und sonstigen Angehörigen unserer Kinder charakterlich minderwertige Menschen sind", wurde noch beim Internationalen Pädagogischen Kongress der SOS-Kinderdörfer 1962 gefordert, die Kinder um jeden Preis von ihren Angehörigen abzuschirmen, um sie vor deren schlechten Einflüssen zu schützen.[64] Die Erziehungsberechtigten hatten auch eine Verpflichtungserklärung zu unterzeichen, der zufolge sie das Kind bis zur Erreichung der Volljährigkeit SOS anvertrauen und auf jeglichen erzieherischen Einfluss verzichteten.[65] Bereits 1964 äußerte aber Fritz Haider auf Grund seiner Erfahrungen als Dorfleiter des SOS-Kinderdorfes Hinterbrühl sein Unbehagen an dieser Praxis.[66]

In diesem Zusammenhang betont Henriette Rieder, dass „wir alle aber erkannt und gelernt haben, wie wichtig die Zusammenarbeit mit den Eltern für die Kinder und für das SOS-Kinderdorf ist. Heute versteht sich das SOS-Kinderdorf als ‚stellvertretend' für die Eltern."[67] Als Sozialarbeiterin hatte sie bereits bei ihrem Praktikum im Zuge des Fachkurses für „Vertiefte Einzelhilfe", das sie an das Institut für Erziehungshilfe geführt hatte, von der Bedeutung der Zusammenarbeit mit den Herkunftseltern erfahren. „Das war mir ein ganz großes Anliegen, schon von meinem Verständnis und auch von meiner Ausbildung her. Wir haben begonnen, Eltern ausfindig zu machen. [...] Wir haben einige Eltern gefunden und sind, wo es möglich war, mit den Mädchen hingefahren. Es waren manchmal schlimme Verhältnisse, aber trotzdem, die Mädchen haben die Situation gesehen und waren beruhigt."[68] Ebenso konnten Eltern die jungen Frauen aber auch im Mädchenheim besuchen.

Henriette Rieder und Renate Wetjen[69] engagierten auch die ersten ReferentInnen zum Thema Elternarbeit für eine pädagogische Tagung von SOS-Kinderdorf. Ihre Haltung den leiblichen Eltern gegenüber begründet sie damit, dass „ich mir gedacht habe, wenn mein Leben anders verlaufen wäre, hätte es mir genauso gehen können. Es hätte unter anderen Umständen auch mir passieren können, dass ich mit zwanzig Jahren drei Kinder habe, der Vater weg und kein Geld da ist. Man hat einfach auch Glück gehabt im Leben“[70].

„Nicht nur heile Welt“

„Es waren auch schwere Zeiten dabei, das ist klar. Das Warten auf Mädchen, die nicht heimkommen, das Suchengehen … Es ist eigentlich alles passiert, was passieren kann bei jungen Menschen. Manches Mal haben wir gesagt, jetzt gibt es nichts mehr Neues. Aber es hat wieder etwas Neues gegeben. Das ist das Leben bei so vielen jungen Frauen. […] Es waren manchmal auch Sorgen, große Sorgen.“[71] Unterstützend konnte dabei die Gruppe sein, wie Henriette Rieder betont. „Wenn man einen Anteil Mädchen mit Problemen hatte und Mädchen, die stabil sind, dann ist das sehr gut gegangen. Die Mischung der Gruppe war wichtig, die Stärkeren stützten die Schwächeren.“[72] Deshalb käme der Gruppenzusammenstellung und der sorgfältigen Planung derselben eine große Bedeutung zu.[73]

Auch die gesellschaftlichen Veränderungen während der 17 Jahre, in denen Henriette Rieder das Mädchenheim leitete und in denen sie dabei 110 Mädchen begleitete, machten vor „ihrer“ Haustüre nicht halt. „Man hat sich der Zeit angepasst. Die Ausgänge waren dann schon in früheren Jahren möglich. […] Es ist alles ein bisschen freier geworden. Wie wir angefangen haben, wäre es unmöglich gewesen, dass eine 17-Jährige über Nacht mit Bewilligung ausbleibt und beim Freund übernachtet. Das war dann sehr viel später möglich. Ich weiß nicht, was das Kinderdorf mit mir getan hätte, wenn ich das erlaubt hätte. Aber es war auch in Familien nicht üblich.“[74]

In diesem Zusammenhang wurde auch Sexualerziehung ein Thema. Lange Zeit im SOS-Kinderdorf tabuisiert, benannte Henriette Rieder 1976 in einem Rückblick auf die ersten zehn Jahre Mädchenheimarbeit das „große Interesse [der Mädchen] für das andere Geschlecht. Hier ist ein großes Gebiet für den Erzieher, um Gespräche zu führen, Aufklärung und Hilfe zu geben. Man merkt deutlich, dass sie sehr wenig Gelegenheit hatten, einen Mann (im Sinne von Vater) unmittelbar zu erleben.“[75] Weiters führte sie aus, dass einige Mädchen „wenig gerüstet für erste Bekanntschaften“ sind und so sehr oft „kritiklos Bekanntschaften gemacht und sehr schnell Zärtlichkeiten ausgetauscht“ werden. „[…] und wir sollten uns nichts vormachen im Hinblick auf die oft rasche Bereitschaft zum Intimverkehr.“[76] Auch wenn dieses „Erfahrungen machen“ den ErzieherInnen oft „viel Kummer“ bereitete, betonte Rieder, dass mithilfe dieser Erfahrungen und mit vielen Gesprächen und Offenheit „viel aufgearbeitet werden kann. […] ‚Nur-Verbote‘ haben uns noch keinen Erfolg gebracht, wohl aber Begrenzungen. Wichtig ist es, den Mädchen Vertrauen entgegen zu bringen.“[77]

Da Henriette Rieder selbst im Mädchenheim wohnte, konnten die Mädchen sich auch an ihrem Umgang mit „dem anderen Geschlecht“ und mit Partnerschaft orientieren.

Henriette Rieders eigene „Kinderdorffamilie“

Durch die (zeit)intensive Arbeit war die Zeit für ein Privatleben für Henriette Rieder dementsprechend knapp bemessen. „Ein bisschen Zeit zum Flirten und zum Ausgehen bleibt schon. Aber für eine Partnerschaft, um sich wirklich kennen zu lernen, das ist wirklich schwer, da man nur sehr wenig Zeit gehabt hat. Aber ich habe immer Verehrer gehabt, mit denen ich ausgegangen bin, und das habe ich nie vor den Mädchen versteckt. Wenn ich frei hatte und ausgegangen bin, konnte es sein, dass eines unserer Mädchen mit ihrem Freund heimgekommen ist und wir uns vor der Haustüre getroffen haben. Das war ganz natürlich. Beide haben wir uns von unseren Begleitern verabschiedet und sind mit dem Lift in den 5. Stock gefahren.“[78]

Als für das Mädchenheim ein neuer Chorleiter gesucht wurde, meldete sich der Theologiestudent Alfred Rieder. „Er hat dann einen tollen Chor aufgebaut und war gut integriert im Haus. Ich habe immer gemeint, er ist ein Pfarrer.“[79] Dem war nicht so, die Mädchenheimleiterin und der Student kamen sich näher, und so heirateten Henriette Penker und Alfred Rieder 1973. „Furchtbar für das Kinderdorf, weil die gedacht haben, ich bin schon jenseits von Gut und Böse. Gmeiner war sowieso ganz dagegen. Er hat es nie gerne mögen, wenn jemand heiratete, weil er dadurch immer etwas verloren hat. Er war übrigens mein Trauzeuge.“[80]

So „furchtbar“ war es für das Kinderdorf dann doch nicht, denn Henriette Rieder arbeitete und wohnte weiterhin im Mädchenheim, das Ehepaar hatte sich zusätzlich eine Garconniere im selben Haus gemietet. Die Situation änderte sich auch kaum, als 1975 ihr Sohn Florian zur Welt kam. Nur in den ersten Monaten

Henriette Rieder

reduzierte Henriette Rieder ihre Arbeitsstunden. Die Vereinbarkeit von Beruf und Familie gelang ihr mit der Unterstützung ihres Mannes und von Bewohnerinnen des Mädchenheims. Außerdem konnte sie sich in der ersten Zeit auch während der Arbeitszeit um ihren Sohn kümmern.

Ende der 1970er Jahre, Anfang der 1980er Jahre veränderte sich Gravierendes im Leben von Henriette Rieder. Ihr Mann, der bereits im Sozialpädagogischen Institut von SOS-Kinderdorf angestellt war, begann 1979 als Dorfleiter im SOS-Kinderdorf Dornbirn in Vorarlberg zu arbeiten. 1980 zog sie, nachdem sie 14 Jahre im Mädchenheim gewohnt hatte, mit ihrer Familie in eine größere Wohnung am anderen Stadtende von Innsbruck. Zwei Jahre blieb Henriette Rieder noch in Innsbruck und arbeitete im Mädchenheim. Dann traf die 47-Jährige eine Entscheidung, die ihr sehr schwer fiel, denn für sie war die Zeit in „ihrem" Mädchenheim der schönste Teil ihres Berufslebens.[81]

Vereinbarkeit von Beruf und Familie

„Ich bin meinem Mann zwei Jahre später gefolgt, wie es sich für eine gute Frau gehört, laut Hellinger"[82], erzählt Henriette Rieder schmunzelnd. Ausschlagende Gründe dafür waren die Überlegungen, ob sie diese Arbeit bis zur Pensionierung machen bzw. ob sie überhaupt weiter arbeiten wollte. Gleichzeitig hatte sie das Gefühl, dass ihr Mann bis zur Pensionierung Dorfleiter bleiben würde. Wenn sie Bert Hellinger[83] zitiert, dann in dem Sinn, „dass es vielleicht doch nicht schlecht ist, wenn die Frau einfach mitzieht."[84] Gleichzeitig hatte sie aber auch „furchtbare Angst vor dem Dorf. Ich hab mir gedacht, mein Gott, da wird alles so geordnet sein, und ich werde nicht so eine gute Hausfrau sein, und berufstätig bin ich auch noch, und solche Fantasien habe ich gehabt. Ist aber alles nicht eingetroffen. Ich war dann sehr, sehr gerne im Dorf."[85]

Der Umzug nach Vorarlberg bedeutete letztlich doch nicht das Ende ihrer Berufstätigkeit. Im November 1982 wechselte sie an das Sozialpädagogische Institut von SOS-Kinderdorf, wo sie bis 1986 blieb. Dort beriet und begleitete sie die Jugendhäuser von SOS-Kinderdorf im Rahmen der „Fachaufsicht". Zudem begleitete die ausgebildete Supervisorin auf deren Wunsch JugendhausleiterInnen. Henriette Rieder zählt zu den ersten in Österreich ausgebildeten Supervisorinnen. „Supervision war damals bei uns noch ganz neu und kam aus Amerika. Ich habe von 1981 bis 1983 den ersten ‚Allgemeinen Hochschullehrgang für Supervision' an der Uni Salzburg und Wien absolviert."[86]

Henriette Rieder war immer eine berufstätige Mutter. Das sprach sie auch mit ihrem Sohn ab. „Ich hab gesagt, Florian, du weißt, ich mach meine Arbeit gern, aber wenn es für dich jetzt so ist, dass du sagst … ‚Ach Mama bleib weiter Demokratin', hat er gesagt. Das hat er immer mit Sozialarbeiterin verwechselt. Er ist ein selbstständiger Bub geworden."[87] Das private soziale Netz und die Arbeit des Ehepaares Rieder bei SOS-Kinderdorf waren dabei hilfreich. „Wenn ich weg war, war seine viel geliebte Oma da. Der Vater war immer erreichbar für ihn. Und am Nachmittag ist er sowieso spielen gegangen. Er war auch immer in den Häusern der Kinderdorffamilien, wo er seine Freunde gehabt hat. […] Da haben die Mütter immer gesagt, mein Gott, sind wir froh, dass ihr nicht so ein Kind habt, der alles mit Vorzug macht und den ganzen Tag Klavier spielt, sondern der auch hinausgeht und was anstellt. Und er war gut integriert."[88]

Mit Frauen arbeiten

Henriette Rieder sollte ihr Arbeitsfeld bei SOS-Kinderdorf noch ändern und erweitern. Als roter Faden zieht sich die Arbeit mit und die Begleitung von Frauen durch. Von Erika Gottlieb übernahm sie die Leitung der „Mütterwerbung", die sie zehn Jahre lang innehatte.[89] „Wir, Heidi Borutta und ich, haben auch die Mütter vom Erstgespräch, während dem ganzen Praktikum, in der Mütterschule und noch drei Jahre nach der Mütterschule persönlich und in Seminaren begleitet. So ein Erstgespräch war schon etwas ganz Besonderes und hat auch sehr verbunden. Sehr oft war es auch eine Lebensberatung, wo Frauen erkannt haben, dass sie nicht Kinderdorfmutter werden können, aber das Gefühl hatten, dass ihnen sehr geholfen wurde. […] Als Ergebnis unserer Arbeit wurden innerhalb von zehn Jahren 70 Frauen als SOS-Kinderdorf-Mütter angestellt."[90]

Die Beratung und Begleitung von Frauen war auch der Grund für den Aufbau und die Durchführung von Frauenseminaren, die Henriette Rieder 1991 begann. „Angefangen hat es mit den Wechseljahren. Viele Frauen haben gespürt, dass es ihnen nicht so gut geht. […] Das war eine Zeit, wo es den Frauen auch in der Arbeit manches Mal zu viel geworden ist. Wenn man aber weiß, warum das so ist, kann man in dieser Zeit ein bisschen reduzieren. Später haben sie gesagt: ‚Wir könnten wieder neu anfangen.' So viel Energie war wieder da."[91]

Henriette Rieder, die junge Mädchen ins Erwachsenenleben und Frauen in ein Leben als SOS-Kinderdorf-Mutter begleitet hatte, arbeitete nun mit Frauen während ihrer Veränderungsprozesse in der Lebensmitte und gegen Ende ihrer Berufstätigkeit. Dafür absolvierte sie unter anderem den Lehrgang „Frauen, die mit Frauen arbeiten wollen" in Innsbruck und eine „Wechseljahr-Seminar-Ausbildung" bei der Schweizer Psychologin, Psychotherapeutin und Autorin Julia Onken an dem von ihr gegründeten Frauenseminar Bodensee.[92] In der Folge bot sie Wechseljahrseminare, Seminare zum Thema „Älter werden im Beruf", „Gespräche zwischen den Generationen" und „Pensionsgespräche" an. „Und dann haben wir die Erfahrung gemacht, dass die Pensionierung der Mütter im Kinderdorf nicht immer gut gelaufen ist. Entweder mussten sie zu schnell aus dem Haus raus oder hatten zu wenig Unterstützung. Man muss sich vorstellen, was das für ein Abschnitt ist. Sie geht ja von ihrem Leben dort weg. Deshalb haben wir begonnen, Pensionsseminare zu veranstalten, die Frauen sehr zu bestärken und herauszuarbeiten, was für sie noch notwendig ist. Die Frauenseminare sind aus den Bedürfnissen der Frauen entstanden. Das Interesse dafür war groß."[93]

Am 1. Jänner 1996 ging Henriette Rieder selbst in Pension. Als auch ihr Mann Alfred Rieder mit 1. März 2002 in den Ruhestand ging, waren die beiden – wie zuvor die SOS-Kinderdorf-Mütter in den Pensionsseminaren – unter anderem damit konfrontiert, dass sie aus ihrer Wohnung im SOS-Kinderdorf Dornbirn ausziehen mussten. Nach 23 Jahren sollte ein neuer Dorfleiter einziehen. Wie bei anderen PionierInnen, für die SOS-Kinderdorf wesentlich mehr als eine Arbeitsstelle war, bedeutete dieser Übergang eine schmerzliche Phase im Leben von Henriette Rieder. Heute resümiert sie über diesen Lebensabschnitt, in dem Beruf und Privatleben so eng miteinander verflochten waren: „Es war mein Leben, unser Leben, das der ganzen Familie. Als Job hab ich es nie gesehen. Es war ein reiches Leben, ein Leben voller Leben. Es wird sicher manches andere zu kurz gekommen sein deswegen. Aber wir haben das gar nicht gespürt. Die Entscheidung war die richtige. Ich hab das, was ich getan habe, sehr gerne getan. Und ich würde es auch noch einmal so machen. [...] Dass ich meine Aufgabe 31 Jahre im SOS-Kinderdorf erfüllen konnte, verdanke ich vor allem meiner Familie und meinen Weggefährten, die mich begleitet und unterstützt haben."[94]

Anmerkungen

1 Rieder, 1985, S.10-15
2 Interview mit Henriette Rieder, 11. September 2003. Die Zitate wurden nach zwei Gesprächen mit Henriette Rieder zum Teil ergänzt und der Schriftsprache angepasst.
3 Ebd.
4 Ebd.
5 Ebd.
6 Ebd.
7 Ebd.
8 Ebd.
9 Ebd.
10 Ebd.
11 Ebd.
12 Luftensteiner, 2005, S.26. Johanna Dohnal zeichnet für eine Vielfalt von Verbesserungen der Lebenswelt von Frauen verantwortlich. Zu ihren Arbeitsfeldern zählten unter anderem der Gewaltschutz (inkl. der Errichtung von Frauenhäusern), Gleichbehandlung, Frauenförderung, Quotenregelung und Elternkarenz. Vgl. www.johanna-dohnal.at, Stand: 20.03.2006
13 Johanna Dohnal, zit. n. Luftensteiner, 2005, S.26
14 Johanna Dohnal, profil 34/1994; auf: http://www.johanna-dohnal.at/online/page.php?P=18704, Stand: 22.03.2006. „Die Männerquote bei den Parteivorsitzenden in Bund und Ländern beträgt satte 100 Prozent. Die Männerquote bei den 572 sozialdemokratischen BürgermeisterInnen beträgt 98,8 Prozent." (Johanna Dohnal, Bundesfrauenkonferenz der SPÖ 1995); auf: http://www.johanna-dohnal.at/online/page.php?P=18704, Stand: 22.03.2006
15 Interview mit Henriette Rieder
16 Die Soziale Frauenschule wurde Mitte der 1970er Jahre in die Akademie für Sozialarbeit umgewandelt; vgl. Steinhauser, ca. 1993, S.193
17 Vgl. Interview mit Henriette Rieder; Fachbereich Pädagogik: Rückblick auf 30 Jahre Leben im SOS-Kinderdorf, Abschiedsfest anlässlich der Pensionierung von Henriette Rieder, 1996
18 Vgl. Interview mit Henriette Rieder. Die Scheuchenstuel'sche Stiftung wurde 1875 von Josephine von Scheuchenstuel gegründet, die sich mit der Umsetzung sozialer Ideen aus der vorgegebenen Rolle als Bürgersgattin emanzipierte. Stiftungszweck war die Erziehung und Ausbildung von Mädchen. Begonnen hatte es in der zweiten Hälfte des 19. Jahrhundert mit der Errichtung eines Waisenhauses für Mädchen in der Innsbrucker Meinhardstraße. Die Mädchen wurden damals „vornehmlich als Dienstboten" ausgebildet. Heute betreibt die Scheuchenstuel'sche Stiftung ein

Schülerinnenheim und die Ganztags-Kinderkrippe „Kindervilla Krahvogel". Vgl. www.scheuchenstuel.com, Stand: 14.03.2006

19 Interview mit Henriette Rieder

20 Ebd.

21 Ebd.

22 Manuskript Hermann Gmeiner, Müttertag 1964 im SOS-Kinderdorf, S.48a./b. HGI, Ordner Materialien Stadelmann, zit. n. Schreiber/Vyslozil, 2001, S.155

23 „Im Zusammenleben von Kindern verschiedenen Alters und Geschlechts sah Gmeiner eine gemeinschaftsbildende Kraft, die es den Buben und Mädchen ermöglichen sollte, ein Gefühl der Geschwisterlichkeit zu entwickeln sowie die Fähigkeit, soziale Bindungen einzugehen und Selbständigkeit und Verantwortung zu tragen. Die Koedukation sollte nach Alter und Geschlecht gesteuert werden, um zu vermeiden, dass gleichaltrige, nicht verwandte ‚Geschwister' verschiedenen Geschlechts miteinander aufwuchsen." Schreiber, o.J., S.18

24 Vgl. ebd.

25 Die Konzepterweiterung ergab sich durch die Erkenntnis, dass Jugendliche in der Pubertät und im Übergang zum Erwachsenwerden Unterstützung über die Kinderdorffamilie hinaus benötigen und deshalb so lange betreut werden sollten, bis sie auf eigenen Füßen standen. Vgl. ebd., S.163

26 Vgl. Gmeiner, 1953, S.38

27 Vgl. Der Kinderdorfbote, 1957; zit. n. Schreiber, o.J., S.18

28 Vgl. Schreiber, o.J., S.18

29 Vgl. Schreiber, o.J., S.163f; Gmeiner, 1953, S.48

30 Interview mit Henriette Rieder

31 Ebd.

32 Vgl. ebd.

33 Vgl. Schreiber, o.J., S.164

34 Interview mit Henriette Rieder

35 Vgl. vertragliches Übereinkommen zwischen Henriette Rieder und Hermann Gmeiner 13.1.1964, Interview mit Henriette Rieder; Fachbereich Pädagogik: Rückblick auf 30 Jahre Leben im SOS-Kinderdorf, Abschiedsfest anlässlich der Pensionierung von Henriette Rieder, 1996

36 Vgl. Interview mit Henriette Rieder; Fachbereich Pädagogik: Rückblick auf 30 Jahre Leben im SOS-Kinderdorf, Abschiedsfest anlässlich der Pensionierung von Henriette Rieder, 1996

37 Vgl. Portrait Imma von Unterrichter

38 Interview mit Henriette Rieder

39 Ebd.

40 Vgl. Kreidl, 2006, S.67ff und Schreiber, o.J., S.8

41 Interview mit Henriette Rieder

42 Ebd.

43 Henriette Rieder hieß ledig Henriette Penker.

44 Interview mit Henriette Rieder

45 Ebd.

46 Ebd.

47 Ebd.

48 Rieder, 1976/77, S.6

49 Interview mit Henriette Rieder

50 Ebd.

51 Ebd.

52 Ebd.

53 Ebd.

54 Ebd.

55 Vgl. Rieder, 1985, S.12

56 Interview mit Henriette Rieder

57 profil, 1970, Nr. 4, S.27f; zit. n. Schreiber/Vyslozil, 2001, S.232

58 Vgl. Oberhauser, 1979, S.16

59 Die Dorfkommission war zuständig für die Kinderaufnahme und allfällige Rückführungen zu Eltern, die Anstellung des pädagogischen Personals (Dorfleiter, Kinderdorfmütter, ErzieherInnen, ...) und

entschied bei Konflikten in den Einrichtungen. Die Dorfkommission wurde 1994 aufgelöst und ihre Aufgaben vom Fachbereich Pädagogik (www.paedagogik.sos-kinderdorf.at) übernommen. Vgl. Interview mit Renate Wetjen

60 Interview mit Henriette Rieder

61 Rieder, 1976/77, S.5

62 Interview mit Henriette Rieder

63 Fuchs/Strasser/Posch, 1995, S.79

64 Vgl. Haider, 1964, S.24

65 Vgl. Schreiber, o.J., S.157

66 Vgl. Haider, 1964, S.24

67 Interview mit Henriette Rieder

68 Ebd.

69 Vgl. Portrait Renate Wetjen

70 Interview mit Henriette Rieder

71 Ebd.

72 Ebd.

73 Vgl. Rieder, 1976/77, S.8

74 Ebd.

75 Ebd., S.9

76 Ebd.

77 Ebd.

78 Interview mit Henriette Rieder

79 Ebd.

80 Ebd.

81 Vgl. ebd.

82 Ebd.

83 Bert Hellinger, den Henriette Rieder aus Seminaren gut kannte, stellt in seinen „aus dem Patriarchat abgeleiteten" „Ordnungen der Liebe" unter anderem folgende „Regel" auf: „Die Paarbeziehung gelingt, wenn die Frau dem Mann folgt. [...] Wenn der Mann der Frau folgt, gibt es Spannungen. [...] es gibt keine erfüllte Beziehung. Die gibt es nur, wenn die Frau dem Mann folgt. Das ist eine Beschreibung dessen, was ich gesehen habe." Hellinger, 1998, S.185

84 Interview mit Henriette Rieder

85 Ebd.

86 Ebd.

87 Ebd.

88 Ebd.

89 Vgl. ebd.; Portrait Erika Gottlieb

90 Interview mit Henriette Rieder

91 Ebd.

92 Onken vermittelt die Wechseljahre einer Frau weniger als Krankheit, die mit Schlagwörtern wie „Alter", „Verlust der Weiblichkeit", „Depressionen", „Hitzewallungen" oder „Hormonmangel" verbunden wird. Vielmehr versteht sie die Wechseljahre „als Auftakt für eine neue schöpferische Lebensphase". Vgl. Onken, 1993

93 Interview mit Henriette Rieder

94 Ebd.

Renate Wetjen (geb. 1941)

Die Frau Doktor und die Geschichte mit den drei Kugeln

> *„Das ist ein Bild, das mir eine sehr aufgeschlossene, gute Kinderdorfmutter mitgegeben hat. Es zeigte drei Kugeln. Die erste Kugel ist ganz ausgefüllt vom Beruf, voll bis oben. Bei der zweiten fährt ein Blitz in die Kugel und signalisiert eine körperlich-seelische Krise und Überforderung. Und dann die dritte Kugel. Sie ist nicht ganz gefüllt, sondern hat eine Luftblase. Das ist der Raum zum Atmen, zum Durchatmen, für das Entdecken und Wahrnehmen eigener, persönlicher Bedürfnisse neben der beruflichen Beanspruchung. Das bedeutet den Beruf so auszuüben, ganz egal, ob ich jetzt im Kinderdorf bin oder selber Familie habe, dass da oben eine Luftblase ist. Wo ich mich regenerieren kann, wieder auftanken kann. Wo ich mich selber finde und mich freuen kann."*[1]

Den Rückblick auf ihre Arbeit bei SOS-Kinderdorf schließt Renate Wetjen mit dem, was sie an Erfahrung weitergeben möchte. Die Botschaft der „Geschichte mit den drei Kugeln" – heute würde sie unter dem Stichwort „Work-Life-Balance" diskutiert werden – ist eines der zentralen Themen jener Frau, die eine bedeutende Rolle bei der pädagogischen Professionalisierung von SOS-Kinderdorf einnahm. Dabei erwarb Renate Wetjen sich den Ruf „als stiller, aber beharrlicher Motor des Wandels"[2]. In ihren Erinnerungen verdeutlicht sie die Faszination, die von einer Organisation ausgeht, die vielfältige Gestaltungsmöglichkeiten und Beziehungsangebote bereitstellt. Ebenso vermittelt sie die „unheimliche Freude"[3] an einer sinnstiftenden und emotional besetzten Arbeit. Die Pädagogin reflektiert aber auch die Herausforderungen, die Soziale Arbeit mit sich bringt. Sie thematisiert das Verhältnis zwischen Nähe und Distanz, Engagement und Abgrenzung, Pädagogik und Geld, Frauen und Männern sowie Arbeit und Privatleben in der „SOS-Kinderdorf-Familie".

„Wir waren eigentlich immer wieder auf der Reise"

Renate Wetjen wurde mitten im Zweiten Weltkrieg, am 30. Juli 1941, als jüngstes von vier Kindern geboren. Immer unterwegs zu sein, „Heimweh" und „das Gespaltene" der Familie sind zentrale Erinnerungen an ihre Kindheit und Jugend. Ihre Mutter Anna Katharina stammte aus Holland und arbeitete als medizinisch-technische Assistentin. Ihr Vater Reinhold, ein gebürtiger Wiener, war Kaufmann in der Wollbranche. Bereits Renate Wetjens Eltern „waren eigentlich immer wieder auf der Reise"[4]. So kamen die erste Tochter in Wien, die zweite in Amsterdam, der Sohn in Berlin und Renate in Bozen zur Welt. Ende des Zweiten Weltkrieges geriet Reinhold Wetjen in Kriegsgefangenschaft, und Anna Wetjen zog 1946 mit den Kindern nach Gufidaun bei Klausen in Südtirol. Dort schulte Renate Wetjen bereits als 5-Jährige ein. Als ihr Vater nach zweieinhalb Jahren frei kam, fand er eine Arbeitsstelle bei einem Freund in Nordtirol. Erst 1948 konnte die Familie ins Zillertal nachziehen. Auf diese Übersiedlung von Süd- nach Nordtirol reagierte die 7-jährige Renate „immer wieder mit ganz großem Heimweh“[5].

Kriegszeit und Nachkriegszeit brachten es mit sich, dass die beiden Schwestern teils Internate besuchten, teils bei den Großeltern in Wien lebten. Als der Arbeitgeber des Vaters seine Firma nach Imst im Tiroler Oberland verlegte, zog auch Reinhold Wetjen dorthin. Um in der Nähe des Vaters zu sein, wechselte der Bruder von Renate Wetjen in eine Schule im Oberland, wo er auch in einem Schülerheim wohnte. Sie selbst und ihre Mutter hingegen blieben in Schlitters im Zillertal. „Das war immer das Gespaltene. […] Wir Geschwister sind immer wieder auseinander gerissen worden. Wir haben uns erst Jahre später besser kennen gelernt.“[6]

Renate Wetjen absolvierte von 1948 bis 1950 die Volksschule und schulte als 9-Jährige in der Hauptschule Jenbach ein. Im Anschluss daran besuchte sie von 1954 bis 1955 das Bundesrealgymnasium in Innsbruck. Ab dieser Zeit lebte sie hauptsächlich in Innsbruck, wo sie die ersten vier Jahre in einem Schülerinnenheim wohnte. Ihr Bildungsweg hatte Auswirkungen auf ihre Eingebundenheit im Dorf: „Dass ich als eine der ganz wenigen aus dieser Dorfschule in die Hauptschule gefahren bin, also Fahrschülerin war, dass ich dann eine weiterführende Schule in der Stadt besucht habe, also in dem Schülerheim untergebracht sein musste, das hat mich herausgehoben aus dem Standard der Freundinnen oder der anderen Kinder. […] Also immer wieder ein Stück weit Außenseiter.“[7]

Der Ausbildungsweg des „Fräulein Doktor“

„Ich wollte eigentlich Erzieherin werden, aber das war damals kein Beruf, das ging über die Lehrerausbildung. Erzieher waren damals eigentlich eher unausgebildet.“[8] Da es in den 1950er Jahren in Österreich noch keine gesetzlich geregelte, qualifizierte ErzieherInnenausbildung gab[9], besuchte die 14-Jährige ab 1955 die fünfjährige BundeslehrerInnenbildungsanstalt in Innsbruck. Während ihrer Ausbildungszeit wohnte sie im Marienheim, das in der Innsbrucker Maximilianstraße Schülerinnen und Studentinnen vom Land billig Unterkunft bot. „Unterkunft war nötig, niemand hatte viel Geld in der Zeit. Auch in diesem Heim wurde natürlich unheimlich gespart.“[10] Renate Wetjen erinnert sich an Zeiten des Hungerns während ihrer Ausbildung, „wo wir von Zimmer zu Zimmer gegangen sind und um ein Stück Brot gebettelt haben.“[11] In dieser Situation half immer wieder die große Schwester aus, die inzwischen als Krankenschwester in Innsbruck arbeitete. Mit der Zeit besserte sie ihr Budget durch Nachhilfestunden und Ferialjobs auf.

Ihre erste Stelle als Volksschullehrerin fand sie 1960 im Zillertal. Nach zwei Jahren wechselte sie allerdings nach Innsbruck, wo sie an Volksschulen Religion unterrichtete. Ihre evangelische Religionszugehörigkeit[12] und daraus resultierende Konflikte mit katholischen Dorfbewohnerinnen waren Auslöser für diese Veränderung: „Ich bin damals als Evangelische vom Frauenverein ganz stark angegriffen worden. Sie haben sich immer wieder beim Bezirksschulinspektor dahingehend beschwert, dass sie keine Evangelische haben wollen."[13]

Parallel zu ihrer Arbeit als Volkschullehrerin hatte Renate Wetjen 1960 eine Entscheidung getroffen. Sie hatte damals das Gefühl „ich bin noch nicht fertig. Ich bin viel zu neugierig, einfach vom Anspruch her, ich will weiter machen. Das hat dann weiter zum Studium geführt."[14] Zu Beginn hatte sie Germanistik, Pädagogik und Englisch inskribiert. 1963 entschied sie sich dann für ein Doktoratsstudium in Pädagogik und Psychologie. Die Entscheidung für ein Studium war auch noch 1960 für Frauen keineswegs üblich. Von den 30 Mädchen, die mit Renate Wetjen maturiert hatten, gingen nur zwei weitere an die Universität. Dass es sich hierbei nicht um den sozial erwünschten, „normalen" Lebensentwurf von Frauen handelte, erfuhr sie immer wieder: „Das war symptomatisch: Ich habe von einem Professor zur Promotion ein Gratulationsschreiben bekommen: ‚Ich hätte Ihnen gerne einen anderen Hut als den Doktorhut gewünscht.' Also quasi, dass ich geheiratet und nicht studiert hätte. Das war noch stark da: Die Frau hat zu heiraten und vielleicht Lehrerin zu sein. Aber weiterstudieren und Akademikerin .... Dieses Staunen darüber war noch ein Stück weit da. Ich habe auch immer wieder gehört: ‚Aha, noch Fräulein und schon Frau Doktor!'"[15]

Diese Reaktionen überraschten Renate Wetjen vermutlich umso mehr, da sie Derartiges aus ihrer Familie nicht kannte. Vielmehr unterstützten die Eltern sie in ihrer Entscheidung, diesen Weg zu gehen. „Ich war die Einzige in der Familie, die studiert hat, studieren durfte, konnte. Meine Eltern freuten sich darüber und waren darauf sehr stolz. Sie haben mich dabei auch gefördert. Ich weiß, dass ich einmal mit meinem Vater darüber gesprochen habe, dass man, wenn man Karriere macht und eine höhere Position einnimmt, immer weiter weg von der Basis ist. Man hat also dann wenig Gefühl für die Basis. Damals hat mein Vater mir zur Antwort gegeben: ‚Das stimmt schon, aber je weiter du hinauf kommst, desto mehr kannst du Gutes bewirken, weil du dann Multiplikatorenfunktion hast.' Er hat ganz stark auf Werte, auf Verantwortung hingewiesen. Diesbezüglich habe ich von beiden Elternteilen viel mitbekommen."[16]

Renate Wetjen musste sich ihr Studium selbst finanzieren. Das gelang ihr, indem sie vier Jahre lang parallel zum Studium unterrichtete. Die Notwendigkeit, neben dem Studium zu arbeiten, führte sie 1965 schließlich zu SOS-Kinderdorf. „Ich war auf der Suche nach einem sozialen Job. Ich hatte die Vorstellung, mit kriminellen Jugendlichen zu arbeiten, oder selber Pflegekinder aufzunehmen, wenn eine Partnerschaft da ist. Ich war an sozialen Fragen interessiert, auch an der Behindertenarbeit. Und dann wurde während des Studiums eine stundenweise Stelle für statistische Arbeiten beim SOS-Kinderdorf frei."[17] Um „das Taschengeld aufzubessern [und um] im Sozialbereich einmal drinnen zu sein"[18], bewarb sich Renate Wetjen im Herbst 1965 auf ein Inserat des Wissenschaftlichen Instituts von SOS-Kinderdorf International.

Von der studentischen Hilfskraft zur Leiterin

Das Wissenschaftliche Institut von SOS-Kinderdorf International war erst im Jahr zuvor von Vinzenz Neubauer[19] im Auftrag von Hermann Gmeiner installiert worden.[20] 15 Jahre nachdem die Societas Socialis als innovatives Sozialwerk gegründet worden war, galt es SOS-Kinderdorf weiterzuentwickeln. Ein Ziel des Wissenschaftlichen Instituts war es, die SOS-Kinderdorf-Arbeit empirisch und theoretisch abzusichern und den „nicht fundierten Anschuldigungen“[21] der Fachwelt auf den mutterzentrierten Ansatz von SOS-Kinderdorf zu begegnen. Ein weiteres Ziel war der Anschluss an die wissenschaftliche Fachwelt.[22] Und so zählte es zu den Aufgaben des Wissenschaftlichen Instituts, „die Erkenntnisse der Wissenschaften den SOS-Kinderdörfern nutzbar zu machen und wissenschaftliche Erkenntnisse zu erlangen, deren die Kinderdörfer zur Erfüllung ihrer Aufgabe bedürfen“[23]. Bis zum Jahr 1968 erstreckte sich die Arbeit des Wissenschaftlichen Instituts vor allem auf wissenschaftliche Veröffentlichungen – wie die Zeitschriftenreihe „Neue Wege“ –, vorbereitende Tätigkeiten für Tagungen und Besprechungen, Statistiken zu Kindern und Kinderdorfmüttern sowie die Auswahl von Kinderdorfmüttern und LeiterInnen der Kinderdorf-Einrichtungen.[24]

Auch wenn Hermann Gmeiner die Gründung des Wissenschaftlichen Instituts in Auftrag gegeben hatte, stand er einer Verwissenschaftlichung, Professionalisierung und Ausdifferenzierung des pädagogischen Angebotes ambivalent gegenüber.[25] In diesem Zusammenhang erinnert sich Renate Wetjen an eine Begebenheit: „Obwohl er es eingefordert hat, stand Gmeiner der Wissenschaft eher skeptisch gegenüber. Er hat immer wieder gesagt, wenn sie den Müttern und den Kindern zu Gute kommt, dann passt es. Aber sonst hat er nicht so viel dafür übrig gehabt. Beispielsweise waren wir eines Tages im SOS-Kinderdorf Imst und Imst war dick verschneit. Da nahm mich Gmeiner bei der Hand und sagte: ‚Geh mit mir, ich muss dir etwas zeigen. Ich verstehe auch so viel wie ihr [PädagogInnen/PsychologInnen; L.C.].‘ Wir sind ins Freie gegangen und er hat auf die verschneiten Kinderdorfhäuser und die verschneiten Wege gezeigt: ‚Jetzt schau einmal, welche Wege ausgetreten sind! Ist das nicht ein Soziogramm? Das ist doch das beste Soziogramm, wenn man sieht, zu wem die Wege laufen, und wohin keine Wege laufen!‘“[26]

Renate Wetjen wurde vorerst stundenweise und ab Februar 1966 halbtags angestellt, um die Statistiken zu Kindern und Kinderdorfmüttern auszuwerten und die Daten in einer Informationskartei zu erfassen. „In dem Moment, wo man dann anfängt, Kinderakten durchzuschauen, ist das Interesse da und man denkt sich: ‚Da möchte ich eigentlich bleiben. Da wäre ja manches zu tun, auszufragen, auszuwerten.‘“[27] Renate Wetjen hatte Feuer gefangen. Mit ihrer Neugier und ihrem Interesse, die bereits Antrieb für den Beginn ihres Studiums waren, fand sie bei SOS-Kinderdorf ein weites Betätigungsfeld mit unzähligen Möglichkeiten vor. Mit ihrer Promotion 1968 bekam sie eine volle Stelle am Wissenschaftlichen Institut. Die 27-jährige frischgebackene Doktorin der Pädagogik war die einzige Mitarbeiterin des um 42 Jahre älteren Universitätsprofessors Vinzenz Neubauer. „Prof. Neubauer war da mit seiner Erfahrung und seiner Sichtweise. Wenn man mit so jemandem arbeitet, wo so ein großer Altersunterschied ist, kommt irgendwann die Ungeduld. Du siehst, welche anderen Aufgaben es gäbe und möchtest losstarten."[28]

Ende 1968 legte Vinzenz Neubauer die Leitung des Wissenschaftlichen Instituts aus Altersgründen zurück.[29] Renate Wetjen arbeitete allein weiter, die Leitungsstelle wurde vorerst nicht nachbesetzt. Sie glaubt, dass „die Verantwortlichen nicht recht wussten, was mit dem Institut geschehen soll, merkten dann aber, dass ich eine eigene Linie verfolgte, die sehr praxisorientiert war und dem Verein gut tat"[30]. So wurde 1969 befunden, dass es „unbedingt notwendig" ist, das Wissenschaftliche Institut „neu zu gestalten und zu erweitern"[31], und Renate Wetjen mit der Konzepterstellung betraut.[32] In einem nächsten Schritt wurde am 3. April 1970 das Wissenschaftliche Institut in das Sozialpädagogische Institut (SPI) von SOS-Kinderdorf umgewandelt. Diese Konzeptvorlagen sollten nicht nur für das österreichische SPI gelten. Auch in Deutschland und Frankreich wurde bereits an die Gründung eines Sozialpädagogischen Instituts gedacht.[33]

Mit dem neuen Namen war auch eine Veränderung der Aufgaben verbunden. Der Fokus sollte sich nun in erster Linie auf die Unterstützung der praktischen Arbeit richten.[34] Neben der Fortführung der statistischen Arbeiten hatte das SPI die Aufgabe, die SOS-Kinderdorf-Arbeit durch Schulung der pädagogischen MitarbeiterInnen sowie durch Beratung und Kontrolle der pädagogischen Einrichtungen weiterzuentwickeln. Zudem sollte weiterhin in Fachzeitschriften veröffentlicht werden.[35] Untermauert wurde diese Veränderung vom Wissenschaftlichen zum Sozialpädagogischen Institut unter anderem durch einen Bitte des Vorstandes aus dem Jahr 1971, wonach das SPI „die praktische Arbeit vorrangig behandeln" soll, „Veröffentlichungen und Statistiken hingegen erst in zweiter Linie"[36].

Diese Bitte traf sich mit Renate Wetjens Arbeitsansatz. War Vinzenz Neubauer, „in erster Linie Wissenschaftler"[37], so hatte sie das wissenschaftliche Arbeiten nicht sonderlich interessiert. Anknüpfend an ihre Ausbildungen und ihre Berufserfahrung war sie von ihrem Selbstverständnis her vor allem Sozialpädagogin. „Mir lag die Kinderdorf-Praxis am Herzen, die vielseitigen Probleme und Fragestellungen unserer Mitarbeiter, besonders die der Mütter. Sehr bald erkannte ich den doppelten Auftrag des SPI: zu erfassen, welches die Erfahrungen unserer Mitarbeiter sind (welch großes, reiches Potential!), und die Notwendigkeit, unsere Leute zu schulen, sie mit fachlichen Erkenntnissen zu konfrontieren."[38] „Losstarten" konnte Renate Wetjen, als sie schließlich am 3. April 1970 mit der Leitung des Sozialpädagogischen Instituts betraut wurde.[39]

Neupositionierung des Sozialpädagogischen Instituts

Renate Wetjen betont, dass ihr „als Pädagogin" die Leitung des Sozialpädagogischen Instituts in einer Phase übergeben wurde, in welcher der „autoritär-patriarchale Führungsstil ins Wanken geraten" und „das partnerschaftliche Umgehen miteinander unter Einhaltung hierarchischer Strukturen […] noch mit viel Unsicherheit besetzt"[40] war. Mit der Fertigstellung des für längere Zeit letzten SOS-Kinderdorfes in Österreich[41] und nach einer Konsolidierung in personeller Hinsicht wurde der Wunsch nach Erfahrungsaustausch unter den MitarbeiterInnen lauter, ebenso wie jener nach fachlicher Unterstützung bei pädagogischen Fragen oder bei Konflikten unter den Angestellten von SOS-Kinderdorf. Diese Unterstützung kam nun von Renate Wetjen und ihren neu angestellten Mitarbeitern im SPI. Mit dem Ausbau wurde das SPI zudem vom SOS-Kinderdorf-Vorstand dezidiert damit beauftragt, den „Abbau der noch immer vorhandenen autoritären Strukturen"[42] voranzutreiben. „Durch intensive Arbeit in den Kinderdörfern" sollte „die Zusammenarbeit zwischen Dorfleiter und Müttern unter Einbeziehung der anderen Mitarbeiter" verbessert und das „Verständnis für Mitarbeiter" geweckt werden.[43]

Das SPI unter der Leitung von Renate Wetjen erweiterte zusehends seinen Tätigkeitsbereich und die Anzahl der MitarbeiterInnen. Neben Erziehungsberatung und Fortbildung der MitarbeiterInnen, der Erstellung von Statistiken und von Veröffentlichungen wurde nun Berufsberatung für Jugendliche sowie regelmäßige schulpsychologische Beratung und Spieltherapie angeboten. Der psychologische Dienst (die späteren „DorfpsychologInnen") war ebenso wie die erste Nachbetreuungsstelle für junge Erwachsene aus den SOS-Kinderdorf-Einrichtungen am SPI beheimatet.[44] „Österreichweit waren wir ‚mit der Nase vorn', indem wir Fachleute hereingeholt haben. Es gab zu dieser Zeit fast keine Erziehungsberatungsstellen, das war alles noch Neuland. Erst allmählich haben sich außerhalb des Kinderdorfes Beratungsstellen entwickelt. Zu dieser Zeit hatten wir bereits psychologische Gutachten, psychologische Begleitung und waren Partner für Jugendämter. Ein innovativer Ansatz, der mich heute noch stolz macht. […] Dieses Kinderdorf hat eine Faszination, weil so viel möglich ist. Es ist auf Beziehungsebene und auf der Entwicklungsebene wahnsinnig viel möglich. Sich zu bescheiden und nicht alles zu übernehmen, was man dann auch weiterführen muss, ist die große Herausforderung. […] Es ist so viel Entwicklung möglich, weil die Basis so gut ist. Es ist ein unwahrscheinliches Fundament da von Einsatz, von Kompetenzen."[45]

Diese Angebote machten Renate Wetjen und ihr Team nicht nur für die Praxis, sondern vor allem auch in der Praxis. „Ich besuchte die SOS-Kinderdörfer, führte Gespräche mit allen Kinderdorfmüttern und mit dem Dorfleiter, den Pädagogischen Mitarbeitern, den Kindergärtnerinnen. Der Schwerpunkt lag ursprünglich weitgehend bei den Kinderdorfmüttern. Erst später habe ich begriffen, dass mein Gesprächspartner eigentlich in erster Linie der Dorfleiter als Leiter der Einrichtung zu sein hat. Pädagogische Beratung und Kontrolle lagen bei mir. Dazu kam, dass ich Mitglied der Dorfkommission war, die für ‚Maßnahmen' zuständig war. In meiner jahrelangen Begleitung, Beratung, Kontrolle der Mütter lag eine hohe Kontinuität, die mich zur Ombudsfrau der Mütter werden ließ, sicher nicht von allen geliebt, aber doch sicherheitgebend und Anlaufstelle, wenn es brannte."[46] Diese Kontinuität und die Verbindung zu den MitarbeiterInnen in der pädagogischen Praxis haben für Renate Wetjen einen großen Stellenwert. „Für mich war immer Beziehungsarbeit ganz wichtig und diese war längerfristig angelegt."[47] Das lebte die Pädagogin, indem sie oft wochenlang die SOS-Kinderdorf-Einrichtungen in ganz Österreich besuchte und mit den MitarbeiterInnen vor Ort Gespräche führte. Sie sprang aber auch dort ein, wo gerade „Not an der Frau" war, sei es beispielsweise als Dorfleiterin in Altmünster oder als Urlaubsvertretung der Mädchenheimleiterin. Diese Haltung forderte sie auch von ihren MitarbeiterInnen im SPI.

Neben dem „Abbau der noch immer vorhandenen autoritären Strukturen" auf der MitarbeiterInnen-Ebene machte das SPI, so Renate Wetjen, auch Druck in Bezug auf die Veränderung der autoritären Erziehung. Ziel war es, „den Kindern mehr Autonomie zu überlassen und mehr zuzutrauen, die Kinder ernster zu nehmen. Ein simples Beispiel: Die Kinder sind immer in Gruppen von Imst nach Innsbruck zum Zahnarzt hinunter und wieder herauf ‚gekarrt' worden. Bis einmal einem Kind erlaubt worden ist, dass es alleine irgendwohin fahren darf – da hat man ewig Aufsichtspflichtängste gehabt. Es galt also mehr Freiräume zu schaffen. Damit entsprachen wir auch den gesellschaftlichen Entwicklungen. In den Familien wurden Kindern bereits mehr Freiräume zugestanden, während in Heimen, Internaten und auch im Kinderdorf erst Mauern niedergerissen werden mussten: Weil da so viele Kinder sind, weil man Angst gehabt hat, weil, weil, weil ... [...] Wir haben wirklich versucht, vom Pädagogischen her etwas zu verändern. Wir haben unter anderem erreicht, dass Pädagogische Mitarbeiter in den Kinderdörfern angestellt wurden. Sie sollten sich vor allem um die Freizeitgestaltung und die Lernbetreuung der Kinder kümmern. Uns war es auch wichtig, ein Dorf so zu gestalten, dass für die Kinder etwas zu sehen ist, auch, wenn ein Dorf ‚das letzte Kaff' ist."[48]

Leiterin in einer Organisation mit „autoritär-patriarchalem Führungsstil"

Renate Wetjen war 29 Jahre alt, als sie die Leitung einer Abteilung innerhalb einer Organisation mit „autoritär-patriarchalem Führungsstil" übernahm. Sie und Henriette Rieder[49] waren Ende der 1960er/Anfang der 1970er Jahre die einzigen Frauen im pädagogischen Bereich, die bei SOS-Kinderdorf Österreich eine Leitungsposition innehatten.

Renate Wetjen und Henriette Rieder (v. r.)

Zudem waren sie im Vergleich zu Hermann Gmeiner und dem Geschäftsführer Ludwig Kögl um einiges jünger.[50] Die autoritären Strukturen von SOS-Kinderdorf waren nicht nur in der Zusammenarbeit zwischen Dorfleitern und SOS-Kinderdorf-Müttern wirksam, sondern auch innerhalb der Leitungsgremien der Organisation, wie Renate Wetjen deutlich zu spüren bekam. Sie reflektiert diese Strukturen vor dem Hintergrund des Geschlechterverhältnisses und des Zusammenspiels zwischen Pädagogik und Betriebswirtschaft. So bedurfte es einiger Durchsetzungskraft, dass neben Tagungen mit organisatorischen und betriebswirtschaftlichen Inhalten auch welche mit pädagogischen Inhalten veranstaltet wurden. Dieser „Kampf" um Tagungen, Tagungszeit, Inhalte und die Frage, wer überhaupt zu einer Tagung gehen dürfe, war, so Renate Wetjen, „schon ein bisschen ein Machtspiel zwischen der Pädagogik und der Finanz"[51]. „Je ‚fertiger' der österreichische Verein dastand, desto dringlicher wurden pädagogische und psychologische Maßnahmen zur Unterstützung der Kinderdorfmütter, Kindergärtnerinnen, ErzieherInnen. Wir mussten uns aber zuerst jede Stunde bei einer Tagung für Fortbildungsvorträge erkämpfen. Dann bekamen wir in etwa einen halben Tag, oft erst nach den budgetären und organisatorischen Tagungspunkten, wo die Leute schon reichlich aggressiv und unmotiviert waren."[52] Unterstützung erfuhren Renate Wetjen und das SPI jedoch durch Hermann Gmeiner und die Dorfkommission. „Endlich durften wir dann unsere eigenen Tagungen in unserem Stil mit neuen didaktischen Methoden wie Selbsterfahrungselementen, Gruppenarbeit und anderem veranstalten."[53]

Auch in der Dorfkommission als Entscheidungsgremium für pädagogische Fragen war der autoritär-patriarchale Führungsstil spürbar. „Wenn meine Kollegin[54] und ich in den SOS-Kinderdorf-Einrichtungen Veränderungsbedarf feststellten und dazu in der Dorfkommission Beschlüsse und Maßnahmen einforderten, blieb die Durchführung meistens am Vorsitzenden bzw. seinem Stellvertreter ‚hängen'. Mit anderen Worten lag es an ihnen, ob und wann eine Maßnahme gesetzt wurde. Das setzte unsere Glaubwürdigkeit und Effizienz vor Ort herab und machte deutlich, wer letztlich das Sagen hat."[55]

Die Auseinandersetzung mit der Rolle der Frauen im SOS-Kinderdorf war für Renate Wetjen nicht von Beginn an ein Thema, sondern entwickelte sich erst im Laufe der Zeit. Sie erinnert sich an Diskussionen mit Kollegen, „die ‚ihren' Frauen Vorschriften machten, ob sie eine Hose tragen dürfen, oder ob sie Zigaretten rauchen dürfen"[56]. Auch innerhalb der Organisation war das traditionelle Männer- und Frauenbild sehr wirkmächtig. Renate Wetjen erzählt davon, dass man als Frau in der Organisation nur etwas galt, wenn man mit Kindern oder SOS-Kinderdorf-Müttern arbeitete oder PionierInnenarbeit leistete. Frauen mit Managementkompetenzen wurden auch als „Emanzen" im abwertenden Sinn bezeichnet. Dieser Bereich des Managements, der Organisation und der Strukturarbeit galt als „Domäne der Männer". Auch Hermann Gmeiner, der sich bewusst war, dass ohne den großen Idealismus der Frauen, „ihre unermüdliche Arbeit, ihre Opfer, ihre Verzichtsleistungen und ihre vielfältigen Kompetenzen die SOS sich nie durchsetzen hätte können"[57], wollte Frauen nicht mit den mit Macht verbundenen Leitungsfunktionen betrauen.[58] Gmeiner war der Ansicht, Frauen „mit der harten Alltagsarbeit des SOS-Kinderdorf-Geschehens […] verschonen zu müssen“[59]. Alle Leitungspositionen, die Renate Wetjen bei SOS-Kinderdorf innehatte, wurden von Männern nachbesetzt. Sie bedauert, „dass wir keine Nachfolgerinnen für diese Aufgaben gefunden haben. Ich finde es ungemein wichtig, dass in den verschiedenen Leitungsgremien auch Frauen mitdenken und mitentscheiden.“[60]

So waren es „durchwegs Männer, die nach außen auftraten, die das SOS-Kinderdorf präsentierten und die jene Art von Wertschätzung erfuhren, die Erfolg nach sichtbaren Leistungen – wie z.B. Spendenaufkommen oder das Errichten von Gebäuden – misst. Wir Frauen arbeiteten auf der Beziehungsebene, arbeiteten nach innen, damit der Betrieb läuft. Das wird aber viel weniger erkannt. Das lässt sich viel schwerer definieren, was für den Zusammenhalt einer ganzen Organisation innerhalb beispielsweise Österreichs geleistet worden ist. […] In meinem Abschiedsstatement hab ich geschrieben, wie problematisch es war, Neuerungen durchzusetzen, wenn ‚Pädagogik‘ und ‚Frau‘ zusammengekommen sind.“[61]

Die zwei Seiten der Medaille: „Leben aus dem Koffer“

Renate Wetjen war nicht nur in ihrer Kindheit „immer wieder auf der Reise“, auch ihre Arbeit bei SOS-Kinderdorf brachte es mit sich, unterwegs zu sein. Dieser Arbeitsalltag kam ihr entgegen, da ihr der Kontakt zur Praxis und die Beziehungen zu den dortigen MitarbeiterInnen wichtig waren. „In diesem Bereich bekommst du so viel zurück, an Beziehung, Information und Freundschaft. […] Das ist keine Einbahnstraße. Du hast das Gefühl, wert zu sein, [du hast] eine gewisse Macht und einen gewissen Status. Du kriegst aus dieser Tätigkeit etwas zurück, aber es ist immer noch eine berufliche Tätigkeit.“[62]

Doch im Laufe der Jahre zeigten sich die negativen Begleiterscheinungen dieser „grenzenlosen Verfügbarkeit“ und des „immensen Einsatzes“ bei SOS-Kinderdorf „unter Vernachlässigung privater Bedürfnisse“. Eine Haltung, die sie, so Renate Wetjen, mit der „ganzen alten Garde“ von SOS-Kinderdorf teilt. „Die Erwartung war noch ‚klösterlich‘, den vollen Einsatz zu bringen. Bei einem Gmeiner, einem Kutin, einem Kögl, also den Leuten, die so intensiv im Einsatz sind, kann man sich nicht beklagen: ‚Ich hab so viel zu tun.‘ […] Vor allem waren wir in gewisser Weise unsere eigenen Chefs. Niemand hat gesagt, du musst das tun. Wir haben uns selber für diesen intensiven Einsatz entschieden.“[63]

Renate Wetjen stellt fest, dass das, was ihr so große Freude machte, sie immer wieder in die Nähe eines Burnouts brachte, das es auszubalancieren galt. „Einerseits habe ich durch die Beratungsgespräche und die Beobachtungen viel gelernt und meine Kompetenzen erweitert. Andererseits waren diese Begegnungen oft auch sehr belastend.“ Man läuft Gefahr, „sich selber und die eigenen Bedürfnisse zu wenig wahrzunehmen“. Verstärkt wurde dies durch ihre Reisetätigkeit. „Dieses Leben aus dem Koffer. […] Ich war sehr, sehr viel unterwegs in den Kinderdörfern, wochenweise. Das hat zwangsläufig zu einer Verkümmerung des Privatlebens geführt, weil man zu nichts Zeit gehabt hat, was verbindlich war. Alles, was regelmäßig war, wie Kurse oder die Mitgliedschaft in einem Sportverein, war nicht leistbar, weil diese Außeneinsätze so intensiv waren. Gleichzeitig wäre dieser Ausgleich so notwendig, um mit den Belastungen in diesem Beruf klar zu kommen."[64]

In dieser beruflichen Situation war die Pflege von Freundschaften außerhalb von SOS-Kinderdorf für Renate Wetjen sehr schwierig. „Vor allem wenn man nicht verheiratet ist, also kein Gegengewicht durch eine eigene Familie hat, besteht die Gefahr, im Kinderdorf die Erfüllung – alles – zu sehen."[65] Renate Wetjen erlebte, wie rasch sich berufliche Beziehungen verlieren, wenn MitarbeiterInnen aus der „SOS-Kinderdorf-Familie" ausschieden: „Zwangsläufig orientieren sich die Leute am neuen Leiter, an den neuen Bedingungen. [Nach dem Motto:] Der König ist tot, es lebe der König! [...] Wenn nicht wirklich Freundschaften entstanden sind, dann verlieren sich die Beziehungen innerhalb von kürzester Zeit."[66] Deshalb betont die Pädagogin die Notwendigkeit von FreundInnen, die nicht bei SOS-Kinderdorf engagiert sind – auch und gerade in einer Organisation, die so etwas wie „Familie" verspricht. „Meine Freunde haben sehr viel Geduld mit mir gebraucht durch Aussagen wie: ‚Ich bin so müde, ich kann das nicht, ich schaff das nicht, ich bin nicht da, wann können wir einen Termin ausmachen.' Sie haben diese Zeiten zum Glück durchgehalten und sind nicht ‚davongelaufen'."[67]

Berufliche Neuorientierung und Pensionierung: „Fruchtbare Erde"

Renate Wetjen hatte einen innovatorischen Anspruch an die Arbeit des SPI und somit auch an sich. Mitte der 1980er Jahre hatte sie das Gefühl, diesem Anspruch der „Denkfabrik des SOS-Kinderdorfes"[68] nicht mehr genügen zu können. „Ich war über 20 Jahre im österreichischen Verein und hab dann plötzlich das Gefühl gehabt, das SPI soll ja innovatorisch sein, soll lebendig sein, es ist nicht mehr das meine, ein Wechsel ist fällig."[69]

Der Wechsel musste nicht unbedingt innerhalb von SOS-Kinderdorf stattfinden, eine Überlegung, die bei KollegInnen Befremden auslöste. „Da war kein Überlegen: ‚Warum, was ist los, warum willst du weg?' Sondern nur: ‚Verrat, Verrat!' Das ideologische Denken der Garde: ‚Man verlässt doch das Kinderdorf nicht.'"[70] Bereits während der Jahre zuvor war es der Pädagogin wichtig, sich eine „gewisse Unabhängigkeit zu bewahren. [...] Für den Fall, dass ich zu viele Widerstände habe und es mir nicht passt. Ich wollte mir immer den Rücken freihalten, um eventuell etwas anderes aufzubauen"[71].

Mitte der 1970er bis Mitte der 1980er Jahre hatte sie an der Sozialakademie in Innsbruck einen Lehrauftrag für Pädagogik und Heilpädagogik. „Es hat mich interessiert, das Theoretische und das Praktische zu verbinden und mit Studenten zu arbeiten. Dadurch habe ich auch die zweite antiautoritäre Welle miterlebt, wo die Studenten sich gegen alles gewehrt haben, was Autorität war."[72] Zudem fungierte Renate Wetjen als Referentin für Erziehungsfragen bei den Bildungswochen der Caritas für Familienhelferinnen.[73] Maria Oberhauser, die Direktorin der Sozialakademie[74] und der Familienhelferinnenschule der Caritas Innsbruck, schätzte

Wetjens „Engagement für die Kinder sowie für die Studierenden gepaart mit ihrem Wissens- und Erfahrungsschatz, […]. Dass damit ein reger Gedankenaustausch mit der Direktion und den Lehrern der Akademie verbunden ist, ist eine erfreuliche Nebenwirkung."[75] Renate Wetjen überlegte, sich für die Nachfolge von Maria Oberhauser als Leiterin der Sozialschulen der Caritas zu bewerben. „Der Bischof hat darauf positiv reagiert."[76] Er befürchtete allerdings, dass die Bestellung einer Frau mit evangelischem Glauben „einen Aufstand von einigen Pfarrern aus den Tälern, aus den Landgemeinden"[77] auslösen würde. Daraufhin blieb sie beim SPI, „aber mit diesem inneren Spüren: Die Zeit ist abgelaufen. Das hat mich immer wieder begleitet, und ich denke, das ist ungemein wichtig, dass man so eine Uhr in sich hat. Das hat dann zur Übergabe der SPI-Leitung an Christian Posch geführt."[78] Mit 46 Jahren wurde Renate Wetjen Leiterin der neuen Abteilung „Pädagogische Fachaufsicht und Mütterwerbung". Diese Stelle hatte sie von Jänner 1988 bis Juli 1990 inne. Die Entwicklung der pädagogischen Fachaufsicht war ihr Versuch, die „ungeklärte" und „sich ausschließende" Doppelrolle des SPI von Beratung und Kontrolle aufzulösen. „Die pädagogische Fachaufsicht war der Vorläufer der heutigen Abteilung ‚Qualitätsentwicklung'."[79]

1990 bewarb sie sich für die Stelle der Co-Geschäftsführerin der Hermann-Gmeiner-Akademie[80] in Innsbruck, um dort die pädagogischen Fachbereiche zu leiten und weiterzuentwickeln. „Als die Überlegung im Raum stand, von SOS-Kinderdorf Österreich zur Hermann-Gmeiner-Akademie zu wechseln, hab ich einen Traum gehabt, der war so irre: Ich bin beim Blumenumtopfen. Ich hab einen Blumentopf, wo überhaupt keine Erde mehr da ist, der ganz durchsetzt ist mit Wurzeln, da ist überhaupt nichts mehr zum Nähren. Daneben liegt auf einem Papier

Renate Wetjen

ein Haufen fruchtbare, schwarze, fette Blumenerde und ein Topf."[81] Sie interpretierte den Traum so: „Du bist fertig. Da ist nichts mehr, du bist ausgewrungen, das ist vorbei. Aber da ist noch einmal etwas Neues, du kannst wieder aus dem Vollen schöpfen, du kannst wieder etwas gestalten. Da kann noch einmal etwas zum Blühen kommen. Das war für mich ausschlaggebend für die Entscheidung: Okay, ich gehe in die Hermann-Gmeiner-Akademie und ziehe das auf."[82]

Trotz dieses Neubeginns war für die damals 49-Jährige klar, dass sie diese Stelle mit einer zeitlichen Befristung antreten wollte. Sie hatte das Ziel, in maximal acht Jahren den Aufbau und die Konsolidierung zu leisten. Mitte der 1990er Jahre wurde der pädagogische Bereich der Hermann-Gmeiner-Akademie erweitert und widmete sich den Schwerpunktthemen „SOS-Kinderdorf-Mütter", „Jugend", „Pädagogische Qualitätssicherung" und „Fortbildung".[83] 1996 übernahm Renate Wetjen die alleinige Geschäftsführung der Hermann-Gmeiner-Akademie. Dort konnte sie – allerdings mehr auf der Management- denn auf der Praxisebene – wieder innovativ arbeiten. Nicht mehr sie fuhr in die weltweit errichteten Einrichtungen, die zu ihrem neuen Aufgabenfeld gehörten, sondern ihre MitarbeiterInnen. Somit fiel einerseits jener Teil weg, der ihr in den Jahren zuvor zunehmend zur Belastung wurde und sie letztlich zum Stellenwechsel veranlasst hatte, nämlich der direkte Kontakt zu den MitarbeiterInnen in der pädagogischen Praxis. Andererseits war es aber auch gerade diese intensive Beziehungsarbeit, die ihr „unheimlich Freude" gemacht hatte. „Die Folge war, dass ich selber, als Mensch, als Person verarmt bin. Ich habe keine Rückmeldung gekriegt von der Basis. Meine ganze Kraft kam eigentlich immer wieder aus dem Austausch mit der Basis und dem Hineinfließenlassen meiner Erfahrung, meiner Werte, meiner Zuneigung, meiner Beziehungsfähigkeit. Jetzt haben das die Mitarbeiter gekriegt, und ich war eigentlich nur mehr der Koordinator, der über die Mitarbeiter Erfahrungen weiterzugeben hat. […] Die Konsequenz war, dass ich dann vorzeitig in Pension gegangen bin. Ich habe gesehen, dass das Werkl läuft und gemerkt, dass ich unendlich müde bin."[84]

1999 ging Renate Wetjen in Pension. Mit diesem Lebensabschnitt sind für sie neue Herausforderungen und Prioritäten verbunden: „Eine junge Kollegin hat vor Jahren einmal geschrieben, das Leben spielt sich vor der Pension ab – mit Berufsfindung, Partnerschaft, Kindern und so weiter. Da habe ich ihr heftigst geantwortet und gesagt, das ist eine typische Fehlanzeige. Was dann zu leisten ist, nachher, das ist der Eingang in die Pension, das sind neue Aufgaben, das Älterwerden, die Einschränkungen, Verlust von Eltern, Krankheit und Tod im Umfeld. Das sind andere Herausforderungen, aber nicht minder Herausforderungen. Ich hab einen großen Freundeskreis, den zu pflegen, oder da präsent zu sein, mir wichtig ist."[85]

Anmerkungen

1 Interview mit Renate Wetjen, 26. Juni 2003. Die Zitate wurden nach einem Gespräch mit und einer E-Mail von Renate Wetjen zum Teil ergänzt und der Schriftsprache angepasst.
2 Schreiber/Vyslozil, 2001, S.222
3 Interview mit Renate Wetjen
4 Ebd.
5 Ebd.
6 Ebd.
7 Ebd.
8 Ebd.
9 Erste Forderungen nach einer beruflichen Ausbildung für ErzieherInnen hatte es zwar bereits Mitte des 19. Jahrhunderts gegeben, die ersten berufsorientierten, pädagogischen Ausbildungsgänge für HeimerzieherInnen wurden aber erst zu Beginn des zwanzigsten Jahrhunderts eingerichtet. Durch den Zweiten Weltkrieg kam es allerdings zu einer Unterbrechung dieser Entwicklung. Als Renate Wetjen in den 1950er Jahren den Beruf der Erzieherin ergreifen wollte, hatten die Länder, Gemeinden, Körperschaften und Organisationen gerade begonnen, sich auf breiter Basis um eine ErzieherInnenausbildung zu bemühen. Selbige hatten zu diesem Zeitpunkt jeweils autonom und den Bedürfnissen ihrer Institutionen entsprechende Kurse für ErzieherInnen angeboten. Für eine Etablierung der Ausbildung fehlten allerdings die gesetzlichen Rahmenbedingungen. Diese waren erst 1962 mit Inkrafttreten des Schulorganisationsgesetzes gegeben, das erstmalig eine österreichweite gesetzliche Regelung der ErzieherInnenaus- und -fortbildung beinhaltete. Vgl. Lauermann, 1998, S.146ff
10 Interview mit Renate Wetjen
11 Ebd.
12 Zum Vergleich: Anlässlich der Volkszählung 2001 bekannten sich 83,4 % der Tiroler Bevölkerung zum römisch-katholischen Glauben, nur 2,4 % waren evangelisch nach Augsburger und Helvetischem Bekenntnis. Vgl. http://www.tirol.gv.at/themen/zahlenundfakten/statistik/downloads/vz_2001.pdf, Stand: 02.03.2006
13 Interview mit Renate Wetjen
14 Ebd.
15 Ebd.
16 Ebd.
17 Ebd.
18 Ebd.
19 Vgl. Portrait Auguste Neubauer
20 Vgl. Wissenschaftliches Institut: Tätigkeitsbericht 1965/66, Ordner Sozialpädagogisches Institut
21 Memorandum zur Gründung des Wissenschaftlichen Instituts, 1.2.1965, Ordner Sozialpädagogisches Institut
22 Vgl. Brief Vinzenz Neubauer an Hermann Gmeiner, 19.4.1964; Brief Wissenschaftliches Institut/Vinzenz Neubauer an die Leiter der SOS-Kinderdörfer, 15.12.64; Brief. Jürgen Fröhlich an die Mitglieder des Ausschusses des SOS-Kinderdorf e.V., 7.1.1965; SOS-Kinderdorf International Wissenschaftliches Institut: Geschäftsordnung (vermutlich Februar 1965); Memorandum zur Gründung des Wissenschaftlichen Instituts, 1.2.1965; Zielsetzung und Vorhaben des wissenschaftlichen Instituts, alle Ordner Sozialpädagogisches Institut
23 SOS-Kinderdorf International Wissenschaftliches Institut: Geschäftsordnung (vermutlich Februar 1965), Ordner Sozialpädagogisches Institut
24 Vgl. Tätigkeitsberichte 1964-68, Ordner Sozialpädagogisches Institut; Interview mit Renate Wetjen
25 Vgl. Schreiber/Vyslozil, 2001, S.223
26 Interview mit Renate Wetjen
27 Ebd.
28 Ebd.
29 Vgl. Protokoll der Vorstandssitzung des Hauptvereins am 14.11.1968, Ordner SOS-Kinderdorf Hauptverein (Protokolle 1967-71)

30 Wetjen, E-Mail 2006
31 Protokoll der gemeinsamen Sitzung der deutschen und österreichischen Dorfkommission, 4.11.1969, Ordner Sozialpädagogisches Institut
32 Vgl. ebd; Wetjen, 20.1.1970, Ordner Sozialpädagogisches Institut
33 Vgl. Protokoll der Vorstandssitzung des Hauptvereins am 3. April 1970, Ordner SOS-Kinderdorf Hauptverein (Protokolle 1967-71)
34 Vgl. Protokoll der Vorstandssitzung des Hauptvereins am 15.11. 1971, ebd.
35 Vgl. Wetjen, 20.1.1970, Ordner Sozialpädagogisches Institut; Protokoll der Vorstandssitzung des Hauptvereins am 3. April 1970, Ordner SOS-Kinderdorf Hauptverein (Protokolle 1967-71); Wetjen, 1977/78, S.23
36 Protokoll der Vorstandssitzung des Hauptvereins am 15.11. 1971, Ordner SOS-Kinderdorf Hauptverein (Protokolle 1967-71); Brief Dr. Wetjen an Dr. Rathmayr, 26.09.1974, Ordner Sozialpädagogisches Institut
37 Wetjen, 1988, S.20
38 Ebd., S.21
39 Vgl. Protokoll der Vorstandssitzung des Hauptvereins am 3. April 1970, Ordner SOS-Kinderdorf Hauptverein (Protokolle 1067-71)
40 Wetjen, 1988, S.21
41 Das nächste österreichische SOS-Kinderdorf wird im Herbst 2006 in Wien eröffnet.
42 Protokoll über die gemeinsame Sitzung von Vorstand und Dorfkommission, 15.11.1971, Ordner SOS-Kinderdorf Hauptverein (Protokolle 1967-71)
43 Vgl. ebd.
44 Vgl. Brief Sozialpäd. Institut/Dr. Wetjen an Hermann Gmeiner und Dr. Kögl: Erweiterung des Sozialpädagogischen Instituts, Juni 1970, Ordner Sozialpädagogisches Institut
45 Interview mit Renate Wetjen
46 Wetjen, E-Mail 2006
47 Interview mit Renate Wetjen
48 Ebd.
49 Leiterin des ersten Mädchenheims von SOS-Kinderdorf; vgl. Portrait Henriette Rieder
50 Zum Vergleich: 1970 war Hermann Gmeiner 51 Jahre alt, Ludwig Kögl 43 Jahre alt
51 Interview mit Renate Wetjen
52 Wetjen, E-Mail 2006
53 Ebd.
54 Henriette Rieder
55 Interview mit Renate Wetjen
56 Ebd.
57 Schreiber, o.J., S.102
58 Vgl. ebd.
59 Reinprecht, 1989, S.130
60 Interview mit Renate Wetjen
61 Ebd.
62 Ebd.
63 Ebd.
64 Ebd.
65 Ebd.
66 Ebd.
67 Ebd.
68 Wetjen, 1985, S.20
69 Interview mit Renate Wetjen
70 Ebd.
71 Ebd.
72 Ebd.
73 Vgl. Oberhauser, 1979/80, S.17
74 Heutige Fachhochschule für Soziale Arbeit am Management Center Innsbruck
75 Oberhauser, 1979/80, S.17

76 Interview mit Renate Wetjen

77 Ebd.

78 Ebd.

79 Ebd.

80 Die Hermann-Gmeiner-Akademie war 1981 in Ampass bei Innsbruck auf dem Gelände des ehemaligen SOS-Jugendhauses gegründet worden. Hermann Gmeiner wollte dort „einen Ort der ‚Beheimatung' für SOS-Mitarbeiterinnen und Mitarbeiter ins Leben rufen, einen Ort des Austauschs und des Dialogs und ein ‚spirituelles Zentrum'." http://www.sos-kinderdorf.at, Stand: 09.03.2006

81 Interview mit Renate Wetjen

82 Ebd.

83 Vgl. http://www.sos-kinderdorf.at, Stand: 09.03.2006

84 Interview mit Renate Wetjen

85 Ebd.

Quellen und Literatur

Interviews (transkribiert)

Doblander Othmar und Doblander Erna über Albina Ertler, 22. Jänner 2004 (Christina Lienhart)
Eble Christiane über Hertha Troger, 2. Oktober 2003 (Christina Lienhart)
Gottlieb Erika, 25. August 1999 (Horst Schreiber)
Gottlieb Erika, 30. Juni 2003 (Bettina Hofer)
Gstrein Walter, 20. Jänner 2006 (Christina Lienhart)
Haider Fritz, 3. Dezember 2003 (Bettina Hofer)
Heissenberger Maria, 28. Juni 2003 (Christina Lienhart)
Heritzer Maria, 24. September 2003 (Christina Lienhart)
Kallir Evamarie, 26. August 2003 (Bettina Hofer)
Kögl Ludwig, 6. September 1999 (Horst Schreiber)
Kollnig Hermine über Albina Ertler, 22. Jänner 2004 (Christina Lienhart)
Lemayr Franziska, 16. Juli 2003 (Christina Lienhart)
Müller Franz, 9. September 1999 (Horst Schreiber)
Pean Elisabeth, 22. Juli 2003 (Bettina Hofer)
Reinprecht Hansheinz, 1. Dezember 2003 (Bettina Hofer)
Rieder Henriette, 11. September 2003 (Christina Lienhart)
Seifner Birgitta, 21. Juli 2003 (Bettina Hofer)
Sinnhuber Luise, 28. August 2003 (Christina Lienhart)
Stabentheiner Helga über Maria Hofer, 16. Dezember 2003 (Christina Lienhart)
Suk Jungsam über Franziska Lemayr, 10. Dezember 2003 (Christina Lienhart)
Szabo-Alapy Gabrielle Emese über Hertha Troger, 4. November 2003 (Christina Lienhart)
Troger Friedrich über Hertha Troger, 23. September 2003 (Christina Lienhart)
Unterrichter Imma, 30. Juni und 8. Juli 2003 (Christina Lienhart)
Vergörer Martha über Helene Didl, 26. November 2003 (Bettina Hofer)
Wetjen Renate, 26. Juni 2003 (Christina Lienhart)

Gespräche (protokolliert)

Fahlenbock Franziska, 18. April 2006 (Christina Lienhart)
Gabriel Gottfried, 18. März 2006 (Bettina Hofer)
Hofer Karl und Helene, 29. September 2003 (Christina Lienhart); Hofer Karl/Hofer Helene: unveröffentlichte Chronik über Maria Hofer, 2003
Kögl Ludwig, 18. Dezember 2002 (Christina Lienhart)
Maurhard Rudolf, 28. Juli 2003 (Bettina Hofer)
Morscher Liselotte, 18. Jänner 2006 (Bettina Hofer)
Moser Anton, 8. Juli 2003 (Bettina Hofer)

Moser Karl, 25. Juli 2003 (Bettina Hofer)
Neubauer Auguste, 17. Juni 2003 (Bettina Hofer)
Schindelwig Astrid, 9. Juli 2003 (Bettina Hofer)
Vergörer Martha, 27. September 2005 (Bettina Hofer)
Wetjen Renate, 11. Juni 2003 (Christina Lienhart)
Zündel Helga, 17. Juni 2003 (Bettina Hofer)

Literatur

Albrich, Thomas: Holocaust und Schuldabwehr. Vom Judenmord zum kollektiven Opferstatus, in: Steininger, Rolf/Gehler, Michael (Hrsg.): Österreich im 20. Jahrhundert. Vom Zweiten Weltkrieg bis zur Gegenwart, Band 2, Böhlau Verlag, Wien/Köln/Weimar 1997, S.39-105

Amthor, Ralph Christian: Die Geschichte der Berufsausbildung in der Sozialen Arbeit. Auf der Suche nach Professionalisierung und Identität, Juventa, Weinheim/München 2003

Ayas, Wolfgang: Nicht der Einzelne zählt. „Gemeinschaftsfremd" im nationalsozialistischen Österreich, in: Verein zur Förderung des DOWAS: Aus so krummem Holze, als woraus der Mensch gemacht ist, kann nichts ganz Gerades gezimmert werden. 30 Jahre DOWAS Innsbruck, Innsbruck 2006, S.79-89

Becker-Schmitt, Regina/Bilden, Helga: Impulse für die qualitative Sozialforschung aus der Frauenforschung, in: Flick, Uwe u.a. (Hrsg.): Handbuch Qualitative Sozialforschung. Grundlagen, Konzepte, Methoden und Anwendungen, Psychologie Verlags Union, München 1991, S.23-30

Bolognese-Leuchtenmüller, Birgit: „Der Zwang zur Freiwilligkeit." Zur Ideologisierung der „Frauenerwerbsfrage" durch Politik, Wissenschaft und öffentliche Meinung, in: Dies./Mitterauer, Michael (Hrsg.): Frauen-Arbeitswelten, Verlag für Gesellschaftskritik, Wien 1993, S.169-190

Breidenstein, Gerhard/Korea-Komitee/Werning, Rainer: Von der „Pax nipponica" zur „Pax americana" – Kontinuität eines gewaltsamen Friedens, in: Werning, Rainer (Hrsg.): Südkorea: Politik und Geschichte im Land der Morgenstille, Pahl-Rugenstein Verlag, Köln 1988, S.26-41

Brockhaus Geschichte Band III: Französische Revolution und Moderne Welt von A-Z, F.A. Brockhaus GmbH, Mannheim 2001 – Sonderausgabe für den Weltbild Verlag

Buhl, Paul: Troppau von A bis Z, Aufstiegsverlag, München 1973

Cyba, Eva: Modernisierung im Patriarchat? Zur Situation der Frauen in Arbeit, Bildung und privater Sphäre 1945 bis 1995, in: Sieder, Reinhard/Steinert, Heinz/Tálos, Emmerich (Hrsg.): Österreich 1945-1995. Gesellschaft, Politik, Kultur, Verlag für Gesellschaftskritik, Wien 1995, S.435-458

Du-Yul, Song: Von Tonghak bis Kwangju. Marksteine der Entrechtung – Widerstand und Selbstfindung, in: Werning, Rainer (Hrsg.): Südkorea: Politik und Geschichte im Land der Morgenstille, Pahl-Rugenstein Verlag, Köln 1988, S.16-23

Ecker, Alois in Zusammenarbeit mit Obitsch, Eveline/Russ, Christiane/Tscherne, Karin, BM für Unterricht und kulturelle Angelegenheiten, Abt. für Mädchen- und Frauenbildung (Hrsg.): Sozialhistorische Texte zur Frauenarbeit, Kommentierter Quellenband mit didaktischen Anleitungen, Wien 1995

Fischer-Kowalski, Marina/Seidl, Peter: Von den Tugenden der Weiblichkeit. Mädchen und Frauen im österreichischen Bildungssystem, Verlag für Gesellschaftskritik, Wien 1986

Fleßner, Heike: Mütterlichkeit als Beruf. Historischer Befund oder aktuelles Strukturmerkmal sozialer Arbeit, Oldenburger Universitätsreden Nr. 68, BIS, 1995

Fraisse, Geneviève: Geschlechterdifferenz, edition diskord, Tübingen 1996

Frey, Cornelia: „Respekt vor der Kreativität der Menschen" – Ilse Arlt: Werk und Wirkung, Verlag Barbara Budrich, Opladen 2005

Fuchs, Hans/Strasser, Markus/Posch, Christian: Schritte. Trends und pädagogische Entwicklungen in den österreichischen SOS-Kinderdörfern, SOS-Kinderdorf/Sozialpädagogisches Institut, Tyrolia-Verlag, Innsbruck/Wien 1995

Gabriel, Alexander: 50 Jahre Internationales SOS-Feriendorf Caldonazzo, in: SOS-Kinderdorf-Verlag (Hrsg.): Broschüre „SOS-Feriendorf International, 1953-2003", Innsbruck/München 2003, S.2-3

Gabriel, Gottfried: Alltag im Kinderdorf. Diskussion des pädagogischen Konzepts und Dokumentation des Versuchs, innerhalb dieser Institution verändernd zu wirken, Dissertation, Innsbruck 1985

Gaisbauer, Hubert/Janisch, Heinz: Menschenbilder, Verlag Austria Press, Wien 1992

Gehler, Michael: „Wir werden es den Nazis zeigen!" Die Höttinger Saalschlacht vom 27. Mai 1932, in: Albrich, Thomas (Hrsg.): Tirol und der Anschluß: Voraussetzungen, Entwicklungen, Rahmenbedingungen 1918-1938, Haymon-Verlag, Innsbruck 1988, S.271-306

Gilyim, Jin Helena, in: Ullmann, Elisabeth/Demuth, Karin/Brandl, Astrid: Frauenleben. SOS-Kinderdorf-Mütter aus aller Welt erzählen, SOS-Kinderdorf Hermann-Gmeiner-Akademie, Innsbruck 2003, S.72-87

Gmeiner, Hermann: Die SOS-Kinderdörfer, SOS-Kinderdorf-Verlag, Innsbruck/München 1953

Gmeiner, Hermann: Eindrücke, Gedanken, Bekenntnisse, SOS-Kinderdorf-Verlag, Innsbruck/München 7. Auflage 1989

Gorbach, Josef: Heiliges Mutteramt. Das Ehrenbuch für Mutter und Kind, Wagner, Innsbruck 1954

Graubuch, N.N.: Die Einrichtungen des Wohlfahrts- und Gesundheitswesens in der Reichshauptstadt Berlin, SV d. Archivs für Wohlfahrtspflege, Berlin 1941; zit. n.: Steinhauser, Werner: Geschichte der Sozialarbeiterausbildung, Österreichisches Komitee für Soziale Arbeit, Wien ca. 1993, S.58

Gstettner, Peter: Biographieforschung, in: Hierdeis, Helmwart/Hug, Theo (Hrsg.): Taschenbuch der Pädagogik, Band 2, Schneider-Verlag, Hohengehren 5. Auflage 1997, S.521-533

Haider, Fritz: Die Beziehungen der Kinder in den SOS-Kinderdörfern zu ihren leiblichen Eltern, in: Neubauer, Vinzenz: Neue Wege. Beiträge zu aktuellen Erziehungsproblemen, 2. Band, 2. Heft, SOS-Kinderdorf-Verlag, Innsbruck/München/Wien 1964, S.24-31

Haider, Fritz: 40 Jahre im SOS-Kinderdorf. Betrachtungen eines Langgedienten, SOS-Kinderdorf-Verlag, Innsbruck/München 1990

Hellinger, Bert: Die Ordnungen der Liebe, Carl-Auer-Verlag, Heidelberg 5. Auflage 1998

Hepp, Michael: Vorhof zur Hölle. Mädchen im „Jugendschutzlager" Uckermark, in: Ebbinghaus, Angelika: Opfer und Täterinnen. Frauenbiographien des Nationalsozialismus, Hamburger Stiftung für Sozialgeschichte des 20. Jahrhunderts, Nördlingen 1987, S.191-216

Hinteregger, Manuela: Die Konstruktion von Mütterlichkeit. Oder „... alles am Weibe hat eine Lösung: sie heißt Mutterschaft.", Diplomarbeit, Innsbruck 1998

Jünnemann, Peter: Ein Iglu gegen Kälte und Unwirtlichkeit, in: Verein Regenbogen (Hrsg.): 15 Jahre Regenbogenhaus, Wien o.J., S.10-11

Kallir, Evamarie: Wer soll da hin kommen?, in: Verein Regenbogen (Hrsg.): 15 Jahre Regenbogenhaus, Wien o.J., S.6-7

Kallir, Evamarie: Zum 20-jährigen Bestehen des Regenbogenhauses. Gedanken nach 27 Jahren, zweiseitiger Text in Kopie von Evamarie Kallir, Wien 2002

Kannonier-Finster, Waltraud/Ziegler, Meinrad: Frauenleben im Exil. Biographische Fallgeschichten, Böhlau Verlag, Wien/Köln/Weimar 1996

Kannonier-Finster, Waltraud/Ziegler, Meinrad (Hrsg.): Exemplarische Erkenntnis. Beiträge zur interpretativen Erforschung sozialer Wirklichkeit, StudienVerlag, Innsbruck/Wien 1998

Khazen, Catherin: Frauenbeschäftigungspolitik und institutionelle Kinderbetreuung in Österreich, Diplomarbeit, Wien 1997

Köfler, Gretl: Die Frau in der Geschichte Tirols, Haymon-Verlag, Innsbruck 1986

Köpl, Regina: Reformpolitik und die Frauenfrage – soziokultureller Wandel und Frauenpolitik in den siebziger Jahren, in: Fröschl, Erich/Zoitl, Helge (Hrsg.): Der österreichische Weg 1970-1985. Fünfzehn Jahre, die Österreich verändert haben, Europa-Verlag, Wien 1986, S.249-269

Koss, Elsa: Ludovica Hainisch-Marchet. 1951 Kandidatin für das Amt des österreichischen Bundespräsidenten, Diplomarbeit, Wien 2001

Kreidl, Waltraud (für den Inhalt verantwortlich)/Amt der Tiroler Landesregierung, Abt. Jugendwohlfahrt in Zusammenarbeit mit dem MCI (Hrsg.): Geschichte der Tiroler Jugendwohlfahrt. „Kind ist gut versorgt und geht ihm nichts ab", Druck Land Tirol, Innsbruck 2006

Kreitner, Christoph: Öffentliche „Jugendfürsorge" während des Nationalsozialismus in Österreich (1938-45), Diplomarbeit, Klagenfurt 2002

Langenscheidts Großes Schulwörterbuch: Lateinisch – Deutsch, erweiterte Neuausgabe, Wien 1983

Lauermann, Karin: Sozialpädagogische Berufsbildung. Genese – Gegenwart – Zukunftsperspektiven, StudienVerlag, Innsbruck/Wien 1998

Lemayr, Franziska, in: Katholische Jungschar Südtirol (Hrsg.): 50 Jahre Katholische Jungschar Südtirols, Festschrift, 2003

Lerner, Gerda: Zukunft braucht Vergangenheit. Warum Geschichte uns angeht, Ulrike Helmer Verlag, Königsstein/Taunus 2002

Lichtenberger-Fenz, Brigitte: „Frauenarbeit mehrt den Wohlstand." Frauen und das „Wirtschaftswunder" der 50er Jahre, in: Zeitgeschichte, 19. Jg., 1992/H 7/8, S.224-240

Mitrovic, Emilija: Fürsorgerinnen im Nationalsozialismus: Hilfe zur Aussonderung, in: Ebbinghaus, Angelika: Opfer und Täterinnen. Frauenbiographien des Nationalsozialismus, Hamburger Stiftung für Sozialgeschichte des 20. Jahrhunderts, Nördlingen 1987, S.14-36

Münz, Rainer/Neyer, Gerda: Frauenarbeit und Mutterschutz in Österreich. Ein historischer Überblick, in: Münz, Rainer/Neyer, Gerda/Pelz, Monika (Hrsg.): Arbeitsmarktpolitik. Frauenarbeit, Karenzurlaub und berufliche Wiedereingliederung, Österreichisches Institut für Arbeitsmarktpolitik, Wien 1986, S.13-76

Neubauer, Auguste: Die Mutter im SOS-Kinderdorf. Ein moderner Frauenberuf, SOS-Kinderdorf-Verlag, Innsbruck/München/Wien 3. Auflage 1970

Neubauer, Vinzenz/Neubauer, Auguste (Hrsg.): Das große Lexikon für Eltern und Erzieher. Alles Wissenswerte von unseren Kindern – Bis zur Großjährigkeit, Umschau-Verlag, Frankfurt a. M., Pinguin-Verlag, Innsbruck/Tirol 1962

Neubauer, Vinzenz E.: Hermann Gmeiner. Kinder vieler Völker nennen ihn Vater ... den Mann, den ich als Psychologe 25 Jahre lang begleitete, unveröffentlichtes handschriftliches Manuskript, o.J.

Onken, Julia: Feuerzeichenfrau. Ein Bericht über die Wechseljahre, Beck'sche Reihe, München 1993

Pammer, Herta: Die Katholische Frauenbewegung Österreichs. Dokumente und Erinnerungen 1945 bis in die 90er Jahre, KFB Wien 1995

Pleschberger, Werner: Vom Einstieg in die unbefragte Stabilität, in: Ludwig, Michael/Mulley, Klaus Dieter/Streibl, Robert (Hrsg.): Der Oktoberstreik 1950. Ein Wendepunkt der Zweiten Republik, Picus-Verlag, Wien 1991, S.11-24

Prüller-Jagenteufel, Veronika: Werkzeug und Komplizin Gottes. Hildegard Holzers Wirken im Seminar für kirchliche Frauenberufe 1945-1968, Dissertation, Innsbruck 2001; Auszüge aus dem 7. Interview mit Hildegard Holzer für diese Dissertation

Regenbogen, Verein zur gegenseitigen Hilfe (Hrsg.): 5 Jahre Regenbogenhaus, Wien o.J.

Regenbogen, Verein zur gegenseitigen Hilfe (Hrsg.): Jahresbericht 2002/Haushaltsplan 2003, Regenbogenhaus, 1140 Wien Hadikgasse 50, www.regenbogenhaus.at, Wien 2003

Reinprecht, Hansheinz: Abenteuer Nächstenliebe. Die Geschichte Hermann Gmeiners und der SOS-Kinderdörfer, Österreichischer Bundesverlag, Wien 1984

Rosenberger, Sieglinde: Frauenpolitik: Moderne zwischen Megatrends und Backlashes, in: ÖZP 24. Jg., 1995/H1, S.35-51

Rosenberger, Sieglinde Katharina/Weiss, Alexandra: Frauen – Eine eigene Geschichte, in: Gehler, Michael (Hrsg.): Tirol. „Land im Gebirge": Zwischen Tradition und Moderne, Böhlau Verlag, Wien/Köln/Weimar 1999, S.315-376

Sachße, Christoph: Geschichte der Sozialarbeit, in: Otto, Hans Uwe/Thiersch, Hans (Hrsg.): Sozialarbeit/Sozialpädagogik, Luchterhand Verlag Neuwied, Kriftel 2. Auflage 2001, S.670-704

Sachße, Christoph/Tennstedt, Florian: Geschichte der Armenfürsorge in Deutschland, Band 3: Der Wohlfahrtsstaat im Nationalsozialismus, Stuttgart 1992; zit. n.: Amthor, Ralph Christian: Die Geschichte der Berufsausbildung in der Sozialen Arbeit. Auf der Suche nach Professionalisierung und Identität, Juventa, Weinheim/München 2003, S.307

Salomon, Alice: Die Ausbildung leitender Kräfte für die Soziale Arbeit, 1932; in: Muthesius, Hans: Alice Salomon. Die Begründerin des sozialen Frauenberufs in Deutschland. Ihr Leben und ihr Werk, Carl Heymanns Verlag, Köln/Berlin 1958, S.262-267

Scheipl, Josef: Soziale Arbeit in Österreich – Ein Torso? Brüchige Entwicklungen, angedeutete Perspektiven, in: Lauermann, Karin/Knapp, Gerald: Sozialpädagogik in Österreich. Perspektiven in Theorie und Praxis, Verlag Mohorjeva Hermagoras, Klagenfurt 2003, S.10-42

Scheibenpflug, Hans/Schuler, Elisabeth: Die Frau und ihre Welt, das goldene Buch der Frau, Salzburg o.J. wahrscheinlich 1955; zit. n.: Ecker, Alois: Sozialhistorische Texte zur Frauenarbeit, BM für Unterricht und kulturelle Angelegenheiten, Wien 1995, S.24

Schmölzer, Hilde: Die verlorene Geschichte der Frau. 100.000 Jahre unterschlagene Vergangenheit, Edition Tau, Mattersburg/Bad Sauerbrunn 2. Auflage 1991

Schreiber, Horst: Societas Socialis, unveröffentlichtes Manuskript (Durchnummerierung der Seiten durch die Autorin), Innsbruck o.J.

Schreiber, Horst/Vyslozil, Wilfried: Die Dynamik der frühen Jahre. Spurensuche jenseits der Klischees, SOS-Kinderdorf-Verlag, Innsbruck/München 2001

Schüler, Anja: Frauenbewegung und soziale Reform. Jane Addams und Alice Salomon im transatlantischen Dialog, 1889-1933, Franz Steiner Verlag, Wiesbaden 2004

Schwarz, Peter/Neugebauer, Wolfgang/Czech, Herwig: Ideologie und Verbrechen. Zur Rolle der Medizin im Nationalsozialismus, in: Verein zur Förderung des DOWAS: Aus so krummem Holze, als woraus der Mensch gemacht ist, kann nichts ganz Gerades gezimmert werden. 30 Jahre DOWAS Innsbruck, Innsbruck 2006, S.61-78

Scott, Joan W.: Die Arbeiterin, in: Fraisse, Geneviève/Perrot, Michelle (Hrsg.): Geschichte der Frauen. 19. Jahrhundert, Campus Verlag, Frankfurt a. M./New York 1994, S.451-479

Sölle, Dorothee: Gottes starke Töchter. Große Frauen aus der Bibel, Schwabenverlag, Ostfildern/Ruit 2003

SOS-Kinderdorf-Verlag (Hrsg.): Hermann Gmeiner – Vater der SOS-Kinderdörfer, Innsbruck/München 1987

Stadelmann, Ludwig: Hermann Gmeiner. Ein Leben für die Mutterlosen, Verlag Neues Leben, Bad Goisern 2. Auflage 1970

Steiner, Fritz: Hitler-Jugend und Bund Deutscher Mädel im Gau Tirol-Vorarlberg, in: Eisterer, Klaus (Hrsg.): Tirol zwischen Diktatur und Demokratie (1930-1950).

Beiträge für Rolf Steininger zum 60. Geburtstag, StudienVerlag, Innsbruck/Wien/München/Bozen 2002, S.55-76

Steinhauser, Werner: Geschichte der Sozialarbeiterausbildung, Österreichisches Komitee für Soziale Arbeit, Wien ca. 1993

Steininger, Rolf/Gehler, Michael (Hrsg.): Österreich im 20. Jahrhundert, Ein Studienbuch in zwei Bänden, Vom Zweiten Weltkrieg bis zur Gegenwart, Band 2, Böhlau Verlag, Wien/Köln/Weimar 1997

Steininger, Rolf: Südtirol 1918-1999, StudienVerlag, Innsbruck/Wien 1999

Tesar, Eva: „... wie ganz besonders sich ein Krokodil zur Erziehung der Eidechse eignet". Professionalisierung, Selbstverständnis und Kämpfe der ersten Lehrerinnengeneration in Österreich, in: Bolognese-Leuchtenmüller, Birgit/Mitterauer, Michael (Hrsg.): Frauen-Arbeitswelten, Verlag für Gesellschaftskritik, Wien 1993, S.149-167

Thurner, Erika: „Genossinnen, bleiben Sie die Frauen, die wir lieben!" Sozialistische Frauen zwischen Beharrung und Wandel, in: Zeitgeschichte 19 (1992) 7/8, S.241-258

Thurner, Erika: Frauen-Nachkriegsleben in Österreich - im Zentrum und in der Provinz, in: Bandhauer-Schöffmann, Irene/Hornung, Ela (Hrsg.): Wiederaufbau Weiblich, Geyer-Edition, Wien/Salzburg 1992, S.3-14

Thurner, Erika: Die stabile Innenseite der Politik. Geschlechterbeziehungen und Rollenverhalten, in: Albrich, Thomas/Eisterer, Klaus/Gehler, Michael/Steininger, Rolf (Hrsg.): Österreich in den Fünfzigern, Österreichischer StudienVerlag, Innsbruck/Wien 1995, S.53-66

Verein Regenbogen (Hrsg.): 15 Jahre Regenbogenhaus, Wien o.J.

Weiss, Alexandra: Frauengeschichte - eine eigene Geschichte. Ein Überblick sozialer und politischer Aspekte weiblicher Lebenszusammenhänge von 1945 bis heute am Beispiel Tirols, Diplomarbeit, Innsbruck 1998

Weiss, Alexandra: „Fraueninteressen und Gewerkschaftspolitik", in: Schreiber, Horst/Hoffmann, Rainer (Hrsg.): ÖGB-Tirol: Geschichte - Perspektiven - Biographien, ÖGB-Verlag, Wien 2004, S.261-282

Zeitungs- und Zeitschriftenartikel

Deutsche Frauen-Zeitschrift, 52. Jahrgang 1938/39, April, Heft 15, Berlin/Leipzig: Wir wollen, daß die Arbeit Freude werde!

Der Heimkehrer, 22.5.1948; zit. n.: Weiss, 1998

Der Kinderdorfbote, Drittes Vierteljahr 1957, Nr. 22; zit. n.: Schreiber, o.J., S.18

Echo - Magazin für Gerechtigkeit und Lebenshilfe: Hertha Troger. Der „vergessene Engel von Imst", Nr. 39/1974

EMMA: Krieg gegen die Frauen: Vergewaltigungen!, Juli/August 2005, S.80-89

Erziehung heute, Tiroler Bildungspolitische Arbeitsgemeinschaft (Hrsg.): SOS-Idylle mit Heilkraft?, Heft 1/2, Innsbruck Februar 1981

Erziehung heute, Tiroler Bildungspolitische Arbeitsgemeinschaft (Hrsg.): Heime, Heft 3/4, Innsbruck April 1981

Heissenberger, Maria: Bericht über das SOS-Kinderdorf Taegu in Korea, in: Der Dorfleiter im SOS-Kinderdorf, Herausgegeben im Einvernehmen mit Herrn Direktor H. Gmeiner, Hrsg. u. deutsche Schriftleitung: Bernhard Hienzsch, SOS-Kinderdorf Sulzburg/Bd., österreichische Schriftleitung: Fritz Haider, SOS-Kinderdorf Imst/Tirol 1964, Zeitschrift Nr. 6, S.41-43

Innsbrucker Stadtmagazin: „Engel von Imst gestorben", August 1986

Kallir, Evamarie: Basteln, – Freude, – Wirklichkeit, in: Der Dorfleiter im SOS-Kinderdorf, Herausgegeben im Einvernehmen mit Herrn Direktor H. Gmeiner, Hrsg. und deutsche Schriftleitung: Bernhard Hienzsch, SOS-Kinderdorf Sulzburg/Bd., österreichische Schriftleitung: Fritz Haider, SOS-Kinderdorf Imst/Tirol 1.5.1963, Heft-Nr. 4, S.13-30

Kurier: Mitbegründerin der Kinderdörfer starb, 9.8.1986

Kronen Zeitung: Die „Aktion Reiskorn" des Menschenfreundes, 18.4.1963

Luftensteiner, Stefanie: Johanna Dohnal, in: AEP Informationen. Feministische Zeitschrift für Politik und Gesellschaft, Nr. 1/2005, S.26-27

Matzner, Michael: Soziale Arbeit als Beruf von Frauen und Männern. Zur historischen Entwicklung der Geschlechterordnung im Berufsfeld Soziale Arbeit, in: Zeitschrift für Sozialpädagogik, 2004/4, S.404-424

Maurer, Susanne: Soziale Arbeit als Frauenberuf, in: Otto, Hans Uwe/Thiersch, Hans (Hrsg.): Sozialarbeit/Sozialpädagogik, Luchterhand Verlag Neuwied, Kriftel 2. Auflage 2001, S.1598-1604

Müller, Reinhard (Herausgeber und Redaktion): Archiv für die Geschichte der Soziologie in Österreich, Newsletter Nr. 10, Graz 1994

Neue Warte am Inn: Österreich-Kinderdorf in Korea, April 1963

Oberhauser, Maria: Dr. Maria Oberhauser, Direktorin der Akademie für Sozialarbeit und der Familienhelferinnenschule der Caritas Innsbruck berichtet über die Beziehungen zwischen dem SOS-Kinderdorf-Verein und den Sozialschulen der Caritas Innsbruck, in: SOS-Kinderdorf/Sozialpädagogisches Institut (Hrsg.): SOS-Kontakt, Nr. 11, Innsbruck 1979/80, S.15-18

Peer, Birgitta: Das Patenbüro stellt sich vor, in: SOS-Kinderdorf/Sozialpädagogisches Institut (Hrsg.): SOS-Kontakt, Nr. 36, Innsbruck Mai 1988, S.25-28

Pölzl, Alois: Historische Eckdaten der Sozialarbeiterausbildung in Österreich, in: SIÖ. Sozialarbeit in Österreich, 3/2002, S.13

Profil: Der heilige Hermann, Dezember 1970, Nr. 4, S.27f; zit. n.: Schreiber/Vyslozil, 2001, S.232

Rieder, Henriette: Die großen Mädchen. 10 Jahre Mädchenheimerfahrung, in: SOS-Kinderdorf/Sozialpädagogisches Institut (Hrsg.): SOS-Kontakt. Zeitschrift für den internen Meinungs- und Informationsaustausch der Österreichischen SOS-Kinderdorf-Einrichtungen, Nr. 2, Innsbruck 1976/77, S.4-12

Rieder, Henriette: Danke, in: SOS-Kinderdorf/Sozialpädagogisches Institut (Hrsg.): SOS-Kontakt. Zeitschrift für den internen Meinungs- und Informationsaustausch der Österreichischen SOS-Kinderdorf-Einrichtungen, Nr. 26, Innsbruck Februar 1985, S.10-15

Salzburger Volkszeitung: In Korea entsteht ein Österreichisches Kinderdorf, 10.4.1963

Seifert, Ruth: Aus dem Vergessen geholt. Kriegsvergewaltigung und ihre Funktion, in: AEP-Informationen 24, 1997, Nr. 3, S.14-20

Steppe, Hilde: Das Selbstverständnis der Krankenpflege in ihrer historischen Entwicklung, in: Pflege, 2000/13, S.77-83

Südtiroler Jugendring, Rundschreiben, Nr. 1, 11.4.2003

Träger, Hedwig: Volksrundschau. Jubiläumsausgabe für Imma von Unterrichter 1921 bis 2001, SOS-Kinderdorf, Fachbereich Pädagogik, Innsbruck 3.11.2001

Wetjen, Renate: Sozialpädagogisches Institut = SPI = ?, in: SOS-Kinderdorf/Sozialpädagogisches Institut (Hrsg.): SOS-Kontakt. Zeitschrift für den internen Meinungs- und Informationsaustausch der Österreichischen SOS-Kinderdorf-Einrichtungen, Nr. 5, 1977/78, S.23-24

Wetjen Renate: Sozialpädagogisches Institut (= SPI) im Umbruch, in: SOS-Kinderdorf/Sozialpädagogisches Institut (Hrsg.): SOS-Kontakt. Zeitschrift für den internen Meinungs- und Informationsaustausch der Österreichischen SOS-Kinderdorf-Einrichtungen, Nr. 35, Mai 1988, S.20-23

Wiener Kirchenblatt: Ein Ehrenmal der Bruderliebe, 5.5.1963

Wiener Zeitung: SOS-Kinderdorf-Aktion „Ein Reiskorn für Korea“, 19.4.1963

Winkler, Brigitte R.: Von Beruf: Mutter, Reportage, in: Kurier, 12.5.1985, S.15

Internetquellen

Kahl Harald: Die Ursachen für die Entstehung der deutschen Jugendbewegung und ihre Entwicklung zu dem ihr typischen Erscheinungsbild in der Weimarer Republik, 1999, http://amor.rz.hu-berlin.de/~h0444t69/jugend.htm#01, Stand: 26.9.2005

Mayerhofer Rainer: Österreichs Weg zum Anschluss im März 1938, in: Wiener Zeitung Online, erschienen am: 25.5.1998, http://www.wienerzeitung.at/linkmap/personen/miklaspopup.htm, Stand: 3.5.2005

Österreichische Entwicklungszusammenarbeit: Länderinformation Nicaragua, http://www.bmaa.gv.at/up-media/966_nicaragua_landtext.pdf, Stand: 2.3.2005

Prüller-Jagenteufel Veronika, http://web.chello.at/skb/holzer.htm, Stand: 16.8.2004

Schermaier Josef: Zum Begriff Sozialpädagogik, Salzburg 1999, www.uni-salzburg.at/erz/salzburger_beitraege/herbst99/schermaier_99_2_h.htm, Stand: 26.4.2005

Seelmann Hoo Nam: Ehret die Ehrfurcht. Noch werden die alten Menschen von der Familie getragen, Neue Zürcher Zeitung, http://www.nzz.ch/2003/04/25/fe/page-article8K04O.html, Stand: 25.4.2003

Steininger Rolf: Die Südtirolfrage, http://zis.uibk.ac.at/stirol_doku/stirol.html, Stand: 22.2.2006

Tiroler Landesregierung: Volkszählung 2001, http://www.tirol.gv.at/themen/zahlenundfakten/statistik/downloads/vz_2001.pdf, Stand: 2.3.2006

Wesemann Dorette (UNESCO Bildungsservers D@dalos): Menschenrechte/Frauenrechte/Vergewaltigung, http://www.dadalos-d.org/deutsch/Menschenrechte/Grundkurs_MR3/frauenrechte/warum/vergewaltigung.htm, Stand: 16.5.2006

http://www.aeiou.at
http://www.aurora-magazin.at
http://www.belvedere.at
http://www.caritas-socialis.or.at
http://www.christianchildrensfund.org
http://www.cpw-online.de
http://www.dhm.de
http://www.dialog.at
http://fp.tsn.at
http://germazope.uni-trier.de
http://www.gseart.com/about.html
http://www.heiligenlexikon.de
http://www.johanna-dohnal.at
http://www.marianskelazne.cz
http://www.nationalsozialismus.at
http://www.navigare.de
http://www.norica.com
http://www.oe-lehrgang.at
http://www.oesterreichistfrei.at
http://www.onb.ac.at/ariadne
http://www.oxfam.de
http://www.promente-wien.at
http://www.scheuchenstuel.com
http://www.sos-childrensvillages.org
http://www.sos-kinderdorf.at
http://intra.sos-kd.org
http://www.stadtbibliothek.wien.at
http://www.unhcr.de
http://de.wikipedia.org
http://zis.uibk.ac.at

Archivalien

SOS-Kinderdorf:

Ordner Anfänge Societas Socialis SOS-Kinderdorf, Aufzeichnungen von Helene Didl (ab 1950-1963)
Ordner SOS-Kinderdorf Chronik 1949-1951
Ordner Hauptverein-Zweigverein Imst, Vollversammlung (Protokolle 1949-1958)
Ordner Zweigverein SOS-Kinderdorf Imst, Vorstandssitzungen (Protokolle 1950-1956)
Ordner Vorstandssitzungen SOS-Kinderdorf Hauptverein (Protokolle 1953-1957)
Ordner Vorstandssitzungen Hauptverein (Protokolle 1958-1961)
Ordner Vorstandssitzungen Hauptverein (Protokolle 1962-1966)
Ordner SOS-Kinderdorf Hauptverein (Protokolle 1967-1971)

Ordner Vollversammlung Zweigverein Imst (Protokolle 1968-1981)
Ordner Sozialpädagogisches Institut
Ordner Briefe
Hermann-Gmeiner-Akademie, Ehrungen, 1975
Doblander, Othmar: SOS-Kinderdorf Lienz. Chronik und Situationsbericht, unveröffentlichtes Manuskript, 1980
Doblander, Othmar: Geschichte des SOS-Kinderdorfes Osttirol in Debant, unveröffentlichtes Manuskript, 1993
Doblander, Othmar: 40 Jahre SOS-Kinderdorf Osttirol, unveröffentlichtes Manuskript, 1995
Ertler, Albina: Osttirol hat ein SOS-Kinderdorf, unveröffentlichtes Manuskript, ca. 1955
SOS-Kinderdorf/Fachbereich Pädagogik: Rückblick auf 30 Jahre Leben im SOS-Kinderdorf, Abschiedsfest anlässlich der Pensionierung von Henriette Rieder, 1996

Rotes Kreuz Innsbruck:
Deutschösterreichische Zeitschrift für Feuerwehr- und Rettungswesen, 39. Jahrgang/Nr. 3, Wien 1.9.1919
Freiwillige Rettungsgesellschaft Troppau. 1904-1934, Festschrift, Fernruf 158

Standesamt Innsbruck:
Meldekarteikarte von Troger Hertha gesch. Tannheimer gesch. Winter

Tiroler Landesarchiv:
Meldegrundbuch von Tannheimer geb. Troger Hertha
Meldekarteikarten von Winter Anton und Hertha Winter geb. Troger gesch. Tannheimer
Personalnachweis von Landesoberrevident Albina Ertler

Universitätsarchiv Innsbruck:
Habilitationsakt (mit Nachakten) über Prof. Vinzenz Neubauer

Zemsky Archiv v Opave:
Adressbücher der Stadt Opava
Gemeinde Matrik, in: Das Staatliche Bezirksarchiv Státní okresní archiv in Opava, Bestand: Bezirksamt/Okresní urad Opava
Taufmatrikel des röm.-kath. Probsteiamtes Maria Himmelfahrt, Band XVII

Videodokument

Video „Auf Imma und ewig“: SOS-Kinderdorf e.V. Berufsausbildungszentrum Berlin, Berlin/Innsbruck November 2001

Bildnachweis

Auf den Spuren von Frauen, Eine Einführung

„Helene Didl, Maria Hofer, Hermann Gmeiner und Walter Gstrein", Archiv SOS-Kinderdorf

Maria Hofer

„Familie Hofer 1917/18 in Innsbruck", Privatbesitz Karl Hofer

„Maria Hofer im SOS-Kinderdorf Imst 1955", Privatbesitz Karl Hofer

„Maria Hofer in Wien ca. 1986", Privatbesitz Karl Hofer

Helene Didl

„‚Mütterrunde' im SOS-Kinderdorf Imst um 1952", in: SOS-Kinderdorf-Verlag (Hrsg.): Hermann Gmeiner – Vater der SOS-Kinderdörfer, Innsbruck/München 1987, S.26

„Hermann Gmeiner und Helene Didl um 1950", Archiv SOS-Kinderdorf

„Helene Didl 1974", Foto: Alexander Gabriel, Archiv SOS-Kinderdorf

Hertha Troger

„Hertha Troger", Privatbesitz Fritz Troger

Auguste Neubauer

„Auguste und Vinzenz Neubauer", Privatbesitz Renate Wetjen

„Auguste Neubauer, 3. Oktober 1969", Privatbesitz Liselotte Morscher

Maria Heritzer

„Maria Heritzer in der Schneiderei des SOS-Kinderdorfes Imst", Privatbesitz Maria Heritzer

„Maria Heritzer im ‚Laden' des SOS-Kinderdorfes Imst", Privatbesitz Maria Heritzer

„Maria Heritzer beim ‚Treffen der pensionierten SOS-Kinderdorf-Mütter' im Herbst 2003 in Innsbruck", Foto: Christina Lienhart, Archiv Sozialpädagogisches Institut/SOS-Kinderdorf

Albina Ertler

„Albina Ertler", Archiv SOS-Kinderdorf Osttirol

Evamarie Kallir

„Evamarie Kallir mit Kindern in der Bastelstube im SOS-Kinderdorf Imst", Foto: Dan Young, Privatbesitz Evamarie Kallir

„Evamarie Kallir, Weihnachten 2004 im Caritas Flüchtlingshaus in Wien", Privatbesitz Evamarie Kallir

Imma von Unterrichter

„Imma Unterrichter zu Pferde", Privatbesitz Imma Unterrichter

„Buben beim Füllen von Strohsäcken im SOS-Ferienlager Caldonazzo", Foto: L. Laab, Archiv SOS-Kinderdorf

„Imma Unterrichter bei der Feier ihres 80. Geburtstages in der SOS-Kinderdorf-Jugendwohngemeinschaft Telfs", Foto: HedwigTräger, Archiv Sozialpädagogisches Institut/SOS-Kinderdorf

Erika Gottlieb

„Erika Gottlieb in Pinkafeld", Privatbesitz Erika Gottlieb

„Erika Gottlieb, Caldonazzo 1988", Privatbesitz Erika Gottlieb

„Erika Gottlieb beim ‚Treffen der pensionierten SOS-Kinderdorf-Mütter' im Herbst 2003 in Innsbruck", Foto: Christina Lienhart, Archiv Sozialpädagogisches Institut/SOS-Kinderdorf

Maria Heissenberger

„Maria Heissenberger und die Schuhputzerbuben", Archiv SOS-Kinderdorf Südkorea

„Maria Heissenberger mit Hermann Gmeiner und Ludwig Kögl 1966", Foto: Hausmann, Archiv SOS-Kinderdorf

„Maria Heissenberger mit Frauen des SOS-Kinderdorfes Daegu", Archiv SOS-Kinderdorf

Franziska Lemayr

„Mütterrunde mit Frau Lemayr in Daegu", Privatbesitz Luise Sinnhuber

„Franziska Lemayr mit einer südkoreanischen SOS-Kinderdorf-Mutter 1971", Archiv SOS-Kinderdorf

„Franziska Lemayr und Maria Heissenberger mit Kindern im SOS-Kinderdorf Daegu 1993", Foto: Klaus Becher, Archiv SOS-Kinderdorf

Luise Sinnhuber

„Mit den Schuhputzerbuben zu Besuch bei Emma Freisinger im Leprakrankenhaus", Privatbesitz Luise Sinnhuber

„Luise Sinnhuber in koreanischer Tracht", Privatbesitz Luise Sinnhuber

„Guatemala, San Juan Dezember 1977", Privatbesitz Luise Sinnhuber

Birgitta Seifner

„Birgitta Seifner im SOS-Kinderdorf Wienerwald, 1964", Privatbesitz Birgitta Seifner

„Elise Thier", Privatbesitz Birgitta Seifner

„Ich, in meinem ‚Pensionistenbüro'", Privatbesitz Birgitta Seifner

Henriette Rieder

„Henriette Rieder ca. 1939", Privatbesitz Henriette Rieder

„Henriette Rieder mit Bewohnerinnen des Mädchenheims und Hermann Gmeiner beim DebütantInnenball 1968", Privatbesitz Henriette Rieder

„Henriette Rieder", Privatbesitz Henriette Rieder

Renate Wetjen

„Renate Wetjen und Henriette Rieder", Privatbesitz Renate Wetjen

„Renate Wetjen", Privatbesitz Renate Wetjen

Autorinnen

Hofer, Bettina: Mag.[a] phil., geb. 1967, Erziehungswissenschaftlerin und Bewegungspädagogin, seit 1997 wissenschaftliche Mitarbeiterin am Sozialpädagogischen Institut von SOS-Kinderdorf, Forschungsschwerpunkte: Fremdunterbringung, Jugendforschung, Frauenforschung.

Lienhart, Christina: DSA Mag.[a] phil., geb. 1972, diplomierte Sozialarbeiterin und Erziehungswissenschaftlerin, seit 2002 wissenschaftliche Mitarbeiterin am Sozialpädagogischen Institut von SOS-Kinderdorf, Forschungsschwerpunkte: Entwicklungen in der Sozialen Arbeit, Frauenforschung, Fremdunterbringung.

Weiss, Alexandra: Mag.[a] phil., geb. 1971, Politologin, freie Wissenschaftlerin, externe Lektorin an verschiedenen Universitäten in Österreich. Forschungsschwerpunkte: Globalisierung, Sozialstaat, Frauen(erwerbs)arbeit, Armut, Soziale Bewegungen, feministische Frauen- und Geschlechterforschung. Vorstandsmitglied der Michael-Gaismair-Gesellschaft.